보건의료:
사회·생태적 분석을 위하여

공감이론신서 24

보건의료: 사회·생태적 분석을 위하여

비센트 나바로 외 지음
과천연구실 세미나 26

공감

공감이론신서 24
보건의료: 사회 · 생태적 분석을 위하여
비센트 나바로 외 지음
과천연구실 세미나 26

초판인쇄일 2006년 5월 25일
초판발행일 2006년 5월 30일

도서출판 공감
발행인 이 범 수
출판등록 22-1006 (1996. 5. 14.)
서울시 마포구 동교동 150-19 SM빌딩 405호
전화 323-8124 / 팩스 323-8126
전자우편 alba21@naver.com

ISBN 89-96939-27-4 03320
값 18,000원

서 문

현대보건의료의 역사는 인류가 직면한 주요 질병의 역사와 동시에 자본주의의 역사에 조응한다. 20세기에 이르러 위생·영양상태의 개선과 세균학의 발전으로 전통적인 감염성 질병이 감소한다. 그러나 자본주의적 노동·생활조건의 확대는 새로운 비감염성 질병을 증가시킨다. 이러한 질병의 변화에 대응하고 노동력을 안정적으로 재생산하기 위해서 보험을 매개로 일반화된 병원 중심의 대중보건의료가 확립된다. 그러나 대중보건의료는 질병의 원인을 제거하지 않은 채 그 결과만을 사후적으로 관리한다. 이에 따라 보건의료의 비용은 계속적으로 상승하지만 대중의 건강은 그만큼 향상되지 않는다. 게다가 20세기 후반에는 이제까지 소멸한 것으로 간주되었던 감염성 질병이 한층 더 강화된 내성을 갖고 다시 출현한다.

신자유주의적 금융세계화는 자본주의적 보건의료에 내재하는 모순과 새로운 감염성 질병의 위협을 가속화한다. 제약자본의 금융화와 영리적 관리의료(managed care)의 도입, 그리고 자유무역협정과 국제금융기구의 정책적 개입에 의한 보건의료제도의 사유화는 보건의료의 비용을 더욱 상승시키는 동시에 서비스는 축소시킨다. 더구나 주변부에서는 생태체계의 파괴가 공공보건의료의 해체와 맞물려 감염성 질병에 대한 대응을 더욱 취약하게 만든다.

이에 대해 대부분의 보건의료운동은 질병의 사회·생태적 원인을 분석하고 그 조건을 변혁시키기보다는 오히려 현재의 상황을 완화시키려고 시도하는 데 머물고 있다. 생태체계를 감안하는 대안적인 건강과 의학의 가능성은 고려하지 않으며 단지 기존의 의약품과 치료기술에 대한 접근권의 확대를 요구할 뿐인 것이다. 또한 질병의 사회적 원인인 자본주의적 생산양식의 변혁과 보건의료에 대한 민중적 통제를 지향하기보다는 국가규제를 통한 보건의료제도의 확대를 요구하는 데 그친다. 나아가 보건의료운동은 여성의 육체에 대한 개입과 이용을 정당화하고 여성의 재생산권리에 대한 통제를 함의하는 생명공학기술의 확산에 대해서는 침묵하고 있다.

이 책은 네 부분으로 구성된다.

첫 번째 부분에서는 건강과 질병에 대한 현대의학의 협소한 인식을 비판하고 보건의료에 관한 생태적 관점을 제시한다. 건강은 육체의 자기조절체계와 외부 환경의 안정적인 상호작용으로 파악할 수 있으며 질병은 이러한 상호작용이 손상되는 것을 의미한다. 감염성 질병은 기생체가 숙주인 인간의 자기조절체계의 손상을 야기할 때 발생하고 또 비감염성 질병은 사회적 요인에 따른 손상에서 비롯된다. 그러나 기생체를 제거한다고 해서 감염성 질병이 사라지는 것은 아니고 또 비감염성 질병은 단일한 원인으로 환원되지 않는다. 건강은 생태체계와 친화적인 공진화와 사회관계의 변혁이라는 맥락에서 온전하게 이해될 수 있다.

두 번째 부분에서는 치료와 지배라는 자본주의적 보건의료의 모순적인 기능을 비판하고 보건의료에 관한 마르크스주의적 관점을 제시한다. 자본축적에 적합한 건강한 노동력을 확보하기 위한 핵심적인 제도로서 자본주의적 보건의료는 중립적인 도구가 아니라 그 자체가 모순적인 사회관계를 구성한다. 자본주의에서의 건강과 질병의 문제는 그것을 규정하는 자본주의적 사회관계의 변혁뿐만 아니라 대중의 자기통치의 원리에 입각한 의료지식·행위·제도의 변혁을 요구한다.

세 번째 부분에서는 신자유주의적 금융세계화에 따른 보건의료의 현재적 쟁점을 해명하고 이에 대한 민중건강운동의 대응을 소개한다. 금융세계화는 보건의료를 상품화하고 보편적 접근을 차단하면서 건강불평등을 확산시킨다. 민중건강운동은 이에 맞서 건강권을 기본적 인권으로 천명하고 대안적 제도로서 보편적 1차 의료를 제시한다. 건강권을 침해하는 원인으로서 신자유주의적 금융세계화를 지목하고 보건의료에 대한 민중의 자기결정을 강조하는 민중건강운동은 대안세계화운동과 결합한다.

네 번째 부분에서는 여성건강운동의 역사를 개괄하고 여성의 고유성과 관련된 재생산이라는 쟁점을 현대보건의료 비판에 추가한다. 여성건강운동은 현대보건의료에 존재하는 성차별주의를 비판하고 여성의 재생산능력에 대한 남성의 통제에 저항한다. 사회주의 페미니즘은 여성건강운동의 문제제기를 발본화하면서 여성의 건강과 질병을 가족형태와의 관련 속에서 파악할 것을 주장한다. 여성의 건강문제를 해결하기 위해서는 자본주의적 사회관계와 함께 가족형태의 변혁이 고려되어야 할 뿐만 아니라 여성 육체의 고유성을 반영하는 의료지식·행위·제도가 형성되어야 한다.

* * *

보건의료에 관한 이러한 사회·생태적 관점은 남한의 보건의료제도의 역사적 변화를 분석하고 현재적 쟁점을 비판적으로 인식할 수 있게 해줄 것이다. 동시에 보건의료운동의 성과와 한계를 평가하고 새로운 전망을 모색하는 데 도움을 줄 것이다.

남한에서 현대적 보건의료제도 및 의학교육은 일제 강점기부터 시작된다. 이 시기의 보건의료제도는 한의학을 배제하고 서양의학에 기초하여 확립된다. 또한 공립병원을 중심으로 국가가 주도하는 보건의료제도가 성립하지만 이는 매우 제한적인 범위만을 포괄한다. 의학교육은 의학연구를 위한 6년제 경성제국대학 의학부와 일반의 양성을 위한 4년제 의학전문학교로 이원화된 형태로 확립된다. 공중보건도 도입되어 총독부는 경찰력을 통해 강제적인 예방접종과 방역사업을 실시한다.

이 같은 국가주도의 보건의료제도는 미군정에 의해 민간주도의 보건의료제도로 전환된다. 대중적인 수요와 무관하게 미국식 전문의 제도가 도입되고 또 전문의의 자유개업도 허용된다. 의학교육은 전문의 양성을 위한 6년제 의대와 수련의 과정으로 개편된다. 또한 미군정은 경찰력에 기초한 공중보건을 폐지하고 보건소를 도입한다. 그렇지만 인력부족으로 인해 보건소는 주요 도시에만 설치되고 감염성 질병에 대한 통제는 제대로 이루어지지 않는다.

이렇게 미군정에 의해 이식된 미국식 보건의료제도는 1950-60년대를 거치면서 남한 보건의료제도의 기본적인 틀을 형성한다. 국·공립병원의 역할은 축소되고 개업 전문의를 중심으로 하는 민간부문의 비중이 높아진다. 개인의원은 낙후한 국·공립병원을 대신해서 외래진료뿐만 아니라 입원진료까지 담당하는 준병원으로 기능한다. 그러나 경제적 후진성과 높은 의료비용 때문에 병원 중심의 의료서비스는 대중화되지 못한다. 한편으로 이러한 의료 공백을 메운 것이 바로 약국이다. 약사는 의사의 처방 없이 저렴한 가격으로 약을 조제·판매할 수 있으며 약에 대한 대중의 의존도는 높은 수준을 유지한다. 다른 한편으로 1960년대에 가족계획사업을 계기로 공중보건이 비로소 체계화된다. 군사정부는 가족계획사업을 집행하기 위해 전국적으로 보건소망을 확충하고 각종 위생사업 및 법규를 도입한다. 이 과정에서 분산된 위생 및 방역사업을 총괄하는 국립보건원이 설립된다. 그러나 공중보건이 인구통제를 중심으로 추진되면서 건강증진과 질병예방은 무시된다. 1970년대 중반 이후 경제성장을 배경으로 감염성 질병이 감소하고 비감염성 질병이 증가하자 공중보건은 점차 그 의미를 상실한다.

1970년대부터 산업화에 따른 노동·생활조건의 변화로 인해 새로운 의료수요가 증가한다. 군사정부는 이를 충족시키는 동시에 대중의 정치적 불만을 무마하기 위해 1977년에 사회보험 형태의 의료보험을 실시한다. 새로운 의료보험제도는 그 대상을 직업과 지역에 따라 구분하고 서로 독립적인 조합을 설립하도록 한다. 이는 결국 경제력을 지닌 집단에게만 보험을 적용하는 결과를 가져온다. 500인 이상의 사업장만을 당연적용대상으로 하는 직장의료보험조합과 공무원·사립학교교직원의료보험조합이 출범한다. 그러나 농어민과 도시 자영업자를 포괄하는 지역의료보험조합은 부분적인 시범사업으로 실시될 뿐이다. 의료보험의 도입으로 병원 이용이 증가하지만 보건의료의 대중화는 여전히 제한된다.

1980년대부터 신자유주의적 경제개혁을 위한 안정적인 통치성을 확보하려는 목적으로 의료보험의 적용대상이 확대된다. 1986-88년 3저 호황과 1987년 7-9월 노동자대투쟁을 거치면서 노동자계급의 실질임금이 상승하자 이를 배경으로 1989년에 전국민의료보험이 도입된다. 이는 남한에서 형식적으로만 존재하던 미국식 대중보건의료가 실질적으로 완성되는 계기가 된다. 전국민의료보험의 재원은 직장가입자의 경우 고용자와 피고용자가 절반씩 지불하는 방식으로, 지역가입자의 경우 소득·재산에 비례하는 방식으로 부과된다. 정부의 부담률이 낮기 때문에 남한의 의료보험은 사실상 개인의 부담률이 높은 사회보험의 형태로 운영된다. 이러한 재원조달 및 보험료 부과방식은 영세 자영업자를 중심으로 한 지역가입자에게 불리하게 적용된다. 또 의료시설이 미비한 농어촌 지역주민은 보험료만 내고 진료를 받지 못하는 경우가 종종 발생한다. 이에 따라 전국민의료보험의 관리운영체계와 의료전달체계가 현안으로 제기된다.

우선 보건사회부 내부에서 의료보험의 관리운영체계를 둘러싸고 조합론과 통합론이 대립한다. 조합론자들은 재원조달의 용이성과 조합 사이의 경쟁이라는 기존 조합운영방식의 장점을 부각시키면서 조합론을 주장한다. 반면 통합론자들은 관리운영비의 절감과 조합간 재정불균형의 문제를 지적하면서 의료보험의 통합일원화를 주장한다. 결국 전국민의료보험은 조합운영방식으로 실시되지만, 지역가입자의 불만과 조합운영의 비민주성으로 인해 정책적 갈등이 완전히 사라지지 않는다.

또한 효율적인 의료공급을 위해 일반의 중심의 1차 의료와 전문의 중심의 2·3차 의료로 구성되는 의료전달체계가 검토된다. 그러나 대부분의 1차 의료기관이 개업전문의가 운영하는 개인의원이고, 민간부문이 의료기관의 다수를 점하는 상황에서 의료전달체계는 제대로 확립되지 못한다. 결국 단계적 진료체계와 권역에 따른 1·2·3차 의료가 정립되지 못하고 병상규모를 기준으로 의료기관이 분류되면서, 의료전달체계는 1·2차 기관과 3차 기관 사이의 형식적인 환자의뢰체계로 변형된다.

의료보험이 확대·실시됨에 따라 의료기관의 이용은 점차 일반화된다. 1980년대 후반부터 시작된 보건의료의 대중화과정에서 의과대학이 증설되고 민간부문의 병원에서 새로운 변화가 나타난다. 사립대학의 교육병원과 중소병원이 증가하는 반면, 개업전문의의 개인의원은 점차 위축된다. 1990년대에는 현대아산병원, 삼성의료원 등 대형병원의 설립과 기존 대형병원의 체인화가 이어진다. 그 결과 남한의 대중보건의료는 대형병원을 중심으로 의료공급의 90%를 민간부문이 차지하게 된다. 이처럼 의료기관이 급성장하고 경쟁이 심화되면서 형식상 비영리병원인 민간병원은 영리적 속성을 강화한다. 정부 규제에 따른 낮은 보험수가를 보충하기 위해 비급여·고가 의료서비스가 성행하고 약가 마진을 받는 음성적 관행이 정착된다(조병희, 『한국 의사의 위기와 생존 전략』, 명경, 1999).

대중보건의료가 확립된 직후부터 남한에서는 신자유주의적 개혁이 추진된다. 이는 특히 1997-98년의 경제위기·외환위기를 계기로 의료보험의 통합과 의약분업이라는 형태로 나타난다. 김대중 정부는 1998년 1기 노·사·정 합의에 의한 사회개혁의 일환으로 의료보험통합일원화를 수용한다. 지역의료보험조합과 공무원·사립학교교직원 의료보험관리공단이 통합되고 여기에 직장의료보험조합까지 통합되어 2000년에 국민건강보험공단이 출범한다. 국민건강보험은 2001년에 근로자 1인 이상의 모든 사업장, 2003년에 매월 80시간 이상 노동하는 노동자로 당연적용대상을 확대한다. 의료보험의 통합과 적용대상의 확대는 의료보험의 관리운영을 효율화하는 동시에 의료시장을 확대하는 계기가 된다. 그런데 이러한 개혁은 세계은행이 제시한 구조조정차관협상안을 반영하는 것이기도 하다. 세계은행은 다른 나라와는 달리 보건의료부문에서 민영화나 국가부담의 축소보다는 오히려 사회안전망의 확보를 요구한다. 이는 체계적인 노동의 신축화를 추진하기 어려울 정도로 기초적인 의료보장이 미비한 남한의 현실을 반영하는 것이다(김창엽, 「세계은행의 구조조정 차관(SAL-II) 협상안에 대한 검토(보건의료부문)」, 보건의료단체연합, 2000).

또한 김대중 정부는 초민족적 제약자본의 침투를 용이하게 하는 의약분업을 실시한다. 의약분업은 이미 1960년대부터 여러 차례 시도되지만 첨예한 이해 갈등으로 인해 실패한다. 그러나 1993년 김영삼 정부는 한약분쟁을 해결하는 과정에서 1998년부터 의약분업을 실시하기로 결정한다. 김대중 정부는 의약분업을 합의하는 과정에 시민단체와 보건의료운동을 체계적으로 동원함으로써 의사와 약사의 불만을 통제하는 데 성공한다. 막대한 약가 마진과 이를 둘러싼 부패에 대한 시민단체와 보건의료운동의 공격에 힘입어 정부는 의사파업을 무마하고 의약품 실거래가제를 관철시킨다. 그러나 의약분업의 최대의 승자는 국내 의약품시장을 장악하기 위해 실거래가제를 요구한 초민족적 제약자본이라고 해야 한다. 의약분업 실시 이후 일반의약품과 전문의약품의 비중은 역전된다. 의사들의 전문의약품 선호에 따라 제약시장은 초민족적 제약자본을 중심으로 재편된다. 또한 전문의약품 중에서 특허기간이 끝난 약품을 개량시킨 제네릭 연구·개발능력을 갖춘 국내 제약자본이 약진한다. 의약분업에 따른 전문의약품 사용의 증가로 의료비용이 상승하고 수가인상에 대한 요구가 증가하면서 결국 2001년 초 건강보험재정이 파탄에 이르게 된다. 이로 인한 추가소요재정은 보험료 인상으로 나타나고 결국 모든 부담은 민중에게 전가된다(민중의료연합, 『이윤보다 생명이다』,

교육비평, 2003).

의료보험통합과 의약분업을 계기로 의료시장과 의료산업을 재편할 수 있는 기반이 마련되자 노무현 정부는 의료서비스·제약·의료기기·생물공학의 4대 분야를 중심으로 한 의료산업화를 추진하면서 신자유주의적 개혁을 더욱 가속화한다. 이를 위해 특히 영리법인병원의 허용과 민간의료보험의 확대를 제안한다. 의료시장의 개방을 요구하는 2001년 세계무역기구의 도하개발어젠다는 이러한 흐름을 더욱 촉진한다. 민간자본이 참여하고 주식발행과 수익배당이 가능한 영리법인병원이 허용되면 궁극적으로 기존 건강보험체계의 수가계약제와 요양기관지정제는 폐지될 것으로 예상된다. 또한 민간의료보험의 확대는 보장성이 매우 낮은 기존 건강보험체계에 대한 보충형을 넘어 대체형으로 확산될 가능성이 있다. 민간의료보험의 도입은 보험회사와 병원의 새로운 관계의 형성을 의미하며, 의원급 의료기관까지 포괄하는 병원 네트워크와 보험이 결합되는 미국식 '보건조직'(HMO)의 출현을 예고하는 것이다. 요컨대 노무현 정부의 개혁은 남한의 보건의료를 상업화된 민간의료와 공공의료보장이 공존하는 변형된 형태의 '관리의료'로 재편할 것이다. 이를 위해 대규모 민영화를 시행한 칠레나 의료저축계정제도를 도입한 싱가포르가 개혁의 모델로 논의되고 있는 중이다.

남한의 보건의료운동은 1970년대에 농촌, 도시빈민지역, 공단 등에서 대학생들이 의료봉사활동을 하면서 시작된다. 여기서 전문직을 중심으로 전개되는 남한 보건의료운동의 예외적 성격이 비롯된다. 1987년을 전후하여 인도주의실천을위한의사협의회, 건강사회를위한치과의사회, 건강사회를위한약사회, 청년한의사회 등과 같은 직종별 전문직 보건의료단체가 출현하고 또 보건과사회연구회, 노동과건강연구회 등의 연구모임도 결성된다. 그리고 간호사와 다른 병원노동자는 전국병원노동조합협의회와 같은 노동조합의 형태로 조직된다(우석균, 「한국 보건의료운동의 역사와 과제」, 『한국시민사회운동 15년사』, 시민의신문사, 2004).

민주화운동의 일부로 성장한 초기의 보건의료운동은 보건의료에 관한 이념적 전망을 갖지 못한다. 그러나 1980년대 후반 의료보험료 납부거부와 산업재해를 계기로 두 가지 방향의 독자적인 보건의료 운동이 나타나게 된다. 우선 1989년 전국민의료보험 실시를 전후로 불평등한 보험료 부과와 낮은 보장성에 항의하는 농민과 도시빈민의 저항이 나타난다. 직종별 전문직 보건의료단체들과 보건과사회연구회는 정책지원의 형태로 이러한 저항과 결합하면서 의료보험의 통합일원화와 국고지원의 확대를 제안한다. 이후 보건의료운동은 점차 제도개혁을 중심으로 하는 정책개발활동으로 경도되어 1990년대에는 의료보험이라는 단일의제에 집중하는 양상을 보인다. 또한 직종별 보건의료단체들은 각자의 영역에서 전문성의 확보를 목표로 구강보건사업, 공동체약국사업과 같은 전문운동을 추구한다. 이러한 정책운동과 전문운동의 경향은 보건의료운동을 다른 사회운동과 단절시키는 결과를 가져온다.

김대중 정부에서 의료보험통합이 이루어지자 직종별 보건의료단체들은 건강보험보장성과 보건의료공공성의 강화를 새로운 의제로 제시하고 그 구체적 형태로 본인부담상한제와 무상의료를 주장한다. 이들은 2000년에 보건의료단체연합을 조직하고, 2003년에 다른 사회단체들과의 정책연대단체로서 의료연대회의를 결성한다. 또 2003년에 전문적인 소비자운동단체로서 건강세상네트워크도 출범시킨다. 그러나 초민족적 의료자본이 의약품시장을 장악하는 상황에서 의료서비스의 보장성과 공공성에 대한 요구는 비용상승과 건강증진 사이의 괴리라는 의료제도의 위기를 간과하는 경향이 있다. 질병의 근본적 원인을 해결하기 위한 사회적 대응을 강화하기보다 현재의 대중의료를 확대하려는 시도는 오히려 과잉의료에 따른 의료비용의 증가를 낳고, 그 이익은 초민족적 의료자본에게 돌아갈 것이다.

한편 1988년 수은중독으로 인한 문송면 군의 사망과 직업병으로 인한 원진레이온 노동자의 사망은 심각한 산재 현실을 그대로 드러낸다. 이 두 사건을 계기로 초보적 수준의 교육과 상담을 위주로 하던 노동과건강연구회와 일부 지역의원들의 활동을 뛰어넘어 전국의 공단 밀집지역에서 산재추방운동단체들이 독자적으로 조직된다. 초기의 산재추방운동은 산업재해피해자 인정 및 보상과 노동조합 교육 및 지원에 주력한다. 산재추방운동의 확산으로 대부분의 노동조합에 산업안전부서가 설치된다. 1995년에 민주노총이 출범하면서 산재추방운동은 노동조합 지원과 산재제도 개선을 위한 정책개발활동으로 관심 범위가 축소되고 노동조합의 산업안전보건활동이 중심적인 위치를 차지한다.

그러나 1990년대 후반 비정규직이 양산되고 노동강도가 더욱 강화되자 산재추방운동이 다시 활성화된다. 산재추방운동단체들은 1999년 전국산재추방운동연합을 결성하지만 이상관 씨 대책활동을 계기로 노선 갈등이 드러나면서 2000년에 노동보건연대회의와 노동건강연대로 분화된다. 노동보건연대회의는 노동조합운동의 위축과 노동강도의 강화라는 상황을 고려하여 산재추방운동을 통해 노동조합운동을 강화할 것을 주장한다. 이들은 이후 금속산업의 대기업 노조와 함께 근골격계 산재의 인정을 위해 투쟁하지만, 해당 노동조합의 이익에 관심을 국한하는 양상을 보인다. 반면 노동건강연대는 기존의 산재추방운동이나 산업안전보건활동에 대한 반성 속에서 대기업 노조의 이익을 넘어서는 노동자 건강권을 위한 운동을 제안한다. 그러나 이들이 상정하는 보건의료운동은 보건의료단체연합으로 상징되는 정책지향적 운동을 벗어나지 못하고 산재보험에 대한 제도개선 투쟁으로 국한된다.

병원노동조합운동은 보건의료에 관한 의제보다는 임금 및 노동조건을 중심으로 전개된다. 이들은 다른 보건의료단체들과 형식적인 교류를 유지하지만 산별노조 전환과 산별교섭 쟁취를 실질적인 목표로 설정한다. 보건의료운동보다는 노동조합운동으로의 성격을 강화해온 병원노동조합운동은 1997년에 남한 최초의 산별노조인 전국보건의료산업노조를 결성한다. 이후 보건의료노조는 김대중 정부의 공공부문 구조조정에 대응하여 고용안정을 조건으로 노동조건의 후

퇴 및 비정규직화를 수용하면서 보건의료운동의 성격을 더욱 더 탈각시켜가고 있다.

1992년 대통령 선거에서 출현한 진보정당운동을 계기로 기존의 보건의료운동과 성격을 달리하는 새로운 보건의료운동이 출현한다. 이를 대표하는 민중의료연합은 기존의 정책개혁운동과 산재추방운동이라는 양대 편향을 비판하고 보건의료운동을 변혁운동의 일환으로 사고할 것을 주장하면서 자신의 이념적 지향으로 공공성 강화를 제시한다. 그러나 이러한 활동은 문민화 이후 변혁운동의 전반적인 퇴조 속에서 제대로 정착되지 못한다. 또 공공성 강화라는 기조는 김대중 정부의 의료보험개혁이라는 맥락에 편입되어 상대적으로 급진적인 성향의 정책운동 이상으로 나아가지 못한다(신상도, 「보건의료운동의 역사」, 『의료와 진보』, 1999년 4월호).

민중의료연합은 1990년대 후반부터 의약분업의 허구성을 지적하고 공공부문의 구조조정에 맞서 독자적인 신자유주의 비판을 전개한다. 그러나 민중의료연합의 노동자건강사업단은 현장성과 정파성을 강조하면서 2003년에 노동보건연대회의와 함께 한국노동안전보건연구소를 결성함으로써 민중의료연합에서 이탈한다. 이후 민중의료연합은 무역관련지적재산권협정에 주목하면서 백혈병 치료제인 글리벡 약가인하투쟁을 전개하기도 하지만, 결국 2006년 초에 자진 해산하고 만다. 민중의료연합의 이러한 분열과 해체는 자율적인 사회운동으로서 보건의료운동의 위기를 그대로 드러낸다. 한편으로 산재추방운동과 노동조합운동으로의 복귀는 민중의 건강권이라는 보편적인 요구를 대기업 노동조합의 특수한 이익으로 제한한다. 다른 한편으로 의약품 접근권과 같은 특수한 집단의 이익에 주목하는 것도 대안이 되지 못한다. 접근권을 쟁점으로 제기하는 것은 공공성 의제를 중심으로 하는 정책운동의 한계를 반복한다.

결국 남한의 보건의료운동은 신자유주의적 개혁에 대한 체계적인 대응에 실패한다. 공공성 회복을 지향하는 정책운동에 대한 비판적 문제의식은 존재하지만 독자적인 사회운동으로의 정립은 유예되고 있다. 이러한 맥락에서 기존 보건의료운동과 별개로 전개되어온 의료생활협동조합운동이 주목된다. 의료생협은 보건의료의 공공성을 지역사회운동과 결합하여 진료소를 중심으로 보건의료운동을 전개한다. 1994년에 안성의료생협을 시작으로 해서 1996년에는 인천·안산, 2002년에는 서울·원주·대전에서 의료생협이 점차 증가하고 있다. 의료생협운동은 국가를 경유하는 정책지향적 운동에 대해 근본적인 문제를 제기한다. 이들은 의료보장을 통해 의료수요를 확대하기보다는 1차 의료와 건강증진방안에 주목하고, 국가를 통한 집행보다는 지역사회의 자기결정에 근거하는 새로운 활동방식을 보여준다. 그러나 의료생협운동은 다른 사회운동과 결합하지 못함으로써 신자유주의적 개혁에 대해 맹목적이라는 한계를 갖는다.

이렇게 보건의료운동이 전반적으로 난맥상을 보이고 있는 현재의 상황 속에서 보건의료에 대한 생태적 관점 또는 페미니즘적 관점은 전혀 제기되지 않거나 매우 초보적인 수준에 머물고 있을 따름이다. 그러나 새로운 감염성 질병이 출현하면서 생태적 인식의 필요성이 점차 증가하고 있다. 예를 들어 1997년 이후에 등장한 새로운 조류독감 바이러스는 엄청난 수의 사망자를 낳을 수도 있다. 그러나 이에 대한 백신시장의 규모는 전체 제약시장에서 2%에도 못 미치며, 대부분의 백신은 중심부 국가들에서만 비축된다. 조류독감의 인간 대 인간 감염이 가능해질 경우 주변부 국가들은 속수무책일 수밖에 없을 것이다.

노년층이 급속히 증가하면서 고령화사회는 보건의료의 또 다른 현안이 된다. 고령화 경향 속에 노년층에게 경제력이 집중되면서 노화를 생명체의 자연적 과정이 아니라 일종의 질병으로 간주하는 양상이 나타난다. 노화가 의료의 대상이 되면서 노년층을 대상으로 한 각종 실버산업이 번창하고 연금상품과 요양보험이 증가하고 있는 중이다. 그러나 노년층을 위한 비용과 배려의 문제는 생태적이고 경제적인 지속가능성의 관점에 입각한 광범위한 사회적 토론을 요구하는 문제다.

동시에 미국과 유럽의 페미니즘에서 여성보건이 여성운동을 급진화시키는 주요한 매개가 되었던 것과는 달리 남한의 여성운동에서 여성보건은 아직까지 크게 부각되지 못했다. 이는 낙태·피임 등 재생산과 관련되는 쟁점을 국가가 가족계획정책을 통해 선취했기 때문이다. 이미 1972년에 제정된 모자보건법을 통해 인구정책의 일환으로 제한적인 낙태가 허용되지만, 이는 오히려 성감별 낙태를 증가시킨다. 가족계획의 성공 신화와 고질적인 남아 선호는 건강권을 위한 여성운동을 지체시킨다.

그런데 2000년대에 들어와 저출산·고령화 사회로의 진입에 대한 우려가 제고되자 기존의 인구정책은 출산억제에서 출산장려로 역전된다. 정부는 보육의 공공성을 강화하는 대책을 제시하는 등 저출산 대비책을 강화하고, 2005년 4월에는 급기야 저출산·고령화사회기본법을 제정한다. 그러나 여기서 여성에게 고유한 건강과 재생산의 권리는 전혀 고려의 대상이 되지 않는다.

황우석 교수의 배아줄기세포 연구는 현대보건의료 비판에서 페미니즘적 관점이 요구되는 또 다른 현안이다. 이 연구는 생명공학기술을 신약 개발에 활용하는 초민족적 제약자본의 이익과 결합되면서 초미의 관심사가 되고 있다. 그러나 일반 시민들의 기대와 달리 배아줄기세포 기술이 난치병을 치료할 가능성은 희박하다. 배아줄기세포 자체가 노화하거나 암세포를 발생시킬 가능성이 있고, 또 이 기술의 안정성에 대한 검증도 아직 없다. 나아가 배아줄기세포 연구를 위한 난자와 이를 제공하는 여성의 위험은 전혀 언급되지 않는다. 황우석 교수의 연구를 가능케 한 불임시술에 관한 불간섭 정책이나 난자를 입수하는 과정 등의 문제 또한 분명하다. 배아줄기세포 연구의 윤리성을 둘러싼 논란과 이른바 '난자기증운동'은 건강과 재생산에 대한 여성권을 둘러싼 남한사회의 일천한 인식을 보여준다.

2006년 5월

송인주·이태훈·박찬종·이현

차례

보건의료의 금융화와 사회운동의 대응 / 박찬종 · 227

세계화, 사유화, 보건의료 / 데이비드 홀 · 255

민중건강헌장 / 민중건강운동 · 283

건강을위한세계사회포럼 선언문 / 건강을위한세계사회포럼 · 295

가족과 여성보건 / 송인주 · 303

여성보건과 성별 분업 / 레슬리 도얄 · 343

여성보건의 세계적 쟁점 / 레슬리 도얄 · 367

'과천연구실 세미나' 개관 · 398

보건의료에 관한 생태학적 관점

이태훈

인류에게 질병으로부터의 해방을 약속한 현대의학은 20세기 말에 이르러 심각한 위기에 직면한다. 말라리아, 콜레라, 결핵 등의 감염성 질병이 과거보다 한층 강화된 독성과 내성을 지니고 복귀하고, 에이즈, 에볼라 바이러스, 사스 등의 새로운 감염성 질병이 등장한다. 이러한 사실은 병원균을 박멸함으로써 감염성 질병을 퇴치할 수 있다는 현대의학의 신념이 결코 현실화될 수 없음을 보여준다. 게다가 20세기 자본주의적 생활양식이 양산한 암, 당뇨, 고혈압 등의 만성질병은 여전히 심각한 문제로 남아 있다. 현대의학은 여전히 그 근본적 원인을 제거하지 못한 채 대증요법으로 일관하고 있다. 그 결과 현대의학에 기초한 보건의료체제가 건강 개선에 미치는 효과는 증가하지 않거나 오히려 감소하고 있다(Navarro, 1986; Levins, 2000).[1]

1) 영어권에서 사용하는 'health'라는 용어에는 건강과 보건이라는 두 가지 의미가 함축되어 있다. 이 글에서는 '건강'과 '보건'을 구분하여 사용할 것인데, 건강이 개인의 육체적·정신적 상태를 지칭하는 용어라면 보건은 건강한 상태의 지속 또는 이를 위한 노력을 의미한다. 보건의료는 'healthcare' 또는 'health and medicine'을 번역한 것이다.

이에 따라 현대의학에 대한 다양한 비판들이 제기된다. 건강과 질병의 사회적 요인을 강조하는 견해는 현대의학을 생물학적 환원론으로 간주하고 의학보다는 의료의 제도적 개혁을 대안으로 제시한다. 그러나 이러한 입장은 의학의 생물학적 기초를 과학적으로 재구성하지 못하는 외재적 비판에 머무른다. 반면 생명체의 유기적 성격을 강조하는 입장은 현대생물학의 원자론과 환원론을 비판하면서 이른바 '대체의학'을 대안으로 제시한다. 이러한 입장은 의학에 대한 내재적 비판을 수행하는 것처럼 보이지만 대부분 반(反)과학적인 신비주의의 성격을 띤다.

이와 달리 생태학[2)]은 기존 생물학에 대한 과학적 비판을 통해 현대의학의 한계를 극복할 수 있는 가능성을 보여준다. 생태학은 유전학을 기초로 하는 현대생물학의 지배적인 접근법을 비판하면서 생명 현상에 대해 새로운 접근법을 제시한다. 특히 마르크스주의 생물학자 레빈스는 생태학과 현대의학 비판을 결합하는 대표적인 이론가로서 생명 현상을 복잡한 체계의 상호작용으로 파악하고, 이를 통해 건강과 질병에 대해 새로운 관점을 제기한다.

건강 개념과 현대의학 비판

질병과 건강의 개념

질병과 건강은 의학과 보건의료의 전제가 되는 개념이다. 의학의 대상과 보건의료의 범위, 그리고 보건의료의 제도적 형태는 질병과 건강에 관한 개념 규정에 의존한다. 따라서 보건의료 문제에 접근하는 다양한 관점은 질병과 건강이라는 개념을 서로 다르게 정의하며,

2) 1960년대에 환경주의가 등장하면서 '생태학'이라는 단어가 '환경에 대한 우려'를 함의하게 되었지만, 생물학의 하나의 분과로서 생태학은 다양한 수준의 상호작용의 복합체로서 생명 현상을 이해하는 과학이다.

자신의 필요에 따라 특정한 개념을 특권화한다(Caplan, 1992).

질병은 대체로 질병(illness), 질환(disease), 병(sickness)으로 구분된다. 질병은 환자 자신이 아프다고 느끼는 주관적 경험을 말한다. 이것은 개인마다 편차가 심하기 때문에 객관성을 보장받지 못한다. 질병이 의학적 방식으로 객관성을 인정받으면, 즉 그 의학적 원인이 규명되거나 규명될 수 있다고 간주되면 질환으로 규정된다. 현대의학은 의사가 감지·측정할 수 있는 생물학적 정상성과의 격차를 통해 질환을 판별한다. 사회적으로 객관성을 인정받은 질병은 병으로 불린다. 사회적 승인을 통해 질병의 당사자는 병자로 인정되고 지원을 받을 수 있다. 사회적 객관화 과정에서 종종 '악'(evil)을 병리적 현상으로 파악하는 관념이 결부되기 때문에, 병으로 인정받는 윤리적 기준과 환자의 사회적 역할 및 지위 등이 쟁점이 되기도 한다(Boyd, 2000).[3)4)]

의학적 객관화와 사회적 객관화가 반드시 일치하는 것은 아니다. 각종 '증후군'처럼 사회적으로 객관화되지만 의학적 원인이 불분명한 현상도 있다. 반면 몇몇 정신병과 만성질환은 의학적으로 객관화되지만 병리적 현상으로 인정받지 못한 채 논란을 야기하기도 한다. 과학적 설명이 필요한 병리적 현상이지만 현대의학의 대상에 포괄되지 않는 경우도 있다. 즉 의학적 지식의 한계로 인해 의학적 객관

---

3) 따라서 질환과 병은 각각 질병에 대한 과학적 접근과 윤리적 접근을 나타낸다. 의학적 객관성이 과학을 통해 확립된다면, 사회적 객관성은 그 사회가 규범으로 간주하는 윤리를 통해 확립된다. 종종 전자는 생물학적 개념으로, 후자는 사회적 개념으로 간주되지만, 이러한 구분은 많은 한계를 갖는다. 왜냐하면 질환의 원인은 생물학적 영역에서 사회적·심리적 영역에 이르는 다양한 수준을 포함하기 때문이다. 병에 대한 윤리적 개념 또한 순수하게 사회적 관계만으로 형성되지는 않으며 생명 현상에 대한 과학적 인식을 바탕으로 한다.

4) 질병, 질환, 병이라는 기존의 번역어는 'illness', 'disease', 'sickness'의 개념적 차이를 표현하기에 적절치 못하다. 따라서 이후의 서술은 이러한 구분법을 사용하지 않고 모두 질병이라는 용어로 통일할 것이다. 세 개념을 구분할 필요가 있을 때는 'disease'와 'sickness'를 각각 질병에 대한 과학적 규정과 윤리적 규정으로 구분할 것이다.

성 자체가 쟁점이 될 수도 있다.

또한 주관적 고통이 의학적·사회적 객관화와 반드시 일치하는 것도 아니다. 의학적·사회적 객관성을 인정받지 못하여 '꾀병'으로 간주되는 주관적 고통도 있다. 뮌하우젠 증후군[5]처럼 환자가 느끼는 고통과 전혀 다른 방식으로 사회적 객관성을 인정받는 경우도 있다. 물론 객관적으로 암이나 정신병을 앓고 있지만 당사자가 질병의 존재를 인식하지 못할 수도 있다.

이처럼 질병에 대한 주관적 인식, 의학적 객관화, 사회적 객관화가 불일치하는 영역이 존재하기 때문에 질병의 정의를 둘러싼 논쟁이 발생한다. 의학적 객관화와 사회적 객관화는 각각 질병의 개념을 규정하는 과학적 차원과 윤리적 차원을 나타내므로, 이러한 논쟁은 과학과 윤리의 영역에 걸쳐 발생한다(Boyd, 2000; Hofmann, 2002).

질병 개념의 논쟁적 성격은 건강 개념에도 반영된다. 현대의학은 건강을 질병의 부재로 정의한다. 이러한 정의는 의학적 객관성을 기준으로, 즉 생물학적 정상성 개념에 기초한 정규분포곡선 상의 위치를 통해서 건강과 질병을 규정한다. 여기서 건강의 윤리적 차원은 제외된다(Caplan, 1992; Nettleton, 1995).

세계보건기구는 더 적극적인 건강 개념을 제시하고 있다. 세계보건기구에 따르면, 건강은 "단순히 질병이 없거나 쇠약하지 않은 상태가 아니라 육체적·정신적·사회적 안녕(wellbeing)을 이룬 상태를 의미한다"(Nettleton, 1995).[6] 이것은 단순한 의학적 정의보다 더 포괄적인 정의지만, 그 의미가 모호하여 이념적 방향성을 제시하지 못한다. 게다가 누구나 인정할 만한 미사여구는 오히려 기존 의학에 대한 문제제기를 사전에 차단하는 효과를 갖는다.

---

5) 뮌하우젠 증후군(Munchausen Syndrome)은 병이 없는데도 타인의 관심을 끌기 위해 아프다고 거짓말을 하거나 자해하는 정신병을 말한다.

6) 최근 이 정의에 '영성적(spiritual) 안녕'을 추가하자는 제안이 아프리카 등지에서 제출되었으나 기존 정의의 모호함을 가중시킨다는 이유로 기각되었다. 남한에서는 언론이 잘못 보도함으로써 많은 사람들이 정의가 바뀌었다고 알고 있지만, 세계보건기구는 기존의 정의를 유지하고 있다.

의료사회학은 건강 개념에 대한 사회적 규정을 주장한다. 특히 기능주의 사회학은 사회적 규범과 의료행위 및 환자의 사회적 기능을 강조한다. 대표적으로 파슨즈(T. Parsons)는 건강을 사회가 요구하는 정상적인 사회적 역할을 수행할 수 있는 능력으로 간주한다. 반면 기능주의에 반대하는 의료사회학자들은 대체적으로 건강에 대한 사람들의 인식이 계급, 인종, 성 등의 집단이나 사회적 환경에 따라 다를 뿐만 아니라 역사적으로도 다르다는 점을 강조한다. 이들은 사실상 건강에 대한 이론적 정의를 해체하고 경험적 접근으로 복귀한다(Nettleton, 1995).

사회학적 건강 개념은 의학적 정의에서 제외된 윤리적 차원의 중요성을 제기하지만, '사회에서 요구하는 능력'을 결정하는 사회적 관계와 역사적 조건을 간과한다. 자본주의에서 건강의 기준은 노동할 수 있는 육체적·정신적 능력을 유지·관리해야 하는 자본의 필요성에 조응한다.[7] 기능주의적 정의는 이런 점을 간과한 사후적·형식적 정의에 불과하다. 또한 그것은 의학과 보건의료체계를 비롯한 기존의 사회적 현실을 암묵적으로 전제하고 비판의 여지를 봉쇄한다. 기능주의를 비판하는 입장도 단지 다양한 경험적 연구를 통해 그 결점을 보완할 뿐이다.

앞에서 제시한 정의들 중 어떤 것도 의학적 지식 자체에 대한 비판을 포함하지 않으며, 단지 의학적 정의에 포괄되지 않는 사회적·윤리적 측면을 강조할 뿐이다. 따라서 이 정의들은 건강을 질병의

---

7) 과거 미국에서 노예의 건강이나 산업화 초기 영국에서 노동자의 건강은 노동할 수 있는 능력에 대한 노예소유주나 자본가의 판단에 좌우되었다. 초기 자본주의에서 건강에 대한 국가의 개입은 국민 건강의 악화로 인한 손실과 건강 증진을 위한 투자를 통해 발생하는 이익에 대한 계산에 의존했다. 그러나 도시 위생시설의 낙후나 전염병의 유행이 지배계급에게도 문제가 될 뿐만 아니라 경제적 손실과 사회적 불안을 야기한다는 점이 인식되면서 공중보건이 등장했고 이에 따라 건강의 기준도 변화했다. 20세기에 과학적 노동관리의 도입과 함께 자본의 통제가 확대되고 노동강도가 강화되면서 노동자의 건강을 체계적으로 관리할 필요가 생겼다(Haila & Levins, 1992, Webster, 1985).

부재만으로 정의하는 것에 반대하면서도 질병에 대한 의학적 규정을 실질적으로 수용한다.

현대의학에 대한 비판적 관점

19세기 말에 확립된 현대의학의 건강과 질병 개념은 '생의학적 모형'(biomedical model)에 기초를 둔다. 생의학적 모형은 육체와 정신을 분리하고 육체를 다양한 부품들로 조합된 기계의 일종으로 간주한다. 또한 생의학적 모형은 '특정병인'(specific aetiology) 이론을 수용한다. 이 모형은 19세기 세균학의 발전과 함께 형성된 '병원균'(germ) 이론에 기초해서 모든 질병이 생물학적으로 검출 가능한 특정한 질병체(disease entity)에 의해 발생하는 것으로 가정한다. 그 결과 현대의학은 건강과 질병에 대해 생물학적 환원론의 입장을 취하게 된다(Nettleton, 1995; Engel, 1977). 여기서 건강은 생물학적 정상성의 상태이고 질병은 그 상태로부터의 이탈을 의미한다.

그러나 생의학적 모형이 형성된 19세기 말에 이미 비판이 제기되었다. 특히 사회의학(social medicine)은 질병의 원인을 생물학적 요인으로 한정시키지 않고 질병이 발생할 수 있는 사회적 조건을 강조한다. 또한 질병이 개인적인 것이 아니라 사회적인 것이므로 사회가 구성원들의 건강을 지키고 보호해야 한다고 주장한다. 사회의학의 관점에서 볼 때, 보건의료의 개혁은 질병의 사회적 원인으로서 자본주의적 사회관계에 대한 변혁과 결합되어야 한다.

그러나 병원균 이론이 발전하여 특정병인 이론을 더욱 강화하고 공중보건운동이 사회변혁의 문제를 사회개혁적 의제로 축소하면서, 사회의학은 그 영향력을 상실한다. 하지만 생의학적 모형에 대한 사회의학적 비판은 여전히 유효한 것인데, 사회역학과 의료사회학이 그것을 부분적으로 계승된다.

사회역학(social epidemiology)은 질병의 원인이 생물학적 요인으로 환원될 수 없기 때문에 건강의 사회적 결정론에 입각하여 질병을 파악해야 한다고 주장한다. 대표적인 사례로 맥퀀(T. McKeown)은 서구에서 지속적인 건강 상태의 개선은 출산양태, 영양상태, 위생상태 등이 개선된 결과이며 예방접종과 같은 의학적 개입의 효과는 미미했다고 주장한다. 스트레스를 유발하는 사회적 조건의 생리적 효과에 관한 세일리(H. Selye)와 울프(H. Wolff)의 연구 또한 대표적이다. 사회역학은 그 외에도 계급적 차이와 갈등, 사회변동과 해체, 문화 변동과 이주 등의 사회적 변화가 건강에 미치는 영향에 대한 경험적 연구를 통해 사회적 요인 자체를 질병의 원인으로 지목한다 (Nettleton, 1995; Berkman & Kawachi, 2000).

사회역학은 생의학적 모형의 심신이원론을 기각한다. 육체와 정신의 구분은 절대적이지 않으며, 정신적 문제가 육체적 질병을 야기할 수 있다. 사회적 조건이 영양 및 위생상태를 변화시킬 뿐만 아니라 사회적 경험 자체가 신경계통을 비롯한 다양한 생리적 과정을 통해 신체적 질병을 발생시킬 수 있다(Berkman and Kawachi, 2000).

또한 사회역학은 생물학적 과정만을 연구하는 생의학적 모형과 달리 계급, 인종, 성과 같은 사회적 조건에 따른 건강불평등 문제를 제기한다.[8] 그러나 사회역학은 건강불평등의 원인으로서 자본주의적 사회관계에 대해서는 침묵한다. 사회관계를 생활 환경의 문제로 축소하는 사회역학은 개량적 정책을 제안한다. 따라서 건강불평등에 대한 문제제기는 오히려 대중적 저항을 사전에 차단하는 효과를 낳는다(Navarro, 1985). 사회역학은 19세기 영국의 공중보건운동과 유사한 방식으로 사회의학적 문제의식을 희석·수용하는 것이다.

의료사회학은 건강 개념의 윤리적 측면을 강조하면서 의학을 일종의 사회적 규범체계로 간주한다. 따라서 질병 개념에 있어서도 사회적 객관화 과정을 강조한다. 그 결과 여기서는 질환(disease)이 아니라 병(sickness)이 주요한 대상이 된다.

초기에는 의학의 기능과 환자의 역할에서 합의와 질서를 강조하

8) 예를 들어 버크만은 사회역학을 건강의 사회적 분포와 사회적 결정요인들에 대해 연구하는 역학의 한 분야로 정의한다(Berkman and Kawachi, 2000).

는 기능주의가 주류를 이루지만, 이후에는 의학을 권력의 요소이자 지배와 통제를 이루어내는 규범체계로 간주하는 급진주의가 등장한다(Armstrong, 1992). 급진주의는 의학을 권력관계에 따른 사회적 구성물로 간주하고, 의료행위를 의사의 전문가적 권위를 강화하는 지배수단으로 간주한다. 하지만 그것은 자본주의적 사회관계에 대해 인식하지 못하고 의사의 인격적 지배만을 강조한다. 아무런 변혁적 전망을 갖지 못하는 급진주의의 극단적 형태는 의학과 의료행위 자체에 대한 거부일 수밖에 없다(Navarro, 1985).

기능주의적 관점이 합의와 질서를 중시하는 반면 급진적 관점은 갈등과 지배를 강조하지만, 이러한 차이에도 불구하고 이들은 모두 생의학적 모형에 대한 외재적 비판에 머무르고 만다. 의료사회학의 외재적 비판이 급진화될수록, 그것은 과학에 대한 사회구성주의적 관점과 결합하면서 현대의학의 가치를 부정하게 된다. 그리고 그 동안 비주류로 간주되었던 '민간요법'과 같은 '대체의학'의 담론이 주목받게 된다.[9)]

현대의학의 객관성과 보편성에 대한 회의는 일반론으로 환원되지 않는 개별 사회의 특수성에 대한 인류학적 인식과 결합하기도 한다. 의료인류학은 현대의학의 생의학적 모형과 환원론적 경향을 비판하면서 다양하고 특이한 의학적 개입방식을 연구한다. 인류학적 관점은 개인적·집단적 특징과 질병의 관계를 연구할 때 사회 구성원들과 그들이 거주하는 장소, 그리고 그들이 경험한 역사의 특수성에 주목할 필요성을 강조한다. 그 결과 의료인류학은 다양한 개별 사회의 특수한 자연적 환경과 문화적 전통에 의해 형성된 치료기법을 경험적으로 연구한다(Janes, 1986; Gevitz, 1992).

---

9) 예를 들어, 최근 현대의학에 지배적인 역종요법과 반대되는 동종요법의 효과가 재발견된다. 이것은 질병의 원인과 동일한 물질을 소량 사용하여 증상을 낫게 할 수 있다는 히포크라테스의 발견을 발전시킨 것이다. 그 외에도 육체의 균형을 강조하거나 식이요법과 같이 의약품을 사용하지 않는 자연적 치유 등이 오늘날 '대체의학'으로 주목받고 있다(Gevitz, 1992). 그러나 고가의 상품으로 판매되는 '대체의학'은 건강불평등의 한 축을 이룬다.

인류 역사상 다양한 형태로 존재해 왔던 의학적 지식과 실천은 현대의학의 치료법과 공존하고 있다. 이러한 전통의학은 대체로 전체론적 관점에서 장기간에 걸쳐 누적된 경험적 지식을 기초로 한다. 그러나 이러한 지식은 대안적인 과학적 이론화로 발전하지 못한 채 실용적 차원에서 현대의학을 보완하는 데 머물고 있다. 나아가 전통의학의 전체론적 관점은 종종 반과학적 태도와 결합되기도 한다(Levins, 2000).[10)]

반면 마르크스주의는 사회의학의 과학적·비판적 요소를 계승·발전시켜 왔다. 보건의료에 대한 마르크스주의적 분석을 대표하는 나바로(V. Navarro)는 자본주의적 노동과정과 생활조건을 현대적 질병의 주요한 원인으로 지목한다. 그는 자본주의적 노동과정을 분석하면서 기술발전에 따른 노동의 통제 및 노동강도의 강화로 인한 위험, 스트레스, 소외감 등을 질병의 원인으로 제시한다. 또 소비주의의 확산에 따른 각종 현대적 질병이 여기에 추가된다. 현대의학은 자본주의가 양산한 질병에 대해 사후적 조치를 취할 뿐이며, 이로 인해 의료비용은 증가하지만 건강은 개선되지 않는다. 현대의학의 위기는 현대 보건의료체제에 반영된 자본주의의 위기로서 자본주의의 변혁을 통해서만 근본적으로 해결할 수 있다(Navarro, 1986).

나바로의 관점은 생의학적 모형에 대한 내재적인 동시에 외재적인

10) 동양은 비록 현대과학에 근거한 것은 아니지만 체계화된 의학적 실천의 전통을 갖고 있다. 예를 들어 한국에서 한의학은 일제 강점기에 도입된 서양의학으로 인해 권위를 상실한다. 한의학의 과학성을 둘러싼 논쟁은 여전히 해결되고 있지 않지만, 그 실용성과 상품성으로 인해 서양의학과 병존하고 있다. 중국의 경우 양자의 이론적 결합을 시도하고 있지만, 아직은 현대의 자연과학적 지식을 통해 전통의학을 해석하는 수준이다. 대표적인 사례가 '변증논치'의 정립이다. 변증논치는 증을 변별해서 논리적으로 치료한다는 것인데, 증(證)은 증상(症狀)들의 조합에 따라 유형화된 진단명이다. 이것은 질병을 전제하고 치료를 시작하는 서양의학과 달리 병명에 관계없이 우선 증을 살펴본다는 한의학의 접근법을 나타낸다. 한의학은 육체와 질병에 대한 관점 자체가 생의학적 모형과 상이하므로 양자의 완전한 결합은 현대의학의 기초를 이루는 생물학의 변화가 동시에 이루어질 때 가능할 것이다.

비판이다. 그는 자본주의적 사회관계에 대한 마르크스주의적 분석에 기초해서 질병의 원인과 의학적 지식 및 제도를 비판적으로 분석한다. 의료사회학과 사회역학이 현대의학을 사실상 보완하는 데 그치는 반면 그의 비판적 분석은 사회에 대한 변혁적 전망과 결합된다.

그러나 현대의학에 대한 마르크스주의적 비판은 더 근본적인 문제, 즉 생의학적 모형의 생물학적 기초에 대한 비판으로 나아가지는 못한다. 마르크스주의적 보건의료 분석은 건강에 영향을 미치는 요소로서 사회적 요인을 추가할 뿐 생명 현상을 이해하는 방식에서는 기존 생물학과 큰 차이가 없다. 그 결과 질병의 원인으로서 생태적 조건은 분석되지 않고, 병원균의 박멸을 통해 감염성 질병을 퇴치하는 현대의학의 방법을 사실상 수용한다.

건강과 질병이 결국 생명체의 상태에 대한 설명과 판단에 근거하는 이상 의학은 생물학에 기초할 수밖에 없다. 그런데 현대생물학은 생명 현상을 더 작은 단위, 즉 유전자나 개별 유기체 등으로 환원해서 설명하기 때문에 복잡한 체계에서의 상호작용을 파악하는 데 한계를 지닌다. 따라서 사회·생태적 요인을 의학적 지식에 체계적으로 통합시키기 위해서는 생물학적 관점의 변화가 필수적이다. 현대의학의 한계는 의료사회학에서 주장하듯이 생물학적 환원론에 있는 것이 아니라, 오히려 그 생물학적 기초가 환원론적이라는 사실에 있다(Levins and Lewontin, 1985; Levins, 2000).

게다가 최근 감염성 질병이 다시 확산되면서 병원균의 퇴치를 통한 정복이라는 기존의 해결책이 더 이상 불가능하다는 사실이 분명해지고 있다. 항생물질에 대한 저항을 획득한 감염성 질병이 진화하는 속도는 항생물질이 사용되는 속도를 압도한다. 감염성 질병의 원인을 병원균으로 파악하는 기존 생물학의 관점을 유지할 경우 병원균에 대한 면역과 퇴치 이외의 해결책은 존재하지 않는다(Levins, 2000; Levins and Lopez, 1999).

생태학적 관점의 발전

생태학은 현대생물학의 한계를 극복할 수 있는 대안적 관점을 제시한다. 생태학은 유전학에 기초한 현대생물학의 환원론을 비판하고 다양한 수준의 복잡한 상호작용을 통해 생명 현상을 이해한다. 생명 현상을 설명하는 방식에서의 이러한 차이는 궁극적으로 생명 현상의 역사적 변화, 즉 진화를 설명하는 방식의 차이에 기인한다.

다윈의 진화론이 등장하면서 생물학은 과학의 형태를 띠게 된다. 진화론은 생명체가 창조주에 의해 조화롭게 설계된 존재가 아니라 자연계 내부의 원인에 의해 끊임없이 변화하는 존재라는 관점을 제공한다. 인간도 자연계의 진화 과정에서 등장한 생명체에 다름 아니며, 생명 현상도 자연계 전체의 진화에 불과하다(Bowler, 2003).

그러나 다윈이 진화의 메커니즘으로 제시한 '자연선택'은 지속적인 논쟁의 대상이 된다. 이를 설명하기 위해 서로 다른 전통을 갖는 다양한 이론들이 제기된다. 20세기에 이르러 가장 유력한 이론으로 유전학적 종합설이 현대생물학의 기초를 형성하는데, 생태학적 설명은 그 한계를 극복하는 하나의 대안으로 등장한 것이다.

진화론과 유전학적 종합설

세계관으로서 진화주의는 다윈의 진화론 이전에도 존재했다. 진화주의는 변화를 다루며 여기에 일정한 질서와 방향을 부여할 수 있는 다양한 관념들이 결합된다. 진화주의는 특정한 과학적 대상을 갖는 이론이 아니기 때문에 물리체계와 생명체계뿐만 아니라 인간 사회에도 적용된다(Levins and Lewontin, 1985).

생명의 진화에 관한 진화주의적 세계관도 다윈 이전에 이미 존재했으며, 진화론의 기초가 되었던 증거들도 다윈 당대의 학자들에게 널리 알려져 있었다. 다윈 이론의 독창성은 자연선택을 생명체 진화의 방향을 결정하는 메커니즘으로 제시한 것에 있다(Bowler, 2003).

자연선택이라는 힘(force)을 통해 진화론은 동역학(dynamics)의 면모를 갖추게 되고, 진화주의적 세계관과 결정적으로 단절하는 과학적 진화론이 된다.

다윈이 『종의 기원』을 출간하면서 촉발된 논쟁을 통해 진화론이 광범위하게 확산되지만, 다윈주의가 곧바로 받아들여진 것은 아니었다. 자연선택을 이해하는 방식은 격렬한 논쟁의 대상이 되었고, 지금까지도 생물학의 핵심적 문제가 되고 있다. 전체로서 생명에 대한 존중과 자연의 통일성을 강조하는 전통적인 일원론와 획득형질의 유전을 주장하는 라마르크적 진화주의는 다윈주의에 대한 반대의 논거가 되었다. 그러나 유전학이 이러한 반다윈주의적 설명을 기각함으로써 다윈주의를 부활시켰다(Haila and Levins, 1992; Bowler, 2003).

초기 유전학은 개체의 발달 과정이나 환경과 분리된 유전 메커니즘만을 연구했기 때문에 다윈주의와 결합될 수 없었다. 유전학은 획득형질이 유전될 수 없다고 주장했다. 이에 따르면, 유전자 암호가 변형된 '돌연변이'를 통해서만 새로운 형질이 출현할 수 있다. 이러한 명제는 한편으로 라마르크주의를 기각하지만, 다른 한편으로 자연선택설과도 거리를 두는 것인데, 돌연변이는 환경에 대한 적응과 무관하게 유전자 구조 내에서 발생하기 때문이다. 이런 관점에서 환경의 역할은 개체를 변화시키는 것이 아니라 개체의 생존과 생식의 가능성에 영향을 주는 것으로 국한된다(Bowler, 1993).

자연선택 메커니즘이 개체군 유전학을 통해 설명됨으로써 실질적인 현대적 종합이 이루어졌다. 1920년경 모건(T. H. Morgan)은 돌연변이가 기존 유전자의 연속적 변형일 뿐이라는 점을 발견했다. 또 피셔(R. A. Fischer)는 계량생물학적 모형을 개체군 수준에 적용하여 돌연변이가 발생하더라도 열성유전자는 사라지지 않고 형질을 분명히 드러내지 않으면서 일부 개체에 존속할 것이라고 주장했다. 그에 따르면, 유전자 구조 내에서 임의적이고 연속적인 변이가 발생하고, 이것이 환경에 의해 개체군 내부의 수많은 다양한 형질을 포괄하는 '유전자 연못'을 형성한다. 돌연변이와 자연선택의 과정은 세대를 거듭하면서 변이분포를 변화시킬 것이고 점차적으로 개체군의 전반적 특징을 변화시킬 것이다(Bowler, 1993).

유전학적 종합에서 자연선택은 유전자의 연속적·임의적 변이가 환경에 적응하는 과정에서 발생하는 것으로 이해된다. 그러나 여기서도 환경은 개체의 적응을 위해 주어지는 것일 뿐 개체의 변화에는 아무런 영향을 주지 않는 것으로 간주되는데, 개체의 변화는 환경과 무관한 유전자의 변이에 의해 발생하기 때문이다. 유전학적 설명은 유전자와 개체의 변화가 발생하는 메커니즘을 설명하는 대신 그것을 확률 모형으로 대체함으로써 동역학이 아닌 운동학(kinematics)에 머물게 된다(Levins and Lewontin, 1985).

개체의 변화가 유전자의 변화를 통해서만 발생한다는 주장은 생명 현상을 유전자의 문제로 대체하는 환원론적 접근법을 따른다. 또한 이러한 접근법은 개체나 종의 상호작용 나아가 이들과 환경의 상호작용과 같은 복잡한 체계를 분석하지 않는 원자론적 모형에 기초하고 있다. 환원론과 원자론은 서구 과학의 전통적 접근법이고 상대적으로 단순하고 고립된 요소들의 상호작용으로 파악될 수 있는 대상들에서 큰 성공을 거두어 왔다. 하지만 그러한 방법은 생명체의 진화와 같이 자연의 복잡한 체계를 분석할 때는 한계를 노정한다(Haila and Levins, 1992).

그럼에도 불구하고, 다윈주의와 유전학의 현대적 종합은 1940년대에 이르러 진화론이 적용될 수 있는 모든 과학을 지배하기 시작한다. 동시에 이와 다른 관점에서 진화를 설명하려는 흐름도 성장하기 시작한다. 19세기 말부터 박물학자들을 중심으로 형성된 생태학적 관점이 대안적 설명의 출발점을 이룬다.

생태학의 발전

생물학의 한 분과로서 생태학은 1890년대에 등장했다. 생태학은 생명체들 사이의 상호작용, 나아가 생명체와 환경의 상호작용을 대상으로 하는 과학이다. 생태학적 관점에서 진화론은 유기체와 환경의 상호작용이 발전하고 새로운 유기체가 형성되는 방식을 연구하는 것이다(Bowler, 1993).

마이어(E. Mayr)는 다윈주의의 핵심을 '개체군 수준의 사고'(population thinking)라고 규정한다. 이는 환원론과 원자론을 대체하는 생태학적 진화론의 기본적 가정을 보여준다. 또한 이는 종이 자연에서 순수한 유형으로 존재하는 것이 아니라 다양한 형질을 가진 개체들로 이루어졌다는 관점을 함축한다. 이런 관점에 따르면, 환경을 고정된 것으로 가정하고, 단일한 기준에 따라 개체들의 적합도를 개별적으로 측정하는 적응 개념은 기각된다. 오히려 유기체의 적응 메커니즘은 환경의 다양한 측면에 대해 다양한 형태로 나타난다. 이런 관점은 생명체의 진화가 완벽한 적응을 향해 나아간다는 목적론적·선형적 진화 관념을 탈각시킨다(Haila and Levins, 1992).

그러나 생태학자는 초월적인 힘이나 정신을 상정하는 신비주의적 전체론자가 아니다. 복잡한 체계는 유기체 내부의 구성요소들, 유기체와 환경, 개체와 개체군 등의 다양한 수준의 상호작용 메커니즘을 분석하고 이를 결합하여 인과론적 설명을 시도하기 위한 개념이다(Haila and Levins, 1992). 이를 위해 생태학은 복잡성의 동역학적 메커니즘을 과학적으로 분석하는 과정에서 수학적 모형화를 추진해왔다.

1920년대부터 특정한 생태적 조건에서 개체군 크기의 변화를 수학적으로 표현하려는 시도가 등장했다. 로트카(A. Lotka)는 기생체와 숙주, 포식자와 희생자의 관계에 대해 서로 다른 종들의 상호작용을 미분방정식의 집합으로 서술했다. 또 볼테라(V. Volterra)는 희생자와 포식자의 상호작용에 따른 개체수 변화율을 미분방정식으로 나타내고 그 해를 그래프로 표현했다.

1930년대부터 가우제(G. Gause)는 실험실의 단순한 생태적 조건에서 개체군 크기의 변화를 관찰하면서 로트카-볼테라 모형을 더욱 발전시켰다. 그는 군집 내 체계 전체의 물질적 순환에서 종의 역할에 주목하면서 생태계의 '적소'(niche)라는 개념을 고안하고, 공존하는 다른 종이 정확히 동일한 적소를 차지하지 않는다는 '경쟁적 배제의 원리'를 제시했다(Kingsland, 1995).

1950년대에는 수학적 모형과 생물학적 현실의 관계, 이론과 관찰의 관계 등에 대한 논쟁이 증폭되면서 다양한 시도가 모색되었다. 그리고 1960년대에 이르러 생태학이 사회적으로 주목받으면서 연구는 다시 활기를 띠었다. 맥아서(R. MacArthur)는 생물학과 수학적 모형의 관계에 대해 새로운 해법을 제시했다. 그는 기존의 통계학적 접근법과 달리 생물학적 추론에서 시작하여 그 수학적 표현을 논리적으로 도출하는 방식을 제기했다.[11] 또한 맥아서는 레빈스와 함께 생태적 조건과 종 다양성의 변화의 관계를 설명하는 이론적 작업을 진행했다. 이 과정에서 그들은 개체군생태학과 개체군유전학을 결합함으로써 생태학과 진화론을 연결시켰다(Kingsland, 1995).

진화론은 자연의 변화를 다루는 과학이지만 진화주의적 이데올로기와 끊임없이 상호작용한다. 따라서 현대 진화론은 변화, 질서, 방향, 진보, 완전성 등의 위계적 관념과 관련된 부르주아적 이데올로기의 영향을 받는다. 그 결과 모호한 관념이 도입되어 과학적 연구의 방향에 영향력을 미치는 경우도 있다(Levins and Lewontin, 1985).[12] 생태학적 진화론은 이런 관념에 문제를 제기하면서 진화론의 발전

---

11) 과거의 연구는 경험적 자료와 통계적 분포를 비교하고 양자가 일치하는 정도를 계산하여 법칙으로의 일반화가 가능한지를 판단했다. 하지만 통계학적으로 유도된 방정식의 생물학적 의미는 불명확했다.

12) 점진적 진화에 대한 믿음이 그 대표적 사례다. 굴드(S. Gould)와 엘드리지(N. Eldredge)가 1972년에 제기한 '단속평형'(punctuated equilibrium) 개념은 점진적 진화를 가정하는 균일설에 대한 진화론의 맹목을 비판한 것이다. 그들은 대규모의 중심적 개체군에서는 장기간 동안 거의 변형이 일어나지 않지만 고립된 소규모의 주변적 개체군에서는 상대적으로 급속한 변형이 이루어진다고 가정하고, 특정한 격변이 발생하는 비일상적 조건에서 후자가 중심 영역으로 진출할 기회를 갖는다고 주장한다. 진화론은 전통적으로 균일설을 지지해왔지만 균일설만으로는 종분화의 다양한 유형을 제대로 설명할 수 없다(Bowler, 2003).

에 기여한다.

생태학적 관점에서 자연선택의 단위는 생태계 내부의 상호작용 양상에 따라 유전자에서 개체군에 이르기까지 다양한 수준에 위치한다. 또한 자연선택이 생태계의 특정한 개별 요소에서 발생하는 것이 아니라 상호작용의 결과로 다양한 수준에서 발생하기 때문에, 그 상호작용의 메커니즘을 밝히는 것이 중요한 문제가 된다(Levins and Lewontin, 1985). 이것은 자연선택을 유전자의 임의적 변이로 간주하면서 결국 진화의 구체적 메커니즘을 설명하지 않는 유전학적 종합과 대비된다.[13]

그렇지만 생태학이 유전적 과정을 무시하는 것은 아니다. 대안적인 '생태학적 종합설'도 유전적 과정을 포괄해야 할 것이다. 두 가지 종합 모두 유전자, 개체, 개체군, 물리적 환경 등의 영역을 포괄한다. 기존의 유전학적 종합설이 임의적·연속적 유전자의 변이가 주어진 환경에 적응하면서 자연선택이 이루어진다고 보는 반면, 생태학적 종합설은 유전자에서 지질학적 또는 천문학적 현상에 이르는 다양한 수준에서의 상호작용에서 자연선택이 발생한다고 본다.

뿐만 아니라, 생태학과 결합된 유전학적 연구가 진행되면서 전통적 진화론의 개념적 모호성과 이론적·현실적 부적합성이 드러나고 있다. 굴드와 르원틴(R. Lewontin)은 유기체의 모든 형질이 적응적 목적에 부합한다는 기능주의적 설명을 비판한다. 그들은 유전적 기초를 지닌 형질로 간주되는 많은 현상이 유기체의 발생 과정에서 나타난 필연적 부산물일 뿐 자연선택과는 무관하다고 주장한다. 진화가 개체의 유전자 수준에 국한되지 않고 개체, 개체군, 종 등과 같은 다양한 수준에서 파악된다면, 환경의 수많은 측면에 적응하는 다양한 방식들이 모두 적응적 이점을 지니고 있다는 사실이 드러난다. 또한 비적응적 과정이 조건의 변화에 따라 적응적 중요성을 부여받

---

13) 『이기적 유전자』의 저자 도킨스(R. Dawkins)가 대표적인 유전자 환원론자다. 그는 자연선택이 개체의 성공적 생식에 있는 것이 아니라 유전자의 성공적 복제에 달려 있다고 주장한다. 이에 대해 굴드는 유전자의 복제는 개체가 생식에 성공함으로써 이루어진다고 비판한다(Bowler, 2003).

는 경우도 있다. 생명체가 다양성과 복잡성을 갖추면서 더 안정적이고 더 완전한 형태로 진화한다는 관념은 명확한 개념이 아닐 뿐더러 이론적·현실적 근거도 없다(Bowler, 2003; Levins and Lewontin, 1985). 이에 따라 선형적 진보의 사다리라는 관점은 다양한 유기체들이 끊임없이 변화하는 환경적 조건의 다양한 측면과 수준에 적응하면서 공진화한다는 관점으로 대체된다.

생태학적 관점과 보건의료

생명 현상의 본질

열역학 제2법칙에 따르면, 우주는 엔트로피가 증가하는 방향으로 진화한다. 그러나 엔트로피는 우주 전체에서 균등하게 증가하는 것이 아니라 네거티브 엔트로피 또는 네겐트로피(negentropy)를 창출하는 개별적 구조를 형성한다. 지구를 포함한 행성들도 그러한 개별적 구조의 일종이고 우리가 관찰하는 생명 현상도 지구의 표면에서 벌어지는 물질적 상호작용의 일부로서 독특한 구조를 갖는다.

생명 현상은 신진대사와 무성생식이 가능한 박테리아의 등장과 함께 시작했다. 이들의 진화과정을 통해 개체성을 인식할 수 있는 진핵생물이 등장했다.14) 이후 다양한 종이 분화되고 종 내 개체들의 다양한 변이가 형성되는 진화의 역사는 전체 생물권(biosphere)의 역사의 일부를 이룬다. 생명 현상은 물리적 법칙에 따른 우주의 진화의 일부이면서도 독자적인 동역학을 갖는 출현적 구조(emerging structure)에 해당한다(Margulis and Sagan, 1995).

---

14) 박테리아는 지구가 형성된 후 7억 년이 지난 39억 년 전에 등장한 것으로 추정된다. 바이러스가 다른 생명체에 기생하지 않으면 물질대사와 생식을 하지 못하는 반면, 박테리아는 자체적으로 그러한 활동을 할 수 있기 때문에 생명체의 원형이 된다(Margulis, 1995).

자연에서 개별적으로 인식될 수 있는 모든 단위는 외부 환경과 구별되는 독자적인 내부 구조를 갖지만 또한 그 경계에서 내부와 외부는 끊임없이 상호작용한다. 생태적 단위는 개별 유기체에서 종 전체, 나아가 지구 생물권 전체에 이른다. 이러한 단위들 중에서 다세포 유기체는 주변 환경과 물질·에너지를 교환함으로써 생존·생식하는 복잡한 체계다. 유기체는 외부에 개방되어 환경과의 능동적 상호작용을 통해 생애순환을 완성한다. 유기체는 영양분을 흡수해서 자신의 일부로 변화시키거나 동력원으로 소비한 뒤 폐기물을 배출한다. 다세포 유기체는 이러한 전체적 과정을 지속함으로써 자기 동일성을 유지한다(Haila and Levins, 1992).

여기서 환경은 상호작용의 유형에 따라 물리적 환경일 수도 있고 다른 개체나 종일 수도 있다. 생명체와 다양한 수준에서 상호작용하는 환경은 시공간에 따라 다양하며 복잡하게 연결되어 있다. 생명체는 환경 일반에 적응하는 것이 아니라 환경의 특정한 측면에 적응한다. 환경은 생명체보다 더 복잡하고 더 다양하기 때문에 생명체는 환경의 많은 측면들을 무시한다. 따라서 변화하는 환경에 적응하는 생명체의 상호작용은 모순의 가능성을 내포한다(Levins and Lewontin, 1985).

생명체는 환경의 상반된 요구 속에서 내·외부적 작용들이 자신의 생존을 위협하지 않도록 조정하는 자기조절체계를 갖고 있다. 생명체의 자기조절체계는 각각의 부분이 서로 기능적으로 연결되어 있다는 점에서 공학적 조절체계와 유사하다. 그러나 생명체의 자기조절체계는 공학적 조절체계와 달리 통제자 자신이 통제를 받는다. 또한 육체의 각각의 기능은 특정 기관에 의해 단독으로 이루어지는 것이 아니라 여러 기관들의 상호작용을 통해 수행된다.

피드백과 피드포워드는 생명체의 복잡한 상호작용 메커니즘을 이해하기 위한 대표적 개념이다. 피드백은 유기체의 특정 부위에서 발생한 초기 변화가 일정한 경로를 거쳐 다시 돌아와 처음의 변화를 강화 또는 약화하는 과정을 의미한다. 혈당이 증가하여 췌장의 인슐린 분비를 자극함으로써 혈당을 줄이는 것은 피드백의 한 사례다. 피드포워드는 피드백과 유사하지만 유기체의 상태를 예상하고 신호를 보낸다는 점에서 피드백과 다르다. 음식을 섭취할 때 느끼는 포만감은 피드포워드의 한 가지 사례다. 영양이 충분한 상태가 되면 음식 섭취를 중단해야 하지만, 소화속도가 너무 느리기 때문에 영양상태를 확인하고 중단 신호를 보낼 수 없다. 따라서 포만감을 통해 영양공급을 예측하고 사전에 음식 섭취의 중단을 요구하는 피드포워드 과정이 확립되어야 한다(Haila and Levins, 1992).

생명체의 통제체계는 다양한 수준으로 구조화되어 있다. 국지적 자율성이 매우 높은 체계가 있는가 하면 중앙집중적 통제체계도 존재한다. 이들 모두 나름의 적응적 중요성을 갖고 있다. 국지적 자율성은 중앙의 붕괴가 유기체의 완전한 파괴로 귀결되지 않도록 하지만 부분들간의 조정을 저해한다. 반면 중앙집중적 통제는 조절 기능을 향상시키지만 일단 붕괴되면 그 결과가 훨씬 더 파괴적이다. 진화의 과정에서 생명체는 환경의 다양한 측면에 적응하면서 대립적으로 보이는 통제방식들을 결합해낸다(Haila and Levins, 1992).

환경의 변화에 대한 조절체계의 변화는 적응이 요구되는 시간의 단위에 따라 다르게 작동한다. 즉각적 반응의 필요에 따라 발생하는 조절체계의 변화는 가역적이지만, 생태사적·진화론적 시간을 통해 발생하는 변화는 비가역적이다. 기존의 조절체계가 즉각적으로 적응할 수 없을 정도로 생태적 조건이 급격히 변화할 때 생명체는 지체상태에 머무르거나 죽게 된다. 또한 특정한 조건의 변화로 인해 서로 대립되는 생리적 요구가 양립할 수 없게 될 때 잘 작동하던 조절체계가 파괴될 수 있다(Haila and Levins, 1992).

이처럼 탄생·성장·생식의 과정에서 생명체는 스스로를 보존하기 위해서 내·외부적 상호작용을 지속해야 한다. 자기조절체계의 안정성이 보장될 때만 그러한 상호작용이 지속될 수 있다. 그리고 자기조절체계가 파괴되거나 오작동하여 생명체의 자기보존에 지장을 주는 상태가 건강하지 못한 상태로 규정될 수 있다.

감염성 질병과 비감염성 질병

자기조절체계는 여러 가지 방식으로 손상될 수 있다. 외부의 직접적 충격이 자기조절체계를 파괴할 수 있으며, 내부의 특정 기능이 과도한 사용으로 인해 고갈될 수 있다. 외부의 사건에 대한 정상적 반응이 자기조절체계의 균형을 깨트릴 수 있고, 조절 성분의 유전적 변형이 자기조절체계를 붕괴시킬 수 있다. 손상된 자기조절체계는 잘못 반응할 수 있고, 너무 빠르게 또는 너무 느리게 반응할 수 있다. 자기조절체계의 손상이 질병을 야기하며, 질병은 원인에 따라 감염성 질병과 비감염성 질병으로 나뉜다(Haila and Levins, 1992).

감염성 질병은 병원균으로 간주되는 다른 생명체와의 상호작용으로 인해 자기조절체계가 손상되는 것이다.[15] 병원균과 인간의 관계는 기생체와 숙주의 관계에 속한다. 광합성하는 식물을 제외한 거의 모든 생명체는 다른 생명체를 소비함으로써 영양분을 얻는데, 기생체는 포식자와 달리 숙주의 내부나 표면에 기생하면서 숙주를 조금씩 소비한다.

생명체의 진화 과정에는 다양한 방식에 의한 박테리아의 결합이 주된 역할을 했다. 세포 내 미토콘드리아는 이러한 결합의 대표적 사례다.[16] 이런 관점에서 보면, 생명체가 다른 생명체와 다양한 방식으로 결합하는 것이 순수하게 독립적인 개체로 존재하는 것보다

---

15) 감염(infection)은 병원균이 육체에 침투하는 것을 의미하는 것으로 피감염자와 병원균의 관계에 중점을 두는 용어인 반면, 전염(transmission)은 애초의 보균자로부터 병원균이 옮는 것을 의미하는 것으로 병원균을 매개로 한 보균자들간의 관계나 전파의 경로에 중점을 두는 용어다.

16) 미국의 해부학자 월린(I. Wallin)은 1927년에 박테리아의 결합을 실험적으로 증명했다. 그는 이러한 박테리아의 결합이 생명체의 진화에 핵심적 메커니즘이라고 주장했다. 그에 따르면 세포의 산소호흡에 필수적인 미토콘드리아가 최초에는 산소호흡을 하는 별도의 박테리아였다. 처음에 그것은 다른 박테리아에게 파괴적 결과를 낳는 기생체였지만, 기생체는 또한 숙주 없이 생존할 수 없으므로 장기적 공진화 과정을 거치면서 내부의 기관으로 정착하게 되었다(Margulis and Sagan, 1998).

더 자연스러운 현상이다. 기생체와 숙주의 관계 또한 이러한 결합의 한 유형이다. 따라서 기생체와 숙주의 관계는 병리적이거나 이례적인 현상이 아니며, 정상적인 인간의 몸에도 수많은 생물이 기생하고 있다(Haila and Levins, 1992; Margulis and Sagan, 1998)

기생체는 숙주 내에서 가능한 자원들을 활용하면서 성장·번식하는데, 이 과정에서 숙주와 기생체는 상호작용한다. 이러한 상호작용이 반드시 질병을 일으키는 것은 아니다. 기생체와 숙주가 양자의 정상적 생활에 지장을 주지 않으면서 안정적 관계를 유지할 수도 있다. 예를 들어, 소화기관 내부의 박테리아는 숙주에게 아무런 해를 입히지 않거나 오히려 도움을 주면서 공생한다. 반대로 양자의 상호작용이 둘 중 하나에게 유해한 결과를 낳을 수도 있다. 상호작용의 결과가 숙주인 인간의 자기조절체계의 손상을 야기할 때 발생하는 것이 감염성 질병이다(Haila and Levins, 1992).

감염성 질병의 병원균이 침투한다고 해서 항상 발병하는 것은 아니다. 숙주의 영양 상태와 면역력 등이 발병의 조건이 된다. 기생체가 급속히 번식하여 숙주의 영양분을 지나치게 유용하거나 설사와 같은 증상을 일으키면, 숙주의 영양이 고갈될 수 있다. 면역력의 약화는 영양상태의 악화로 인해 발생할 수도 있고, 에이즈처럼 면역체계에 대한 직접적 공격으로 인해 발생할 수도 있다. 발열은 숙주가 기생체에 대처하는 과정에서 일어나는데, 이것이 도리어 숙주의 자기조절체계를 손상시킬 수도 있다.

또한 병원균이 인간에게 침투할 가능성은 생태적 조건에 따라 달라진다. 인간이 조성한 환경으로 인해 인간과 병원균이 접촉할 가능성이 높아지거나, 생존 경쟁에서 열등한 병원균에게 유리한 조건이 형성될 수 있다. 예를 들어, 도시화는 모기와 같은 질병 전파자가 손쉽게 번식할 수 있는 환경을 조성한다. 레지오넬라병을 일으키는 박테리아는 자연적 생존경쟁에는 뒤지지만, 고열과 염소에 대한 저항력이 있어서 위생처리된 하수도 시설에서의 생존경쟁에는 유리하다.

어떤 질병이 인구 전체로 확산되고 계속 유지되기 위해서는 인구

수가 일정한 수준을 넘어야 한다. 예를 들어, 홍역이 사라지지 않고 유지되기 위해서는 최소한 20만 명의 인구가 있어야 한다. 자본주의의 발전에 따른 거대도시의 성장은 새로운 질병이 발생할 수 있는 인구의 집중을 가능케 한다(Haila and Levins, 1992).

현대의학은 감염성 질병의 원인을 병원균으로 환원하지만, 사실 병원균은 질병을 발생시키는 여러 원인들 중 하나에 불과하다. 인구밀도와 주거유형, 그리고 생활양식도 발병의 원인에 포함된다. 예를 들어, 유럽에서 흑사병이 창궐했던 시기는 사회적 붕괴의 시기, 즉 생산이 감소하고 위생시설이 황폐화되면서 인구의 영양상태가 악화된 시기와 일치한다. 천연두는 종두법 덕택으로 퇴치된 것으로 알려져 있지만, 사실 전반적 생활수준의 향상에 힘입은 바가 크다. 즉 인구의 전반적인 건강상태가 개선됨으로써 감염성 질병이 확산될 수 있는 사회적 조건이 사라졌던 것이다. 위생시설은 수많은 감염성 질병을 퇴치했지만 이로 인해 오히려 극성을 부리기 시작한 감염성 질병도 있는데, 소아마비가 그 사례다. 비위생적인 사회에서는 대체로 소아마비가 유아기에 발생하기 때문에 큰 문제없이 면역력을 획득한다. 그러나 위생적 사회에서는 소아마비가 성인기에 발병하여 심한 마비를 일으키고 사망을 야기할 수도 있다(McNeill, 1979).

현대의학은 항생 물질을 통해 감염성 질병을 퇴치하고자 했으나 병원균이 점차 이에 적응하고 진화함으로써 그 실효성의 한계가 드러났다. 즉 박테리아의 적응 속도가 항생물질의 개발 속도를 압도하는 것이다. 박테리아는 다른 분자구조를 지닌 항생물질에 대해 동일한 메커니즘을 사용하는 수평적 저항을 통해 대처한다. 또한 항생물질이 현존할 때만 방어에 필요한 분자를 생성하는 유도성 저항을 획득하여 지나치게 많은 방어체계의 부담을 덜어낼 수 있다. 결정적으로 박테리아는 유전자를 신속히 교환함으로써 방어수단을 축적할 수 있다. 40억 년에 가까운 생명체의 진화 과정에서 박테리아는 항생물질과는 비교할 수 없을 정도로 엄청난 환경의 변화에 적응하면서 생존해 왔다. 박테리아의 멸종은 생명체의 종말을 의미한다고 볼 수도 있다(Haila and Levins, 1992; Margulis and Sagan, 1998).

숙주와 기생체는 상호작용을 통해 공진화한다. 역사적으로 인류는 수많은 기생체와 상호작용하면서 공진화해왔다. 감염성 질병은 공진화 방식이 인간의 자기보존에 부정적인 방식으로 이루어진 경우를 지칭한다(Kiple, 1992). 기생체의 박멸이 불가능하다면, 인간은 단지 공진화의 방식에 영향을 줄 수 있을 뿐이다. 따라서 인간은 기생체와 숙주의 상호파괴적인 공진화가 아니라 상호호의적인 공진화를 유도해야 한다(Levins, 2000).

병원균이 아닌 다른 요인으로 인해 인체의 자기조절체계가 손상될 수 있는데, 이것이 비감염성 질병이다. 인간의 사회적 상호작용은 비감염성 질병을 야기하는 중요한 메커니즘이다. 암, 당뇨, 고혈압, 스트레스성 질병 등이 대표적인 사례다. 평균수명의 상승과 지식의 발달로 인해 이러한 질병들이 발견된 측면도 있지만, 이러한 질병의 주요 원인은 자본주의적 사회관계로 인한 생활습관과 노동조건의 변화, 일상적 스트레스와 사회·생태적 위험의 증가 등이다.

인간의 신진대사과정으로서 노동은 특정한 생산관계를 전제로 한다. 그 결과 인간들 사이의 관계가 인간과 자연의 관계를 규정하게 된다. 자본주의는 자연적 과정을 자본축적에 종속시킴으로써 인간사회를 포함한 생태체계에서 신진대사의 균열을 야기한다. 도시와 농촌의 대립이 그러한 예인데, 자본주의에서 농촌은 도시에 집중된 인구를 부양하는 역할을 수행하고 도시는 대량의 에너지를 소비한다. 그 결과 농촌의 자연적 생산능력은 저하되고 도시의 공해는 심화된다(Moore, 2000).

또한 자본의 추상성은 인간의 신진대사 메커니즘의 구체적 성격과 대립한다. 자본의 입장에서 인간의 노동은 가치로서 추상적 부를 축적하기 위한 수단에 불과하기 때문에 노동을 매개로 한 신진대사과정의 구체적 메커니즘은 고려하지 않는다. 특히 20세기 자본주의의 노동과정은 노동강도를 강화하고 노동자에 대한 통제·감시를 심화한다. 특정 행위의 반복은 육체의 자기조절체계를 고갈시키며, 지속적인 통제와 감시로 인한 스트레스는 육체의 자기조절체제를 손상시킨다. 또한 자본은 노동력의 재생산 과정에서 더 많은 상품의 소비를 부추긴다. 자본주의적 생활양식은 각종 성인병을 비롯한 현대적 질병을 유발하는 생리적 불균형을 야기한다.

자본주의의 사회·경제적 조건은 일상적 스트레스를 증가시킨다. 예를 들어 사회·경제적 불평등은 건강을 유지할 수 있는 물질적 자원의 결핍일 뿐만 아니라 그 자체로 스트레스를 가중시키는 원인이 된다. 인간의 사회적 경험은 뇌를 통해서뿐만 아니라 육체 전체의 신경조직을 통해서도 이루어진다. 그리고 뇌와 신경조직은 다른 기관들과 생리적 상호작용을 한다. 따라서 정신적 병리상태가 생리적 메커니즘을 통해 육체적 질병을 유발할 수 있다(Levins, 2000).

도시와 농촌의 신진대사적 균열이 심화되면서 오염 및 공해 물질이 건강을 직접적으로 위협하게 된다. 공장의 폐기물뿐만 아니라 일상적으로 소비하는 상품의 독성물질도 여기에 포함한다. 자본주의는 인간에게 직접적 부상과 중독을 일으킬 수 있는 위험 요소들을 산출하기도 한다. 도시화가 진행되고 교통수단이 확산되면서 교통사고를 질병으로 간주하는 경우를 볼 수 있다.

반면, 자본주의적 의료화가 확대·심화되면서 유기체의 자연적 생애순환이 '질병'으로 간주되기도 한다. 노화로 인한 퇴행성 질병이 그러한 사례에 속한다. 생명체의 자기조절체계는 영원하지 않으며 탄생·성장·사망의 생애순환을 따른다. 따라서 노화과정과 관련하여 우선적으로 요구되는 것은 특수한 '질병'에 대한 치료법이 아니라 노화를 자연적 과정으로 간주하는 윤리적 전환이다.

세 번째 역학적 전환?

1970년대에 이르러 미국을 중심으로 한 중심부 국가들은 질병의 유형이 감염성 질병에서 비감염성 질병으로 변화했다는 '역학적 전환'(epidemiological transition)을 선언했다. 그러나 질병 유형의 변화와 이에 따른 의료형태의 변화를 '역학적 전환'이라고 부른다면, 그것은 20세기에만 국한된 현상이 아니다. 생태학적 관점에서 볼 때, 질병은 병원균을 포함한 다른 종들과 인간의 관계, 나아가 노동과정 및 생활양식과의 관련 속에서 진화한다. 인류의 역사에서 질병은 항상 존재했지만, 그 형태는 문명의 진화와 함께 변화했다(Armelagos, Brown, and Turner, 2005).

인류가 경험한 첫 번째 역학적 전환은 농경에 기초한 문명이 확립된 '신석기혁명'과 함께 발생했다. 농경사회 이전에도 감염성 질병이 인류에게 큰 위협이었지만 적은 인구와 잦은 이동으로 인해 대규모로 유행하지는 않았다. 농경과 정착생활이 시작되면서 인구의 규모와 밀도가 급속히 증가했는데, 이는 감염성 질병이 유지될 수 있는 인구학적 조건이 되었다. 게다가 경작과 산림벌채는 생태적 파괴를 수반했고 정착생활은 제한된 장소에 더 많은 폐기물을 누적시켰다. 그 결과 이전에는 접촉하기 힘들었던 병원균과 접촉할 가능성이 높여졌다. 또한 농경생활이 시작되면서 식량의 다양성이 감소했고 이에 따라 영양결핍이 야기되었다. 여기에다가 계급의 분화와 불평등의 심화가 추가되어 질병에 대한 저항력이 저하되었다.

인구가 성장하고 도시가 발전하면서 서아시아, 그리스, 인도, 중국을 중심으로 고유한 지역적 질병을 갖는 '질병문화권'이 형성되었다. 농민은 다양한 병원균의 숙주 역할을 했다. 부역과 전쟁 등으로 인한 인구의 감소는 과잉인구를 해소하는 중요한 방법이었다. 질병문화권은 상이한 질병을 보유하고 있었기 때문에, 문화권 사이의 교류가 확대됨에 따라 질병이 확산될 가능성이 있었다. 질병이 확산되기 위해서는 인구가 성장하여 충분한 숙주가 마련되어야 했는데, 기원전 1세기경에 이러한 조건이 확립되었다. 이 때부터 문화권의 사회적 조건이 악화됨에 따라 질병이 급속히 확산되는 일이 주기적으로 발생했다.

감염성 질병에 대해 사람들이 적응하면서 900-1000년경에 이르러 질병의 교류와 확산은 안정적 평형상태에 도달하게 되었다. 하지만 그 평형은 항상 불안정해질 수밖에 없는 요인들을 포함하고 있었다. 몽골제국의 성립과 함께 급속히 발전한 동서양의 교류는 질병이 유라시아 전체에 확산될 수 있는 조건을 형성했다. 그 대표적 사례로 봉건제의 위기가 심화되던 유럽에서는 페스트가 유행했다. 이후 지리상의 발견과 함께 일어난 질병의 확산은 아메리카 원주민들에게 재앙적 결과를 가져왔다. 신세계는 구세계에 비해 크기도 적었고 생태적으로도 다양하지 못했다. 또한 질병의 종류가 많지 않았기 때문에 신세계 원주민들의 저항력이 약했다. 그 결과 구세계의 질병이 전파되자마자 급속히 확산되어 파멸적인 결과를 가져왔다(McNeill, 1979).

자본주의의 발전과 함께 진행된 산업화는 환경오염과 생태파괴를 수반했으며 유래 없는 수준의 도시화를 낳았다. 또한 이 시기에 보건의료에 대한 과학적 인식의 발전과 함께 현대의학이 태동했다. 감염성 질병의 통제가 어느 정도 가능해지면서 인류 역사상 두 번째 역학적 전환이 이루어졌던 것이다. 감염성 질병의 감소는 현대의학이 발전하면서 항생물질과 면역법이 개발된 것 외에도 자본주의의 발전과 함께 물질적 생활조건이 개선되고 공중보건운동을 통해 도시의 생활조건이 개선된 것에 기인한 바 크다. 감염성 질병의 감소와 함께 자본주의적 노동과정 및 생활양식에 기인하는 비감염성 질병, 특히 만성질병과 노화가 중요한 의학적 문제로 제시되었다.

그러나 두 번째 역학적 전환이 선언되고 얼마 지나지 않아 소멸하는 것으로 간주되었던 감염성 질병이 다시 등장했으며, 사회·생태적 환경의 변화와 함께 새로운 감염성 질병도 출현했다. 후천성면역결핍증(AIDS), 중증급성호흡기증후군(SARS), 조류독감과 같은 최근의 감염성 질병은 과거의 질병보다 적응과 진화의 속도가 훨씬 더 빠르고 더 강한 전파력을 지니고 있다. 따라서 세계적 차원의 재앙의 가능성에도 불구하고, 백신을 통해 이 질병들을 치료하는 것은 더 어려워지고 있다. 게다가 현대의 비감염성 질병은 여전히 현대의학의 접근법으로 해결할 수 없는 한계적 영역으로 남아 있다. 이러한 상황은 인류사에서 세 번째 역학적 전환을 가져올 가능성을 보여준다(Armelagos, Brown, and Turner, 2005).

인류의 역사에서 감염성 질병은 항상 존재했다. 인간이 발병을 완화시킬 수는 있지만 병원균을 완전히 퇴치하지는 못한다. 병원균에 해당하는 생명체의 박멸이 불가능할 뿐만 아니라, 기생체와 숙주의 관계 자체가 소멸될 수도 없다. 감염성 질병의 '복귀'는 이러한 사실을 증명했다. 인간이 할 수 있는 일은 감염성 질병을 최소화할 수 있는 사회적 조건을 형성하는 것이다. 그러나 현대의학은 병원균의 퇴치를 통해 감염성 질병을 정복하려고 했으나 실패했고, 자본주의는 질병이 만연할 수 있는 생태적 환경을 조성했다.

따라서 자본주의적 사회관계의 변혁은 필수적이지만 그것이 문제를 완전히 해결하는 것은 아니다. 결코 사라지지 않는 감염성 질병에 대처해야 하기 때문이다. 생태학적 관점에서 감염성 질병에 대처할 수 있는 방안은 인간과 병원균의 상호우호적 공진화를 유도하는 것이다. 보건의료의 실천은 인간과 병원균의 공진화에 일정한 변화를 줄 수 있다. 그러한 실천은 그 생태적 효과에 대한 신중한 고려를 토대로 해야 한다.

나아가 생태학적 관점은 건강과 질병에 관한 새로운 사고를 개방한다. 건강을 '질병의 부재'로 정의하는 현대의학의 동어반복적 사고와 달리 생태학적 관점은 자기조절체계의 작동이 자기보존적인가를 기준으로 건강과 질병을 판단한다. 여기서 자기조절체계의 단위는 개체일 수도 있고, 개체군이나 종이나 생명권 전체일 수도 있다. 다양한 수준의 자기조절체계에 대한 분석을 통해 질병의 원인을 다양한 수준에서 파악할 수 있다.

생태학적 관점은 생명현상과 건강 및 질병에 대한 과학적 인식을 제공한다. 인간이라는 생명체는 탄생·성장·노화·사망의 자연적 과정에서 감염성 질병과 비감염성 질병의 위험에 노출된다. 이에 대한 과학적 인식은 건강과 질병에 대한 윤리적 판단의 토대가 되기도 한다. 병원균과 인간의 공진화, 자본주의적 노동과정과 생활양식의 변혁, 노화와 사망에 대한 자연사적 인식 등은 건강과 질병에 관한 새로운 윤리적 인식을 제공한다.

참고문헌

Armelagos, George, Peter Brown, and Bethany Turner (2005), "Evolutionary, Historical and Political Economic Perspectives on Health and Disease", *Social Science and Medicine*, Vol. 61. No. 4

Armstrong, David (1992), "Medical Sociology", in Bynum and Porter, eds. (1992).

Berkman, Lisa and Ichiro Kawachi, eds. (2000), *Social Epidemiology*, Oxford University Press (국역: 한울, 2003).

Bowler, Peter (1993), *The Norton History of the Environmental Sciences*, Norton and Company.

——— (2003), *Evolution: The History of an Idea*, University of California Press.

Boyd, Kenneth (2000), "Disease, Illness, Sickness, Health, Healing and Wholeness: Exploring Some Elusive Concepts," *Medical Humanities,* Vol. 26, No. 1.

Bynum, William and Roy Porter, eds. (1992)., *Companion Encyclopedia of the History of Medicine*. Routledge.

Caplan, Arthur (1992), "The Concepts of Health, Illness, and Disease", in Bynum and Porter, eds. (1992).

Engel, George L. (1977), "The Need for a New Medical Model: A Challenge for Biomedicine", *Science*, Vol. 196, No. 4286.

Gevitz, Normal (1992), "Unorthodox Medical Theories", in Bynum and Porter, eds. (1992).

Haila, Yrjö and Richard Levins(1992), *Humanity and Nature: Ecology, Science and Society*, Pluto (부분 국역: 본서에 실림).

Hofmann, Bjørn (2002), "On the Triad: Disease, Illness and Sickness", *Journal of Medicine and Philosophy*, Vol. 27, No. 6.

Janes, Craig, eds. (1986), *Anthropology and Epidemiology: Interdisciplinary Approachs to the Study of Health and Disease*, Dordrecht.

Kingsland, Sharon (1995), *Modeling Nature: Episodes in the History of Population Ecology*, The University of Chicago Press.

Kiple, Kenneth (1992), "The Ecology of Disease", in Bynum and Porter, eds. (1992).

Levins, Richard (2000), "Is Capitalism a Disease?: The Crisis in U. S. Public Health", *Monthly Review*, Vol. 52, No. 4 (국역: 본서에 실림).

——— and Richard Lewontin (1985), *The Dialectical Biologist*, Harvard University Press.

——— and Cynthia Lopez (1999), "Toward an Ecosocial View of Health", *International Journal of Health Services*, Vol. 29, No. 2.

Margulis, Lynn and Dorion Sagan (1995), *What Is Life*, Simon & Schuster (국역: 지호, 1999).

——— (1998), *What Is Sex*, Simon & Schuster (국역: 지호, 1999).

McNeill, William (1979), *Plagues and People*, Penguin (국역: 한울, 1992).

Moore, Jason (2000), "Environmental Crises and the Metabolic Rift in World-Historical Perspective", *Organization and Environment*, Vol. 13, No. 2 (국역: 『역사적 자본주의 분석과 생태론』, 공감, 2006에 실림).

Navarro, Vicente (1985), "U. S. Marxist Scholarship in the Analysis of Health and Medicine", *International Journal of*

Health Services, Vol. 15, No. 4 (국역: 본서에 실림).

——— (1986), *Crisis, Health and Medicine*, Tavistock (국역: 『현대자본주의와 보건의료』, 한울, 1989).

Nettleton, Sarah (1995), *The Sociology of Health and Illness*, Polity Press (국역: 한울, 1997).

Sargent, Carolyn and Thomas Johnson, eds. (1996), *Medical Anthropology: Contemporary Theory and Method*, Praeger.

Webster, Charles (1985), *Caring for Health: History and Diversity*, Open University Press (국역: 『역사 속의 보건의료』, 한울, 1991).

자본주의는 질병인가?*

리처드 레빈스**

지금까지 사람들은 “이것은 무엇으로 이루어졌는가?”, “이것은 어떻게 작동하는가?”와 같은 질문이 과학적 연구에서 핵심적인 문제라고 생각해 왔다. 유럽과 북미를 중심으로 한 ‘서양’의 과학적 전통은 이런 질문을 성공적으로 다루어 왔다. 우리는 수 세기에 걸쳐 이런 질문에 더욱 정교하게 대답하는 방식을 개발해 왔다. 사물을 절개하고 세분하고 착색한 다음, 그것이 무엇으로 구성되는지 대답할 수 있

---

*) Richard Levins, "Is Capitalism a Disease?: The Crisis in U. S. Public Health", *Monthly Review*, Sep. 2000 (이태훈 옮김). 이 글은 뉴욕 브레히트 포럼에서 한 강연을 녹취한 것이다.

**) 레빈스는 미국 태생으로 코넬대학교에서 수학과 유전학을 전공했다. 소년 시절부터 미국공산당원으로 활동했던 그는 매카시즘의 탄압으로 인해 과학자의 꿈을 포기하고 푸에르토리코에서 농업에 종사했다. 그는 1956년에 컬럼비아대학교 동물학과 대학원에 입학하면서 학업을 재개했다. 유전학적 종합설에 반대하여 허친슨(G. Evelyn Hutchinson), 맥아서(Robert MacArthur) 등을 중심으로 발전하고 있던 생태학의 영역에서 레빈스는 르원틴(Richard Lewontin)과 함께 농업의 경험과 수학적 재능 그리고 유전학의 지식을 이용하여 이론적 정교화와 수학적 모형화에 크게 기여했다. 또한 그는 쿠바 등지에서 살충제를 최소화하는 대안적 농업기술의 발전에 기여했으며, 최근에는 보건의료 문제에서 질병의 진화에 관한 생태학적 이론에 몰두하고 있다. 현재 그는 하버드대학교 공중보건대학 교수로 재직중이다.

다. 우리는 이렇게 상대적으로 단순한 영역에서는 커다란 성과를 이루었지만, 좀 더 복잡한 체계에서는 극적인 실패를 경험했다. 이것은 특히 건강과 관련된 문제에서 잘 드러난다. 지난 100여 년 동안 건강의 양상이 변화한 것을 돌아보면 찬사를 보낼 만한 이유와 낙담에 빠질 만한 이유를 모두 발견할 수 있다. 20세기 초반 이후 인간의 기대수명은 약 30년 증가했으며 전통적인 치명적 질병 중 일부는 발병률이 하락하거나 거의 사라졌다. 천연두는 아마도 박멸되었을 것이고, 나병은 매우 희귀해졌으며, 소아마비는 세계 대부분의 지역에서 거의 소멸했다. 과학기술이 진보를 거듭하여 우리는 매우 유사한 병원균들까지 구별할 정도로 매우 정교한 진단을 내릴 수 있다.

그러나 빈부격차의 심화는 수많은 기술 발전을 전세계 대부분의 사람들과 무관한 것으로 만들었다. 새로운 질병이 등장하고 또 근절되었다고 믿었던 질병이 다시 출현하면서 보건당국은 놀라움을 금치 못했다. 1970년대에는 감염성 질병이 더 이상 연구의 영역이 아니라는 언급을 심심찮게 들을 수 있었다. 감염은 원칙적으로 끝났고, 미래의 건강 문제는 퇴행성 질병, 노화 문제, 유전적 질병이라는 것이었다. 오늘 우리는 이것이 터무니없는 오류였음을 알고 있다. 제도권의 공중보건은 말라리아, 콜레라, 결핵, 뎅기열 등과 같은 전통적 질병의 복귀에 전혀 대비하지 않았다. 게다가 새로운 감염성 질병의 출현에 경악했다. 이 중에서 가장 위협적인 것은 에이즈이지만, 리저네르(Legionnaire) 또는 재향군인병, 에볼라(Ebola) 바이러스, 독성쇼크증후군, 다중약물저항성결핵 등 다른 감염성 질병도 위협적이다. 감염성 질병은 소멸하지 않았을 뿐만 아니라 과거의 질병이 한층 강화된 독성을 지니고 복귀했고 완전히 새로운 것도 출현했다.

어떻게 이런 일이 발생했으며, 왜 보건당국은 경악을 금치 못하고 있는가? 왜 보건전문가들은 감염성 질병이 사라질 것이라고 추측했으며, 왜 이것이 오류였는가? 사실 지난 150년 동안 유럽과 북미에서 감염성 질병은 극적으로 감소했다. 그래서 단순히 사태가 계속 그렇게 진행할 것이라고 예측했던 것이다. 보건전문가들은 우리가 감염성 질병에 대항하는 새로운 기술을 개발하고 있기 때문에 그것이 사라질 것이라고 주장했다. 최근 우리는 사람을 이틀 내에 죽일 수 있는 질병을 실험실에서 식별하여 늦지 않게 처방을 내릴 수 있을 정도로 신속하게 진단을 내릴 수 있다. 박테리아를 배양하는 데 몇 주를 소비하는 대신 우리는 DNA를 이용하여 증상이 매우 유사한 병원체들을 분간할 수 있다. 더욱 중요한 것은 우리가 모기나 진드기와 같은 질병 매개체들을 제거할 수 있는 살충제뿐만 아니라 항균제, 의약품, 백신 등을 개발했다는 점이다. 우리는 미생물들이 돌연변이와 자연선택을 통해 반복적인 위협을 가한다는 사실도 이해하게 되었다. 우리는 미생물이 어떻게 변하든지 간에, 이에 대항하는 더욱 더 새로운 무기를 개발하는 동안 발병의 메커니즘이 동일할 것이라고 가정했다. 그것은 우리와 세균의 전쟁이며, 우리의 무기가 더욱 강하고 훨씬 더 효과적이게 될 것이기 때문에 이 전쟁에서 우리가 우위를 점할 것이라고 생각했다. 낙관주의를 가져온 또 다른 생각—이는 세계은행과 국제통화기금이 제시했던 주장이다—은 경제발전이 빈곤을 제거하고 풍요를 실현하며 또 모든 새로운 기술이 보편적으로 활용될 수 있다는 것이었다. 마지막으로 인구 통계학자들은 대부분의 감염성 질병이 아동에게 치명적인 데 반해 인구의 고령화가 진행되면서 그러한 질병에 걸릴 가능성이 있는 인구의 비율이 감소할 것이라고 지적했다. 이 가설은 아동이 쉽게 감염되는 것은 이전의 노출을 통해 형성되는 면역력을 지니지 않았기 때문이고 성인은 이미 노출된 적이 있기 때문에 질병에 대한 민감성을 줄일 수 있다는 점을 간과한다. 그러나 아동의 수가 감소하면, 성인의 면역 수준이 하락하여 질병에 걸리게 될 것이다. 실제로 유행성이하선염과 같은 일부 질병은 아동보다 성인에게 더 심각하다.

역학(疫學)의 가정에서 무엇이 오류인가? 의학 및 관련 과학에서의 역사적 고정관념이 위태로울 정도로—또 이데올로기적으로—제한적임을 인정해야 한다. 공중보건의 예측에 참여했던 사람들은 대부분 지리적으로나 시간적으로나 협소한 시각을 갖고 있었다. 전형적으로 이들은 인간의 역사 전체가 아니라 1-2세기만을 살펴보았다. 그들이 좀더 폭넓은 시간대를 살펴보았다면, 사회관계, 인구, 식량의 종류, 그리고 토지의 활용 등에서 거대한 변화가 있을 때 질병이 오고 갔다는 것을 알았을 것이다. 자연과 우리의 관계를 변화시킬 때 우리는 감염성 질병과 감염의 기회 또한 변화시키는 것이다.

유럽의 흑사병

흑사병은 6세기 로마 제국이 쇠퇴하는 유스티니아누스 치하의 유럽에서 최초로 창궐했다. 유럽은 사회적 붕괴와 생산의 감소로부터 고통을 겪고 있었다. 고대도시의 위생시설은 파괴되었으며, 그러한 상황에서 흑사병이 유입되자마자 전체 주민을 휩쓸면서 이 지역을 황폐화시켰다. 흑사병은 봉건제의 위기가 심화되던 14세기에 다시 등장했고, 그것이 확산되기도 전에 인구를 격감시켰다. 14세기 흑사병의 발생에 관한 표준적 역사 서술은 1338년에 흑해를 따라 상륙한 선원들이 아시아로부터 흑사병을 가져 왔고 곧바로 서쪽으로 전파되어 로마, 파리, 런던에 이르렀다는 것이다. 즉 흑사병은 다른 곳으로부터 유입되어 확산되었다는 것이다. 그러나 흑사병이 이전에도 몇 번씩 유럽에 진입했지만 확산되지는 않았다고 보는 것이 훨씬 더 그럴듯하게 보인다. 인구가 더욱 취약해지고 쥐를 통제할 수 있는 사회적 기반이 붕괴하여 인간의 생태계가 쥐에 의해 전파되는 질병에 대항할 수 없게 되었을 때만 흑사병이 창궐했던 것이다.

생태학적 제안

다른 질병들을 살펴보면, 우리는 그것들이 역사적 변화와 환경에 따라 성장·쇠퇴한다는 점을 알 수 있다. 따라서 우리는 어떤 지역이 발전함에 따라 감염성 질병이 사라질 것이라는 역학적 전환(epidemiological transition)의 교리 대신 생태학적 제안을 채택할 필요가 있다. 그것은 인구밀도, 주거유형, 생산수단과 같은 생활방식이 변화하면서 병원균과 그것을 보유하고 있는 동물, 질병의 매개체 등과 우리의 관계 역시 변화한다는 주장이다. 남미와 아프리카, 그리고 다른 여러 지역에서 등장한 새로운 출혈열은 거의 모두 다 사람이 평소에 접하기 힘든 설치류와의 접촉이 특히 곡물생산을 위한 토지개간 때문에 증가한 것과 관련되는 것처럼 보인다. 곡물은 설치류의 식량이기도 하다. 설치류는 씨앗과 풀을 먹고 살아간다. 숲을 벌목하고 곡물을 심는 과정에서 우리는 설치류의 천적인 코요테, 재규어, 뱀, 올빼미도 제거한다. 그 결과, 설치류의 식량이 증가하고 설치류의 사망률은 하락하여 설치류의 개체수가 증가한다. 이제 이 질병 매개체는 사회적 동물이 된다. 그것은 보금자리를 틀고 군락을 형성한다. 다음 세대의 젊은 성체는 다른 주거지를 찾아 나서는데, 종종 창고나 가정집을 떠돌면서 질병의 전파를 촉진한다.

또 다른 인간의 활동, 즉 관개는 특히 간질병을 전파하는 달팽이나 말라리아, 뎅기열, 황열을 퍼트리는 모기의 번식과 관련된다. 이집트의 아스완 댐 건설 후에 그랬듯이, 관개가 증가하면 모기의 서식지가 형성된다. 즉 과거에 가끔 발병했던 리프트밸리(Rift Valley)열이 현재는 항상 발병한다. 제3세계에서 거대도시의 발전은 뎅기열이 확산될 수 있는 환경을 조성했다. 그것을 전파하는 모기는 황열을 전파하는 모기와 동일하다. 이 모기는 도시의 외곽에 적응하며 살아간다. 이 모기 종은 숲에서는 다른 모기 종과의 경쟁에서 뒤쳐지지만, 황무지, 웅덩이, 물통, 폐타이어와 같이 버려진 곳에서, 즉 열대지방의 거대 도시에서 인간이 조성한 특별한 환경에서 번식할 수 있다. 방콕, 리우데자네이루, 멕시코시티 등과 같은 1-2000만 인구의 거대도시와 함께 열대지방의 도시화가 진행되기 때문에 뎅기열과 황열은 특히 위협적이다. 인구가 성장함에 따라 질병이 발생할 수 있는 새로운 기회가 생겨난다. 예를 들어 홍역이 유지되기 위해서는 수십만 명의 인구가 필요하다. 이보다 적을 경우 홍역은 모든 인구를 감염시킬 수 있고 견뎌낸 사람들은 저항력을 가지게 된다. 하지만 그 질병을 유지할 만큼 유아가 충분치 않다면 그것은 소멸할 것이고 다시 유입되어야 한다. 25만의 인구에서는 저항력이 없는 신생아가 충분하기 때문에 그 질병이 유지될 수 있다. 이렇게 생각해 보자. 최소 25만 명의 인구에서 유지되는 질병이 있다면 1-2000만 명의 인구에서는 어떤 질병이 등장할 수 있을까? 생활조건이 변화할 때 질병의 기회 또한 변화한다는 것은 명백하다.

공중보건학계의 또 다른 근시안적 사고는 의사가 인간의 질병에만 관심을 두고 야생동물이나 가축이나 식물의 질병에 대해서는 크게 주목하지 않는다는 사실에서 비롯된다. 여기에 관심을 가졌다면 그는 모든 유기체가 질병을 운반한다는 사실에 주목할 것이다. 질병은 기생체가 유기체에 침입함으로써 발생한다. 감염이 발생할 때, 증상이 나타날 수도 있고 그렇지 않을 수도 있다. 그러나 모든 유기체는 기생체와 상대하고, 기생체의 관점에서 보면 유기체에 침입하는 것은 물이나 흙에서의 경쟁으로부터 탈출하는 방법이다. 예를 들어 재향군인병을 일으키는 박테리아는 물에서 산다. 그것은 세계 도처에서 발견되지만, 생존경쟁에서 뒤지기 때문에 아주 흔한 것은 아니다. 그것은 까다로운 식생조건을 필요로 하기 때문에 평소에는 인간과 마주칠 일이 없다. 하지만 이 박테리아는 두 가지 강점을 가지고 있다. 즉 고온에 견딜 수 있고 염소에 대해 저항력이 있다. 그것은 아메바 속에 은신함으로써 염소를 이겨낸다. 컨벤션센터, 호텔, 트럭휴게소의 물은 뜨거울 뿐만 아니라 염소처리를 거친다. 좋은 호텔에는 작은 물방울을 뿌려대는 샤워기가 있으며, 그것은 그 박테리아를 폐의 가장 깊숙한 곳까지 완벽하게 운반할 수 있다. 우리가 한 것은 바로 재향군인병에게 가장 이상적인 환경을 조성한 것이다. 염소와 고온은 그것의 경쟁자를 죽일 뿐만 아니라 파이프 내벽에 발라진 그 잔해는 박테리아가 좋아하는 식량의 풍부한 보고가 된다.

다른 유기체를 살펴보면 기생체와 숙주 사이에서 더 유리한 위치를 차지하기 위한 항상적인 책략을 발견할 수 있다. 흔한 종일수록 기생체가 침입할 대상이 되기 쉽다. 인간은 아주 흔하기 때문에 침입의 기회를 제공한다. 질병의 유형을 관찰해 보면, 예를 들어 콜레라가 동반구에서 페루와 중미를 거치면서 전미대륙으로 확산되었음을 알 수 있다. 하지만 야생생물의 질병뿐만 아니라 오렌지 나무의 질병, 콩과 토마토의 바이러스 등도 비슷한 경로를 따랐다. 여기서 볼 수 있는 것은 인간에게만 독특한 상황이 아니라 모든 동식물에게 걸쳐 나타나는 기생체와 숙주의 항상적 공진화(coevolution)다. 만일 우리가 이 같은 관점에서 인간의 질병을 이해한다면 잠재적 위험을 더 잘 이해할 수 있을 것이다.

질병의 전파

어떤 종류의 곤충이 인간에게 바이러스를 퍼뜨리는가? 대부분은 모기나 파리이고, 진드기, 벼룩, 이 등이 두 번째 그룹에 속한다. 그 밖에도 수십만 종의 곤충이 있지만, 인간에게 바이러스 질병을 퍼뜨리는 곤충은 대부분 이 두 그룹이다. 딱정벌레가 퍼뜨리는 질병은 거의 없으며, 나비나 잠자리에 의한 질병에 대해 나는 알지 못한다. 왜 그런가? 그것들이 특별히 질병의 매개체가 되는 환경이 있는가? 식물들 사이에서 바이러스를 가장 많이 유포시키는 것은 전혀 다른 곤충인 진딧물이다. 이 두 곤충은 비슷한 입을 가지고 있고, 숙주에게서 액체를 빨아먹으면서 생존한다. 모기는 피를, 진딧물은 수액을 말이다. 빨대로 액체를 빨아 보았다면, 잠시 후 진공상태가 만들어지고 계속 빨기 위해서는 액체를 되돌려 주어야 한다는 사실을 알 것이다. 이와 마찬가지로 모기와 진드기의 침샘은 피나 수액을 빨아먹으면서 숙주에게 액체를 되돌려 주는데, 바로 여기에 바이러스가 있다. 이런 이유로 우리는 바이러스를 연구할 때 모기나 진드기 등의 침샘을 살펴본다. 주어진 질병의 특수한 세부사항으로부터 한 걸음 물러나 좀 더 넓은 그림을 그려보기 위해서는 이와 같은 일반화를 시도해 볼 수 있다. 그러나 이것은 아직 실현되지 않았다.

진화와 사회에 대한 연구의 실패

또 다른 종류의 과학적 협소함—우리가 스스로 부과한 지적 속박—은 진화에 관한 연구의 실패다. 진화를 통해 유기체가 환경의 도전에 대응한다는 사실을 알 수 있다. 예를 들어 그 도전이 항생물질이라면 유기체는 그 항생물질에 적응하는 방식으로 대응할 것이다. 우리는 농업에서 살충제에 내성을 지니게 된 곤충들의 수백 가지 사례를 알고, 의학에서는 점점 더 많은 미생물들이 그들을 공격하는 항생물질에 대해 내성을 지니게 된다는 사실을 안다. 어떤 병원균은 항생물질이 사용되기도 전에 그것에 대해 저항력을 갖기도 한다! 이런 일은 항생물질이 새로운 상표로 시장에 출시되지만, 사실 이전의 것과 크게 다르지 않을 때 발생한다. 겉으로는 다르게 보일지 모르지만 박테리아의 입장에서는 같은 방식으로 작용한다면 같은 방어 메커니즘으로 대처할 수 있다. 또한 병원균을 살펴보는 것만으로는 부족하며, 인구를 취약하게 만드는 것이 무엇인가를 살펴보아야 한다. 통상적인 보건 연구는 세계사, 진화론과 생태학, 사회과학, 그리고 다른 종을 살펴보지 못했다. 건강을 위협하는 대부분의 요소에 대해 가난한 사람들이 더 취약하다는 사실이 점점 더 많은 문헌들에 의해 밝혀지고 있다. 그러나 우리는 아직도 미국에서 계급적 차이를 인정하지 않는다. 연구자는 소득이나 어머니의 교육 수준이나 사회경제적 지위의 차이만을 검토한다. 역학은 계급을 다루지 않는다. 계급을 통해 수명, 노화장애, 심장마비의 빈도 등을 가장 정확히 예측할 수 있을 때조차도 그렇다. 예를 들어 관상동맥질환을 예측하기 위해서는 콜레스테롤보다 계급위치를 측정하는 것이 더 낫다.

다른 설명들

왜 우리는 공중보건의 연구와 실천을 절름발이로 만드는 지적 장벽을 치고 있는가? 첫째, 오랜 기간에 걸쳐 다양한 지적 편향이 존재해 왔기 때문이다. 예를 들어, 미국의 실용주의를 보자. 미국인은 자신의 실용성을 자랑스럽게 여긴다. '이론'은 이미 입에 담을 수 없는 말이 되었다. 사람들이 병들고 아이들이 죽어 가는 긴급한 상황 때문에 난처할 때, 진화에 대해 질문하는 것은 사치스러운 일이 된다. 이러한 긴급함은 의사들이 토마토의 질병을 살펴보지 않고, 다른 종류의 모기들 사이의 경쟁을 연구하지 않으며, 역사적 요소들을 검토하지 않는 이유 중 하나다. 임상적·역학적 연구성과를 응용해야 한다는 긴급함에 사로잡혀 시야는 터널처럼 좁아졌다.

둘째, 환원주의라는 서양의 과학적 전통 때문이다. 이 전통에서는 어떤 문제를 이해하는 방식이 그 문제를 가장 작은 요소들로 환원한 뒤 사물들을 한번에 하나씩 바꾸어 가는 것이다. "이것은 무엇으로 구성되는가?"라는 질문이 제기될 때, 이 방법은 매우 성공적이다. 이 경우에 우리는 그것을 격리시키고 유기체로부터 잘라내어 성분분석기에 집어넣거나 현미경으로 살펴볼 수 있다. 사실 사물이 무엇으로 구성되는지를 확인하는 것에서 우리는 놀라운 성공을 거두어 왔다. 이런 이유로 인해 모든 과학 영역에서 작은 현상과 사건에 대해서는 —비합리적이지만—점점 더 정교해지고 있다. 개별적인 응급처치에는 그렇게 성공적이면서도, 말라리아를 예방하고 그것의 복귀를 예상하거나 전체 인구의 건강에 폭넓게 대처하는 데는 그토록 효과적이지 못한 이유는 도대체 무엇인가? 수확을 높이기 위해 질소를 효율적으로 이용하는 밀 재배에는 크게 성공했지만, 그러나 농촌의 기아를 완화하는 일에는 별로 성공하지 못했다.

네 개의 가설

현대과학에서 전형적인 오류는 복잡성에 대한 인식을 거부했다는 것이다. 성공이란 고립된 요소에 초점을 맞출 수 있는 작은 것의 성공이었다. 미국은 다른 어떤 나라보다도 보건의료 서비스에 많은 시간과 돈을 쓰고 있지만, 산업화된 국가 중에서 가장 성과가 저조한 나라에 속한다. 확실히 유럽보다 뒤지며, 건강에 대한 일반적 지표들을 고려하면 많은 면에서 일본보다도 뒤진다. 이것이 공중보건 당국자의 고민거리 중 하나이다. 그는 다른 나라에 비해 훨씬 더 많은 시간과 돈을 쓰면서도 가시적 성과는 왜 이렇게 적은지 질문한다.

여기 네 개의 가설이 있다.

첫째, 우리는 돈을 많이 쓸 뿐이며 현실적으로 더 많은 보건의료 서비스를 받는 것은 아니다. 보건의료 비용의 20%가 광고비와 같은 관리비다. 제약산업의 이윤율은 전산업의 평균이윤율보다 높고, 제약회사의 상당수는 미국에 있다. 의사의 월급은 엄청나고 입원비 역시 마찬가지다. 그 결과 환자 일인당 '투자'는 막대하다.

둘째, 우리가 더 많은 보건의료 서비스를 제공받는다손 치더라도 그것이 항상 양질의 서비스인 것은 아니다. 다른 나라보다 자기공명영상법(MRI), 컴퓨터단층촬영(CT), 투석기를 더 많이 사용하기 때문에 이것은 역설적으로 들릴 수 있다. 왜 우리의 건강은 더 나아지지 않는가? 의학적 결정이 항상 의학적 이유에서 내려지는 것은 아니다. 예를 들어 심장 수술을 할 때 어떤 종류의 기술을 사용할지, 어떤 식으로 개입할지를 결정하는 데 수많은 유인이 작용하고, 이것이 국가간 의료과정의 차이를 발생시킨다. 우리는 유럽보다 인공심박기를 훨씬 더 많이 이식하고 제왕절개수술이나 자궁적출술도 더 많이 시술한다. 병원은 의사와 환자의 마음을 사로잡기 위해 값비싼 기계들을 사들인다. 그런데 일단 있으면 사용해야 한다. 자기공명영상기가 놀고 있어서는 곤란하므로 병원은 감가상각비를 적립하기 위해서라도 의사가 그것을 사용하도록 조장한다. 또 다른 유인은 외과의사의 '타율'(batting average)을 높이 유지하기 위해 일년에 수백 회에 이르는 수술을 통해 높은 수준의 숙련을 유지해야 한다는 것이다. 서너 달에 한 번씩 심장 이식을 하는 외딴 병원은 환자가 찾아가기에 안전한 장소가 아니다. 현명한 환자라면 최신 기술을 갖추고 높이 평가받는 심장병원을 찾을 것이다. 그러나 명성을 얻기 위해서는 숙련이 유지되어야 한다. 따라서 지속적으로 외과의의 시술을 강제하고 기계를 작동시키는 유인이 있는 것이다. 그 서비스를 받는 것 또한 비싸기 때문에, 수술비를 받아내기 위해서라도 분주한 상태를 유지할 필요가 있다. 하지만 모두가 그런 비싼 장비를 갖고 있는 것이 합당한가? 병원 관리자는 길 아래에 있는 병원이 그런 고가의 장비를 갖고 있기 때문이라고 대답할 것이다. 만일 매스 병원이 베스이스라엘 병원과 경쟁하고 있고 또 둘 다 마운트시나이 병원과 경쟁한다면, 이 병원들은 모두 최첨단의 기계를 필요로 할 것이다. 그리고 회계사로 하여금 의학적 결정을 내리고 서비스를 효율적으로 할당하게 하는 보건조직(HMO)이 있다.[1] 이 두 가지 접근 방식은 모두 이윤의 최대화를 의미한다. 그 결과 부자는 진료를 너무 많이 받고 빈자는 너무 적게 받는다. 어떤 경우든 건강은 돈을 벌어야 한다는 강박관념의 부수효과일 뿐이다. 제도의 비합리성은 과잉진료를 받는 부자에게도 마찬가지다. 부적합한 시술로 인해 매년 거의 20만 명이 사망한다. 과도하게 광고하는 처방의약품, 비처방의약품, 기타 의약품 등의 오용으로 더 많은 사람들이 죽어가고 있다.

세 번째 가설은 『월간평론』(*Monthly Review*) 독자들에게 자세히 설명할 필요가 없는 것인데, 보건의료체제가 불평등의 토대 위에 세워져 있다는 것이다. 오직 일부의 사람들만이 필요한 보건의료 서비스를 받거나 이에 접근할 수 있고 대다수는 그렇지 못하다.

마지막으로 네 번째 가설을 보자. 우리는 육체적·정신적 손상을 치료하기 위해 점점 더 많이 투자할 때조차 병약한 사회를 창조해

1) 보건조직(Health Maintenance Organization, HMO)은 미국에서 증대되고 있는 민간의료보험의 한 유형이다(역자).

왔다. 우리는 더 많은 오염에 노출되고, 또 스트레스가 심해져서 역설적으로 심장수술 기술을 더 자주 선보일 수 있는 기회에 노출된다. 더 많은 사람들이 궁핍해지면서 정신의학과 항정신성 의약품에 더 많은 돈을 쓰게 되었다. 현재 러시아의 보건의료 상황은 이를 매우 명백하게 보여주는데, 보편적 의료보장제도의 붕괴로 인해 전인구가 초기자본주의적 질병에 노출되었다. 그들은 전염병, 디프테리아, 백일해의 물결을 경험했고, 현대에 보기 드문 수명 감소—64세에서 59세로—를 경험하고 있다. 우리 사회는 스스로 공중보건에 가한 손상을 복구하기 위해 훨씬 더 많은 지출을 요구하는 병든 사회다.

위기에 대한 반응

보건의료의 이러한 상태는 간과되지 않았다. 실제로 불만이 증가하면서 널리 확산된다. 그리고 이제까지 몇 가지 대응이 있었다.

생태계 건강(Ecosystem Health): 생태학자들은 그들이 생태계 건강이라고 부르는 접근법을 도출했다. 그들은 다양한 원인—오염물질, 오염된 음식과 물, 높은 스트레스, 일상적 생활 리듬의 변화 등—으로 인해 생태계가 스트레스를 받고 있음을 지적했다. 예를 들어 전구가 보편화되면서 수면시간이 줄어들고 생리기능에 변화가 생긴다. 인간 생물학을 사회화된 생물학(socialized biology)으로 간주한다면, 인간 생물학의 상수로 간주되던 것이 사실상 그렇지 않다는 것을 알 수 있다. 자연적 노화과정의 일부로서 혈압이 상승한다는 관념은 오랫동안 상식으로 간주되어 왔다. 그러나 칼라하리 사막의 으쿵(!Kung) 부쉬맨의 경우 사춘기를 거치면서 혈압이 상승하고 그 후 하락한다는 사실이 밝혀졌다. 혈압의 유형은 사회의 종류에 따라 달라진다. 스트레스 반작용 호르몬의 유형이 사회적 위치에 따라 변화하는 것도 마찬가지다. 최근 하버드 대학에서 학교 성적이 비슷한 고등학교 10대 집단들 사이에서 특정 스트레스에 대한 반응을 연구했는데, 상층계급의 자녀들은 코티졸이 순간 증가했다가 감소하는 반면 노동자계급의 자녀들은 코티졸이 지속적으로 증가했다. 노동자계급 출신 청년들의 생리기능은 자신의 지위에 대한 인정 여부와 무관하게 사회적 위치에 따라 달라진다. 아무리 계급적 지위를 부정하도록 교육받아도 육체는 그 사람의 계급적 지위를 분명히 알고 있다. 따라서 인간 생리학은 사회화된 생리학이며, 사회적 위치의 차이는 환경과의 관계에서 차이를 형성한다. 이러한 지식은 생태계 건강이라는 개념으로 귀결되었고, 전체 생태계의 건강을 측정하는 문제에 환경주의자와 공중보건관계자가 협력하도록 하였다.

환경정의운동(Environmental Justice Movement): 이 운동은 소각로나 독성폐기물하치장이 흑인의 거주지역에서 집중적으로 발견된다는 사실로부터 발생했다. 약소자의 거주지역은 부동산 가치가 더 낮기 때문에 더 저렴한 비용으로 소각로를 설치할 수 있다. 그곳에서는 제한규정(zoning rule)이 매우 느슨하게 적용된다. 따라서 오염물질과 산업폐기물에 의한 건강상의 위험은 억압의 또 다른 측면이다. 모든 사람이 오염물질에 똑같이 영향을 받는 것은 아니다. 예를 들어 건물에서 분사기를 뿜어 모래를 닦는 일로 생계를 유지하는 사람처럼 직업적으로 위험에 노출된 사람은 책상에서 보험통계표를 계산하는 사람과 아주 다르다. 환경파괴의 영향력도 계급적 조건에 따라 달라진다. 환경정의운동은 이에 대한 대응으로서 오염물질의 투척에 대해 투쟁하면서 산업사회의 위험을 균등화하고자 노력한다.

사회적 건강결정론(Social Determination of Health): 최근 역학자들 사이에서 확산되고 있는 이 접근법[사회역학]은 자본주의 자체가 건강을 약화시킨다는 프리드리히 엥겔스와 루돌프 피르코프(R. Virchow)의 19세기의 주장을 재발견한 것에서 부분적으로 기인한다. 보수반동적 평론가들이 이제 더 이상 실질적 빈곤은 존재하지 않는다고 주장하므로 이것을 명심해둘 필요가 있다. 그들은 어떤 사람이 더 많은 돈을 벌고 더 큰 컬러텔레비전을 살 수 있는 것이지, 가난한 사람에게 텔레비전이 없는 것은 아니라고 주장한다. 가난한 가족은 자동차가 좀 더 구식이고 부자만큼 자주 레스토랑에서 외식을 하지 못하는 것일 뿐이다. 그렇다고 해서 보수적 석학들처럼 '기본적으로 더 이상 빈곤은 없다'는 식으로 진실을 부정할 수는 없다. 물론 그 해답은 흑인이 인종적 억압 때문에 백인보다 10년 정도 수명이 단축된다는 것을 보여주는 수많은 연구들에서 쉽게 찾을 수 있다. 가난하고 억압받는 약소자는 더 특권화된 집단보다 보건의료체제에 접근할 가능성이 25% 정도 더 적다. 동시에 관상동맥질환, 모든 형태의 암, 비만, 아동의 발육 부진, 무계획적 임신, 산모 사망률 등과 같은 질병에서 사망률 또는 다른 위험한 결과가 발생할 비율이 빈곤의 수준에 비례해서 증가한다.

사회적 건강결정론에 관심을 갖는 이들 중에는 리처드 윌킨슨(R. Wilkinson)과 같은 영국 학자가 있는데, 그는 영국 공무원의 직급의 차이에 따른 기대수명의 차이를 살펴보았다. 그는 아주 절박한 처지의 사람들보다 좀 더 나은 집단에서조차 기대수명의 차이가 발생한다는 사실을 발견했다. 그는 사회적 위계나 차별만으로도 건강을 악화시킬 수 있으며, 이것은 극빈층에 국한되지 않는다는 사실을 알아냈다. 이것은 나름대로 타당성을 가지면서도 서로 대립되는 두 가지 방식으로 해석된다. 하나는 가난의 수준보다 오히려 불평등 자체가 사람을 병들게 한다고 해석하는 것이다. 다른 하나는 문자 그대로 모두 당신이 생각하기 나름이라고 해석하는 것이다. 후자를 지지하기 위해 인용되는 비비원숭이 연구는 곡예단에서 높은 서열에 있을수록 더 건강하다는 것을 시사한다. 높은 서열의 비비원숭이는 동맥이 더 깨끗하고 스트레스에 대해 상위 계급의 사람처럼 반응한다. 즉 스트레스를 받으면 코티솔 수준은 순간 상승하다가 곧바로 다시 내려간다. 반면 낮은 서열의 비비원숭이는 스트레스의 효과가 더 오래 지속되는 경향이 있으며 수명도 더 짧다. 그러나 인간이 간섭해서 사회적 위계를 바꾸어 놓으면, 몇 달 안에 비비원숭이의 생리기능은 새롭게 부여된 사회적 위치에 따른 특징을 나타낸다. 이 사실로부터 어떤 이는 이것이 인간이 자신의 사회적 위치를 인지하는 방식이라고 말한다. 그렇다면 인간은 자신의 위치에 잘 대처하도록 교육받아야 하고, 어쨌든 인간이 그 자신의 현실을 창조한다는 것이다. 이것은 성장과처방운동(growth and therapy movement) 운동에 공통된 문구다. 중요한 것은 당신의 임금이 부족하고 가난하다는 것이 아니라 당신이 그것에 대해 혐오감을 느낀다는 것이다. 그래서 우리는 각성제를 고안했다. 말하자면 우울증의 치료는 침울한 상황을 제거하는 것이 아니라 그것에 대해 기분이 더 나아지도록 돕는 것이다. 사회적 건강결정론을 다른 시각에서 볼 수도 있다. 이 관점에서 사회적 결정론은 단순히 건강을 부적절한 저소득의 결과가 아니라 크게 위계화된 계급사회의 결과로 이해된다. 이것을 강조하는 이는 절대적 박탈이 건강에 미치는 해로운 효과를 강조하는 것보다 자신의 입장이 더 급진적이라고 생각한다. 절대적 박탈을 강조하는 입장에서 제기하는 처방은 단순히 소득을 증가시키는 것 이상이 될 수 없기 때문이다. 대신에 그는 위계적 불평등을 제거해야 한다고 말한다. 이렇게 동일한 연구에서 정반대의 결론이 나오기 때문에, 불평등이 건강에 매우 다른 방식으로 영향을 끼친다는 점을 강조할 필요가 있다. 부자가 빈곤을 생각할 때, 그는 근저에 있는 빈곤화의 구조를 살펴보지 않고 단지 조금 덜 가진 것으로 이해한다. 그러나 만성적 박탈로서 빈곤은 실제로 음식을 덜 먹거나 나쁜 음식을 먹도록 한다. 습기 차고 곰팡내 나는 아파트의 아이들은 건조한 아파트의 아이들보다 건강이 더 나쁘다. 그밖에도 만성적 박탈로서 빈곤 자체는 다양한 방식으로 건강을 위협한다.

저빈도·고강도 위협이라고 불리는 것이 있다. 이것은 모든 사람들에게 일어나지는 않지만 언젠가는 일어날 수도 있기 때문에 항상 행복을 위협하는 경험을 의미한다. 보수적인 시카고학파 경제학자인 로버트 포겔(R. Fogel)은 『고난의 시간: 흑인 노예의 경제학』(*Time on the Cross: The Economics of Negro Slavery*)에서 대부분의 노예들은 채찍질을 당하지 않았다고 지적한다. 그는 더 나아가 노예제는 『톰 아저씨의 오두막』을 읽으면서 상상하는 그런 것이 아니라 어떤 경제적 합리성이 있다고 주장한다. 그는 노예들에 대한 육체적 학대가 항상적 위협이 된다는 점을 간과한다. 아마도 대부분의 노예들이 채찍질을 당하지 않았을지 몰라도 그들 모두는 구타를 목격했거나 알고 있었다. 마찬가지로 빈곤 지역에 사는 아이들이 대부분 피살되는 것은 아니지만 상점을 가거나 외출할 때 그것은 항상적 위협이다. 이런 것들이 저빈도·고강도 위협을 보여주는 사례들이다.

흑인 사회에서 쉽게 볼 수 있는 일상적 괴롭힘은 고빈도·저강도의 모욕이다. 사람들은 계속해서 전략적 결정을 내리도록 강요받는다. 내가 너무 천천히 걷고 있어서 경찰이 어슬렁거린다고 생각하지 않을까? 아니면 내가 너무 빨리 걷고 있어서 범죄 장소로부터 도망친다고 생각하는 것은 아닐까? 밤에 실험실에서 공부하러 학교에 가면 나를 도둑으로 여긴 경찰이 저지하지는 않을까? 나는 푸에르토리코 상주대표였던 라모스 안토니니(R. Antonini)가 워싱턴의 사무실로 가는 도중 경찰에 의해 저지 당한 적이 있다는 것을 기억한다. 그가 자신이 푸에르토리코 상주대표라고 말했을 때 경찰들은 비웃었다. 그는 흑인이었던 것이다.

신경전달물질에 관한 연구를 통해 사회적 경험이 뇌에서만 일어나지 않는다는 사실이 알려졌다. 대뇌는 사회적 경험을 수집하고 그것을 신경체계의 경로들을 통해 신경전달물질에게 전달한다. 신경전달물질은 백혈구 세포의 면역체계 구성물과 화학적으로 유사하다. 어떻게 보면 우리는 몸 전체와 함께 생각하고 느끼기 때문에, 몸 전체가 이러한 유형의 만성적 조건들, 즉 저빈도의 위협이나 고빈도의 모욕을 수반하는 사회적 경험의 장소다. 박탈의 경험은 많은 차원을 포함하지만, 가난을 단지 소득의 양적 차이로만 간주하는 통계학자들은 종종 이런 사실을 놓치고 있다.

만인을 위한 보건의료운동(The Health Care for All Movement): 이 단체는 국가의료보험제도를 옹호하고 미국과 캐나다의 제도를 비교했다. 많은 진보적 의사들이 이 운동에서 활동한다.

대체의학(Alternative Medicine): 대체건강운동은 주로 개인의 건강을 다루고 있다. 이 운동은 식이요법, 운동, 동종요법, 지압요법, 자연요법 등을 강조하는데, 그것들은 사람들이 기존의 의학체계에서 적절히 취급하지 못했다고 여기는 영역이다. 이 운동은 특정한 표적을 겨냥한 마법총탄(magic-bullet)식의 전통적 대증요법 대신 건강에 대한 전체론적 접근을 취하고 있다. 이것은 매우 위급한 상황보다는 장기적·만성적 상태를 치료하는 데 특히 효과적인 것으로 보인다. 예를 들어 방사선치료와 화학요법이 필요한 암환자에게 대체요법은 부작용을 조절하는 데 도움이 된다. 현대의학의 전략은 암조직이 취약하기 때문에 방사능치료나 화학요법이 암조직을 먼저 죽일 것으로 기대하면서 그것을 파괴할 수 있다는 것이다. 따라서 두 접근은 상호보완적이다. 대체의학은 아주 매혹적이고 강력하지만, 그러나 그것도 일차적으로 자신의 생활을 통제할 수 있고 대체건강관리의 자원과 기술을 이용할 수 있는 사람들에게 호소력을 갖는다. 그것은 대중운동이 아니다. 또 전체론은 당신의 피부 끝에서 멈춘다. 그것은 사회적 전체론이 아니다. 그럼에도 불구하고 대체의학은 기존의 보건의료 형태에 대해 문제제기하지 않으면서 단순히 만인을 위한 건강만을 요구하는 운동에 대한 강력한 교정 수단이다.

발본적 비판

발본적 의학 비판은 사람들을 아프게 하는 것과 사람들이 받는 보건의료의 종류와 질에 대해 다루어야 한다. 건강에 대한 마르크스주의적 접근은 생태계 건강, 환경정의운동, 사회적 건강결정론, 만인을 위한 보건의료, 대체의학의 통찰력을 결합해야 한다. 보건의료에 관한 쟁점에서 나의 접근법은 생태학자로서의 나의 경력에서 비롯된다. 나는 지리적 위치, 직업 집단, 연령 집단, 사회적으로 정의된 다른 범주들을 가로지르는 건강의 편차를 분석한 적이 있다. 보건의료의 결과가 미국의 주에 따라, 캔사스 주 내부의 지방에 따라, 쿠바 내부의 지방에 따라, 브라질이나 캐나다 내부의 지방에 따라 얼마나 달라지는가? 여기서 아주 흥미로운 유형이 나타난다. 다른 어떤 요인들보다 유아사망률은 최상에서 최하에 이르는 보건의료의 다양한 수준을 반영한다. 나와 동료들은 지역별 유아사망률을 평균과 편차를 이용하여 조사했다. 우리가 분석한 바에 따르면 미국의 유아사망률은 쿠바와 비슷하고 캔사스는 미국 평균보다 조금 높다. 반면 브라질의 리우그란데는 상당히 높은 제3세계 유아사망률을 전형적으로 보여준다. 쿠바가 높게 나온 것은 그리 놀라운 일이 아니다.

하지만 동일한 자료를 유아사망률의 최상값과 최하값의 범위라는 관점에서 살펴볼 때, 즉 주어진 인구 내에서의 편차라는 공정성의 척도를 통해 살펴볼 때 더 많은 사실이 드러났다. 캔사스 주의 군에서는 편차가 가장 크게 나타난 반면, 미국 주들을 비교한 수치는 얼마간 작게 나타났다. 리우그란데의 편차는 더 작았으며, 쿠바는 편차가 가장 작았다. 사망률의 모든 원인에 대해서 동일한 결과가 나타났다. 우리는 편차뿐만 아니라 평균도 살펴보았다. 즉 최상값과 최하값의 차이를 평균으로 나누었다. 그 값이 캔사스에서는 0.85였으나, 쿠바는 0.34였다. 캔사스와 쿠바의 암발생률이 비슷하다는 사실을 우리는 알고 있었다. 하지만 그 편차는 쿠바보다 캔사스에서 더 높게 나타났다. 캐나다의 자료를 조사했을 때, 서스캐처원 주는 캔사스와 쿠바의 중간 정도였다.

우리가 이 지역들을 선택한 이유는 브라질, 캐나다, 캔사스 모두 자본주의적 경제구조를 갖고 있기 때문이다. 이 지역에서는 투자가 경제적 상황을 균등화하려는 사회적 필요성보다 이윤의 최대화에 기초하여 결정된다. 다른 한편 서스캐처원과 리우그란데는 쿠바와 함께 주어진 지리적 영역에 공정하고 동등한 서비스를 제공하는 국가보험제도를 갖고 있다. 캐나다와 브라질 지역은 더 훌륭하고 더 공정한 보건의료체제의 장점을 지니고 있지만, 쿠바와 달리 자본주의적 약점도 지니고 있어 결과적으로 중간 정도의 편차를 나타낸다.

이 방법은 서로 다른 질병을 비교할 때에도 적용할 수 있다. 우리가 대답하고자 하는 한 가지 질문은 건강의 편차가 국가와 같은 큰 지리적 지역들 사이에서 더 크게 나타나는가, 아니면 군과 같은 작은 지역들 사이에서 더 크게 나타나는가다. 어느 쪽이든 나름대로 합당한 이유가 있다. 예를 들어 날씨가 국가와 같은 큰 지역의 데이터에 강한 영향을 줄 수 있다. 그러나 날씨가 유일한 변수는 아니며 서로 다른 변수들이 작은 지리적 단위에 따라 달라질 수 있다. 예를 들어 캔사스의 위치토 시의 서로 다른 근린지역과 같이 좀 더 작은 지역을 살펴보면 유아사망률이 크게 3배 가까이 차이가 난다는 것을 알 수 있다. 우리는 또한 캔사스의 대부분의 군에서는 실업률이 9-10 퍼센트이지만 위치토의 북동부에서는 30퍼센트에 이른다는 점에 주목한다. 왜 그런가? 그것은 지역들이 단순히 환경의 무작위적 조각이 아니기 때문이다. 그것들은 구조화되어 있다. 부유한 이웃이 있는 곳에서는 위치토의 북동부 지역과 같이 그것에 봉사할 수 있는 가난한 이웃을 필요로 한다. 따라서 지역을 가로지르는 데이터를 이용해 우리는 사회적 조건에서의 편차를 알 수 있고 이에 따른 보건의료의 양과 질에서의 현저한 편차를 볼 수 있다. 이것은 의학 지식 및 자원의 제약을 고려한다고 해도 분명 필연적이지 않은 편차이다.

또 다른 흥미로운 사례는 멕시코에서 발견된다. 여기에서는 멕시코식 생활에서 주변화된 정도에 따라 몇몇 마을들의 등급을 매겨 보았다. 상수도원의 유무, 스페인어를 사용하는 사람의 비율 등과 같은 변수가 조사되었다. 주변화된 공동체일수록 건강지표가 나쁘다는 결과가 나왔다. 그러나 예상외로 그 자료는 민족경제에 통합된 마을들에서는 찾아볼 수 없는 정도의 엄청난 격차가 가난한 마을들 사이에서 나타난다는 것을 보여주었다.

어떤 공동체나 개별 유기체가 저임금, 모진 기후와 같은 이유로 스트레스를 받을 때 그것은 다른 작은 불균형에도 매우 민감해진다는 명제는 공중보건에서 아직 인식하지 못한 생태학적 원리다. 이 명제에 따르면, 사람들의 소득이 극히 적으면 계절적 온도 변화가 아주 중요해진다. 예를 들어 늦가을과 초겨울에 불충분한 온기를 보충하기 위해 집에서 사용하는 등유스토브, 오븐, 또는 다른 위험한 물건들로 인한 화재 때문에 수많은 사람들이 응급실을 찾게 된다. 이들에게는 작은 온도 차이가 건강에 큰 영향을 주지만 풍족한 사람들에게는 그렇지 않다. 식량과의 관계에서도 마찬가지다. 실업 상태에 있거나 물가가 상승하면, 사람들은 식량과 다른 경비를 삭감하게 되고 이것이 영양에 직접적인 영향을 준다. 모든 쿠폰을 수집하고 수퍼마켓 광고를 세밀하게 조사할 정도로 당신의 구매 솜씨가 뛰어나다면, 당신은 농업부가 지정한 빈곤수준의 장바구니(poverty level basket)로 연명할 수 있을 것이다. 이를 고안한 사람들은 당신이 할인판매를 찾는 데 귀재라고 간주할 것이다. 하지만 그 정도의 솜씨가 아니거나 비교 구매를 하는 데 2시간을 보낼 수 없다고 가정해보자. 아니면 지역 수퍼마켓을 소유한 전국적 체인이 기대했던 수익이 나지 않아 철수해 버리고, 이와 함께 양질의 식품을 구입할 수 있는 기회마저 함께 날아가 버린 지역에 살고 있다고 가정해보자. 아니면 점심식사로 유기농식품을 선호하지만 30분 정도의 여유밖에 없어서 자동판매기에 갈 수밖에 없다고 가정해보자. 이러한 상황에서는 어디에서 일하는가, 얼마만큼의 에너지를 갖고 있는가, 보모를 둘 형편이 되는가 등의 개인적 차이가 건강에 큰 영향을 끼칠 것이다.

선택의 환상

취약한 건강 상태는 대체로 가난한 지역에 밀집되어 있다. 보수주의자들은 다음과 같이 말할 것이다. "글쎄, 당연히 가난이 좋을 리는 없지만, 어쨌든 모든 아이들이 나쁘게 자라지는 않는다. 내가 했는데 당신이라고 못할 이유가 있는가? 그런 마을에서 태어나 회사의 최고경영자가 된 사람들도 있다." 그들이 놓친 점은 취약성의 증가라는 관점이다. 겉으로는 미세한 경험의 차이가 주변화된 사람들의 건강에 커다란 영향을 미칠 수 있다. 약간 근시인 어떤 여학생이 키가 크다는 이유로 교실의 뒤편에 앉게 되었다고 상정해 보자. 교사는 과중한 업무로 인해 그 학생이 칠판을 볼 수 없다는 사실에 주목하지 않는다. 그녀는 안절부절못하며 옆자리 아이와 싸우기 시작한다. 별안간 그녀는 '학습 장애'가 있는 학생이 되고, 위대한 시인이 될지도 모를 그 학생은 직업학교로 전학하게 된다. 학급의 학생수가 더 적고 교사가 관심을 기울일 수 있는 좀 더 부유한 공동체에서 이 아이의 문제는 안경 하나로 간단히 해결될 것이다. 개인적 차이는 개인적 성장 경험이나 심지어 유전자에 이르기까지 어떤 것으로부터도 비롯될 수 있다. 그러나 유전자가 인간의 유전형질의 원인이라고 할지라도 그것은 특정한 상황에서만 문제가 된다. 예를 들어 유독가스를 배출하는 공장에서는 암 발생률이 높을 것인데, 암에 걸릴 가능성이 가장 높은 사람은 특정한 화학물질을 효과적으로 처리할 수 없는 폐를 가진 사람일 것이다. 이것은 유전적 변수이며 유전적 질병이지만 오직 그러한 가스에 노출될 때에만 발생한다. 암은 유전자만의 결과가 아니고 그것의 발생은 환경에도 원인이 있다.

사소한 생물학적 차이가 인생의 중요한 분기점이 될 수 있다. 가장 분명한 사례가 색소 형성이다. 아프리카 출신의 미국인과 유럽 출신의 미국인 사이에서 멜라닌의 차이는 유전학이나 생리학의 관점에서 사소한 것이다. 그것은 단지 색소가 피부에 침전되는 방식일 뿐이다. 그러나 이 차이가 인생의 10년을 빼앗아갈 수도 있다. 그렇다면 이것은 치명적인 유전자인가? 이것은 당신을 더 쉽게 체포될 수 있도록 색소의 분비를 높이는 유전자인가? 권위 있는 유전학자들은 가족사를 살펴보면서 당신의 삼촌이 체포되었다면 당신이 체포될 확률 역시 높다고 판단할 것이다. 그리고 범죄의 원인은 유전적이라는 결론을 도출할 것이다. 이렇게 기계적인 방식으로 유전학적 규칙을 따라가면 범죄가 세습된다는 것을 증명할 수 있을 것이다. 이것은 흑인이 나쁜 유전자를 지니고 있어서 결핵에 더 잘 걸린다는 통념만큼이나 그럴듯해 보인다. 유전학은 사회적 조건에 대한 대안적 설명이 아니다. 그것은 원인적 요인들에 대한 조사에 있어서

한 구성요소에 불과하다. 생물학적·유전적·환경적·사회적 요인들 사이에는 밀접한 상호연관성이 존재한다.

공중보건 관계자들은 가난한 지역의 건강이 부유한 지역과 달라지는 것이 흡연·운동·다이어트와 같은 행위와 크게 관련된다고 주장하면서 행위의 영역에 개입하고자 한다. 가난한 사람과 부유한 사람 사이에 건강의 차이가 크다는 사실을 인정할 수밖에 없게 된 보수주의자들은 이제 다음과 같이 말한다. "그래, 그것은 가난한 사람들이 현명하지 못한 결정을 하기 때문이다. 적절한 처방은 교육이다. 우리는 어머니가 더 많은 교육을 받을수록 아이들의 행실이 더 좋아진다는 것을 알고 있으며, 따라서 필요한 것은 자신의 상황에서 최선으로 행동할 수 있게 가르치는 교육 프로그램이다." 사실 어떤 건강교육 프로그램은 가치가 있다. 공장 내 안전교육은 사람들이 위험한 조건에 잘 대처하도록 도와준다. 그러나 이러한 선택의 문제를 좀 더 주의 깊게 살펴보자. 질병관리본부와 이 쟁점을 다루는 다른 사람들은 인간이 선택할 수 있는 것은 단지 일부분이고 나머지는 환경에 의해 부과된다고 말한다. 그들은 우리에게 부과된 것 중 불공정한 그리고/또는 제거될 수 있는 불리함과 자유롭게 선택했기 때문에 오직 자신만을 비난할 수 있는 불리함을 구별하도록 한다. 선택 대 환경, 유전 대 경험, 생물학적인 것 대 사회적인 것과 같이 상호배타적인 선택에 마주하게 된 마르크스주의자는 그 범주들 자체를 의심해야 한다는 점을 알고 있다. 선택은 선택의 결핍 또한 내포한다. 선택은 항상 누군가가 당신에게 제시한 선택 사항들 중에서 이루어진다. 우리는 이것을 선거나 쇼핑을 통해 알고 있다. 우리는 음식을 고르지만 회사가 만들기로 선택한 생산물에 한해서 선택한다. 선택은 선택의 결핍, 즉 비선택에 의해서 구별된다. 선택할 수 있는 기회도 마찬가지다. 선택하는 것에는 항상 전제조건이 있다. 생활상태가 너무도 빈곤하고 억압적이라면, 다른 상황에서는 현명하지 못한 선택이 차악이 될 수도 있다.

다른 모든 사람들처럼 공중보건 관계자들도 10대의 임신을 심각하게 걱정하고 있다. 일반적으로 10대에 임신하는 것은 좋은 생각이 아니다. 10대의 어머니는 경험이 부족하고 양육에 어려움을 겪을 수 있으며 아기가 저체중일 가능성이 높다. 그럼에도 불구하고 미국 흑인 여성의 경우 평균적으로 10대에 출산한 아기가 20대에 출산한 아기보다 더 건강한 것으로 밝혀졌다. 왜 그런가? 아기를 갖는다면 일찍 갖는 게 나을 정도로 인종차별적 환경이 건강을 침식하기 때문이다. 단순히 '10대의 임신은 위험하다'고 말할 때 이 사실이 분명히 드러나지 않는다. 10대의 임신을 공중보건 상의 쟁점으로 만들려고 생각하기 전에 문제를 좀 더 넓은 사회적 맥락에서 볼 필요가 있다.

흡연은 또 다른 사례다. 흡연은 업무에서 자유도가 낮을수록 증가한다. 인생에서 별다른 선택의 여지가 없는 사람들이라도 적어도 흡연은 선택할 수 있다. 어떤 직업에서는 흡연이 잠시 휴식을 취하러 밖으로 나갈 수 있는 몇 안 되는 합법적 수단 중 하나다. 따라서 다음과 같이 선택하는 사람들이 있다. "그래, 담배는 20년 후에 암을 유발할 수도 있지만, 분명히 오늘의 나를 살아 있게 해주지." 사람들이 건강에 해로운 선택을 하는 것이 비합리적인 것은 아니다. 우리는 그것을 열악한 상황에서 최선을 다하고자 하는 강요된 합리성으로 간주해야 한다. 언뜻 볼 때 지혜롭지 못한 결정이라도 환경을 고려하면 그 사람에게는 상대적 합리성을 갖고 있다. 따라서 단순히 그들을 교육한다고 해서 그들의 행위가 바뀔 것 같지는 않다. 선택이 이루어지는 상황을 변화시켜야 한다.

시간을 인식하는 방식에서 선택의 또 다른 차원을 발견할 수 있다. 건강에 대한 결정을 내릴 때 우리는 현재의 어떤 행동이 나중에 어떤 효과를 가져 올 것이라고 생각한다. 이는 아주 분명해 보이지만 모든 사람이 경험할 수 있는 것은 아니다. 사람은 대부분 자기 삶을 통제할 수 있는 종류의 자유, "20년 후에 암에 걸리지 않기 위해 오늘 담배를 끊겠어"라고 말할 수 있는 자유를 사실상 경험하지 못한다. 모든 사람이 자신의 인생을 1년의 시간 척도에 따라 질서 있게 조직할 수 있는 것은 아니다. 푸에르토리코의 산후안 시 도심부에서는 이를테면 하루에 23시간 동안 배에서 짐을 부리고 3일 동안 수면을 취하고는 사촌이 시골 장례식에 가는 바람에 뜻하지 않게 식당에서 2일 동안 일하는 식의 생활패턴이 이루어진다. 앞으로 어떤 일이 일어날지 몰라서 오늘 확고한 계획을 세울 수 없을 때 시간의 구조는 달라진다.

반면 대학의 생활은 시간이 조직되는 방식에서 주목할 만하다. 학생들은 학습 과정을 선택할 수 있고 이를 통해 2-3년 후 자신의 진로를 준비할 수 있다. 시간 단위를 더 줄여 보면, 교수들은 월·수·금, 화·목과 같은 유형에 따라 강의 계획을 편리하게 세울 수 있다. 의사들은 언제 환자를 진찰하고 언제 도서관에 있을지, 또 언제 세미나에 갈지 결정할 수 있다. 따라서 어떤 사람들은 진정 예상할 수 있는 방식으로 실제 자신의 삶을 구조화할 수 있다. 물론 절대적인 예측은 아니다. 교통사고와 같은 일이 벌어질 수 있다. 그러나 기본적으로 자신의 생활과 경험에 대해 더 많은 통제력을 가질수록 공중보건전문가들이 추천하는 종류의 결정을 내리는 것이 더 유의미해지고, 이에 따라 선택의 가능성이 더 커진다. 따라서 의사결정과 선택에 관해 말하는 사람들에게 줄 수 있는 대답은 다음과 같다. 첫째, 무엇보다도 선택의 범위를 확장해야 한다. 둘째, 그러한 선택을 할 수 있는 수단을 제공해야 한다. 셋째, 사람들이 의미 있는 선택을 내리기 위해서는 자신의 능력을 발휘할 수 있도록 자기 생활을 통제하는 것이 필요하다. 이러한 과정들을 밟아가면서 우리는 건강에 관한 사고를 지배하고 그것을 사전에 결정된 사회적 경계 안에 가두는 잘못된 이분법에 직접적으로 도전할 수 있다.

무엇을 할 수 있는가?

최근 내가 참여한 모임에서 다음과 같은 딜레마를 제기하는 논문이 배포되었다. 모든 시민들이 투표할 수 있는 민주주의체제에서 살고 있음에도 불구하고 왜 우리는 불평등을 양산하는 정책들을 허락하여 건강에 부정적인 영향을 끼치도록 하는가? 어떻게 이것을 설명할 수 있는가? 농업을 개선하는 계획이 있지만, 그 계획은 기아를 증가시킨다. 병원을 건설하지만 그것은 새로운 질병이 전파되는 중심이 된다. 홍수를 통제하는 토목사업에 투자하지만 그것이 홍수 피해를 더욱 증가시킨다. 무엇이 잘못되었는가? 우리가 충분히 똑똑하지 못하다고 대답할 수 있다. 아니면 그 문제들이 너무 복잡해서, 또는 우리가 이기적이라서, 또는 우리가 어떤 결함을 갖고 있어서 그렇다고 대답할 수 있다. 아니면 기아의 제거, 건강의 향상, 불평등의 폐절에 실패해 왔고, 그렇기 때문에 사실을 받아들이고 그것이 불가능하다는 결론을 내야 할지도 모른다고 대답할 수 있다. 아니면 인간은 어쩌면 자연과 분별 있는 관계 속에서 협력적인 삶을 영위할 수 없는 종일지도 모른다고 대답할 수 있다.

이와 같이 지나치게 비관적인 결론은 무엇이든지 거부해야 한다. 투쟁의 역사는 오래 되었고 그것이 아무런 성과도 이루지 못한 것은 아니다. 그러나 또한 투쟁은 어렵다. 예를 들어 민주주의와 시혜적인 정부가 문제를 해결하리라는 환상에 의지하는 것은 쉬운 일이다. 그러나 그러한 민주주의 제도에서 나타나는 정책들을 살펴볼 때, 표면적으로는 생활의 개선을 목표로 하는 것처럼 보이는 정책들이 숨겨진 부차적인 조건들에 의해 항상 제대로 실현되지 않는다는 사실을 알게 된다. 예를 들어, 내 생각으로 클린턴 대통령은 시민들에게 의료보험을 확대하려는 생각을 가졌을 것이다. 그러나 그것은 보험산업의 수익성이 보호되어야 한다는 부대 조건에 종속된다. 아마도 클린턴은 약품이 좀 더 저렴해지기를 원했겠지만, 그것은 제약산업이 계속해서 높은 이윤을 획득하는 한에서만 그렇다. 미국은 외국의 농민들이 토지를 보유하는 것을 좋아할 수 있겠지만, 플란테이션 소유자들의 토지를 몰수하지 않는 한에서만 그렇다. 프로그램이 실패하는 이유는 무능력, 무지, 또는 어리석음 때문이 아니라 그것들이 권력자들의 이익에 속박되어 있기 때문이다. 프로그램의 일부는 가끔 성공적으로 수행되고 다른 부분은 그렇지 않은 경우를 발견한다. 도심에 설립된 기업 지구는 실제로 투자를 가져오지만 빈곤에는 아무런 영향을 주지 않는다. 혜택이 확산될 것이라는 가정이 환상이기 때문이다. 투자에 대한 적절한 수익이 개발자의 목표다. 그것이 달성되면 다른 어떤 것도 중요하지 않다.

이러한 숨겨진 제약, 즉 체계적 장벽이 작동하는 방식을 이해하는 좋은 방법은 다른 지역의 보건의료 서비스의 전달 방식을 살펴보는 것이다. 미국에서 보건의료는 자본주의의 무제한적 발전을 배경으로 존재한다. 우리는 자본주의적 체계의 전망과 문제점을 상세하게 묘사해왔다. 그러나 유럽에서는 역사적으로 사회민주주의자들이 불평등을 일종의 장애로 인식하는 다른 접근법을 채택했다. 예를 들어 그들은 실업을 원기왕성한 시장의 불가피한 부산물이 아니라 사회적 문제로 다루어 왔다. 시의회는 실업자 센터를 재정적으로 지원하고 실업자에게 실업보험을 비롯한 다른 수혜 프로그램에 대한 권리를 조언하는 상담자를 배치함으로써 실업 문제를 관리할 것이다. 그 센터는 가구소득에 아무 것도 보태지 못하는 사람이 느끼는 감정을 다독거리는 친목회도 조직할 것이다. 지방 정부는 또 다른 사회적 문제를 다룰 것이다. 런던에는 어린 산모들의 고립을 막기 위한 프로그램이 있는데, 여기서 그들은 서로 만나 경험을 공유하고 서로 도움을 준다. 물론 이 수단들 중 어떤 것도 수익성에 영향을 주거나 시장에게 도전하지는 않는다. 따라서 의회가 고용을 창출할 수는 없다. 유럽의 사민주의 정부들이 준비한 가장 원대한 프로그램조차도 어쨌든 자본주의적 질서에 도전하지는 않는다. 그들은 단지—누진소득세나 관대한 실업보험 등을 통해서—좀 더 평등한 사회를 만들기 위해 노력하는 것일 뿐이다. 스웨덴에서 운수노동자들은 트럭운전사들의 심장병을 줄이기 위해 음식의 개선을 요구했다. 그들은 도로 주변의 매점에서 판매하는 음식의 질을 개선하기 위해 조직을 결성했고 식당과 매점의 소유주들과 협력하여 음식을 개선했다. 다른 곳에서는 노동조합이 교대근무·노동시간·노동조건을 변경하기 위해

단체협약을 체결했다. 이 노동조합은 건강 문제가 계급관계의 또 다른 측면이라는 점을 인식한 것이다.

상대적으로 거의 비용을 들이지 않고서 직장 내 건강을 개선할 수 있는 경우가 있다. 건설 현장에서 노동자들이 안전모를 쓸 것을 주지시키는 표지판의 설치를 반대하는 고용주는 없다. 그러나 업무의 재조직이나 지출에 관한 이야기를 시작할 때에는 좀 더 교활해진다. 건강 개선을 위한 정부 프로그램을 통해 세금의 일부가 지출된다면, 자본가계급이 반대할 것이라고 예상할 수 있다. 그리고 새로운 지출이 발생한 후에 자신들의 경쟁력이 약화되었음을 인식한다면, 자본가계급의 반대는—예를 들어 건강과 안전에 대한 규제의 철폐와 같은—정치적 형태를 띠게 될 것이다. 지출이 노동조합의 요구와 같은 방식으로 개별 고용주에게서 발생한다면 저항이 훨씬 더 커질 것이다. 그는 경쟁력이 약화된다고 말하면서 작업장을 폐쇄하고 다른 곳으로 이전하겠다고 위협할 것이다. 만일 노동조합의 요구가 노동의 조직화 자체와 관련된 것이라면, 경영자측은 노동자들이 계급적 특권의 핵심을 침해한다고 간주할 것이다. 이러한 상황에서는 강력하고 잘 조직된 노동자운동만이 변화를 강제할 수 있을 것이다.

어떤 쟁점이 지배계급의 근본적인 이익과 직접적으로 충돌하는가, 어떤 쟁점이 한 계급에게 단지 상대적인 혜택을 주는가, 그리고 어떤 쟁점이 상대적으로 중립적인가라는 관점에서 보건의료정책을 살펴보면, 어떤 종류의 조치가 실현가능한 것인지 예측할 수 있다. 이는 사회가 모든 사람의 건강을 개선하려고 노력한다는 관념에 숨겨진 거짓을 드러낸다. 우리는 보건의료를 좀 더 복잡하게 볼 필요가 있다. 건강은 한 사회의 노동력가치의 일부이고, 따라서 계급투쟁에서 항상 등장하는 쟁점이다. 그러나 동시에 건강은 소비재다. 특히 건강 증진을 구매할 능력이 있는 부유층에게는 더욱 더 그렇다. 그들은 수질을 개선하기보다 정수기를 구입한다. 대기의 질을 개선하기보다는 거실에 공기정화기를 들여놓는다. 건강은 또한 병원·보건조직·제약회사 등을 포함한 의료산업이 투자하는 상품이기도 하다.

그들은 지불능력의 한도가 허락하는 한 최대한 넓은 시장에 보건의료를 판매하려고 하며, 그것이 필요 없는 사람에게도 판매하려 한다. 모든 공격적인 사업전략이 그렇듯이 의료산업도 대중의 환심을 사기 위해 홍보에 착수한다. 베트남 전쟁과 그 이전의 말레이 폭동 기간 동안 동남아에 세워졌던 일부 클리닉은 이 목적에 부합했다. 의사들은 위대한 희생을 치르면서 정글에 병원을 세우고 열악한 조건에서 낮은 보수를 받으면서 진료가 필요한 사람들을 도와주고 좀 더 의식적으로는 공산주의를 막기 위해 노력한다고 생각했다. 그러나 그것은 19세기 제국주의를 정당화했던 '백인의 의무'의 환생이었다.

건강이 생활의 단계에 따라 필수적이고 적절한 활동을 수행할 수 있는 능력에 달려 있다면, 그 단계가 어떻게 결정되는가가 중요하다. 어떤 것이 필수적이고 바람직한 활동인지 스스로 결정할 수 있는 사람은 이미 내려진 결정을 받아들이는 사람과 명백히 다르다. 이 차이는 고용주가 자신의 피고용인들의 의료보험을 협상할 때 명백하다. 고용주의 입장에서는 피고용인들이 어떤 것이 필요한지를 생각하기보다 복리후생의 비용을 항상 우선시한다. 따라서 건강은 항상 계급투쟁에서 논쟁의 초점이 된다. 의학적·과학적 연구도 마찬가지다. 모든 과학적 연구가 그렇듯이 지식과 무지는 연구사업을 소유하고 지식생산의 결과를 지배할 수 있는 사람들에 의해 결정된다. 어떤 종류의 연구가 진행되어야 하는가를 둘러싼 논쟁에도 계급투쟁이 존재한다. 보건의료 분야에 관한 연구는 점점 더 제약산업과 의료기기산업에 의해 지배되고 있다.

자료분석의 방법, 질병을 사고하는 방식, 이와 관련하여 검토해야 하는 역학적·역사적·사회적 질문의 범위 등에 대한 지적 관심이 존재한다. 보건의료 서비스와 정책과 관련된 쟁점도 존재한다. 그러나 그것들은 모두 앞으로 우리의 투쟁의 장소가 되어야 할 통합된 체계의 일부이다. 우리는 환경 문제에 대해 그랬던 것처럼 건강을 계급관계의 모든 차원에 스며든 쟁점으로 간주해야 한다. 그것은 계급투쟁의 한 측면이지 그것에 대한 대안이 아니다.

생태계의 일부로서 건강*

위르외 하일라·리처드 레빈스

> 유전정보연구소(Genespec institute)의 연구자들은 굶주린 사람들에게는 없는 단백질군을 영양이 충분한 사람들의 위장에서 추출했다고 발표했다. 사람들은 이 발견을 통해 세계적 영양실조의 분자적 기초인 기아 유전자를 확인할 수 있을 것이라고 기대한다. 기아가 유전적 기초를 갖고 있다는 것은 오래 전부터 알려졌음에도 불구하고, 그 분자의 구조에 접근한 것은 이번이 처음이다. 미국과 프랑스의 연구 집단들은 그 유전자에 대한 세계시장에서의 특허권을 신청하고 있다.
>
> —나비·라이백(Nabi-Rybak)비밀건강뉴스레터

감염이나 관절경화, 만성피로 등은 생물학적 사실이지만, 건강은 사회적 범주다. 우리는 건강을 한 사회에서 필요하다고 판단되는 활동을 수행할 수 있는 능력이라고 잠정적으로 정의하고자 한다. 그러나 당장 어려움에 직면하게 된다. 어떤 사회인가? 누가 누구에 대해 판단하는가?

미국의 노예제 시대에 소유자는 노예의 건강을 일할 수 있는 능력이라고 판단했다. 따라서 좋은 영양은 충분한 칼로리를 의미했다.

---

*) Yrjö Haila and Richard Levins, *Humanity and Nature: Ecology, Science and Society*, Pluto Press, 1992의 4장 "Health as Part of the Ecosystem" (이태훈 옮김). 참고로, 6장 "Social History of Nature"의 국역본은 제이슨 무어 외, 『역사적 자본주의 분석과 생태론』, 공감, 2006에 실려 있다.

노예의 가격이 낮을 때 노동수명의 기대값이 낮다는 것은 큰 문제가 되지 않았다. 의사는 노동에 명백한 지장을 주지 않는 질병을 심각하게 다루지 않았으며 종종 그것을 꾀병으로 간주했다. 물론 소유자 자신의 건강에 대해서는 달리 판단했다. 노예도 어떤 것이 인정받을 수 있는 질병인지를 알고 있었다. 따라서 두 가지 보건의료체제가 병존했다. 즉, 의사에 의해 무시되는 건강상의 요구에 주의를 기울이는 아프리카나 아메리카 원주민 전통에 따르는 치료사와 약초상의 네트워크가 공식적인 보건의료체제와 공존했다.

아직도 끝나지 않은 세계적인 식민지화 기간 동안 공중보건은 지배자에 의해 감지된 요구를 반영한다. 점령군과 식민지 행정관을 해칠 수 있는 질병이 식민지의 (대체로 군사적인) 보건의료제도를 설립하는 데 동기가 되었다. 질병의 매개체가 말라리아나 황열병을 전파하는 모기와 같이 이동성이 매우 높다면, 피지배자를 보호하지 않고서 지배자를 보호하는 것은 어렵다. 그러나 영양부족이나 기생충은 안전하게 무시될 수 있었다. 값싼 노동력의 원천이 줄어든 후에는 전체 노동력의 생존과 육체적 에너지가 관심의 대상이 되었으며, 이에 따라 의학의 범위가 확대되었다. 1950-60년대에는 아시아, 아프리카, 라틴 아메리카에서의 인구 증가에 대한 공포가 유럽과 북미를 휩쓸면서 재생산 문제가 보건의료의 주요 쟁점이 되었다. 마지막으로 식민지 혁명의 시기에는 보편적 보건의료 서비스가 평화정착과 반란진압 전술의 무기가 되었다. 사회·경제적 관계에서 주요 변화들이 발생하면 동시에 건강 문제에 대한 다른 목록들이 등장했다.

과학적 의학이 발전함에 따라 건강을 손상시키지는 않지만 장래의 질병을 예고하는 상태 자체가 질병으로 간주되었다. 그래서 고혈압이나 당뇨는 건강을 해치기 전에도 건강 문제의 지표가 되었다.

이렇게 건강과 질병의 정의는 의학의 기술적 발전뿐만 아니라 경제적 발전에 따른 사회적 과정, 이익 갈등과 이데올로기적 변화의 결과다. 기술의 발전 자체는 부분적으로 이 같은 과정들의 결과다.

우리는 연속적 근사화(successive approximation) 방법을 사용할 것이다. 우선 건강보다는 감염성 질병을 논의할 것인데, 이에 대해서도 질병이 각각 분리된 존재인 것처럼 다룰 것이다. 그리고 감염성 질병과 구분되는 비감염성 질병을 검토할 것이다. 그런 후에 건강을 좀 더 일반적으로 살펴볼 것인데, 유기체가 자신의 존재조건에 대해 다양한 방식으로 반응하며 이 과정에서 반응능력을 부분적으로는 유지하면서도 부분적으로는 침식한다는 것을 알게될 것이다.

감염성 질병

> 한 사람을 죽이는 데 필요한 약의 복용량은 그 사람에게서 세균을 제거하는 데 필요한 것보다 단지 조금 더 많을 뿐이다. — 홀데인(J. B. S. Haldane)

우리는 기생체의 존재가 발병의 필수적인 요소가 되는 질병을 감염성 질병으로 정의한다. 우리는 기생체가 질병의 원인이라는 정의보다 이 정의를 더 선호하는데, 발병으로 인한 불편과 죽음은 여러 요인들의 전체적 맥락에 따라 좌우되고 기생체는 그 중 단 하나의 요인에 불과하기 때문이다. 지난 세기부터 눈부시게 발전한 미생물학은 박테리아, 원생동물, 균류, 벌레, 그리고 최근에는 바이러스가 감염성 질병에 필연적으로 개입한다는 사실을 입증했다. 하지만 종종 질병과 기생체를 동일시함으로써 특정한 감염체와의 접촉의 결과를 결정하는 요인들을 관심 밖으로 밀어냈다.

감염성 질병에서 기생체는 우리 몸에 침투하여 가능한 자원들을 활용하면서 성장·발육·번식한다. 그것은 숙주의 건강에 거의 아무런 영향을 미치지 않을 수도 있고, 치명적인 증상이나 심지어는 사망을 유발할 수도 있다. 기생체가 영양분을 자신의 욕구를 충족시키는 데 사용한다면, 또는 숙주의 생체조직을 더 많이 활용하거나 숙주의 저항을 극복하기 위해 생체조직을 파괴하는 독소를 분비한다면, 또는 숙주의 정상적인 통제 및 피드백 체계의 균열을 가져오고 육체 구조의 역학적 파괴를 야기하는 독소를 분비한다면, 유해한 결과가 발생할 것이다. 게다가 육체의 방어체계는 종종 발열과 같이 유해한 결과를 스스로 생산하는 방식으로 활성화되기도 한다.

따라서 감염성 질병을 이해하기 위해서는 한 걸음 물러나 자연에 존재하는 기생이라는 일반적 현상을 살펴보아야 한다.

녹색 식물을 제외한 거의 모든 생명체는 그것을 소비함으로써 에너지와 유기적 영양분을 직·간접적으로 취득한다. 기생체는 먹이나 숙주와 같은 다른 유기체를 소비함으로써 영양분을 획득한다는 점에서 육식동물과 유사하다. 그러나 기생체는 숙주의 내부나 표면에서 살아가면서 그것을 조금씩 소비한다는 점에서 육식동물과 다르다. 육식동물과 기생체의 중간에는 포식기생자(parasitoid) 곤충이 있는데, 말벌이나 파리가 여기에 속한다.

프라이스(Price, 1980)에 따르면, 대부분의 유기체는—식물의—기생체다. 기생체와 숙주의 관계는 강도 면에서 매우 다양하다. 즉 기생체가 숙주를 잠시 방문하는 경우(모기)와 숙주의 표면에 머무르면서 소량의 영양분을 취하는 경우(진드기·벼룩)부터, 표면조직에 침투하는 경우(백선·사마귀바이러스)나 모든 종류의 심층 생체조직, 세포핵, 심지어 염색체까지 침투하는 경우까지 매우 다양하다. 기생체가 상대적으로 무해할 수 있는데, 기생체가 아무런 해를 끼치지 않으면서 숙주 속에서 살아가는 편리공생체(commensal organism)나 기생체가 숙주에게 이득이 되는 상리공생체(mutualist organism)와 점차 통합될 수도 있다. 예를 들어 동물의 위장관에 있는 박테리아는 거의 해가 없다. 흰개미의 섬유소소화 박테리아나 소의 되새김질 박테리아처럼 어떤 박테리아는 필수적일 정도로 소화에 도움을 주기도 한다. 내부 환경의 유지와 병원체의 통제를 돕는 박테리아도 있다. 다른 차원에서 보면 기생체는 이미 죽은 조직만 먹고사는 분해자와 중첩된다. 그 중간 형태로서 죽어가거나 쇠약해진 유기체나 살아 있는 유기체의 죽어 가는 조직에 기생하는 박테리아도 있다.

아마도 수백 개의 종이 인간 육체의 내부나 표면에서 살고 있을 것이다. 주로 소화기 계통에 있는 어느 정도 영구적인 서식자도 있고 간헐적인 침입자도 있다. 어떤 종들은 질병을 야기할 수 있는데, 그 중 약 1-200종은 다른 동물들에게도 있다.

기생체의 관점에서 보면 기생적 생존방식은 장단점을 모두 가지고 있다. 그것은 토양과 물과 같은 [기생이나 공생을 하지 않는] 독립생활(free-living) 서식지에서 다른 유기체들과의 경쟁으로부터 도피처를 제공한다. 숙주는 습도·온도·스트레스·극산성의 압박으로부터 보호된 환경을 제공한다. 또한 숙주는 숙주 자체의 항상성에 의해 유지되는 다양한 영양분을 허용 가능한 한계 내에서 공급한다.

그러나 숙주는 매우 독특한 환경이므로, 기생체는 특수한 조건에 대처해야 한다. 기생체는 어떻게 해서든지 숙주에 도달할 수 있어야 한다. 그리고 숙주를 찾아냈다면 침입에 대한 장벽을 극복하고, 숙주 내부에서 자신이 선호하거나 자신에게 꼭 필요한 서식지를 찾아야 하며, 그곳에서 생애순환을 완성하고 자손들이 안전한 피난처로부터 나와서 다른 숙주로 갈 방법을 발견해야 한다. 대체로 기생체와 숙주의 관계가 긴밀할수록, 기생체는 더욱 더 숙주에 침투·적응하고 자신의 성장을 숙주의 생명과정과 동화시킨다. 모기가 물 수 있는 대상은 광범위하지만, 십이지장충은 숙주의 피부에 침투하여 핏줄을 따라 허파로 옮겨간 뒤 허파에서 나와 목구멍으로 들어가서 최종적으로 소화기관에 도달해야 비로소 빗장을 걸고 먹이를 섭취하기 시작한다. 따라서 십이지장충은 그 숙주가 얼마간 특정화되는 경향이 있다. 개에 기생하는 십이지장충은 때때로 사람의 피부에 침투하지만 곧 길을 잃고 순환기에 들어가지 못한 채 피부 근처에서 한동안 방황하면서 주혈흡충피부염을 일으키고는 결국 죽는다.

기생적 생존 방식의 불확실성은 재생산[번식] 비율이 높다는 사실에서 알 수 있다. 대부분 종의 개체수는 얼마간 단순재생산을 따르기 때문에 각각의 개체는 평균적으로 한 자손을 남기고, 유성생식에서는 한 마리의 암컷이 평균 한 마리의 암컷을 낳는다. 따라서 암컷이 평생 n개의 알을 낳는다면, 각각의 알이 완전한 생애순환을 거쳐 다시 알을 낳을 때까지 생존할 가능성은 $2/n$ 인데, 알들의 절반이 암컷을 낳기 때문이다. 이것은 물론 장기적 평균일 따름이다. 1년의 순환에서 개체수가 급증하거나 급감하여 새로운 영토나 숙주를 침범할 수도 있다. 그렇다고 해도 우리는 일생 동안 한두 자리 수의 새끼를 낳는 거대 포유류 및 조류와 하루에 30-100만 개의 알을 낳는 촌충을 구별할 수 있다.

기생체가 숙주 내에서 생애순환을 완성할 수도 있다. 그러나 하나의 숙주를 감염시키는 것으로 자신을 유지하는 것은 흔치 않다. 그 숙주에서의 재생산이 현격히 낮을 수도 있고, 다른 숙주로의 전파 가능성이 불충분할 수도 있다. 뇌염이 그런 유형에 속한다. 모기가 전파하는 이 감염성 질병은 인간에 대한 감염만으로는 자신을 유지하지 못하고 다른 종의 척추동물도 감염시킨다. 이따금 이것이 인간 개체군으로 넘쳐흘러 들어올 때 통상 수십 명의 환자를 발생시키는 소규모 유행병이 나타난다. 그러한 '범람'을 유발하는 환경은 특정한 서식지에서의 기후와 관련 있는 것으로 보인다.

감염이 전파되기 전에 발생하는 사건의 연쇄를 생각해보자. 암컷 모기가 평생 두 꾸러미의 알을 낳는다고 가정하자. 각각의 알 꾸러미는 적어도 하나의 숙주를 물어서 얻은 혈액을 필요로 한다. (수컷 모기의 성충들은 물지 않는다. 그들은 일생 동안 필요한 모든 단백질을 애벌레 시절에 축적하며, 성충이 되면 과즙으로부터 얻은 탄수화물을 통해 생존을 유지한다.) 편의상 그 암컷이 하나의 숙주로부터 먹이를 얻는다고 가정하자. 첫 번째 숙주가 기생체를 지니고 있을 확률은 숙주 개체군 내 감염된 개체의 비율과 같거나 약간 적은데, 최근에 감염된 숙주가 즉시 감염시킬 수 있는 것은 아니기 때문이다.

모기가 감염된 숙주를 물게 되면, 감염원을 집어올 가능성이 있다. 그 확률은 혈액 속에 얼마나 많은 기생체가 있는가, 즉 감염 정도에 따라 좌우되고, 또 모기가 얼마나 오랫동안 피를 빠는가에 따라 달라진다. 이제 그 모기는 성장하여 알을 낳을 만큼 충분히 오랫동안 생존해야 하고, 새로운 꾸러미의 알을 낳기 위해 또 다른 숙주를 찾아 떠나야 한다. 이것은 이 기간 동안 그 모기에게 가해지는 위험, 즉 그것이 휴식을 취하고 과즙으로 재충전하는 장소에서의 포식자의 수나 모기 질병의 유무에 따라 달라진다.

다시 피를 빨 때까지 생존한다면, 그 모기가 인간을 물 가능성은 자신의 자연적 서식지로부터 얼마나 멀리 날아가야 하는가에 따라 달라지고, 그 모기에게 그런 장소를 찾도록 강제하는 영향력에 따라 달라진다. 또 모기가 그곳에 도달했을 때 인간이 있어야 하고 피를 빨 수 있어야 한다. 이것은 인간의 수, 모기가 가장 활동적인 고온다습한 기간 동안에 인간이 시간을 보내는 방식 등에 의해 좌우된다. 모기가 인간을 물게 되면 기생체를 전파할 가능성이 있다. 여기서는 모기가 피를 빠는 행위가 영향을 준다. 전파는 대체로 모기가 피를 잘 빨 수 있도록 숙주에 응고억제물질을 주입할 때 발생한다. 여기서 인간의 행동이 중요하다. 어떤 모기의 윙윙거리는 소리, 처음 찌를 때의 통증, 그리고 응고억제물질로 인한 가려움이 숙주에게 모기의 존재를 알려서 피를 빠는 행위를 중지시킬 수 있고 또 모기가 많은 것을 보고 인간이 보호조치를 취할 수 있다. 마지막으로 모기가 기생체를 숙주의 피에 주입하는 데 성공한다면, 기생체가 숙주의 방어를 벗어나 증상을 일으킬 만큼 충분히 재생산할 가능성이 있다.

이 모든 사건들이 일어날 가능성은 각각의 사건이 발생할 확률을 곱해서 구해진다. 이것은 모기 한 마리에 대한 것이므로 전파가 일어날 횟수는 이렇게 계산된 확률에 암컷 모기의 수를 곱한 것과 같다.

우리는 이제 발병이 어떻게 일어나는지 알 수 있다. 대부분의 경우 그 확률은 아주 낮기 때문에 수많은 모기의 수를 곱해도 완벽한 감염은 단 한번도 채 발생하지 않는다는 결과가 나온다. 그러나 이 확률은 영원히 고정된 것이 아니다. 살충제의 사용은 모기 포식자의 수에 영향을 줄 수 있다. 초목의 개간으로 인해 모기가 원래 살던 곳에 불편을 느끼고 휴식을 취할 장소를 찾아 더 멀리 날아갈 수 있다. 택지 개발은 사람들을 밀집시킨다. 사람들이 일과를 끝내고 정원을 가꾼다면 이들은 해질녘에 집밖으로 나가게 되는데, 이 때 모기들에게 가장 적합한 습도가 조성된다. 다른 비전염성 모기나 파리의 수가 많아 신경에 거슬린다면, 사람들은 실내로 들어가서 방충제를 사용하거나 모기장을 칠 수 있다. 첫 번째 발병의 사례가 보도되면 사람들은 더욱 조심하게 된다. 그리고 사람들의 건강 상태가 혈류에 침투한 기생체의 운명에 영향을 줄 수도 있다. 지역개발계획이나 최근의 날씨가 모기의 수를 바꿀 수도 있다.

결과적으로 자연적·사회적 조건에서 발생하는 어떤 변화라도 평소에는 사람들과 접촉하지 않는 기생체에 의한 감염과 질병의 가능성에 영향을 줄 수 있다. 단기적인 변화는 간헐적인 발생을 일으키는 반면, 장기적인 변화는 동물의 감염을 일시적인 또는 상시적인 인간의 질병으로 변화시킬 수 있다.

방어

침입한 기생체가 제대로 정착하고 숙주에게 해를 끼치는 데 성공하는가는 숙주의 상태에 따라서도 좌우된다. '숙주의 상태'는 침입에 대한 저항, 기생체의 억제, 기생체의 제거, 증상의 감소나 기생체의 내성 등 수많은 요소들로 구성되어 있다.

질병에 대한 저항은 종종 숙주 내에 기생체에게 불리한 환경적 조건이 형성되는 결과를 가져온다. 그러나 숙주와 기생체는 모두 생명체이고 양자가 요구하는 환경적 조건이 중첩되는 경우가 많다. 방어체계에서의 문제는 자신에게는 해를 끼치지 않으면서 침입자에게만 불리한 조건을 어떻게 창조하는가라는 점이다. 예를 들어 식물을 시들게 하는 진균류의 확산을 막기 위해 모세관을 막게 되면 식물 내부의 영양 공급 또한 막게 된다. 따라서 식물의 방어체계는 부분적으로 막힌 곳을 우회하는 목질관의 성장으로 나타난다. 만일 우회로가 제대로 형성되지 않으면 식물은 시들어 버린다. 이처럼 식물이 시드는 것은 침입자가 직접 야기한 것이 아니라 침입자에 대한 식물 자체의 반응에서 비롯된 것이다.

포유류에 침입한 어떤 박테리아에 대해 지나치게 따뜻한 상태를 만들어내는 발열 반응 역시 숙주의 생명과정을 억제하고 숙주가 보유한 에너지의 연소를 증가시킨다. 게다가 열을 낼 때 신진대사율이 높아짐에 따라 더 많은 산소를 생체조직에 공급해야 하므로 심장박동수가 증가한다. 심장박동수의 증가는 심장근육 자체의 산소 수요를 증가시킨다. 만일 관상동맥이 막혀서 이 수요를 충족시키지 못하면, 이 근육의 세포가 죽고 심장마비가 올 수 있다.

숙주의 대응은 숙주의 생명에 비정상적이고 부분적으로 불리한—물론 기생체에게는 훨씬 더 불리한—조건을 형성한다. 질병에 대한 효과적 저항을 위해서는 숙주의 다양한 대응 사이의 복잡한 조정이 필요하고, 불리한 조건을 보충하는 메커니즘이 필요하다. 많은 질병의 증상은 숙주의 방어적 대응이 의도한 대로 작동할 때에도 바로 그 작동 자체에 의해 발생한다. 방어가 붕괴되어 자기조절체계 자체가 생명을 위협하는 경우도 발생한다.

성공적으로 침입한 기생체는 무엇보다도 숙주의 방어를 무력화시킬 수 있어야 한다. 그것은 몇 가지 방법을 통해 이루어진다.

먼저 기생체는 방어보다 더 빨리 증식할 것이다. 기생체가 대량으로 침입하여 급속히 증식한다면, 바로 이런 이유 때문일 것이다. 감염 후에 콜레라가 급속히 확산되는 것은 이 전략의 한 사례다.

혈액 순환이 빈약하여 혈액을 통해 생성되는 면역체계가 제대로 도달할 수 없는 피부, 장, 또는 세포의 내부에 기생체가 집중될 수 있다. 이것은 사마귀바이러스와 장에 서식하는 기생체가 취하는 전략이다.

기생체가 자신의 표면을 변화시켜 면역체계가 그것을 침입자로 인식할 수 없도록 하는 방법도 있다. 원생동물중 파동편모충군은 이 전략을 취하는데 이것들은 수면병과 관련된 기생체들이다. 독감 바이러스도 자주 돌연변이를 일으킨다. 그래서 질병의 과정이 종종 회복과 재발의 순환을 나타낸다.

기생체는 설사와 같이 영양분을 고갈시킴으로써 방어체계를 약화시킬 수도 있고, 에이즈처럼 면역체계를 직접 공격할 수도 있다. 설사의 경우에는 영양결핍이 그 증상을 더욱 고통스럽게 만드는 한편, 그 자체가 식욕과 영양흡수를 감소시키고 또 발열과 결부될 때는 신진대사적 영양소비를 증가시킴으로써 영양분을 고갈시킨다.

침입의 성패는 숙주의 방어와 이에 대한 기생체의 회피 또는 파괴라는 대립적 과정에 따라 좌우되기 때문에, 숙주의 조건과 다른 외부적 조건이 그 결과를 결정한다. 숙주가 이미 다른 종류의 압력에 의해 약해졌을 때만 기생체가 성공하는 경우가 종종 있다. 그러나 그 압력이 침입자에게도 영향을 줄 수 있기 때문에, 환경과 질병의 관계는 예측하기가 매우 어렵다. 예를 들어 담배의 뿌리에 기생하는 [뿌리썩음병(黑根病)을 유발하는] 진균류인 티에라비옵시스 바시코라에게는 최적의 온도가 섭씨 28.5-30.5도다. 그러나 이것은 동시에 숙주 식물에게도 최적의 온도이기 때문에 식물이 활발한 생장을 통해 질병에 저항할 수 있다. 질병은 17.5-23.5도의 범위에서 가장 많이 발병하는데, 이것은 기생체의 성장에 별로 좋은 조건은 아니지만 숙주에 비해 기생체의 상대적 성장이 최대화되는 상황이다.

어떤 감염은 다른 기생체의 침입이 성공할 수 있는 선행조건이 된다. 기회감염의 전형적 사례는 면역체계가 손상되었을 때 나타나는 에이즈에 수반된 감염성 질병이다. 하지만 하나의 감염이 다른 것에 대한 방어작용을 일깨우는 경우도 있다. 이것은 특히 식물의 경우에 해당하는데, 식물의 방어는 동물에 비해 얼마간 덜 특정화되어 있다. 버티실리움에 의한 감염이 푸사리움에 대한 토마토의 저항을 증대시킨다는 것은 잘 알려져 있다.

포유류의 면역체계는 스트레스에 민감하다. 감정적 외상이 발생하면 혈액 속의 면역글로블린항체가 몇 주 동안 감소하고 연쇄상구균에 의한 감염이 증가한다는 사실이 밝혀졌다. 가난한 나라나 부유한 나라의 극빈층이 최악의 건강 상태로 고통받는다는 것은 일반적인 사실이다. 이것은 병원체에 대한 더 많은 노출, 낮은 저항력, 그리고 치료서비스를 받기 힘든 상황이 중첩된 결과다.

기생체는 숙주의 방어를 회피·압도해야 할 뿐만 아니라 필요한 영양분도 획득해야 한다. 이것이 숙주에게 해를 입히지 않고 이루어지는 경우도 있다. 숙주의 영양공급이 양호하고 다른 균들이 그리 많지 않을 때, 회충은 별다른 해를 주지 않고 숙주의 먹이 중 일부를 섭취한다. 그러나 피를 빠는 진드기는 영양섭취를 위해 피부에서의 혈액 순환을 증대시키는 활동을 하고 그 결과 자신의 존재를 드러내는 발진을 일으킨다. 선충류인 네오프렉타나는 숙주에게 박테리아 배양균을 주입한다. 그 박테리아는 곤충의 조직을 파괴하면서 자라는데, 네오프렉타나 선충은 그 박테리아의 배양균을 먹고 산다.

마지막으로 기생체는 새로운 숙주에게 도달해야 한다. 이것을 위해서는 번식에 최적인 숙주 조직에서 다른 조직으로 이동해야 한다. 이것은 호흡기 감염시 나타나는 재채기나 기침, 간디스토마의 창자로의 이동, 미친듯이 날뛰는 동물의 공격적 행동 등과 같이 전파를 증대시키는 특별한 증상을 일으킴으로써 촉진될 수도 있다.

이처럼 감염성 질병의 심각성과 결과는 침입의 규모, 환경의 조건, 숙주의 조건, 숙주가 받는 치료에 따라 다르다. 증상은 기생체와 숙주의 상호작용, 즉 유리한 위치에 도달하고 저항을 극복하고 영양을 섭취하며 다른 숙주로 탈출하려는 기생체의 행동과 기생체를 고립시키거나 제거하고 독성을 중화하거나 피해를 상쇄시키려는 숙주의 행동 사이의 상호작용에 달려 있다. 의학과 식물병리학의 발전으로 인해 산업적으로 생산된 약품과 항생물질도 방어체계에 추가된다.

숙주와 기생체의 공진화

이전에 노출된 적이 없던 질병이 인구에 유입되면 그것이 훨씬 더 심각해진다는 사실은 지금까지 줄곧 관찰되어 왔다. 아메리카, 오스트레일리아, 오세아니아의 원주민은 천연두나 흑사병과 같은 유럽의 질병에 의해 철저히 파괴되었다. 따라서 질병은 그것이 처음 등장할 때 가장 심각하며, 그 다음에는 숙주가 저항력을 키우고 또 숙주를 죽이지 않는 것이 기생체에게도 이득이 되기 때문에 질병이 양자 모두에게 온건한 형태로 진화한다는 가설이 제기된다. 존슨(Johnson, 1986)은 그 증거와 주장을 검토한다. 그는 숙주가 저항력을 키우는 것은 사실이지만 기생체의 진화는 좀 더 불확실하다고 결론짓는다. 이 가설을 지지하기 위해 활용된 충격적인 사례는 오스트레일리아의 점액종증 바이러스다. 1950년에 토끼의 수를 억제하기 위해 처음 도입되었을 때 그것은 99.8%의 치사율을 보였지만, 토끼 개체수가 세 번째로 폭증한 기간에는 40-60%로 떨어졌고, 현재 그 바이러스는 토끼에게 아무런 영향도 끼치지 않는다. 이것은 토끼를 죽이지 않는 것이 바이러스의 전파를 용이하게 하여 자신에게도 실질적 이익이 되는 독특한 사례다. 하지만 증상이 심각할수록 유리한 사례도 있고, 심지어 숙주의 죽음이 전파를 용이하게 하는 사례도 있다.

질병의 증상에 대한 자연선택의 방향을 짐작하기 위해서는 증상을 일으키는 사건이 기생체와 숙주의 생명에 대해 갖는 중요성을 판단해야 한다. 모기가 물었을 때의 통증은 피부를 뚫는 것부터 시작된다. 하지만 모기가 숙주의 피를 빠는 동안 피해자가 즉시 반응해서 흡혈을 중지시키거나 모기를 죽일 수 있기 때문에 그 통증은 모기에게 약점이다. 이후의 가려움도 숙주에 대한 경고이지만 어떤 조치를 취하기에는 이미 늦은 것이다. 그렇지만 몇 번 물린 뒤에 희생자는 모기가 피를 빨기 어렵도록 하는 방어수단을 채택하게 된다. 따라서 덜 성가시게 물도록 진화하는 것이 충분히 먹이를 섭취하는 데 적합하다면 이것은 모기에게 이익이 될 것이다.

물린 사람의 입장에서 모기가 가져간 피는 무시할 만하고, 그 불쾌감이 아무리 성가시더라도 생존이나 재생산을 위협할 정도는 아니다. 따라서 피가 나올 정도로 긁어대어 감염 경로를 열어줄 정도로 가려움이 심하지 않다면, 그 불쾌감을 경감시키기 위한 자연선택은 발생하지 않을 것이다. 벌레나 해파리에게 쏘이면 가끔 심각하고 치명적일 수 있는 알레르기 반응이 발생한다. 여기서는 적어도 생명에 대한 위협을 줄이는 정도까지 반응의 심각성을 경감시키도록 자연선택이 작용할 것이다. 모기가 질병을 옮긴다면, 모기에 대한 민감성의 증가는 어떤 조치를 요구하는 신호로서 이점을 가질 것이다.

중요한 것은 모기가 더 불쾌한 것으로 진화하고 사람이 덜 민감해지도록 진화하는 것에 진화론상 모순이 없다는 사실이다.

박테리아성 감염에 대처하기 위해 항생물질의 사용이 확산됨으로써 박테리아는 생존을 위협하는 환경적 압력에 직면하게 되었다. 항생물질이 100% 효과적이라면 박테리아는 박멸될 것이고, 해당 지역에서 개체군이 소멸되므로 그 종은 변화하지 않을 것이다. 그러나 박테리아가 완전히 파괴되는 경우는 거의 없다. 한 가지 감염을 일으킨 수많은 박테리아 중 일부는 돌연변이를 일으켜 자신의 화학적 성격에 변화를 일으킬 것이다. 그 결과 항생물질의 침투를 감소시키거나, 항생물질을 다른 분자와 결합하여 무해한 물질로 만들거나, 분자의 활성화된 부분을 변성시키거나, 항생물질에 의해 비활성화된 효소를 자신에게 덜 민감한 효소로 대체하거나, 항생물질에 의한 피해를 상쇄하기 위해 신진대사활동을 빠르게 할 수 있다. 어떤 방법으로든 박테리아는 생존을 위해 자신과 항생물질 사이의 상호작용을 변화시킬 것이다. 이 모든 메커니즘이 일반적으로 **저항**으로 묘사되며, 변화된 신진대사활동과 관련된 유전자는 저항을 '위한' 유전자로 간주된다. 같은 박테리아의 자손들 또한 저항력을 갖게 된다.

항생물질의 사용이 확산될수록, 저항력이 발생할 가능성도 높아진다. 더 많은 박테리아가 항생물질에 노출될 뿐만 아니라 더 다양한 상태에서 노출될 것이다. 항생물질의 집중도는 일정치 않다. 집중도가 낮은 경우에는 저항력을 조금만 개선시켜도 생존할 수 있으며, 이를 통해 한 단계씩 저항력을 획득해갈 것이다.

항생물질에 대해 박테리아가 취하는 방어체계는 간혹 에너지나 다른 자원의 지출을 필요로 한다. 따라서 항생물질이 없을 때는 해당 형질을 지닌 박테리아가 항생물질에 더 민감한 다른 친족들에 비해 상대적으로 불리한 조건에 있을 것이다. 개체군은 항생물질에의 노출과 이로부터의 고립을 경험함에 따라 저항력의 획득과 상실을 반복하면서 그 개체수가 계속 증감할 것이다. 이 사실은 항생물질의 사용을 계획할 때 활용된다. 한편으로 개별적인 처치 과정은 부분적인 저항력을 갖는 박테리아가 이 새로운 재능을 개체군 전체에게 제공하기 전에 박멸할 수 있도록 완벽해야 한다. 다른 한편으로 저항력이 박테리아에게 쓸모 없거나 심지어 불리한 것이 되도록 항생물질을 교대로 사용해야 한다. 많은 종류의 항생물질과 접촉하면 박테리아는 모든 항생물질에 대한 저항력을 획득·유지할 수 있는 기회를 갖지 못한 채 외래의 분자들[항생물질]과 맞서야 한다는 서로 충돌할 수 있는 수많은 요구들을 떠 안게 된다.

박테리아에게 이 전략에 대처하는 방법이 있다. 우선 서로 다른 항생물질에 대한 저항이 동일한 수평적 저항 메커니즘에 기초할 수 있다. 분자의 구조와 이름이 다르다고 반드시 다른 저항 메커니즘을 요구하는 것은 아니다. 다른 종류의 항생물질을 사용한 결과 덜 전문화된 저항 유형을 제공하는 돌연변이가 선택적 이점을 지니게 된다.

게다가 박테리아는 항생물질이 현존할 때만 방어에 필요한 분자를 생성하는 유도성 저항을 획득할 수 있다. 이것은 항생물질이 있을 때는 저항의 모든 이점을 제공하는 반면 항생물질이 없을 때는 저항에 소모되는 비용을 회피한다. 이 방어는 두 가지 단점이 있다. 항생물질에 처음 노출된 시점과 저항 메커니즘이 작동하는 시점까지 시간이 낭비되며, 또 유도성 저항력은 필요할 때까지 대기상태로 기다리는 세포 내 특정 분자로 표현된다. 그럼에도 불구하고 유도성 반응은 조건의 변화에 대한 효과적 적응이다.

박테리아의 방어에서 마지막 묘수는 그것이 무성생식을 함에도 불구하고 유전자를 교환할 수 있다는 점이다. 바이러스를 닮은 입자가 하나의 세포에서 다른 세포로, 심지어 다른 종의 세포로 유전자를 운반할 수 있기 때문에 박테리아는 방어 자원을 축적할 수 있다.

이 모든 방어 메커니즘들은 항생제나 살균제에 기초한 의학전략을 자기제한적인 것으로 만든다. 각각의 종의 박테리아가 합성물질 각각에 대해 자신만의 새로운 방어체계를 발전시켜야 한다면, 인간의 연구가 돌연변이의 진행을 따라잡을 수 있을 것이다. 그러나 몇 가지 항생물질에 대해 교차저항을 갖게 하는 수평적 방어가 등장하고 박테리아들이 서로 저항력을 교환한다는 사실은 화학적 방어수단의 황금시대가 농업해충의 통제에서와 마찬가지로 임상의학에서도 반세기만에 수명을 다했다는 것, 그리고 더 복잡한 전략이 채택될 필요가 있으며 항생물질과 의약품은 그 일부에 불과하다는 것을 시사한다.

그런 전략의 한 요소로 편리공생화를 들 수 있다. 편리공생체는 숙주에게 해를 끼치지 않으면서 숙주에 거주하는 유기체다. 우리의 소화계 내부에 있는 대부분의 박테리아는 무해하고 어떤 것은 이롭기까지 하다. 후자의 경우에 그것을 상리공생체라고 부른다. 몇몇 경우에 그것은 필수적이며, 숙주는 장내 세균과 함께 진화해 왔다.

모든 기생체가 반드시 온건한 감염, 편리공생체, 상리공생체로 진화하지는 않을 것이다. 그러나 그렇게 할 수 있다는 사실은 우리에게 어떤 가능한 접근법을 제시한다. 박테리아의 생존 자체를 위협하면서 강경하게 대결하는 것은 박테리아가 그것을 극복하는 방향으로 진화하도록 이끌었다. 오히려 박테리아가 증상을 일으키지 않는 내부적 환경을 조성함으로써 그것을 길들이는 방향으로 노력할 수 있을 것이다. 농업해충의 통제에도 이러한 전략을 제시할 수 있다.

인구 내 감염성 질병

역학은 인구 내 질병의 발생을 다룬다. 기생체가 개인에게 침입하여 번식하는 능력만으로 그 질병이 인구 내에서 존속할 수 있는지 충분히 판단할 수 없다. 제이덕스(Zadoks, in Horsfall and Cowling, 1977)는 식물의 질병에 대해 다음과 같이 말한다.

> 병원체가 질병의 원인이라는 주장은 쉽게 받아들일 수 있다. 그러나 병원체가 전염병의 원인이라는 주장은 어떠한가? 병원체를 주어진 것으로 간주한다면, 병원체에게 특별히 유리한 날씨를 전염병의 원인이라고 볼 수 있을 것이다. 어찌보면 웅어(Unger)까지의 18세기 과학자들이 옳았다.

현재의 용어법에서 균류가 유일한 원인으로 간주되고, 날씨는 제약요인, 즉 원인이 효과를 발휘하는 것을 허락 또는 금지하는 조건으로 분류된다. 인과성에 대한 이런 관점은 일종의 관습의 문제다. 식물생리학에 적합한 그러한 관습은 병리유전학자들의 승리를 통해 생겨난 것이다. 그러나 다른 관습도 가능하다. 사실 동역학적 시뮬레이션에서 사용되는 관습은 여기서 논의되는 초보적인 인과론적 사고방식과 결정적으로 다르다.

감염은 얼마간 항상적 수준을 유지하면서 인구의 영속적 일부가 될 수도 있고, 얼마간 규칙적 파동을 겪을 수도 있으며, 평상시에는 없다가 가끔 다른 종으로부터 넘쳐흘러 들어와 질병을 일으킬 수도 있다. 그것은 보통의 감기처럼 보편적일 수도 있고, 말라리아처럼 특정한 기후대에서 확산될 수도 있으며, 라임병처럼 국지적으로 나타날 수도 있다. 마지막으로 감염의 유행은 심각한 또는 온건한 증상과 결합될 수도 있다.

어떤 질병의 유행은 새로운 환자가 나타나고 과거의 환자가 회복되거나 사망하는 비율에 따라 좌우된다. 새로운 환자의 등장은 접촉에 달려 있으며, 이것은 다시 감염시킬 수 있는 개인과 감염될 수 있는 개인 사이의 접촉 빈도, 접촉했을 때 기생체가 전파될 확률, 전파가 일어났다면 기생체가 성공적으로 침입할 확률 등에 따라 좌우된다. 환자의 소멸은 사망률과 회복률에 따라 좌우된다. 사망이나 면역은 없고 감염와 회복만 있으며, 감기와 같이 새로운 피감염가능자가 태어나는 것을 고려하지 않아도 될 정도로 감염의 진행이 빠르다면, 그리고 한 개인이 감염되자마자 감염시킬 수 있다면, 그 과정을 다음과 같이 수학적으로 표현할 수 있다.

p가 감염되어 감염시킬 수 있는 비율이고, $1-p$가 감염되지 않아서 감염될 수 있는 비율이라고 하자. 그러면 주어진 기간 내 새로운 환자의 비율은 $2cp(1-p)$[$cp(1-p)$?]다. 여기서 c는 두 개인이 접촉할 확률, 접촉했다면 전파가 발생할 확률, 전파되었다면 기생체가 정착하는 데 성공할 확률 등을 포함한다. 그러나 한쪽이 감염시킬 수 있고 다른 쪽이 감염될 수 있는 경우에만 접촉을 통해 전파가

발생한다. $2p(1-p)[p(1-p)?]$는 감염가능자와 피감염가능자 사이에서 형성될 수 있는 쌍의 비율이다. 감염으로부터 회복된 개인의 비율은 감염자의 비율과 회복률 r에 달려 있으므로 rp와 같다.

감염이 어떤 평형 수준에 도달하게 되면 새로운 환자와 회복된 개인 사이에는 다음과 같은 등식이 성립해야 한다.

$$cp(1-p)=rp.$$

이 방정식을 풀면 평형 수준의 p를 알 수 있다. 우선 $p=0$인 경우 해당 인구에는 질병이 없다. 다른 해는 다음과 같다.

$$p=1-r/c.$$

p는 감염된 개인의 비율이므로 0보다 작을 수 없으며 1보다 클 수 없다. 회복률 r이 접촉감염률 c보다 크면, p가 음수가 되어 이 해는 아무런 현실적 의미가 없고, 유일하게 가능한 평형값은 $p=0$, 즉 감염이 없는 상태가 된다. r이 c보다 크다는 것은 소수의 감염된 개인이 인구에 들어왔을 때 질병이 잠시 떠돌다가 결국 사라짐을 의미한다. 이 경우에는 0이 아닌 평형값이 존재하지 않는다.

접촉감염률과 회복률은 p의 평형값을 결정할 뿐만 아니라 변화가 발생하는 속도도 결정한다. 자연에서 r과 c 값의 범위는 매우 크고, 그것들이 발병률을 결정한다. 농업에서 중요한 식물 중 발병이 가장 빠른 것은 무성생식식물이고, 그 다음은 자가수분식물, 가장 느린 것은 유전적 이형성이 접촉감염에 제동을 거는 이화수분식물이다. 목본식물에서는 바이러스나 진균성 질병이 아주 느리게 전파된다. 감귤류의 트리스테자 질병은 일년에 약 35000마리의 진딧물이 감염된 나무로부터 이동하지만, 그 결과 추가적으로 피해를 입는 식물은 평균 2개에 지나지 않는다. 감귤류의 암종은 감염된 나무를 중심으로 125미터 내에 감염되지 않은 나무를 제거하는 것만으로도 충분한 검역이 된다. 그러나 일년생 식물에서는 기생체가 번식하고 확산될 시간이 거의 없으며, 질병은 주 단위로 급속히 진전된다.

인간의 경우에는 감염성이 아주 높으며 빨리 전파되는 인플루엔자도 있고, 감염성은 낮지만 오랫동안 생존하는 나병처럼 느리게 전파되는 질병도 있다. 활력이 없는 바이러스(slow virus)를 포함하면서 한 가족 내에서 거의 전파되지 않는 다발성경화증과 같은 질병에도 우리는 관심을 기울이고 있다.

앞서 제시된 모형은 너무 단순하여 여러 가지 근거로 비판받을 수 있지만, 그것은 역학의 몇 가지 본질들을 포착한다.

첫째, 만일 c가 r보다 작다면 질병은 제거될 수 있다. c가 0이 될 필요는 없으며, r보다 작기만 하면 된다.

둘째, 자연적 사건, 사회적 변화, 또는 신중한 처치 등을 통해 발생하는 c와 r의 변화에 따라 평형값이 얼마나 민감하게 변하는지 알 수 있다. 만일 질병이 인구 내에서 드물게 발생하면, 예컨대 환자가 인구의 2%에 불과하다고 가정하면, $1-r/c=0.02$이며 $r/c=0.98$이다. 이제 r/c을 0.99로 1% 포인트 상승시켜 보자. 그러면 감염 수준은 원래의 절반인 1%로 떨어진다. 그러나 거의 모든 개인이 감염되어, $p=0.9$라면, $r/c=0.1$이고 r/c을 두 배인 0.2로 상승시킨다고 해도 감염율은 0.8로 단지 10% 포인트만 하락한다. 따라서 c와 r에게 영향을 주는 어떤 요인의 동일한 변화는 평형 수준에서의 질병이 드문 경우에 더 큰 효과를 가져온다.

셋째, c와 r 자체가 복잡하게 구성되어 있으므로, 그 성분을 분해해볼 수 있다. 먼저 접촉감염률 c부터 시작하자. 그것은 접촉의 빈도에 달려 있다. 그러나 접촉의 의미는 질병에 따라 다르다. 독감과 같은 호흡기 감염에서 접촉은 같은 공기를 마시는 것을 의미한다. 에이즈의 경우 접촉은 성관계를 갖거나, 마약중독이나 의학적 이유로 같은 주사기를 사용하거나, 수혈을 통해 피를 교환하는 것

등을 의미한다. 요충은 밤에 항문을 나와 잠시 떠돌아다니기 때문에 여기서 접촉은 대체로 침대를 같이 쓰는 것을 의미한다. 그것은 궁핍한 대가족의 자녀들 사이에서 흔히 있는 일이다. 십이지장충의 경우 접촉은 십이지장충 유충이 흙속에 사는 동안 다른 사람이 배변한 장소의 흙을 맨발로 걷는 것을 의미한다. 다른 감염성 기생충의 경우 접촉은 같은 물이나 변소를 사용하는 것을 의미한다. 모기에 의한 감염의 경우 접촉은 같은 모기에게 물리는 것을 의미한다.

질병 통제를 의도한 것이든 아니든 사회적 활동의 변화가 생기면 접촉도 변화한다. 인간의 행동이나 기생충의 생존이 계절에 따라 달라지는 만큼 접촉은 계절에 따라 다양하게 나타난다. 사람들은 자신이 병든 것을 알면, 다른 사람들이 감염되는 것을 막기 위해서든, 아니면 자신의 건강이 좋지 않기 때문이든, 접촉을 줄일 것이다. 하지만 모든 사람이 아플 때 집에서 휴식을 취할 수 있는 것은 아니다. 임금노동자에게 그것은 실직 또는 적어도 소득의 감소를 의미한다. 사람들은 건강상의 두려움을 느끼면서 일하는 것에 자부심을 느낄 수도 있으며, 심지어 그런 느낌이 특별한 관심을 기울일 필요가 없는 생활의 자연스런 부분이라고 생각하기도 한다.

접촉과 전염의 구분은 얼마간 자의적이다. 우리는 접촉을 전염의 기회를 의미하는 것으로 제한한다. 예컨대 균류의 포자가 나뭇잎의 표면에 내려앉으면 그들은 접촉한 것이다. 그러나 적어도 몇 시간 동안 높은 습도를 유지하는 기간이 없으면, 그 포자가 발아하여 균사체를 생성하고 식물의 조직에 침투해 들어가는 과정이 진행되지 않는다. 따라서 다른 관개기술을 사용하면, 접촉이 발생할 때 전염이 진행되는 양상에 영향을 미칠 것이다. 기생체가 숙주로 전염되면 성공적으로 정착할 가능성이 있다. 숙주의 방어를 회피하고자 하는 기생체의 메커니즘과 저항의 복잡한 요인이 가능성에 영향을 미칠 것이다. 한번의 전염을 통해 유입된 기생체의 수도 중요할 것이다.

그러나 아마도 이 시점에서 결정적 요인은 숙주의 건강상태일 것이다. 이미 지적했듯이 저항에는 다음과 같은 두 가지 유형이 있다.

즉 모든 감염에 적용되는 일반화된 '수평적' 저항과 하나의 질병에 대해 특정화된 '수직적' 저항이 그것이다. 포유류에게 수직적 저항은 대체로 이전 노출의 결과로 형성된 특정한 면역으로 나타난다. 그러나 특수한 생리적 조건이 특수한 질병에 대한 취약성에 영향을 주기도 한다. 예컨대 당뇨처럼 높은 혈당은 피부괴사에 걸리기 쉽게 하고, 석탄가루(진폐증)나 섬유먼지(갈색폐질환)에 대한 노출은 폐에 구멍을 만들어 호흡기 감염을 유발할 수 있다. 분명한 것은 한 측면에서 건강이 악화되면 다른 위협에 대한 저항도 약해진다는 것이다.

인간에게 수평적 저항은 영양상태나 면역체계의 반응성과 같이 일반적 건강의 명백한 지표들과 관련된다. 면역체계에 관해서는 아래에서 논의할 것이다. 모형을 단순화하기 위해 여기서는 이 모든 요인들을 접촉감염률을 나타내는 파라미터 c에 포함시켰고, 그래서 이 요인들은 기생체 감염의 전파 정도를 감소시키기 위한 사회정책의 대상이 될 수 있다.

이 시스템에서 또 다른 파라미터는 회복률 r이다. 그것 또한 숙주의 일반적 건강상태와 관련되는데, 무엇보다도 특정한 질병에 걸렸을 때의 일반적 건강상태와 관련된다. 설사와 같은 질병은 영양을 약화시키는 반면, 에이즈와 같은 질병은 면역체계를 직접 공격한다. 어떤 경우 회복은 치료를 위한 노력에도 영향을 받는다.

위의 방정식을 통해 사람에게서 사람으로 전염되는 감염의 평형수준을 발견할 수 있다. 그러나 질병이 동물에게서 사람으로 전파된다면, 새로운 환자의 비율은 $c(1-p)$가 될 것이다. 여기서 c는 감염된 동물의 수를 포함한다. 그러면 평형은 다음과 같다.

$$p=c/(c+r)=1-r/(c+r).$$

$r/(c+r)$은 항상 1보다 작기 때문에 이 질병은 지속된다. 그러한 질병은 c를 0으로 하락시킴으로써만 제거될 수 있다.

이 방정식들을 더 깊이 탐구함으로써 새로운 질병이 인구에 유입되거나 c나 r이 변화할 때 발병의 시계열적 과정을 추적하는 것이 가능할지도 모른다. 그러나 이 방정식들은 여러 가지 면에서 부적절하기 때문에 그런 방식의 연구는 잘못된 길로 나갈 것이다. 예컨대 이 방정식들은 c와 r이 상수로 남아 있다면 감염된 사람의 비율이 증가 또는 감소하면서 평형 수준에 도달한다는 것을 의미한다. 이 방정식들이 제시한 모형에서는 c나 r이 변동하지 않는 한 감염률이 변동하지 않는다. 질병의 시계열적 추이, 접촉감염률이나 회복률이 서로 다른 인구들이 상호 영향을 미치는 방식, 면역·사망률·출생률·이주율의 역할, 질병의 공간적 유형, 보건의료의 개입이 질병의 과정에 영향을 미치는 방식 등을 보여줄 수 있을 정도로 충분히 현실적인 표상을 얻기 위해서는 더욱 정밀한 모형이 필요하다.

예컨대 사람들이 질병을 의식하고 조심하면 접촉감염률은 하락할 것이다. p가 커질 때 조심성이 커진다고 가정하자. 예를 들어 p가 증가할 때 감염이 감소할 수 있음을 보여주기 위해 c를 $c/(1+ap)$로 대체하자. 새로운 파라미터 a는 질병의 유행에 대한 행동의 민감성을 나타낸다. 그러면 평형은 다음과 같을 것이다.

$$p=(c-r)/(c+ar).$$

그밖에도 질병의 수준이나 그것의 증가율에 의해 촉진될 수 있는 보건의료당국의 관심 수준과 같은 새로운 변수를 추가하는 식으로 방정식을 수정할 수 있을 것이다.

역학자들이 모형에 열광하여 이것이 질병의 동역학에 대한 이해를 돕기 위해 고안된 지적 구성물에 불과하다는 점을 잊을 수도 있다. 모형이 변수 p, 즉 감염된 사람의 비율에 초점을 맞추기 때문에, '그들이 얼마나 아픈가?'라는 문제를 잊을 수 있다. 말라리아 연구에서 발견된 바에 따르면, 인구 내에서 부분적인 자연적 면역 수준이 높으면 감염은 널리 전파되지만 증상은 온건해진다. 반면 예방접종은 감염의 전파를 줄이지만 감염된 사람은 심하게 아플 수 있다.

비록 특정한 감염성 질병은 통제되고 천연두와 같은 소수의 경우에는 질병이 제거된다고 할지라도 감염성 질병이 인간의 영원한 숙제라는 것은 분명하다. 환경과 사회생활의 조직에서 변화가 나타나면, 파라미터 c와 r이 변할 뿐만 아니라, 좀 더 현실적인 모형에서의 다른 파라미터들도 변한다. 이로 인해 또 다른 기생체가 심각한 질병이 될 수도 있다.

지금까지 질병의 통제에 널리 쓰인 전략은 접촉감염률의 축소와 화학적 치료의 결합이었다. 사람들 사이의 접촉감염률의 감소는 우유의 저온살균법, 변소의 사용, 물의 소독, 늪의 배수처리, 감염된 사람의 격리 등과 같은 고전적 수단을 포함해 왔다. 산업혁명 초기의 거대한 감염성 질병들의 쇠퇴가 면역법의 발전기에 일어났기 때문에, 그것이 면역법 덕택이라고 생각하기 쉽다. 하지만 천연두와 같은 대표적 사례에서 보더라도, 백신을 광범위하게 사용하기 이전에 이미 질병의 쇠퇴가 일어났다는 것을 알 수 있다(McKeown, 1976). 유럽에서 생활조건의 전반적인 개선이 감염성 질병 쇠퇴의 중요한 결정요인이었다고 보는 것이 더 타당하다.

회복률을 다루는 지금까지의 지배적인 전략은 소독제와 항생물질에 기초한 화학요법이었지만, 이것은 앞에서 살펴본 저항의 진화 때문에 문제가 있다. 게다가 또 다른 문제가 있다. 해충이나 기생체의 생명과정을 공격하는 물질이 숙주에게 더 유독한 것 같다는 점이다.

그렇다면 감염성 질병에 어떻게 대처해야 하는가? '식물과 동물이 자연에서 어떻게 생존하는가?'라는 질문을 제기하면서 이 문제를 탐구해 볼 수 있다. 왜 곡물은 그토록 취약하고 잡초는 건강한가?

"자연의 식물 생태계에서는 일시적 화재처럼 제한된 범위 내에서 생태계에 영향을 가하는 질병은 있어도 생태계 전체를 황폐화시키는 질병은 발생하지 않는다. 환경에 적응한 숙주와 기생체 관계의 평형적 상호작용으로 인해 질병은 축소된다"(Segal et al., in Horsfall and Cowling, 1977). 이는 매우 충격적인 사실이다. 이 개체군들은 절대적 면역성이나 단일한 저항 유전자를 갖춘 것이 아니다. 이것들은 다음과 같은 사항에 의존한다.

① 감염으로부터의 도피. 개체군은 드문드문 존재하고 질병에 걸리지 않는 종과 뒤섞여 있다. 또한 개체군의 성장은 가장 취약한 성장 단계가 감염이 가장 발생하기 힘든 조건에서 이루어지도록 그 시기가 맞춰져 있고 개체군은 그 단계를 재빨리 통과한다.

② 유전적 이형성. 동일한 종 내부의 생물학적 유형들의 다양성은 생리학적 차이로 인해 감염에 영향을 주기 때문에 질병이 확산될 가능성을 감소시킨다. 반면 수확을 위해 선택된 단일한 유전자형의 단종경작은 질병에 극히 취약하다.

③ 내성. 즉 "세포, 식물, 또는 들판이 자신들의 병원체의 성장과 번식에 필요한 서식지를 제공하면서도 무난하게 자신의 역할을 수행할 수 있는 능력"(Mussell, in Horsfall and Cowling, 1977).

④ 저항. 이것은 기생체의 유입과 숙주 내 이동, 기생체의 번식을 방해하는 수많은 다양한 메커니즘으로 구성된다.

기생체가 인간의 자기보호 메커니즘을 우회하여 진화하는 것을 막으면서 인구가 생존할 수 있는 것은 질병에 맞서는 수많은 방식들의 결합을 통해서다. 여기에는 전통적 예방책, 저항과 내성을 구성하는 일반적 건강상태를 강조하는 방법, 기생체를 길들여 유해한 효과를 감소시키고 양성(良性)적인 기식자로, 심지어 우리 내부의 미생물 공동체의 유익한 구성원으로 진화하게 만드는 전략이 포함된다.

비감염성 질병

> 자 들어보세요, 철학자 양반, 저는 민감하고 미세한 물체의 조직(tissue)에 대해서는 이해했지만, 그러나 동물이란!... 전체, 한 단위로서의 체계, 자신의 통일성을 인식하는 개체! 모르겠습니다, 정말 모르겠어요.
>
> — 디드로(Denis Diderot)

산업국가의 응급실·의원·병원에 오는 환자들은 감염성 질병 때문에 오는 것이 아니다. 그들은 기분이 좋지 않거나, 지치거나, 통증·진통·알레르기가 있거나, 몸의 몇 군데에 손상을 입거나, 일하거나 놀다가 부상을 입거나, 우울하거나 근심이 있어서 온다. 하지만 많은 경우 사람들은 그런 상태가 자연적 현상이거나 삶의 일부이거나 노화의 결과라고 생각하여 의학적 주의를 기울이지 않는다.

이 쟁점들에 대한 연구법을 발전시키기 위해 우리는 육체의 작동 방식에 관한 일반론을 이용해야 한다.

첫째, 다세포 유기체는 자신의 생존과 번식을 주변 환경과의 물질 및 에너지의 교환에 의존하는 복잡한 체계다. 환경으로부터의 고립에 의해 보존되는 무생물이나 인공물과 달리, 유기체는 외부에 개방되어 있어야 한다. 식량·물·공기·정보가 들어오고, 신진대사의 결과로 발생하는 폐기물은 물을 비롯한 운반물질을 통해 외부로 배출된다. 열은 상황에 따라 양방향으로 움직인다. 극단적인 상황에서는 생명체가 외부와 절연하여 고립되는 경우도 있다. 균사체의 포자와 박테리아는 자신의 두터운 외투 속에서 거의 아무런 상호교환 없이 생존할 수 있다. 씨앗은 몇 년 동안 땅 속에서 '종자은행'으로 남아 있을 수 있다. 곤충은 춥거나 건조한 계절 동안 휴면상태에 들어가기도 한다. 포유류는 동면을 취하고, 인간은 스모그가 많거나 아주 덥거나 굶주렸을 때 활동을 줄인다. 그러나 이 모든 메커니즘은 어떤 의미에서는 생활을 연기하는 것이다. 생애순환을 완성하기 위해서는 환경과의 능동적 상호교환이 필요하다.

영양분은 생명 유기체의 일부로 전환되거나 동력원으로서 물질의 흡수를 돕는다. 단백질은 새로운 단백질로 재결합될 수 있는 아미노산으로 분해되고, 복잡한 탄수화물은 더 단순한 당분으로 분해되어 인과 결합된 후에 산화되어 에너지를 방출한다. 이 과정에서 이산화탄소와 물을 부산물로 남기거나 불완전하게 산화될 경우 젖산을 남긴다. 또는 그것들 모두 글리코겐으로 재결합되어 당분으로 분해될 때까지 간에 저장될 수 있다. 또는 부분적으로 분해되어 지방을 비롯한 다른 성분들의 생성에 사용될 수도 있다. 최종 운명이 무엇이든지 간에 그것들은 다른 무언가로 변화된다. 어떤 것이 생명 구조로 바뀌지 않고서 흡수·결합되는 경우는 거의 없다. 아마도 물이 대표적인 예외일 것이다. 물은 매개체인데, 이를 통해 생명이 발생하고, 물질이 용해되거나 부유하고, 한 부분에서 다른 부분으로 이동하며, 폐기물이나 열이 제거된다.

식량이 육체의 구성물이나 동력원으로 변형되는 과정은 불가피하게 폐기물을 생산한다. 새로운 것을 만들기 위해 분자의 일부가 제거된다. 동물이나 식물을 먹을 때 식량은 분리된 영양분이 아니라 꾸러미로 섭취된다. 포식자가 자신과 어느 정도 유사한 육체적 구성을 가진 먹이를 먹었다손 치더라도, 서로 다른 성분들이 각각 다른 비율로 변환되기 때문에 폐기물이 생성될 것이다. 예를 들어 육체 구조에 사용되는 단백질이 에너지를 위해 소비되는 지방보다 10배나 오랫동안 지속된다면, 하루에 필요한 지방을 충분히 제공하는 먹이를 섭취했을 때 육체 구조를 대체하는 데 필요한 단백질의 10배를 얻을 것이다. 게다가 외부 조건의 변화에 따라 유기체의 요구도 변화하기 때문에, 이상적인 성분 비율로 이루어진 완벽한 다목적 식사란 있을 수 없다.

어느 정도까지는 남은 찌꺼기들을 다른 용도로 사용하면서 폐기물의 문제를 완화할 수 있다. 육체나 세포는 각각의 최종 산출물마다 각각의 투입량과 폐기량이 있는 공장과 같은 것이 아니다. 오히려 자원의 항목들 각각은 상황에 따라 상당히 많은 장소들 중 어떤 곳으로 귀착될 수 있다. 즉 신진대사는 '제조'(manufacturing)이라기보다는 '임시변통의 수선'(tinkering)인 것이다. 단백질은 에너지를 위해 연소되어 잉여 질소를 남길 수 있다. 잉여 탄수화물은 지방을 만들기 위해 사용될 수 있으며, 철분은 혈액 내 헤모글로빈, 근육, 담즙염, 어떤 효소의 미오글로빈 등과 결합될 수 있다. 그리고 한 과정의 최종 결과물은 다른 과정의 출발점이 될 수 있다.

그러나 이것은 다른 유형의 문제를 야기한다. 생명물질이 매우 복잡하고 다양한 것은 분명하지만 추측했던 것보다는 훨씬 덜 다양하다. 육체에는 수천, 수만의 서로 다른 화학 성분들이 있지만, 수백만에 이르는 것은 아니다. 이 성분들은 모두 상대적으로 몇 안 되는 기본 구조와 화학적 결합 유형에 기초하고 있다. 화공학과 합성물 산업의 발전은 몇 가지 방식으로 우리의 육체가 얼마나 단순한가를 드러내었다. 최근에는 세포의 원형질보다 화학적으로 더 다양한 약 7만 종의 물질이 산업적 방법을 통해 합성된다.

유기체들의 구성물질에서 화학적 구조들의 유사성은 유기체들의 진화를 반영한다. 어떤 측면에서는 같은 분자가 몇 가지 다른 목적으로 사용될 수 있기 때문에 유사성이 유기체의 효율성을 증가시킨다. 그러나 중요한 성분들이 다양한 용도에 관여하고 이들이 다양한 분자들에 대해 잠재적으로 해로운 방식으로 반작용할 수 있기 때문에 그것들 사이의 조정이라는 문제가 매우 중요해진다. 어떤 효소가 어떤 단백질에 있는 아미노산의 탄소와 질소의 결합을 깨트릴 수 있다면, 그것이 다른 단백질의 동일한 결합을 깨트리지 못하게 막는 것은 무엇인가? 효소들이 서로 상대방을 파괴하지 못하게 방지하는 것은 무엇인가? 위의 염산이 단백질의 소화를 돕는다면, 왜 그것은 위 자체를 소화하지는 않는가? 어떤 작용은 산성 환경을 필요로 하고 다른 작용은 더 정상적인 환경을 요구한다면, 유기체는 어떻게 해서 이 두 작용을 모두 다 수행할 수 있는가? 잔여 담즙산이 암을 유발할 수 있을 때 지방을 소화하는 데 적절한 양의 담즙은 어느 정도인가? 긴급한 상황에 대처하기 위해 특수한 물질이 생산된다면, 그것이 다른 필수적 작용들을 방해하지 않도록 억제하는 것은 무엇인가?

대체로 생명물질의 조직화는 모순되는 요구들을 내포하는 환경의 변화 속에서 과정들의 조정과 관련된 요구다.

자기조절

생물학적 과정의 조정은 공학의 조절체계와 다르다. 전기적이고 역학(力學)적인 체계에서는 통제받는 과정과 통제하는 과정을 구별할 수 있다. 통제받는 과정은 상대적으로 많은 양의 물질의 이동 및 변형을 포함하는 반면, 통제 구조는 훨씬 작은 감지장치를 포함한다. 이것은 보통 전기적 방식에 따른 최소의 신호를 통해 체계의 상태를 점검하고 통제한다. 통제체계는 통제받는 체계에서 멀리 떨어진 거리에 있을 수도 있다.

살아있는 유기체에서 통제하는 것과 통제받는 것의 구별은 덜 분명하다. 통제체계의 기관이나 성분으로 식별되는 것들 자체가 동일한 생명체계의 일부이며, 그 체계 전체에 의해 생성된다. 또한 둘 다 같은 종류의 압력을 받고 생산과 기능을 위한 요구조건이 유사하다. 즉 통제자 자신이 통제받는 것이다.

순환기관으로서 심장은 각각의 조직에 산소를 공급한다. 하지만 그것 자체가 산소를 필요로 하고 자체의 순환기를 갖고 있다. 신장은 혈압 조절에서 중요한 역할을 하지만, 자신의 필요에 따른 다른 작용도 하고 그것의 세포들도 혈압에 민감하다. 육체의 모든 구석구석까지 연관을 맺고 있는 뇌는 특히 당분과 산소의 공급에 민감하다. 따라서 생물학적 체계에서는 자기조절이 좀 더 분명한 반면, 공학적 체계에서는 조절자와 피조절자가 확실히 구별되는 것으로 보인다. 우리는 생산양식에 관한 사회적 분석으로 옮겨가서야 비로소 자기조절의 속성을 좀 더 많이 보여주는 더욱 큰 체계 전체의 일부로서의 공학적 체계를 볼 수 있다.

초기 유기체 모형은 기계와의 유사성을 강조했다. 심장은 펌프, 혈관은 부식될 수 있는 수도관, 뼈는 기둥과 지렛대로 이해할 수 있는 역학적 받침대, 척추디스크는 척추뼈 사이의 쿠션, 지방은 열의 손실을 막아주는 단열재, 노화는 기계의 마모, 당분은 연료 등등과 같이 말이다. 초기에는 이런 모형들이 매우 유용했다. 하지만 그 단계가 지나자 이런 모형들은 진실을 오도하는 것이 되었다. 중대한 오류는 기계적 모형을 지나치게 문자 그대로 받아들임으로써 육체의 각각의 부분들이 다른 부분들과 서로 교환하는 살아있는 물질이라는 점을 간과한 것이었다.

뼈는 단순히 마모되어 사라지는 것이 아니다. 칼슘이 육체의 나머지 부분들의 조건에 따라 축적 또는 감소되기 때문에 뼈의 내부에는 끊임없는 물질의 흐름이 있다. 따라서 뼈에서 칼슘이 감소하는 것은 한 방향의 침식이 아니라 대립되는 작용들의 평형이 이동하는 것이다. 지방은 단열재이지만 단순한 외투는 아니다. 우리는 스테로이드를 비롯한 다른 물질들의 생산에서 지방이 갖는 신진대사적 역할에 대해서 점점 잘 알아가고 있는데, 돌이켜보면 서로 다른 종류의 지방을 좀 더 세밀하게 구별해야 했다. 신경은 신호를 전달한다. 그러나 전화선과 달리 잘렸을 때 재생될 수 있고, 신경들 사이의 연결은 사용 빈도에 따라 형성 또는 재형성되며, 신경의 단절은 결코 완전하지 않다. 근육은 움직일 때 주위의 뼈들을 잡아당기며, 지나치게 늘어나거나 찢어질 수도 있다. 물론 근육은 재생되지만, 이는 무의식적 선택뿐만 아니라 의식적 선택을 포함하는 사용 방식에 따라 좌우된다. 또한 근육은 감정적 긴장이 발생하는 곳이기도 하다. 동맥경화성 혈전은 동맥에 축적된다. 그러나 이는 파이프의 부식과 달리 콜레스테롤 수준이 낮은 상태에서는 실제로 역전될 수 있는 양방향의 과정이다. 생리의학적 발전의 매단계마다 우리는 육체의 부분들이 기계적 모형에서 상정하는 것 이상으로 활동적이고 서로 연결되어 있음을 보여주는 새로운 통찰을 얻게 된다.

신경계의 경우, 기계적 관념은 자율신경계로부터 '더 높은 단계의 중심'을 분리하도록 한다. 대뇌 피질은 비교적 최근에 진화했으며 인간이 인간에 가까운 종들과 가장 차이가 나는 부분 중 하나다. 그것은 의식, 감각 정보의 해석, 운동에 관한 결정, 그리고 좀 더 정교한 사고와 관련되는 것으로 가정되었다. 억제부문과 흥분부문(교감신경계와 부교감신경계)으로 나누어지는 자율신경계는 더 오래 전부터 진화했다. 그것은 자율적으로 작동하며, 의식적 통제가 불가능하고, 잘 변화하지 않으며, 어떤 측면에서는 더 기본적인 것으로 간주되어 왔다. 따라서 의식은 더 깊고, 더 어둡고, 오래된 강력한 힘, 즉 파충류의 [오래 전부터 진화한] 뇌를 감추는 반짝이는 표면으로 간주되었다.

최근에 우리는 이러한 분리가 그리 완전하지 않다는 것을 인정한다. 자율신경계도 대뇌피질에 민감하게 반응하며 작동한다. 감정적 경험은 자율신경계의 행위에 영향을 미칠 수 있으며, 이를 통해 전체 유기체의 상태에 영향을 줄 수 있다. 예를 들어 대부분 자율적 통제 하에 있는 심장맥박이나 호흡이 외부 상황에 대한 판단과 육체의 상태에 관한 해석에 반응한다는 것은 잘 알려져 있다.

의식의 생리학적 영향은 종종 질병의 요인이 된다. 더욱이 최근에는 그것을 건강의 한 요인으로 활용하는 경우가 점점 증가하고 있다. '생체피드백'에 대한 연구는 그동안 의식이 미치는 범위 밖에 있다고 가정되었던 체온과 그 분포, 심장 박동, 혈압, 기타 생리적 작용들에 대해 의식적으로 통제하는 법을 배울 수 있음을 보여준다. 고등동물에서는 뇌에서 좀 더 최근에 진화한 부분이 훨씬 복잡한 주변 상황과 뇌의 낡은 구조를 연결하여 새로운 상황에 대처할 수 있도록 한다. 인간의 경우, 사회는 자신이 창조한 물리적 환경뿐만 아니라 대뇌피질을 통해서도 하나의 생리적 힘이 되었다.

자기조절의 설계 원리

자기조절체계는 몇 가지 검토할 만한 일반적 특징을 갖고 있다.

첫째, 자기조절체계의 상태는 그것을 교란하는 모든 영향력으로부터 고립됨으로써 유지되는 것이 아니라 서로 대립되는 과정들의 상호작용을 통해 유지된다. 따라서 이는 물리계에서 작용하는 관성과 다르다. 신경은 자극을 기다리면서 빈둥빈둥 지내는 것이 아니다. 오히려 뉴런은 다른 뉴런들로부터 흥분과 억제의 충동을 모두 받을 수 있다. 따라서 흥분의 증가나 억제의 감소 양자에 의해 활성화될 수 있다. 억제가 다른 뉴런들로부터 오기 때문에, 다른 뉴런들은 아마도 처음의 뉴런에 반작용하는 자신들의 억제자를 자극함으로써 억제될 것이다. 호르몬의 활동 역시 자극과 억제 모두에 대해 반응한다. 통제체계는 확대 및 감소과정의 네트워크로 볼 수 있다.

둘째, 조절은 유기체에서의 양성 및 음성피드백(feedback)과 피드포워드(feed forward)의 네트워크에 의존한다.

음성 피드백은 유기체의 어떤 부분에서 발생한 초기 변화가 다른 구성 부분들을 통해 확산된 뒤 되돌아와서 처음의 변화를 감소시키는 경로다. 예를 들어 혈당의 증가는 췌장의 인슐린 분비를 자극함으로써 혈당을 줄인다. 또는 아기의 울음소리는 양육자로 하여금 아기가 우는 원인을 제거하도록 유도하여 울음을 멈추게 한다.

양성 피드백은 초기의 변화가 그것을 강화하는 사건들을 발생시키는 경로다. 원하는 음식의 섭취는 식욕을 자극하여 그것에 대한 욕망과 섭취를 증가시키게 된다. 아기의 울음소리에 양육자가 화가 나서 아기를 때림으로써 아기가 더 우는 경우도 있다. 현실의 어떤 복잡한 체계에서든지 양성 및 음성 피드백의 경로는 둘 다 존재한다. 무엇이 일어나는가는 그들의 상호작용에 달려 있다.

음성 피드백은 안정화하고 양성 피드백은 불안정화한다는 신중하지 못한 주장이 종종 제기된다. 물론 완전히 틀린 주장은 아니지만 사실에 부합하지 않는 경우가 자주 발생한다. 특히 시간적으로 지체되거나 긴 간접적 경로를 통해 발생하면, 강한 음성 피드백도 체계를 진동시킬 수 있다. 예를 들어 인슐린 분비가 지연되면 식사 후 혈당의 상승, 췌장에 대한 강한 자극, 많은 양의 인슐린의 분비, 혈당 수준의 급격한 하락을 가져온다. 이것은 일종의 반응성 저혈당증이 발생하는 상황이다. 지나치게 지연된 음성 피드백이 체계를 불안정화할 때, 이것은 양성 피드백에 의해 상쇄될 수 있다.

피드포워드는 유기체의 어떤 상태를 예고하는 반응이다. 예를 들어 육체 내부의 영양 고갈을 뜻하는 기아는 음식의 소비를 증가시킨다. 그러나 인간은 영양 수준이 회복될 때까지 계속 먹지는 않는다. 소화는 너무 더디게 이루어지기 때문에 그렇게 계속 먹는 것은 효과적인 통제체계가 되지 못한다. 포만감은 종종 음식 섭취를 중단할 것을 알리는 신호가 된다. 그것은 소화 이후에 영양 수준이 상승할 것을 예고하는 것이다. 어떤 과정이 너무 느리게 이루어져서 최종적인 결과가 효과적인 통제 신호가 될 수 없는 경우에는 피드포워드가 중요하다.

이 모든 복잡성을 조정하는 통제체계는 그 자체가 다양한 수준에서 구조화된다. 어떤 통제는 매우 국지적이다. 예를 들어 고립되어 있는 심장도 영양을 공급받으면 얼마간 규칙적으로 계속 박동할 수 있다. 그러나 체계 전체 차원의 통제도 존재한다. 심장 박동은 순환계와 신경계를 통해 들어온 신호에 대해 반응한다. 우리는 국지적 자율성과 중앙집중적 통제 모두의 적응적 중요성을 볼 수 있다. 국지적 자율성은 중앙의 붕괴가 유기체를 완전히 파괴하는 것을 방지하지만 또한 부분들의 조정을 저해한다. 반면 중앙집중적 통제는 적절히 작동하면 더 나은 조절을 가능케 하지만, 붕괴되면 그 결과가 훨씬 더 파괴적이다. 진화의 과정에서 이렇게 대립되는 설계의 기준은 다차원적 통제체계 내에 결합되었다.

조절은 또한 다양한 시간 단위에 따라 진행된다. 예를 들어 고도 상승에 따른 산소이용 가능성의 감소에 대한 육체의 반응을 생각해 보자. 처음 나타나는 즉각적인 반응은 더 강하게 호흡하고 활동의 수준을 낮추는 것이다. 몇 시간이 지나면, 비장에 비축되어 있던 적혈구가 순환계 전반에 배출됨에 따라 적혈구의 수가 증가한다. 몇 주가 지나면 골수에서 적혈구의 생산이 증가하고, 충분히 성숙되지 않았을 때조차 훨씬 더 빨리 배출된다. 더욱 오랜 기간이 지나면 근육 내에 미오글로빈의 집중도가 증가한다. 진화론적 시간 단위로 보면 체격을 비롯한 다른 육체적 특징들이 변화한다. 그래서 높은 고도에서 사는 사람들은 최근에 산으로 이주해 온 사람들보다 이러한 조건에 육체적으로 더 잘 대처할 수 있다.

서로 다른 시간 척도에서 발생하는 적응은 환경적 변화의 다른 시간 척도에 맞게 조정된다. 빠른 반응은 쉽게 돌이킬 수 있으며, 단기적으로는 효과적이지만 오래 지속되면 해롭거나 지나치게 소모적일 수 있다. 좀 더 느린 반응은 급속한 조건의 변화에 대응할 수 없고 그것만으로는 절망적인 지체 상태에 머무를 수 있다. 잘못된 적응의 한 형태는 그 이전의 환경에 대처하던 바로 그 상태에 항상 머무르는 것이다.

극단적인 조건에 처하거나 질병에 걸렸을 때, 생리적으로 상반되는 요구들이 점차 양립할 수 없게 되어 특정 문제에 대해 이전에는 잘 작동하던 메커니즘이 다른 방식으로 해를 끼칠 수 있다. 예를 들어 동물은 굶주리는 동안 갑상선의 활동을 줄이는데, 그것은 신진대사율을 낮추고 에너지를 아끼도록 한다. 그러나 그것은 또한 혼수상태를 일으키고 기온에 대한 민감성을 증대시키는데, 이는 먹이를 구하는 데 방해가 된다. 포유류는 날씨가 추워지면 육체 표면에서의 순환을 줄이고 그것을 내부 기관에 집중시킨다. 이것은 열을 보존하지만 피부와 [꼬리와 같은] 부속기관이 혈액을 적게 공급받고 따라서 면역 체계에 접근하는 것이 어려워짐에 따라 감염에 취약해진다. 그리고 최근에, 특히 세일리(Selye, 1989)의 연구를 통해서, 순간적인 긴급 상황에 대처하기 위해 육체의 자원을 동원하는 반응(아드레날린의 분비, 심장박동의 증가, 혈압의 증가)이 지속되면, 그것이 장기적으로 심장질환이나 심장마비를 초래할 수 있는 악영향을 미친다는 사실이 밝혀졌다. 그러므로 어떤 종류의 증상은 생리적 요구들의 양립 불가능성을 증가시키는 상황에서 비롯된다.

셋째, 육체의 성장과 보전은 지속적인 기능작용에 의존한다. 기아는 소화계를 약화시키고, 비활동성은 근육의 소모뿐만 아니라 뼈속 칼슘의 손실을 일으킨다. 감각의 차단은 감각의 손실을 야기하고 환각을 유발할 수 있다. 저체중은 심장의 부담을 덜어 주어 심장의 퇴화를 가져올 수 있다.

넷째, 조절 메커니즘은 정상적 조건에서 얼마간 적절히 작동한다.

그러나 조절의 정상적 작동이 오히려 해로운 결과를 낳는 최악의 상황이 항상 존재한다. 이것은 체계에 대한 요구가 조절과정의 능력을 넘어설 때까지 지속될 때 발생할 수 있다. 예를 들어 감염된 상태에서 체온의 상승은 박테리아에게 부적합한 조건을 형성하지만, 동시에 비축된 에너지를 훨씬 빨리 고갈시킨다. 육체의 물리적 손상은 자세의 변화를 가져오는데, 그것 자체가 결국 새로운 압박과 불편을 초래한다. 따라서 자기조절체계는 완전한 것이 아니라 단지 적합한 것이며, 그것이 잘 대처할 수 있게 아직 진화하지 못한 상황에서는 질병을 발생시키는 메커니즘이 될 수 있다. 양성 피드백이 그것을 억제하는 음성 피드백과 단절되는 그러한 조건이 특히 중요하다.

다섯째, 조절체계는 살아 있는 유기체의 일부이기 때문에 그것 역시 손상될 수 있다. 손상된 조절체계는 잘못 읽은 신호에 반응할 수 있고, 과소반응이나 과잉반응을 일으킬 수 있으며, 반응하거나 차단하는 데 너무 오랜 시간이 걸릴 수 있다. 따라서 조절체계의 손상은 질병에서 특히 중요하다. 면역체계의 손상은 육체가 자신의 조직을 외부자로 간주하여 공격하거나 외부의 침입에 대해 올바르게 대응하지 못하는 자동면역성 질병을 초래할 수 있다. 예를 들어 신장의 손상은 혈압을 잘못 조절하여 신장에 더 큰 해를 입힐 수 있다.

조절체계는 사실상 고립된 구조가 아니라 조절하는 대상의 일부이기 때문에, 조절체계의 손상은 유기체의 다른 측면의 손상과 동일한 방식으로 발생할 수 있다. 손상이 발생하는 몇 가지 방식이 있다.

① 외부적 영향의 직접적인 충격, 즉 상해와 중독. 이 중에서 어떤 것들은 복구될 수 있지만 그렇지 않은 것도 있다. 그러나 복구가 새로운 손상이 가해지는 속도에 비해 느리게 진행되면, 그 효과는 누적되고 우리는 그 결과를 '노화'의 탓으로 돌리게 된다.

② 과도한 사용으로 인한 조절체계의 소진. 이것은 스트레스와 관련된 조건에서 특히 중요하다.

③ 외부 사건에 반응하는 과정에서 유기체의 다른 부분에서 오는 간접적 효과. 예를 들어 감정적 스트레스는 면역 체계를 억제한다.

④ 조절 성분에서의 유전적 변형. 유전자는 발육 및 조절장치의 일부다. 그것은 특정한 단백질을 생성하거나 그 단백질 생성의 속도 또는 시기를 조절한다. 따라서 그것은 조절체계에서 속도의 차이로 나타나며, 이것이 조절의 효과에 영향을 미친다. 육체의 다른 부분의 관점에서 볼 때, 유전자는 물질의 축적·결핍·분배를 담당하며 따라서 육체가 반응하는 환경의 한 부분이다. 한 유전자가 다른 유전자로 대체되면 정상적일 때 존재하던 물질이 전혀 생성되지 않아 조절 네트워크의 고리들이 완전히 소멸하여 파괴적인 결과를 가져올 수 있다. 그러나 대부분의 유전적 차이는 사소한 것이어서 생리적 네트워크의 다른 경로를 통해 보충된다.

유전적 차이가 육체적으로 상이한 상태를 가져오는 경로는 매우 간접적이어서 그 유전자를 가진 사람의 육체 내부에 완전히 포함되지 않는다. 감지할 수 있는 변화가 생겨나면, 그것은 다른 사람들에게 신호가 되어 그들의 행동에 영향을 주거나 애초의 전달자에게 피드백될 수 있다. 티로신의 신진대사가 변형되면, 그것은 피부 내 멜라닌의 침전에 영향을 주는데, 그 자체는 사소한 특징이다. 그러나 인종차별적 상황 하에서 검은 피부색은 그 사람을 다른 사회적 환경에 위치시키고 그리하여 다른 육체적 환경에 위치시킨다. 경제적 영향에 의해 영양분이 바뀌게 된다. 열악한 주거환경을 통해 체온이 자주 압박을 받는다. 열등한 교육 수준을 통해 학습이 저해된다. 그리고 이 모든 것이 합쳐져서 기대수명을 단축시킨다. 기술적 차원에서 보면 높은 사망률, 낮은 학업성취, 호흡기 질환의 증가 등에 대한 유전적 기초가 있다. 통계적 분석은 공격적 유전자와 모든 종류의 사회적 결과들 사이의 예상된 상관관계를 보여줄 것이며, 인구에서 무작위로 추출된 무관한 사람들보다 그 친척들이 유사한 사회적 특징을 지닐 가능성이 더 높다는 것을 증명할 것이다. 그리하여 모든 종류의 복잡한 행동의 차이들이 유전된다는 주장을 제기할 것이다.

위의 사례는 터무니없는 것이기 때문에 유전에 관한 관념의 오용이라는 이유로 기각될 것이다. 그러나 그것이 전혀 부적절한 것은 아니다. 모든 유전적 차이들은 다른 생리적 작용들을 새로운 환경에 놓이게 하는 어떤 생리적 과정들을 변화시키는 방식으로 작동한다. 주어진 결과를 낳기 위한 사건의 연쇄가 길수록, 그리고 다른 영향에 더 많이 개방될수록, 그 특징은 변화 가능한 것으로 보이고 유전적 측면은 뒤로 밀려나 사라질 것이다. 그러나 모든 유전적 차이는 일련의 매개고리들을 통해 그 담지자에게 영향을 주는데, 이 매개고리들은 체계 전체에 각인되어 있고 원리상 수정되기 쉽다. 개인의 유전적인 구성은 '형질'이 아니라 반작용의 기준, 즉 개인이 선택·수정·정의하는 환경에 대한 반응의 유형으로 이해하는 것이 더 낫다. 반작용의 기준 자체는 반응의 결과에 따라 변화한다(Levins and Lewontin, 1985).

살아 있는 유기체는 필연적으로 주변 환경과 적극적으로 상호 교환한다. 그러나 한번 문이 열린 이상 유해한 물질·에너지·정보가 유기체에 유입되고 유용한 자원이 유출될 가능성이 있으며 심지어 그것이 불가피하기도 하다. 이것이 발생하는 정도는 유기체의 상태뿐만 아니라 환경에 의해 좌우된다.

여섯째, 반응 체계의 범위는 내부 기관을 넘어서 확대되고 다양한 종류의 행동들을 포함한다. 유기체는 내부와 외부에서 오는 모든 종류의 감각적 신호에 반응한다. 이 반응들 중 어떤 것은 의식적이며, 어떤 것은 무의식적이다. 사람들은 대체적으로 육체적 압력에 대해 그것으로부터 빠져나오는 식으로 반작용한다. 우리는 따뜻한 곳으로 가거나, 옷을 더 입거나, 불에 땔감을 더 넣거나, 손을 비비거나 마주잡고 불어 따뜻하게 하거나, 근육을 격렬하게 운동시켜서 내부의 열을 발생시킴으로써 추위에 대해 반응할 수 있다. 또한 우리는 술을 마셔서 육체 표면의 혈관을 느슨하게 하고 따뜻한 혈액이 육체의 깊은 기관에서 표면으로 되돌아오도록 하여 따뜻한 느낌을 가질 수 있다. 하지만 그 결과 더 많은 열이 유실되고, 차가운 술에 오랫동안 노출되면 오히려 역효과를 가져온다. 구명견인 성 베르나르의 개들은 사람들을 취하게 하는 것이 아니라 안전한 곳으로 안내하여 생명을 구한다.

사람들은 육체적 압력뿐만 아니라 좀 더 사회적 성격을 가진 경험에 대해서도 반응한다. 안전·안정·안락·자부심 등을 위협하거나 증대시키는 사건들, 추한 환경 또는 우리의 미적 감각에 호소하는 환경, 정의에 대한 우리의 인식에 상반되는 사건들에 대한 반응에는 생리적인 것과 사회적인 것 모두가 함께 존재하는 것이다. 대뇌피질에 작용하는 현대적 통신수단을 통해 세계의 소식들이 우리의 환경의 일부가 되었다. 행위적 반응과 사회적 반응은 학습되는데, 그것은 우리의 전체적인 발전의 산물이다. 그것은 이로울 수도 그렇지 않을 수도 있다.

개인의 건강에 대한 생물·사회적 모형

> 내 눈으로는 전혀 볼 수 없었지만
> 캄브리아기의 늪지에서부터
> 10억 개의 분자들이 음미하고 있다네
> 10억 가지의 새로운 재결합 방법을.
> 그 날 어떻게 내가 감동하지 않을 수 있었겠는가
> 심장 깊숙이, 폐 깊숙이, DNA 깊숙이.
>
> — 나비(Isadore Nabi)

의학에서 친숙한 방식대로 개별 유기체를 생리적 경로들의 네트워크로 가시화하면서 시작하자. 이 경로들은 양이나 강도 면에서는 차이가 있지만, 모든 개인에게 질적으로 매우 유사할 것이다. 우리는 이 네트워크에다 이것과 서로 침투하는 심리적 경로들을 추가한다. 예를 들어 불안은 사회적 사건이나 혈당의 감소로 인해 발생할 수 있고, 따라서 사회적 사건을 상쇄시키거나 혈당을 증가시킴으로써 소멸할 수 있다. 마찬가지로 혈압, 근육 탄력성, 심장박동 속도, 소화액 분비 등은 내부의 생리적 변화와 동시에 심리적 사건에 대해 반응한다.

사람들에게는 [생리적] 네트워크의 변화를 수습할 수 있는 사회적·행위적 반응이 있다. 즉 사람들은 배고플 때는 먹고, 피곤할 때는 쉬고, 불안할 때는 한숨을 내쉬거나 아이를 때리는 등의 반응을 보인다. 따라서 생리적 작용에 반응하고 반작용하는 행위들이 네트워크에 포함되어야 한다. (어떤 수준에서는 심리적 상태가 생리적이기도 한데, 이는 그 상태가 신경계의 상태에 부합하기 때문이다. 그러나 그 상태는 일관성 있는 특수한 방식으로 조직되어 있어서 심리적 수준에서 인식할 수 있는 신경계의 상태일 뿐이다.)

한 사람이 이용할 수 있는 행위들의 목록은 사람에 따라 크게 차이가 날 것인데, 그 사람이 소속된 공동체와 더 넓은 사회에서 직접적으로 당면하는 환경이 다르기 때문이다. 그러나 행위들의 차이는 또한 개인이 사용하는 사고와 감정의 체계에 의해 발생하고, 그 사람이 자기 자신과 환경을 인식하고 적절한 선택을 취하는 방식에 의해서도 발생한다.

내·외부에서 발생하는 사건은 네트워크를 통해 침투하는데, 어떤 경로를 따라 감축되기도 하고 다른 경로를 따라 증폭되기도 한다. 따라서 그 결과는 가용한 경로들과 그 경로들이 작동하는 시간 척도에 의해 좌우된다. 예를 들어 다음 그림 1에 제시된 네트워크를 생각해 보자. 이 네트워크의 핵심은 모든 사람들에게 공통적이다. 이를테면 불안의 정도와 혈액 내 에피네프린의 수준 사이에는 양성 피드백이 작동한다. 즉 불안은 에피네프린을 분비시키는데, 에피네프린의 분비가 다시 불안 증세를 야기한다. 혈당은 음식의 섭취나 간에서의 배출에 의해 혈액 순환으로 들어온다. 당분의 부족이 종종 저혈당증을 통해 불안 증세를 낳을 수 있기 때문에 그림에서는 이것을 불안을 감소시키는 당분으로 나타냈다. 당분은 또한 췌장에서 인슐린을 분비시키고, 인슐린은 그 당분을 사용하는 세포로 향하는 혈액 순환에서 당분의 제거를 가속한다. 여기서 우리의 설명의 목적에 따라 글루코겐과 코티졸과 같은 다른 생리적 성분들은 그림에서 생략했다.

그림 1. 작업환경에 의해 매개되는 생리와 불안의 네트워크

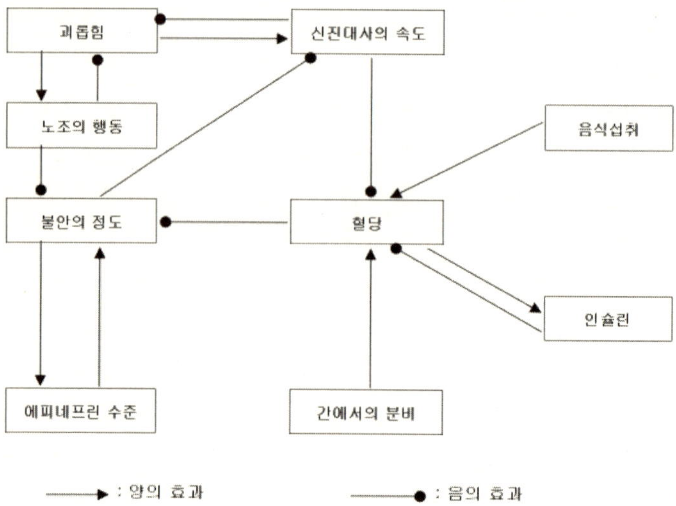

이제 이런 네트워크를 지닌 사람이 공장에서 노동하면서 에너지를 소모한다고 생각해 보자. 노동에 더 많은 노력을 들일수록 신진대사의 속도가 높아진다. 신진대사의 속도는 혈당이 소비되는 속도를 결정한다. 이제 격심한 활동으로 혈당이 감소하여 그 사람이 불안 증세를 포함하는 저혈당증을 경험한다고 가정해 보자. 이것은 에피네프린의 분비로 이어지고, 또 인슐린의 분비가 감소하면서 혈당의 감소가 감속될 것이다. 그러나 여기서 휴식을 취하거나, 간식을 먹거나, 작업속도를 늦추는 것 등과 같은 행위의 선택이 이루어질 수 있다. 이러한 선택을 할 수 있다면 혈당 수준은 회복될 것이다. 그러므로 우리는 불안의 정도에서 신진대사의 속도까지 가는 음성 피드백을 나타내는 선을 그린 것이다.

그러나 이것이 항상 가능한 행동인 것은 아니다. 이제 그 사람이 신진대사의 속도를 줄일 수 있다고 가정해보자. 어떤 작업 상황에서는 관리자의 감시가 너무 심해 노동자가 쉬거나 먹기 위해 노동을 멈추자마자 그에게 시달리게 될 수 있다. 이것이 그림에서는 신진대

사의 속도에서 괴롭힘까지 가는 음성 피드백 관계로 나타난다(즉 더 많이 노동할수록 괴롭힘은 줄어든다). 괴롭힘은 즉각 불안을 증가시키고, 그 결과로 신진대사의 속도 또한 증가시킨다. 마지막으로 이런 작업장에는 관리자의 괴롭힘을 감시하고 이로부터 피해를 받은 노동자의 지지를 받아 개입할 수 있는 강력하고 전투적인 노동조합이 있을 수 있다. 이것은 즉각 불안을 감소시키고, 또한 아마도 좀 더 서서히 괴롭힘을 감소시킬 것이다.

노동자·관리자·노동조합의 각각의 행위들은 다른 네트워크를 발생시키고 그에 따라 초기 사건의 생리적 결과에 영향을 끼칠 수 있는 가능성이다. 관리자의 괴롭힘이 노동을 적게 하는 것에 대한 반응이 아니라 더 많은 노동을 짜내려는 노력의 일부라고 하더라도, 또는 불안이 작업환경의 외부로부터 오는 일차적 사건이라고 하더라도, 또는 노동조합이 더 강화되거나 더 약화되더라도, 동일한 네트워크가 어떤 일이 벌어질 것인지 보여줄 수 있다. 이 모든 경로들이 그 사람의 건강 체계의 일부를 이루며, 의사가 그 특징을 묘사해야 하는 것들이다.

직장보건의료를 연구하는 일부 연구자들은 스트레스, 개인적 자율성, 그리고 노동자 건강의 결과 사이의 관계를 조사해 왔다. 카라섹(Karasek, 1989)은 노동자가 자신의 활동에 대해 갖는 자율성의 정도가 스트레스가 다뤄지는 방식을 결정하고, 따라서 스트레스와 관련된 질병의 빈도를 결정하는 주요인이라는 점을 발견했다.

그러나 '스트레스'와 자율성은 그것들이 작동하는 시간 척도의 차원에서 묘사되어야 한다. 일반적으로 일관작업공정의 노동자는 거의 자율성이 없고, 그들의 동작은 조립라인의 이동 속도와 관리자의 결정에 의해 초 또는 분 단위로 통제된다. 대부분의 사무직 노동자는 자신의 육체적 동작을 분 단위로 통제할 수 있지만, 그러나 시간 단위로 통제하지는 못하다. 그들은 앞뒤로 몸을 기댈 수 있고 물을 먹거나 화장실에 갈 수 있지만, 대체로 몇 시간 안에 자신의 업무를 마쳐야 한다. 가사노동은 대체로 분이나 시간 단위에서의 자율성을 허용하지만, 일체의 자율성이 허락되지 않는 긴급한 경우도 발생한다. 준전문직으로 인정받는 숙련공들은 대체로 시간 단위는 물론 하루 단위의 자율성도 보장될 수 있지만, 주 단위로는 그렇지 못하다.

이처럼 사회적으로 결정된 자율성은 생리기능의 반응속도와 조화를 이루어야 한다. 에피네프린의 흐름은 초와 분 단위로, 혈당과 인슐린은 분에서 시간 단위로, 면역 체계는 일 또는 주 단위로, 비타민 영양은 일에서 주 단위로, 체중의 진동은 주에서 달 단위로 이루어진다.

어떤 사람의 건강 상황을 적절히 분석하기 위해서는 네트워크가 사람들의 사회적 위치, 생산에서의 위치에 따라 달라진다는 점을 인정하면서 다양한 시간 단위의 생리적·사회적 반응의 네트워크를 이해하는 것이 필요하다.

생리적 세부사항으로부터 한 걸음 뒤로 물러나도, 우리는 여전히 그림 1에서 보여준 네트워크 유형의 중요성을 알 수 있다. 질병의 종류를 추상하고 질병에 대한 '저항'과 같은 것이 있다고 생각하자. 그것은 수많은 서로 다른 요인들에 의존하는데, 그 중 어떤 것은 특수한 질병에 특정화되어 있고 다른 것은 더 일반적인 의미에서 건강을 구성한다고 가정하자. 이러한 저항은 영구적인 특성이 아니라 적극적으로 보전되어야 하는 것이다. 예를 들어 면역 글로블린이나 비타민과 같이 저항을 촉진하는 어떤 조건도 특정한 속도로 해체되기 때문에 반드시 회복되어야 한다.

다음 그림 2는 저항과 질병의 도식적 관계를 보여주고 있다. 정의상 저항은 질병 수준을 떨어트린다. 또 대부분의 경우 질병은 저항을 손상시킨다. 그것은 비축된 영양분을 소모하는 발열에 의해서, 식욕 감퇴에 의해서, 경제적 손실에 의해서, 심리적 충격에 의해서, 스트레스를 주는 병원의 조건에 노출되는 것에 의해서, 그밖에 특수한 질병에 고유한 다른 방식들에 의해서 이루어진다. 예를 들어 설사는 음식의 영양분의 흡수를 감소시킨다. 이것은 [저항과 질병의 관계를] 불안정화시킬 수 있는 양성[음성?] 피드백을 야기한다.

그림 2. 저항과 질병의 네트워크

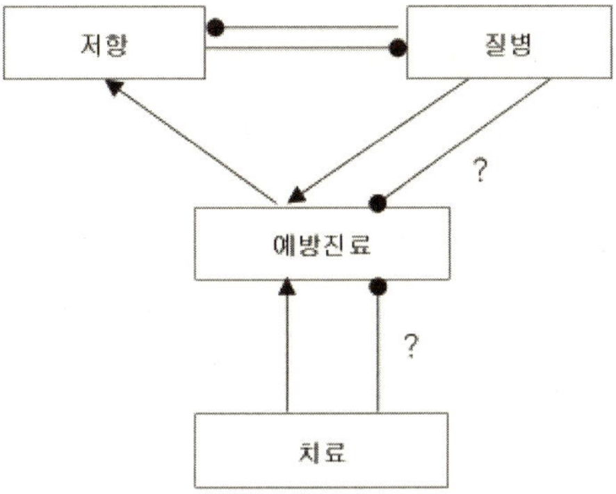

이 그림은 사람들이 참여하여 질병에 대한 저항을 증가시키는 자발적 예방진료를 포함한다. 환자가 자신의 건강에 좀 더 관심을 기울인다면, 질병에 의해 이러한 자발적 예방진료가 증가할 수 있다. 심장마비를 앓은 뒤 운동을 하고 저지방 식이요법이나 건강을 증진시키는 다른 활동을 하는 것이 그 전형적인 모습이다. 그러나 질병은 정반대의 효과, 즉 자가진료에 필요한 경제적 자원이나 에너지의 손실을 초래하기 때문에 환자의 사기를 꺾을 수도 있다. 따라서 질병과 자가진료의 관련성은 사람들이 처한 상황에 따라 다를 것이다.

마지막으로 보건의료제도를 통한 치료가 있다. 필요할 때마다 항상 치료를 받을 수 있는 것은 아니다. 치료비가 지나치게 비싸거나 효과 없는 치료나 불편을 경험할 것이 예상될 때, 그것은 의사를 꺼리게 만드는 사회적 억제요인이 된다. 치료는 효과적일 수도 해로울 수도 있으며, 자가진료를 진작시킬 수도 저해시킬 수도 있다. 피드백 유형이 체계 전체를 안정화하는 경우에는 질병의 사례들이 본질적으로 독립적인 사건들이 될 것이다. 그러나 그것이 불안정한 경우에는 하나의 질병이 다음 질병을 예고하면서 연속적 질병의 흐름을 보여줄 것이다. 따라서 이 그림에서 보여준 네트워크는 사람에 따라 다를 것이고, 따라서 그의 건강 상황의 중요한 특징을 나타낸다.

참고문헌

Horsfall, J. G. and E. B. Cowling, eds. (1977), *Plant Disease: An Advanced Treatise, Vol. II: How Disease Develops in Populations,* Academic Press.

Johnson, R. B. (1986), "Human Disease and the Evolution of Pathogen Virulence", *Journal of Theoretical Biology,* Vol. 122.

Karasek, R. (1989), "Political Implications of Psychological Work Redesign: A Model of Psychosocial Class Structure", *International Journal of Health Services,* Vol. 19.

Levins, R. and R. Lewontin (1985), *The Dialectical Biologist,* Harvard University Press.

McKeown, T. (1976), *The Modern Rise of Population.* Edward Arnold.

Price, P. W. (1980), *Evolutionary Biology of Parasites,* Princeton University Press.

Selye, H. (1989), *In Neuroendocrinology and Stress,* Springer Verlag.

자본주의적 보건의료의 역사

이현

자본주의 사회의 질병은 자본주의적 생산양식에 의해 정의된다. 기생체에 의한 전통적인 감염성 질병은 자본주의적 생산양식과 그에 따른 생태적 변화의 상호작용에 의해 발생한다. 또한 자본주의적 생산양식의 발전에 따른 노동·생활조건의 변화는 새로운 비감염성 질병을 증가시킨다.

자본주의 사회의 보건의료는 이러한 질병의 위협으로부터 자본축적에 적합한 건강한 노동력을 확보하기 위한 제도다. 보건의료는 생산과정에서 발생하는 육체적 고통과 손실을 완화하는 치료와 해방의 기능을 담당한다. 그러나 이것이 치료하고 해방하는 것은 다름 아닌 자본주의적 생산양식에 따른 질병이다. 따라서 치료와 해방의 기능은 자본주의적 생산관계를 유지하고 정당화하는 지배와 통제의 기능을 함축한다. 자본주의에서 보건의료의 지식·행위·제도는 중립적인 도구가 아니라 그 자체가 모순적인 사회관계를 구성한다.

자본주의적 질병은 자본축적 과정에서 발생하기 때문에 보건의료는 단지 사후적으로 대처한다. 보건의료가 질병의 원인을 근본적으로 치료할 수 없기 때문에 문제의 발생과 해결 사이에 비효율성이 증대하며, 이 간극을 메우기 위해 보건의료는 지속적으로 성장한다. 자본주의적 생산양식이 발전할수록 보건의료의 영역 또한 확대되며,

자본주의적 임노동의 확대재생산은 계속해서 새로운 형태의 질병을 발생시킨다. 이러한 과정에서 보건의료도 자본축적의 수단으로 편입된다. 자본주의적 보건의료는 이러한 모순을 통해 발전한다.

20세기의 법인자본은 보건의료에 대한 노동자계급의 요구를 수용하여 보험을 매개로 병원 중심의 대중보건의료를 확립한다. 그러나 대중보건의료는 질병의 원인이 아니라 그 결과만을 사후적으로 관리할 따름이다. 대중보건의료의 확립은 역설적으로 비용상승과 건강증진 사이의 괴리라는 보건의료의 위기로 나타난다. 이를 해결하기 위해서는 대중보건의료의 역사를 인식하고 대중의 건강을 향상시킬 수 있는 근본적인 사회·생태적 조건을 규명하는 것이 필요하다.

자본주의의 발전과 19세기의 보건의료

산업화·도시화와 감염성 질병의 위협

전통적 질병의 지배적 형태는 페스트, 천연두, 말라리아 등 기생체에 의한 감염성 질병이었다. 이러한 감염성 질병은 특정한 생태적 조건 속에서 확산되었다. 19세기 전반기까지 자본주의적 생산양식의 발전은 그러한 생태적 조건을 조성함으로써 감염성 질병이 크게 창궐했다(Stark, 1977). 19세기 초 이래 산업화가 진전되면서 유럽에서는 유례없는 인구증가가 나타났다. 영국의 인구는 1750-1850년 사이에 거의 세 배가 증가했고, 프로이센은 1800-46년 사이에 거의 두 배가 증가했다. 방대한 규모의 산업예비군이 도시로 유입되면서 실질임금이 감소했고 주택난이 심화되었다. 도시외곽의 공장을 중심으로 빈민가가 급속히 형성되었다. 대공업과 급속한 도시화는 만성적인 빈곤, 불결한 상·하수도 및 통풍시설, 유해한 작업환경 등을 양산했다. 이와 같은 변화에 따라 감염성 질병이 유행했는데, 특히 콜레라가 1831년부터 유럽 전역을 휩쓸었다(Hobsbawm, 1997).

콜레라의 유행은 진보에 대한 부르주아적 낙관론을 위협하고 노동자계급에 대한 착취의 실상을 드러냈다. 감염성 질병이 유행하면서 대중적 공포와 사회적 혼란이 증폭되었다. 특히 이는 1830년대에 착취에 대한 저항과 결합하여 대중봉기를 야기했다(Evans, 1988). 이에 대한 자본가계급의 최초의 대응은 검역과 방역을 실시하는 것이었다. 그러나 이는 민족간 교류와 무역을 제한했기 때문에 심각한 경제문제를 초래했다. 그래서 점차 도시의 위생조건을 개선하는 일련의 사회개혁이 시작되었다.[1] 그러나 콜레라의 유행이 국가의 개입을 직접적으로 가져온 것은 아니었고, 공중보건은 노동자의 질병이 자본축적을 저해하는 것으로 인식되면서부터 도입되었다.

사회의학과 위생개혁운동

대도시 노동자계급의 비참한 상태와 콜레라의 유행 속에서 빈곤과 질병의 상관관계가 점차 인식되기 시작했다. 1840년대에 이르러 질병의 원인을 빈곤과 자본주의의 모순에서 찾고자 하는 사회의학이 나타났다.[2] 이러한 시도를 선도한 것은 엥겔스와 피르코프(R.

---

1) 이 배경에는 19세기 감염병의 원인에 대한 장기(瘴氣)설과 전염설의 논쟁이 존재했다. 히포크라테스 시절부터 내려온 장기설은 시체나 부패물질에 의한 장기 때문에 질병이 생기는 것으로 이해했다. 반면 16세기 프라카스트로(G. Fracastro)가 제창한 전염설은 감염병이 사람들 사이의 접촉에 의해 전파되는 것으로 이해했다. 전염설이 격리와 검역을 강조한 반면 장기설은 생활환경의 개선을 강조했다. 1830년대 콜레라에 대한 대책에서 사회개혁가들과 부르주아들은 장기설을 지지했다. 이들은 검역과 격리가 자유무역의 원칙에 위배되는 불합리한 침해이며 로마가톨릭의 그릇된 유산이라고 간주했다(McNeill, 1995). 그러나 19세기 말 세균학의 발전으로 결국 전염설이 옳다는 것이 밝혀졌고, 막연하게 전염병(communicable disease)이라 불러온 현상이 병원체가 체내에 침입하여 번식함으로써 발생하는 감염성 질병(infectious disease)이라는 사실이 알려지게 되었다.

2) 사회의학은 대체로 다음과 같은 세 가지 입장을 견지한다. 첫째, 사회·경제적 조건이 건강과 질병, 의료행위와 밀접히 관련된다. 둘째, 인구의 건강은 곧 사회 문제다. 셋째, 사회는 개인적·사회적 수단을 통해 건강을 향상시킬 의무가 있다(Anderson et al., 2005).

Virchow)였다. 엥겔스는 질병의 원인을 계급구조와의 관련 속에서 파악했다. 그는 노동자계급의 영양상태 및 주거환경과 감염성 질병의 상관성을 지적했다. 또 계급간 영아사망률의 차이, 작업환경과 질병의 관계를 조사했다. 피르코프는 사회의 결함이 감염성 질병의 필연적 조건이라고 주장하는 역학이론을 발전시켰으며 감염성 질병을 예방·제거하기 위해서는 의학적 치료만큼이나 사회적 변화가 중요하다고 여겼다. 이처럼 사회의학은 질병의 원인을 사회구조의 문제로 파악했으며, 특히 빈곤 문제를 해결함으로써 도시대중의 위생상태를 개선하고 감염성 질병을 퇴치하고자 했다(Waitzkin, 2000).

당시 지배계급은 1830년대 이래의 대중봉기와 사회의학의 등장을 콜레라만큼이나 위협적인 것으로 간주했다. 그 결과 영국, 프랑스, 독일 등에서는 이에 대응하여 위생개혁운동이 출현했다. 위생개혁운동이 가장 체계적으로 진행된 것은 영국인데, 왕립구빈원 자문위원이던 채드윅(E. Chadwick)이 이를 주도했다. 그는 사회의학과 반대로 빈곤의 원인을 질병에서 찾았다. 즉 개인들은 질병으로 인해 노동능력과 생계수단을 상실하기 때문에 빈곤해지는 것이다. 그는 장기설에 기초하여 작업장과 노동자 거주지역의 불결한 환경과 배설물, 먼지, 악취가 질병을 일으킨다고 보았으며, 위생조건을 개선함으로써 빈곤 문제를 해결할 수 있다고 주장했다(Bynum, 1994).

채드윅의 위생개혁운동은 그가 주도한 1834년의 신구빈법 제정 이후의 상황에 대한 대응이기도 했다. 신구빈법은 산업자본의 이해를 반영한 것으로 외관상의 목적은 빈민을 축소하는 것이었지만, 실질적으로는 기존 구빈법의 구호대상을 제한하고 스피남랜드법의 임금보조제도를 철폐함으로써 빈민을 임금노동자로 전환하는 것이었다. 신구빈법의 실시와 함께 노동자계급의 생활을 뒷받침했던 보호조치들이 철회되면서 도시로의 인구집중이 가속화되었고 빈곤과 이에 수반되는 심각한 위생 문제가 나타났다. 채드윅은 1842년 『영국 노동인구 위생상태 자문에 관한 보고서』에서 국가 주도의 위생개혁운동을 역설했고, 이 보고서에 기초하여 1848년에 공중보건법이 제정되었다(Rosen, 1993).

빈곤과 질병의 악순환이라는 사회현실에 대해 사회의학과 위생개혁운동은 인식과 처방에서 서로 달랐다. 사회의학이 빈민을 양산하는 사회구조를 질병의 원인으로 지목하고 보건의료 문제의 해결을 사회변혁의 일환으로 보았다면, 위생개혁운동은 질병을 주거·노동환경의 위생조건 문제로 환원함으로써 이를 사회개혁의 의제로 축소했다. 채드윅의 위생개혁운동은 생태적 요인과 사회적 요인의 접합이라는 19세기적 질병에 대한 부르주아적 대응이었으며, 대중의 저항을 순치하고 사회의학의 관점을 기각하는 것이었다.[3)]

의학의 지체와 공중보건의 확산

뉴튼 이래 물리학과 화학이 발전을 거듭했던 것과 달리 의학은 과학혁명의 수혜를 받지 못했다. 생기론과 기계론 사이의 관념철학적인 논쟁이 계속되었고, 해부에 대한 편견 때문에 생리학이 체계적으로 발달하지 못했다. 당시 의학은 병상의학(bedside medicine)에 머물렀으며 자연과학의 성과가 의학에 별다른 영향을 주지 못했기 때문에 질병은 단지 유기체의 부조화 정도로만 인식되었다. 환자와 의사의 관계는 과학이 아닌 인격적 신뢰에 기초했다. 따라서 치료란

3) 사회의학의 관점은 이후 세균학의 확립에 따른 생의학(biomedicine)의 체계화 속에서 위축되었다가 칠레의 아옌데(S. Allende)에게 계승된다. 아옌데는 1939년 인민전선정부의 보건장관으로 재직하면서 『칠레 의료의 사회적 현실』을 저술했다. 그는 이 책에서 질병을 '사회적 조건의 박탈에 따라 나타나는 개인들의 장애'로 개념화했으며, 사회의 광범위한 구조적 변혁을 동반하지 않고 이루어지는 보건의료 내에서의 개혁 조치들은 아무런 성과를 거둘 수 없다고 주장했다. 나아가 그는 칠레 사회에서 건강과 질병의 문제가 제국주의적 지배에 따른 저발전과 불가분하게 관련되어 있다고 주장했다(Waitzkin, 2000). 20세기 전반기에 라틴 아메리카를 중심으로 전개된 사회의학은 1970년대 이후 미국과 유럽에서 보건의료에 관한 마르크스주의적 연구들을 통해 계승되었다. 사회의학은 특히 1980년대 영국에서 국가보건서비스(NHS)의 건강불평등 문제를 제기한 『블랙보고서』(*The Black Report*) 이후 활발하게 재해석되고 있다.

항상 '영웅적'인 성격을 띠는 것이었다(Jewson, 1976).

의료행위의 주요 담당자였던 내과의사들은 대학에서 교육을 받았고 의사회로부터 면허를 취득했다. 그러나 의과대학의 교육은 대부분 실험과학과 유리된 것으로 아리스토텔레스와 갈렌의 학설을 신봉하는 보수주의적 학풍을 견지했다. 이미 18세기에 네덜란드의 라이덴대학과 스코틀랜드의 에든버러대학에서 임상의학이 강조되었고 19세기 프랑스의 병원과 독일의 대학실험실을 중심으로 과학적 의학이 발달했지만, 의학지식은 실제의 의료행위와 연계되지 못했다.

이에 따라 내과의사 외에도 이발사의사(barber-surgeon), 접골사, 약제사, 산파 등이 의료행위를 담당했다. 의료행위가 의학지식보다는 주로 경험에 의존했기 때문에 이들은 일종의 도제교육을 통해 양성되었다. 이발사의사나 접골사는 장인으로서 사혈(瀉血), 발치(拔齒), 정골(整骨) 등 간단한 외과치료를 시술했다. 약제사는 의사보다 조제비용이 낮았기 때문에 주로 빈민들이 이용했다.[4] 산파로 대표되는 여성치료사는 조산행위뿐만 아니라 전래의 실용적인 처방을 제공했다(Webster, 1985).

의료행위는 주로 가정에서 이루어졌다. 의사가 직접 왕진하거나 의사의 집에서 진료를 받는 것이 일반적이었다. 그러나 개업의들은 출혈법이나 하제요법(下劑療法)과 같이 의학적으로 근거가 없는 치료법에 의존했으며 동종요법(同種療法)·수치요법(水治療法)·건강신앙요법 등이 여전히 성행했다. 이처럼 대부분의 의료행위가 과학적인 의학지식을 결여했기 때문에 19세기의 보건의료는 사실상 병원을 중심으로 한 빈민구제사업의 일환이거나 감염성 질병에 대응하는 공중보건의 형태로 나타났다.

---

4) 16세기 이래 의사와 약제사(apothecary)는 조제권을 둘러싸고 대립했는데, 19세기에 들어와 의사가 처방하고 약제사가 조제하는 분업이 정착되었다. 19세기 후반에 제약산업이 발전하면서 약제사는 자취를 감추고 조제전문가인 약사(pharmacist)가 등장했다. 의학과 약학의 분리의 기원은 13세기 신성로마제국 프리드리히 2세의 칙령까지 소급되는데, 의사와 약제사의 거래를 법으로 금지하고 조제행위를 약제사에게 위임했다(Roemer, 2001).

본래 병원은 빈민을 돌보는 종교적 자선기관에 가까운 것으로 의료행위와 크게 관련이 없었다. 병원은 중세에 교회가 설립한 가난한 병자의 보호소에서 유래했다. 12-13세기 유럽에서 나병이 만연하면서 환자들을 격리·수용할 시설이 필요했다. 이후 교회와 시당국이 함께 재원을 담당하고 의학교육을 포함하는 대학이 발전하면서 보호소의 규모가 확대되었다. 이 시설은 사설 구빈원의 기능을 담당하는 동시에 빈민환자를 돌보는 기관으로 발전했다. 여기서 빈민환자는 노약자·고아·거지·광인 등과 함께 수용되었다(Roemer, 2001).

이후 환자를 구빈원의 수용자와 분리하려는 노력이 이루어지면서 병원이 독립적으로 발전하기 시작했다. 구빈원 내에 빈민환자를 다루는 부속진료소가 만들어졌고, 귀족과 부르주아지의 기금출연으로 임의기부제 병원이 설립되었다. 이 병원에서 진료하는 의사는 대부분 명예직이었다. 19세기 초 이후 대도시에서 노동빈민이 증가함에 따라 구빈원 부속진료소와 임의기부제 병원도 크게 증가했다. 구빈원 부속진료소는 주로 완치가 불가능한 환자와 치료받을 자격이 없다고 판단되는 환자를 수용했다. 임의기부제 병원은 일부 중산층 환자가 이용하기도 했는데, 주로 완치가 가능한 빈민환자를 수용·치료하여 노동시장으로 복귀시켰다. 이 같은 분리를 통해 국가는 공적 부조에 따른 지출을 일정하게 제한할 수 있었다(Webster, 1985).

아울러 위생개혁운동의 영향으로 공중보건에 대한 관념이 점차 확산되었다. 감염성 질병의 원인이나 치료법은 발견되지 않았지만, 질병의 유행이 비위생적 생활환경과 어떤 형태로든 관계가 있다는 점이 널리 인식되었다. 19세기 중반 이후 대도시마다 도로가 포장되었고 상·하수도 시설이 확충되었으며 하수처리사업이 이루어졌다. 또한 개인위생이 강조되면서 가정에서의 세탁과 목욕이 널리 보급되었다(Webster, 1985). 공중보건은 장기적으로 감염성 질병의 유행에 따른 노동력 고갈의 위협을 해소하고, 개별 자본이 부딪치게 되는 노동자계급의 요구와 저항을 균등화하는 효과를 갖는 것이었다.

법인자본주의의 발전과 20세기의 보건의료

감염성 질병의 감소와 비감염성 질병의 증가

19세기의 주요 질병이 감염성 질병이었다면, 20세기의 주요 질병은 비감염성 질병인데, 이는 노동·생활조건을 포함하는 총체적인 사회관계 속에서 발생했다(Stark, 1977). 주요 질병의 변화는 일차적으로 자본주의적 생산양식의 발전과 그에 따른 보건의료의 향상에 의한 것이었다. 생활환경 및 영양상태가 획기적으로 개선되었고 과거 어떤 시기보다 건강이 향상되었으며 수명 또한 크게 늘어났다(Eyer, 1984). 그리고 이를 배경으로 등장한 치료혁명은 보건의료의 새로운 시대를 열었다. 치료혁명은 1941년 페니실린을 필두로 한 항생물질과 1949년 코르티손의 발견으로 시작되었다. 항생물질이 감염성 질병을 일으키는 박테리아를 물리쳤다면, 흔히 스테로이드로 알려진 코르티손은 인체의 자체 치유능력을 향상시켰다. 항생물질과 코르티손의 발견은 의학의 일대 혁신을 가져왔다(Le Fanu, 2005).[5]

생활수준의 향상과 치료의학의 발전에 따라 감염성 질병은 감소했다. 그러나 자본주의적인 노동·생활조건의 변화로 야기된 새로운 비감염성 질병이 증가했다. 19세기 말 이후 미국의 산업자본은 소유와 관리를 분리시키는 법인적 형태로 변화하면서 구상과 실행을 분리시키는 노동과정의 혁신을 수반했다. 이러한 혁신의 핵심은 보통 포드주의라고 불리는 이동조립라인인데, 이는 노동자의 숙련을 기계로 대체하는 것이었다. 또한 탈숙련화된 노동력을 통제하기 위한 관

---

5) 그러나 통상적인 인식과 달리 항생물질이나 코르티손의 발견이 감염성 질병에 대한 과학의 승리를 보여주는 것은 아니다. 항생물질을 생산하는 박테리아는 단순해 보이지만 그것이 만들어내는 항생효과의 메커니즘은 매우 다양하고 복잡하다. 그리고 아직까지 항생물질의 화학구조는 완벽하게 규명되지 않았다. 코르티손 또한 스트레스와 염증에 대한 인체의 반응에 영향을 미침으로써 놀라운 치유력을 보여주지만, 아직까지 그러한 작용이 나타나는 메커니즘은 밝혀지지 않았다(Le Fanu, 2005).

리조직의 재편과 새로운 관리기법이 도입되었다. 이처럼 자본은 노동자의 숙련을 기계와 조직으로 이전함으로써 노동과정의 각각의 단계를 직접 통제했다. 이제 노동은 기계의 흐름에 실질적으로 통합되었다(Braverman, 1987). 그 결과 노동자계급은 노동과정에 대한 통제력을 상실함으로써 장애, 불만, 불안, 압박감, 불쾌감 등 이른바 스트레스로 통칭되는 새로운 병리적 양상을 경험하게 되었다. 나아가 스트레스는 수면장애, 식욕부진, 심장박동수 증가, 생리적 긴장과 우울증, 과민증과 같은 증상으로 발전했다(Navarro, 1986).[6)]

노동자의 탈숙련화에 따른 기술적 분업 속에서 사회적 분업 역시 심화되었다. 그에 따라 새롭게 출현한 산업들은 독성을 지닐 수 있는 물질과 공정을 도입함으로써 새로운 형태의 산업재해를 양산했다. 예를 들어 살충제·플라스틱·고무산업에서는 발암물질에 따른 암발생이 급증했고, 화학섬유산업에서는 유기용제나 화학물질 사용에 따른 신경독성질환·생식계질환·피부질환이 발생했으며, 기타 제조업 분야에서는 각종 중대재해·직업성 암·폐질환·소음성 난청·근골격계 질환 등이 나타났다(김정순 외, 1994).

법인자본은 생산성 증가에 따른 임금 상승을 허용하면서 대중소비의 시대를 열었다. 이에 따른 생활조건의 변화는 이른바 '풍요의 병'으로서 심혈관계질환·궤양·암 등을 가져왔다. 나아가 노동·생활조건의 변화에 따라 새롭게 출현한 질병들은 진통제·진정제·커피·담배·암페타민 등과 같은 약물의 소비를 증가시켰다(Eyer, 1984).

법인자본주의로의 변화가 가져온 새로운 질병들은 병원균에 의한 감염이 아니라 노동·생활조건 그 자체로부터 유래하는 것이었다. 인간의 사회적 생활의 모든 측면, 곧 사회관계 그 자체가 질병과 직결되기 시작했으며 이제 비감염성 질병은 감염성 질병과 유사하게 확산되었다. 이러한 주요 질병의 변화에 따라 보건의료의 형태 또한

---

6) 현대적 병리현상인 스트레스를 자본주의로의 사회적 이행과정 자체에서 찾기도 한다. 자본주의 발전에 따른 사회적 변화는 안정된 농촌공동체를 해체하고 이에 대한 귀속감을 절연시켰다. 지속적으로 변화하는 시장의 요구와 공동체의 상실은 새로운 병리적 요인으로 간주된다(Eyer, 1984).

변화했다. 질병이 일상화·만성화되듯이, 보건의료 또한 일상화·만성화되었다. 자본주의적 생산양식이 확대되고 발전할수록 보건의료서비스와 의약품에 대한 수요 또한 지속적으로 증가했다(Stark, 1977).

이에 따라 질병의 책임을 개인적 행위의 탓으로 돌리고, 질병의 해결을 개인적 교정으로 환원하는 희생자 과실론이 등장했다. 스트레스에는 여가활동이 권유되었고 산업재해는 개인과실로 취급되었다. 생활상의 질병은 개인의 생활습관이나 식습관이 그 원인으로 지목되었다. 희생자 과실론에서 제시하는 해결책은 결국 모든 사회적 환경과 과정으로부터 스스로를 고립시키는 것뿐이었다. 그러나 사회관계의 모든 측면이 이미 질병과 직결되어 있다는 점에서 이는 모순적이었다(Crawford, 1977). 이 같은 희생자 과실론은 개인적·임상적 관점에 입각한 질병에 대한 생의학 모형에 의해 뒷받침되었다.

현대의학과 대중보건의료

현대의학의 기원은 19세기 프랑스와 독일로 소급된다. 19세기 초 파리에서 병원의학(hospital medicine)이 발전하면서 병리학에 기초한 질병 연구가 시작되었다. 질병이 장기 조직에서 발생한다는 병리해부학적 국소주의가 정초되었고, 청진법을 통해 임상적 관찰에 기초한 병리학이 발전했다. 19세기 중반 이후 독일에서는 물리학적·화학적 연구성과들을 결합하는 실험의학(laboratory medicine)이 출현했다. 이는 생리학과 조직학에 초점을 맞추었으며, 질병이 세포 수준에서 발생한다는 세포병리학의 발전으로 이어졌다(Bynum, 1994).

의학의 발전은 세균학에서 정점에 이르렀다. 현미경의 발명으로 중요한 개별적 발견들이 이루어졌고, 1860년대에 파스퇴르(L. Pasteur)가 이를 세균학으로 체계화했다. 그는 발효와 부패를 연구하여 미생물의 존재와 작용을 밝혀냈고, 자연발생설을 반박함으로써 질병의 세균이론을 정초했다. 그러나 질병과 세균의 인과관계를 결정적으로 밝혀낸 것은 코흐(R. Koch)였다. 코흐는 1876년에 탄저병의 원인균을 발견했으며, 어떤 유기체가 질병의 원인임을 증명하는 필수적인 단계로서 이른바 '코흐의 선결조건'을 체계화했다.[7] 파스퇴르와 코흐의 연구는 20세기 현대의학의 출발점이 되었다(Bynum, 1994).

세균학의 발전은 병리학과 생리학의 결합을 실질적으로 가능하게 만들었다. 질병은 결국 생명 현상과 관계되므로 치료법이 나타나기 위해서는 병든 구조의 연구에 병든 기능의 연구가 뒷받침되어야 했다. 세균학을 통해 병리학이 생리학과 결합되고 생리학을 화학과 관련짓는 약리학이 출현하면서 비로소 치료의학의 가능성이 열렸다. 또한 항독소의 개발과 바이러스의 발견을 통한 면역학의 체계화와 면역혈청의 실용화는 예방의학의 발전을 가져왔다. 공중보건은 세균학에 기초하여 위생사업과 방역사업을 결합함으로써 감염성 질병을 획기적으로 통제할 수 있었다. 나아가 의학의 현대화는 세균학의 관점에서 질병을 생물학적 구조와 과정으로 환원하는 생의학 모형을 확립했다(Cartwright, 1977; Shryock, 1999).

체계적인 의학지식이 발전하면서 미국에서는 도제교육을 지양하고 의학교육을 표준화하려는 시도가 나타났다. 이는 미국의사협회의 의뢰로 카네기재단의 비의학계 인사인 플렉스너(A. Flexner)가 주도한 의학교육 실태조사에서 정점에 달했다. 1910년 플렉스너가 제출한 『미국과 캐나다의 의학교육』이라는 보고서는 미국 의학교육 제도를 개혁하는 출발점이 되었다. 이후 『플렉스너 보고서』라고 불리게 된 이 보고서는 이른바 '존스홉킨스 모델'을 기준으로 의과대학의 현황을 기술·평가했다.[8] 미국의 의학교육은 이러한 존스홉킨스

---

7) 세균학의 무분별한 연구를 경계하기 위한 코흐의 선결조건이란 다음의 세 가지 사항을 말한다. 첫째, 병원체는 각각의 사례에서 계속적으로 발견되어야 한다. 둘째, 그 병원체는 숙주의 외부에서 일정 세대 동안 배양될 수 있어야 한다. 셋째, 몇 세대 동안 분리되어 배양된 병원체는 접종된 동물에게 본래의 증상을 일으켜야 한다(Cartwright, 1977).

8) 1893년에 개교한 존스홉킨스 의과대학은 재원, 교수진, 입학·졸업요건이 기존의 의과대학과 완전히 달랐으며 유럽의 의과대학에 상응하는 수준을 갖추고 있었다. 존스홉킨스 의과대학은 4년간의 예과교육과 4년제 교과과정을 도입했다. 존스홉킨스 의과대학은 과학적인 의학 및 임상교육을 체계적으로 통합한 것으로 평가되었다(황상익, 1994).

모델에 따라 개편되거나 합병·퇴출되었으며, 법인자본이 설립한 재단들은 의학교육의 개혁을 위해 1930년대 중반까지 1억 5400만 달러를 지원했다(Berliner, 1975).

『플렉스너 보고서』는 사립의과대학(private medical college)과 병원, 대학의 제도적인 통합을 지향했다.[9] 이는 의학지식의 생산을 공간적으로 통합함으로써 과학의 성과를 체계적인 의료기술로 발전시키는 계기가 되었고, 이에 따라 의료의 전문직화가 촉진되었다. 이러한 의학교육의 개혁은 궁극적으로 의료전문직의 양성과정과 의료제도를 표준화하고 통제하려는 법인자본의 이해를 반영하는 것이었다. 존스홉킨스 모델을 통해 실험의학(연구실)·의료제도(병원)·의학교육(대학)을 결합하는 현대적 의학연구·교육제도가 정착되었으며, 이후 미국은 현대의학의 중심이 되었다(King, 1984).

의학지식과 교육의 체계화는 대학을 중심으로 한 병원의 성장을 가져왔다. 19세기 이후 병원의학이 발달하면서 먼저 독일에서 병원이 의학교육의 중심지로 부상했다. 독일의 교육병원에는 20개 내지 30여 개의 병상을 하나의 병동으로 해서 한 명의 교수의 책임 아래 연구와 교육이 병행되는 대학의료가 이루어졌다. 이러한 교육기관은 외래환자의 진료와 결합되었으며 진료소의 역할을 겸하기도 했다. 그러나 이러한 대학의료가 전일적 체계를 갖춘 일반적 모형으로 확정된 것은 미국이었다(Bynum, 1994).

미국에서는 표준화된 교육과정과 의사협회의 면허를 통해 공인된 의료전문직이 출현했고, 대학병원을 중심으로 X선 등의 진단기술과 무균법, 마취를 활용한 외과시술이 획기적으로 증가했다. 또한 환기·위생·개방병동 등에 대한 나이팅게일(F. Nightingale)의 병원개혁안이 병원의 설계와 운영에 수용되었으며, 간호전문직이 성장하면서 병원이 실질적인 간병의 중심지로 부상했다. 왕진 중심의 의료행위

9) 19세기 미국에서는 유럽과 달리 사립의과대학이 대학과 직접적인 관련 없이 독자적으로 생겨났으며, 의학교육은 이론을 담당하는 의과대학과 실제 진료기술을 담당하는 도제교육으로 이원화되어 있었다(King, 1984).

는 이제 병원에서의 외래진료와 입원으로 바뀌었으며 중산층뿐만 아니라 상류층도 병원을 이용했다. 대학에 기반을 둔 병원은 빈민구호의 기능에서 완전히 탈피하여 진단과 치료의 기능을 수행하는 현대의료의 중심으로 변형되었다(Bynum, 1994; White, 1990).

이러한 변화는 20세기 초부터 병원의 폭발적인 증가를 가져왔다. 대학병원 외에도 대도시를 중심으로 공립병원이 설립되었으며 구빈원 부속진료소의 일부가 공립병원으로 확장되기도 했다. 임의기부제 병원은 장기·부위·질환별 전문병원을 갖추기 시작했으며 외래 급성환자 진료에 치중했다. 무료환자와 무료진료가 점차 사라지고 유료진료 위주의 병원이 생겨났다. 병원은 점차 대규모 조직으로 바뀌면서 전문적인 관리를 요구했으며 다양한 부대시설을 갖추게 되었다. 확장에 따른 재정지출은 진료비 증가로 이어졌고, 대규모 병실보다는 1인실이, 중환자보다는 외과시술을 위한 병동이 늘어났다. 병원이 도덕이나 종교보다는 의료 그 자체를 목적으로 하면서 공립병원과 임의기부제 병원도 그 성격이 점차 변화했다(Starr, 1982).[10]

그러나 규모나 수에서 크게 팽창했던 병원은 1930년대 대공황 시기에 중산층이 늘어난 의료비용을 더 이상 감당할 수 없게 되자 위기에 봉착했다. 이러한 상황을 해결하기 위해 병원의 주도하에 청십자(blue cross)라 불리는 사적 보험에 의한 제3자 지불방식이 도입되었다. 이 제도는 병원이 정액으로 병원서비스를 판매하는 것으로, 가입자는 장기간에 걸쳐 일정액의 보험금을 납입하고 보험자는 가입자의 발병시 병원에 대해 직접 급여를 지불하는 방식이었다. 사적 보험이 도입되면서 중산층이 다시 병원을 이용하게 되었을 뿐만 아니라 노동자계급에게까지 병원 이용이 확대되었다. 기업주들은 사적 보험을 제공하면서 노동자계급의 보건의료 요구를 수용하는 동시에

---

10) 병원의 변화는 치료의학을 특권화하면서 공중보건을 주변화했다. 세균학의 발전 이후 감염성 질병이 줄어들고 병원이 압력을 가하면서 공중보건은 환경보다는 개인에게 초점을 맞추는 개인위생과 건강진단으로 국한되었다. 또한 빈민구호를 위해 세워졌던 공중보건소(dispensary)는 점차 그 치료기능이 제한되었다(Starr, 1982).

이를 구실로 임금인상과 급진적 노동자운동을 통제했다.[11] 연방정부는 세금공제를 통해 기업의 의료보험 제공을 정책적으로 후원했으며 사적 보험을 전국으로 확대시켰다(Starr, 1982).

보험제도를 매개로 병원 이용을 대중화하고 병원을 보편적인 의료기관으로 확립하는 대중보건의료가 형성되었다. 현대의학에 따른 치료비용은 노동자 가족의 생계에 커다란 부담을 줄 뿐만 아니라 질병에 의해 임금 소득이 중단될 수도 있기 때문에 노동자계급이 병원을 이용하기 위해서는 의료비 부담을 경감할 수 있는 보험제도가 뒷받침되어야 했다(Faulkner, 1960). 법인자본주의에서 새로운 노동·생활조건에 따른 노동자계급의 의료수요는 보험제도를 통해 저렴한 병원 이용이 가능해지면서 충족되었다. 그러나 동시에 대중보건의료의 형성은 보건의료를 이윤추구를 위한 새로운 산업의 영역으로 편입하는 계기이기도 했다. 대학병원을 중심으로 한 전문분과별 병원체계는 보험제도와 결합하면서 그 수와 규모에서 더욱 팽창했으며 보건의료와 관련된 산업이 증가하기 시작했다(White, 1990).

1930-40년대 청십자 보험의 확장 속에서 상업적인 배상보험과 직접서비스와 같은 형태의 사적 보험도 동시에 발전했다. 청십자 보험은 보험자가 의사나 병원의 서비스비용을 직접 지불하고 종종 가입자의 비용을 전적으로 부담하는 형태로 주로 비영리적 성격을 가졌다. 반면 배상보험은 보험자가 가입자에게 의료비용 중 일부를 상환해주는 방식인데, 상환액수에는 한계가 있었고 가입자로 하여금 최초의 공제액과 추가되는 비용을 부담하도록 약정하여 보험자의 부담을 덜고 의료서비스의 남용을 막으려 했다. 한편 선불제로 운영된 직접서비스 형태의 보험은 의료제공자와 보험자가 하나의 조직 안

11) 특히 2차 세계전쟁 중 임금은 정부의 통제를 받은 반면 일정 수준의 부가급여는 허용되었기 때문에 기업은 노동력을 확보하기 위해 의료보험을 부가급여로 제공하기 시작했다. 또 노동관계법에 따라 단체협상이 제도화되고 청십자 보험과 같이 사용자와의 관계에서 중립적인 보험이 등장하자 노동조합은 단체협상을 통해 적극적으로 사적 보험을 구입했다. 이를 통해 고용에 기초한 사적 보험이 미국에서 확립되었다(김창엽, 2005).

에 통합된 것이었다. 이는 처음에 회사병원과 같은 산업의 부속기관이었지만, 점차 도시를 중심으로 집단보건조합으로 발전했다. 1953년에 전체 미국인의 29%가 배상보험에, 27%가 청십자 보험에, 7%가 독립적인 직접서비스에 가입되어 있었다(Starr, 1982).

배상보험이 고용주에게 다양한 보험상품을 제공하고 경험률을 적용하면서 1950년대 이후 청십자 보험은 쇠퇴하기 시작했다. 청십자 보험이 본인부담금을 높이자 가입자가 크게 감소했다. 결국 사적 보험은 상업보험회사의 배상보험으로 수렴되었다. 일차적으로 고용관계에 기초하여 성립한 미국의 보험제도는 고임금노동자의 병원에 대한 접근과 이용을 향상시키기 위한 것이었다. 따라서 수백만 명의 빈민은 보험에 가입할 수 없었으며, 보험제도가 의료수가를 계속 상승시킴에 따라 무가입자의 처지는 매우 취약해졌다(Starr, 1982).[12)]

참고로, 미국의 법인적 형태와 달리 영국과 소련에서는 국가적 형태의 보험제도가 병원과 결합하여 대중보건의료가 형성되었다.[13)] 영국은 1911년에 강제보험제도인 국가의료보험을 도입했고, 1945년에 노동당 정부는 그 적용범위와 급여를 확대하여 국가보건서비스를 확립했다. 치과와 안과, 약사의 외래진료서비스를 담당하는 집행

12) 20세기 초부터 1950년대까지 세 차례에 걸쳐 국가의료보험을 도입하려는 시도가 나타났지만 모두 좌절되었다. 1960년대에 민주당 정부는 '위대한 사회 프로그램'(Great Society Program)에서 국가의료보험 대신 노인에 대한 의료보장을 추진했다. 이에 따라 1965년 진료비 분담 범위를 둘러싼 의사협회와의 타협 하에 사회보장법 개정을 통한 국가지원 프로그램이 도입되었다. 이는 65세 이상의 노인에 대해 강제병원보험과 연방정부의 진료비 지불을 시행하는 메디케어와 주정부가 빈민층에 대한 기존의 의료지원을 강화하는 메디케이드로 구성되었다(Starr, 1982).

13) 일반적으로 의료보장제도의 유형은 미국과 같이 사적 보험이 중심이 되는 '자유기업형' 또는 '소비자주권형', 영국이나 소련과 같이 조세를 재원으로 전국민에게 포괄적인 1차 진료 및 병원서비스를 제공하는 '국가보건서비스', 그리고 적용대상자 모두를 강제로 가입시켜 기업주와 피보험자가 보험료를 분담하고 정부가 보험재정의 일부를 부담하는 '국가의료보험'으로 구분된다. 국가의료보험은 19세기 말 독일에서 급속한 산업화를 지원하기 위해 도입한 질병보험에서 유래한 것으로 여러 국가에서 다양한 방식으로 변형되어 시행된다(이시백 외, 1997).

위원회, 병원과 전문의 서비스를 담당하는 지역병원위원회, 질병예방과 응급의료, 방문간호서비스를 관할하는 지역보건당국의 삼원화된 의료제도로 구성된 국가보건서비스는 무상의료를 제공했다. 그러나 이 제도는 의료전문직의 지위와 자율성을 보장하는 타협에 기초한 것으로, 일반의들이 예산의 상당 부분을 영유할 수 있는 길을 열어놓았다. 소련에서는 1917년 혁명 직후 무상의료를 실시했으며, 노조와 피보험자 대표가 지역기금을 관리하는 분권화된 사회보장제도를 도입했다. 그러나 이는 내전과 경제적 곤란 속에 제대로 시행되지 못했다. 1930년대에 중화학공업화를 촉진하기 위한 정책의 일환으로 보건의료제도가 다시 구축되었는데, 이는 보건의료서비스를 전문화·중앙집중화하고 대형병원을 중심으로 재편하는 것이었다. 소련의 사회주의적 의료는 국유화를 통해 보건의료자원의 분배방식을 변화시켰지만, 그 성격과 내용 면에서는 자본주의 사회와 별다른 차이가 없었다(Navarro, 1977, 1978; Roemer, 2001).

대중보건의료의 확립과 함께 의료시장이 성장하면서 19세기 이후 분절적으로 발전했던 의학과 과학기술이 체계적으로 결합된 치료의학이 발달했다. 이는 화학의약품과 첨단의료장비의 발전으로 특징지어진다. 19세기 말 이른바 '역학적 전환'의 주요 계기였던 면역혈청이나 백신과 같은 생물학적 의약품은 비감염성 질병의 증가와 함께 점차 화학의약품으로 대체되었다. 독일의 얼리히(P. Ehrlich)는 체내에서 자체 세포에는 해를 끼치지 않으면서 감염균을 박멸하고 증식을 억제할 수 있는 최초의 합성화학물로서 알스페나민을 개발했다. 화학요법은 그 후 다양한 종류의 세균에 효력을 발휘하는 설파닐아미드의 개발로 더욱 발전했다. 동시에 19세기 유기화학의 성과는 생리학과 결합하여 약리학의 발전을 가져왔다. 수 차례에 걸친 화학물질의 합성실험을 통해 약리활성을 갖는 아스피린 류의 해열·진통제, 신경안정제, 각종 순환기계 약물이 개발되었다. 이 약품들은 노동·생활조건에 따른 각종 스트레스성 질병과 산업재해에 의한 만성적인 질병에 조응하여 개발되었으며, 제약산업의 발달과 함께 점차 보편화되었다. 화학약품과 함께 연고제와 같은 새로운 항생제 의약품과 피임약이나 인슐린과 같은 호르몬제 의약품도 개발되었으며 식품영양학 연구를 통해 각종 비타민제가 생산되었다. 그리고 이 같은 화학의약품의 대중화는 그 자체로 노동·생활조건을 변화시켰다(이동석 외, 1997; Drews, 2000).

치료의학의 발전을 규정하는 또 다른 특징으로서 첨단의학장비가 발전했다. 새로운 의료기술의 도입은 크게 진단·수술·생명유지의 세 분야에서 이루어졌다. 진단의학은 기술혁신을 통해 성취된 가장 획기적인 분야였다. X선은 외과학의 보편적인 진단장비로 자리잡았으며 1960년대 이래 컴퓨터·전자 기술의 확대로 초음파, 컴퓨터단층촬영기(CT), 자기공명영상촬영기(MRI), 혈관조영술이 새로 개발되었다. 수술 분야의 기술혁신은 국소부위 시술을 가능하게 했다. 수술용 현미경을 이용한 미소시술은 1950년대부터 시작되어 안과 및 이비인후과에서 인공수정체 삽입술과 인공내이(內耳) 이식술에 활용되었고 복강경을 이용한 내부장기 시술을 가능하게 했다. 생명유지 분야의 기술혁신으로 인공호흡기는 급성질환자가 생리적 기능을 회복될 때까지 생명을 유지하게 했으며, 투석기와 인공심박조율기 등은 신장과 심장의 만성질환자의 생명을 연장시켰다. 기술도입은 현대의학을 획기적으로 바꿔놓았을 뿐만 아니라 계속해서 새로운 전문분야를 발전시켰다(Hill, 1968; Le Fanu, 2005). 질병의 형태 변화에 따른 의약품의 확산과 기술혁신은 치료의학을 더욱 발전시키는 것이었고 동시에 생의학 모형을 신체의 모든 부분으로 확대하는 것이었다.

보건의료의 금융화와 의산복합체의 출현

대중보건의료의 확립에 따른 의료수요의 증가로 비용이 크게 상승했고 의약품 소비의 증가와 첨단의료장비의 도입은 이를 가속화했다.[14] 사적 보험은 고용주가 제공했기 때문에 환자와 병원 모두 비용에 관한 의식이 없는 가운데 의료이용과 비용지출이 증가했다. 또한 1965년에 메디케어·메디케이드가 실시된 이래 미국에서 보건의료 예산은 해마다 급증했다. 이러한 비용상승의 가장 중요한 요인은 제3자 지불방식에 의한 행위별 수가제였다. 의사와 병원이 더 많은 서비스를 제공하면 더 많은 의료비를 상환받을 수 있으므로 이는 의료비용 인플레이션의 핵심적 원인이 되었다(Starr, 1982).

1970년대 미국에서는 선불제로 포괄적 의료서비스를 제공하는 직접서비스 형태의 사적 보험을 확대하는 전략이 의료비용 상승에 대한 대안으로 채택되었다. 이 전략이 보건의료제도 개혁의 핵심으로 부상하면서 '보건조직'(HMO, Health Maintenance Organization)이라는 새로운 의료서비스 체계가 출현했다.[15] 미국 정부는 여러 입법 조치를 통해 보건조직의 확대를 지원했지만 가입자 수는 1980년대 중반까지 느리게 증가했다. 그러나 계속적인 비용상승 압력으로 인해 고용주들이 더 저렴한 사적 보험을 찾게 되면서 1990년대에는 보건조직의 가입자가 극적으로 증가했다.

보건조직은 의료제공자와 보험자를 하나의 조직 안에 통합하여 재정적 위험을 분담하는 형태다. 보건조직은 인두제에 따른 보험료 지불방식을 채택하며, 비용절감을 위해 의사와 병원의 의료행위에 보험회사가 개입한다. 보험회사의 심사 하에 고가의 치료나 장비 이용이 통제되고 입원 여부와 기간이 결정된다. 이처럼 보건조직을 중심으로 해서 새로운 사적 보험이 확대되면서 '관리의료'(managed

---

14) 미국의 의료지출은 1950년 국민소득의 4.1%에서 1960년 5.2%, 1970년 7.1%로 증가했고, 1980년에는 10%를 초과했다. 2003년에 의료지출은 국민소득의 14%에 달했다(Crawford, 1977; Navarro, 2003).

15) 1971년 당시 보건조직은 30여 개였다. 닉슨 행정부의 목표는 이를 1976년까지 1700여 개로 확대하고 4000만 명의 등록자를 확보하여 인구의 90%까지 이용하게 만드는 것이었다. 보건조직은 본래 의료협동조합운동의 형태로 출발한 것이었기 때문에 이를 전면적으로 도입한다는 것은 상당히 전복적인 발상이었다. 이러한 의미에서 보건조직의 확대는 의료비용 상승에 대한 대안으로 국가의료보험을 요구했던 1960년대의 자유주의적 개혁요구에 대한 보수주의적 승인의 의미를 갖는 것이었다(Starr, 1982).

care)라는 용어가 널리 사용된다. 관리의료는 1990년대 이후 미국에서 나타난 지배적인 의료양상을 지칭하는 것으로 적극적인 계약 또는 의료이용의 통제를 통해 환자의 진료를 관리함으로써 비용을 절감하는 여러 제도와 방식을 의미한다(김창엽, 2005). 보건조직의 성장과 관리의료의 확산으로 병원과 보험의 관계는 점차 역전된다.

동시에 보건조직의 등장은 보건의료 부문이 급격하게 영리화·상업화되는 길을 열어 놓았다. 1970년대 미국 정부는 보건조직의 가입 확대를 위해 3억 7천만 달러에 이르는 기금을 조성했으며 사적 자본의 참여를 촉구했다. 그러나 1973-75년의 경기침체 속에서 재원의 삭감·보류로 연방기금은 거의 집행되지 못했으며 보건조직의 성장은 대부분 사적 자본의 주도하에 이루어졌다. 배상보험을 취급하던 대형 상업보험회사들이 보건조직에 참여했으며, 이를 계기로 보건의료의 영리부문에서뿐만 아니라 비영리부문에서도 이윤추구·인수합병·경영다각화를 모색하는 흐름이 나타나기 시작했다. 이 과정에서 영리추구를 목적으로 하는 의료법인기업이 성장하여 보건의료산업의 관련 분야를 포괄적으로 결합하는 이른바 '의산복합체' (medical-industrial complex)가 출현했다(Salmon, 1984).[16]

1980년대 이후 본격화된 의산복합체는 우선 개별적인 의료기관이 복합적 의료기관으로 수평적으로 통합되면서 형성되었다. 복합의료기관은 규모의 경제를 통해 병상에 소요되는 단위 비용을 축소할 수 있었고 사적 보험과 메디케어 도입에 따른 복잡한 규제와 상환 제도

---

16) 의산복합체는 본래 1960년대 대도시의 의과대학병원을 중심으로 보험·제약·의료기기산업과 건설·은행·법률·회계 등 관련 분야의 기업들이 급속하게 성장한 것을 지칭하는 용어였다. 병원과 기업의 이러한 연계는 '의료제국'(medical empire)으로 묘사되기도 했다(Ehrenreich and Ehrenreich, 1970). 그러나 이는 단지 개업의 및 지역의료기관과 보건의료산업의 긴밀한 관계를 묘사하는 것이었고 그러한 양상은 전체 보건의료 부문에서 미미한 수준에 지나지 않았다. 1980년대 이후 보건조직의 성장 속에서 보험자본을 중심으로 영리를 목적으로 하는 기업복합체가 출현했다. 이는 이전과는 질적으로 상이한 것으로 이를 과거의 형태와 구별하기 위해 '새로운 의산복합체'라고 부르기도 한다(Relman, 1980; Starr, 1982).

에 대해 더 효율적으로 대응할 수 있었다. 이러한 통합 과정에서 영리를 목적으로 하는 병원체인이 급속하게 성장했고 일반 기업의 경영기법들이 도입되었다. 또한 각기 다양한 단일 수준의 의료기관들이 보건조직을 통해 수직적으로 통합되었으며 보건조직은 다양한 수준과 방식의 의료를 모두 포괄하는 형태를 갖추게 되었다.

이러한 영리병원의 확대 속에서 비영리병원은 다양한 보건의료 영역에 관계하는 영리·비영리 자회사를 거느린 모기업이 되거나 자신을 포함하여 다른 자회사를 소유하는 지주회사를 별개로 설립하는 방식으로 영리추구에 뛰어들었다. 비영리병원은 요양소와 휴양센터, 심장재활기구, 신장투석센터, 스포츠의학 및 실험실서비스 등 다각화된 사업부문에 진출했다. 그리고 이러한 다각화에 실패한 병원은 곧 인수·합병되었다(Starr, 1982).

의산복합체의 출현으로 전통적인 자선제도(voluntarism)는 해체되고 병원은 새로운 영리법인적 형태로 재조직되었다. 병원은 이윤추구의 수단이 되었을 뿐만 아니라 기업지배구조 개선을 통해 끊임없이 비용절감과 주가상승을 추구하는 금융적 논리에 종속되었다. 의사와 병원의 자율성은 축소되었고 주주 이익의 최대화가 최대의 목표가 되었다.[17]

보건조직과 의산복합체의 출현은 보험을 매개로 병원을 보편적인 의료기관으로 확립했던 대중보건의료가 보험으로 대표되는 금융자본의 이해에 따라 재편된다는 것을 의미한다.[18] 보건조직과 의산복

17) 의산복합체의 등장은 이른바 '병원의 법인화'의 정점을 이루는 것이며 이는 동시에 의료전문직의 자율성 상실로 나타났다. 의료전문직은 더 이상 자기 이해에 따른 활동이 아니라 고이윤을 창출하는 의료산업의 한 요소로 종속된다. 이러한 양상은 '의사의 프롤레타리아화'로 표현되기도 한다(McKinlay and Arches, 1985).

18) 이러한 보건의료의 금융화를 추동하는 의산복합체의 또 다른 축이 제약자본이다. 제약자본은 낮은 위험률과 높은 독점적 이윤율을 보장하는 산업적 특성을 활용하여 커다란 성장을 달성했고 의료기기와 병원 소모품 산업 등 다른 보건의료산업에 진출했다. 제약자본은 특히 1970년대 이후 금융세계화 속에서 보건의료산업의 초민족화를 주도한다. 제약자본의 성장과 초민족화에 관해서는 이 책에 실린 박찬종의 글을 참조하시오.

합체는 지속적인 비용상승에 따른 보건의료의 위기에 대한 금융적 해법이다. 대중보건의료가 금융적으로 재편되면서 의료서비스는 축소되고 대중의 건강은 평가절하된다.

참고문헌

김정순 외 (1994), 『일반보건학』, 서울대출판부.

김창엽 (2005), 『미국의 의료보장』, 한울.

박경석 (1998), 『감염병 예방 핸드북』, 국립보건원 감염병연구회.

이동석 외 (1997), 『약의 역사』, 서울대출판부.

이시백 외 (1997), 『보건학 개론』, 서울대출판부.

이종찬 (1995), 『서양의학과 보건의 역사』, 명경.

——— (1994), 「20세기 초 미국의 의학교육과 '플렉스너 보고서'」, 『醫史學』, 6월호.

Anderson, Matthew R., Lanny Smith, and Victor W. Sidel (2005), "What is Social Medicine?", *Monthly Review*, Vol. 56, No. 6.

Berliner, Howard S. (1975), "A Larger Perspective on the Flexner Report", *International Journal of Health Services*, Vol. 5, No. 4.

Bodenheimer, Thomas, Steven Cummings, and Elizabeth Harding (1974), "Capitalizing on Illness: The Health Insurance Industry", *International Journal of Health Services*, Vol. 4, No. 4.

Braverman, Harry (1974), *Labor and Monopoly Capital: The Degradation of Work in the Twentieth Century*, Monthly Review Press.

Bynum, William F. (1994), *Science and the Practice of Medicine in the Nineteenth century*, Cambridge University Press.

Cartwright, Frederick F. (1977), *A Social History of Medicine*, Longman.

Crawford, Robert (1977), "You Are Dangerous to Your Health: The Ideology and Politics of Victim Blaming", *International Journal of Health Services*, Vol. 7, No. 4.

Doyal, Lesley (1994), *The Political Economy of Health*, Pluto Press.

Drews, Jürgen (2000), "Drug Discovery: A Historical Perspective", *Science*, No. 287.

Ehrenreich, Barbara and John Ehrenreich (1970), *The American Health Empire: Power, Profits and Politics*, Random House.

Evans, Richard (1988), "Epidemics and Revolutions: Cholera in Nineteenth-Century Europe", *Past and Present*, No. 120.

Eyer, Joseph (1984), "Capitalism, Health, and Illness", in J. McKinlay, ed., *Issues in the Political Economy of Health Care*, Tavistock Publications.

Faulkner, Edwin J. (1960), *Health Insurance*, McGraw-Hill.

Hill, Dennis W. (1968), "Progress in Medical Instrumentation over the Past Fifty Years", *Journal of Scientific Instruments (Journal of Physics E)*, Vol. 1, No. 7.

Hobsbawm, Eric (1997), *The Age of Revolution 1789-1848*, Abacus.

Kelman, Sander (1975), "The Social Nature of the Definition Problem in Health", *International Journal of Health Services*, Vol. 5, No. 4.

King, Lester S. (1984), "The Flexner Report of 1910", *The Journal of the American Medical Association*, No. 251.

Le Fanu, James (1999), *The Rise and Fall of Modern Medicine*, Carroll & Graf Publisher (국역: 아침이슬, 2005).

McKinlay, John, ed. (1984), *Issues in the Political Economy of Health Care*, Tavistock Publications.

——— and Joan Arches (1985), "Toward the Proletarianization of Physicians", *International Journal of Health Services*, Vol. 15, No. 2.

Navarro, Vicente (1977), *Social Security and Medicine in the USSR: A Marxist Critique*, Lexington Books.

——— (1978), *Class Struggle, the State, and Medicine: An Historical and Contemporary Analysis of the Medical Sector in Great Britain*, Prodist.

——— (1986), *Crisis, Health, and Medicine*, Tavistock Publications (국역: 한울, 1989).

——— (1995), "Twenty-Fifth Anniversary: An Interview with Vicente Navarro, Editor-in-Chief", *International Journal of Health Services*, Vol. 25, No. 1.

——— (1998), "A Historical Review (1965-1997) of Studies on Class, Health, and Quality of Life: A Personal Account", *International Journal of Health Services*, Vol. 28, No. 3.

———, ed. (1992), *Why the United States Does Not Have a National Health Program*, Baywood Publishing Company.

Nettleton, Sarah (1995), *The Sociology of Health and Illness*, Polity Press (국역: 한울, 1997).

Relman, A. S. (1980), "The New Medical-Industrial Complex", *New England Journal of Medicine*, Vol. 303, No. 17.

Ringen, Knut (1979), "Edwin Chadwick, the Market Ideology and Sanitary Reform: On the Nature of the 19th-Century Public Health Movement", *International Journal of Health Services*, Vol. 9, No. 1.

Roemer, Milton (1993), *National Health System of the World*, Oxford University Press (국역: 한울, 2001).

Rosen, George (1993), *A History of Public Health*, The Johns

Hopkins University Press.

Salmon, Warren (1984), "Organizing Medical Care for Profit", in J. McKinlay, ed., *Issues in the Political Economy of Health Care*, Tavistock Publications.

Shi, Leiyu and Douglas A. Singh (1998), *Delivering Health Care in America: A Systems Approach*, Aspen.

Shryock, Richard (1948), *The Development of Modern Medicine*, Gollancz (국역: 디엘컴, 1999).

Stark, Evan (1977), "The Epidemic as a Social Event", *International Journal of Health Services*, Vol. 7, No. 4.

Starr, Paul (1982), *The Social Transformation of American Medicine*, Basic Books (국역: 명경, 1996).

Waitzkin, Howard (2000), *The Second Sickness: Contradictions of Health Care*, Rowman & Littlefield Publisher.

Webster, Charles (1985), *Caring for Health: History and Diversity*, Open University Press (국역: 『역사 속의 보건의료』, 한울, 1991).

White, William D. (1990), "The 'Corporatization' of U. S. Hospitals: What Can We Learn from the Nineteenth Century Industrial Experience", *International Journal of Health Services*, Vol. 20, No. 1.

마르크스주의적 보건의료 분석*

비센트 나바로**

---

*) Vicente Navarro, "U. S. Marxist Scholarship in the Analysis of Health and Medicine", *International Journal of Health Services*, Vol. 15, No. 4, 1985 (이현 옮김).

**) 나바로는 스페인 태생으로 1962년 바르셀로나대학교 의학과(외과)를 졸업하는 동시에 반파시스트운동에 대한 프랑코 정권의 탄압 때문에 스웨덴을 거쳐 영국으로 망명했다. 그는 바르셀로나대학교 시절 마르크스의 『경제학 비판 개요』를 스페인어로 번역한 철학교수 사크리스탄(M. Sacristan)의 영향을 받아 마르크스주의자가 되었다. 또 그는 스웨덴 경제학자 뮈르달(G. Myrdal)과 후에 세계보건기구 설립을 주도한 노르웨이의 에방(K. Evang), 영국의 브러더슨(J. Brotherson)의 영향을 받기도 했다. 1965년 다시 미국으로 이주한 나바로는 화이트(K. White)의 도움으로 존스홉킨스대학교에 자리를 잡게 되었다. 1960-70년대 미국 학계의 보수주의적 풍토 속에서, 나바로는 한편으로 지거리스트 그룹으로 대표되는 스탈린주의와 다른 한편으로 존과 바바라 에렌라이히 및 보건의료정책자문센터로 대표되는 급진주의에 맞서 보건의료에 관한 마르크스주의적 비판을 전개했다. 나바로는 뉴욕, 볼티모어, 워싱턴 일대의 마르크스주의적 보건의료 연구자들과 결합하여 3주마다 모임을 갖는 동안토론그룹(East Coast Disscussion Group)을 조직했다. 동안토론그룹은 점차 영향력을 넓혀갔으며, 곧 서안토론그룹도 조직되었다. 이 그룹들은 후에 마르크스주의보건조직(Health Marxist Organization)으로 확대되었다. 이러한 지적 네트워크를 토대로 1971년에 『국제보건의료서비스저널』(*International Journal of Health Services*)이 창간되었다. 이 저널은 보건의료제도 및 이데올로기에 대한 비판의 중심이 되었으며, 저널에 참여한 연구자들은 '사회역학'을 넘어서 계급·인종·성의 복합적인 실천을 포괄하는 '유물론적 역학'을 정초하고자 했다. 나아가 이들은 국제개발기구의 인구통제와 초민족적 제약자본에 대한 비판을 수행했다. 이는 미국과 유럽, 라틴아메리카의 마르크스주의적 보건의료 연구자들의 연대체인 국제보건정책협회(International Association of Health Policy)의 결성으로 이어졌다. 나바로는 현재까지 『국제보건의료서비스저널』의 편집자와 존스홉킨스대학의 교수로 활동하고 있다.

서론

미국 학계의 보건의료 분석에서 마르크스주의적인 이론적 생산물을 검토하기 위해서는 우선 두 가지 사실을 확인할 필요가 있다. 첫째, 이러한 이론적 생산물은 다른 모든 생산물과 마찬가지로 그 역사적 맥락에서 분석되지 않으면 이해될 수 없다. 둘째, 모든 이론적 생산물은 현실에 대한 특정한 관점을 대표하며, 그 관점은 특정한 계급·성·인종과 사회의 다른 권력 범주들을 의식적·무의식적으로 재생산한다. 특정한 이론적 입장은 특정한 사회의 지배적 권력관계와 접합됨으로써 지배적 위치를 차지할 수 있다.

한 사회의 지배유형은 설득을 통해서, 그리고 주로 대안적인 피지배적 입장의 억압을 통해서 재생산되며, 그러한 지배유형 내에서 사회의 지배·피지배 관계를 설명·정당화·합리화·재생산한다. 이러한 상황으로 인해 미국 학계(대체로 지배적인 이데올로기적 입장을 재생산하는 일련의 주요한 지적 기관들)에서 마르크스주의적 입장은 난폭하게 억압된다. 그러한 억압은 마르크스주의적 입장에 대한 배제·침묵·무시를 통해서뿐만 아니라 조작·상투화·희화화를 통해서도 재생산된다. 전자의 사례는 미국의 지도적 사회학자가 국제사회학회를 위해 준비한 「의료사회학에서의 학문의 상태」(Twaddle, 1982)라는 논문이다. 보건의료 분야에 관한 사회과학적 연구목록을 집대성한 그 논문에서 마르크스주의 문헌은 단 하나도 언급되지 않는다. 마찬가지로 보건의료 분야를 다루는 주요 사회과학 저널에서도 마르크스주의적 분석은 거의 발견되지 않는다. 지난 15년 동안 이 분야에서 이루어진 마르크스주의의 막대한 이론적 성과에도 불구하고 이와 같은 침묵은 계속된다. 이 글에서는 바로 그러한 성과를 제시할 것이다. 『국제보건의료서비스저널』은 모든 입장들에게 개방된 잡지로서 그러한 마르크스주의의 공헌이 잘 드러나는 이론적 생산의 주요한 장이었다.

억압이 지배를 재생산하는 가장 중요한 형태이지만, 그것만이 유일한 것은 아니다. 사회과학에서 지배적인 이론적 생산물은 피지배세력이 제시하는 지속적인 위협, 특히 그 중에서도 가장 위협적인 것으로 간주되는 마르크스주의 세력의 도전을 완전히 무시할 수는 없다. 지배적인 입장은 지속적인 적응과 변화의 과정에서 이러한 위협에 대응해야 한다. 따라서 마르크스주의적 입장이 침묵을 강요받을 수는 있지만, 그렇다고 해서 아무런 영향도 미치지 않는 것은 아니다. 지배적인 입장은 그들의 지배에 대한 이러한 위협에 대해 빈번하게 직·간접적으로 대응해야 한다.

이 글은 (주로 지난 15년간의 시기에 초점을 맞추어) 미국의 보건의료 분석에서 주요한 이론적 저작들을 논의하고, 그것들이 재생산된 사회적 맥락에 위치시킨다. 그러한 맥락의 일부로서 이 글은 또한 (일상적으로는 주류적이라고 언급되고 마르크스주의적 어법에서는 부르주아적이라고 언급되는) 지배적 입장과 마르크스주의적 입장의 상호작용을 분석한다. 달리 말해, 이 글은 마르크스주의의 이론적 생산물이 사회과학이 제시한 보건의료 분석의 지배적인 이론적 입장에 대해 어떻게 도전하고 상호작용했는지를 분석한다.

마르크스주의적 분석의 기원

자본주의 초기부터 건강과 질병 그리고 의료에 관한 두 가지 주요한 인식이 존재해왔다. 사회적·유물론적 인식과 임상적·개인주의적 인식은 노동자계급과 자본가계급의 대립적인 이익을 반영하면서, 보건의료의 이론과 실천에서 두 가지 주요한 조류의 토대를 이루었다. 피르코프(R. Virchow)와 엥겔스로 대표되는 첫 번째 접근은 건강과 질병의 사회적 원인과 기원을 정의하고, 이를 사회의 권력관계와 관련시켰다. 피르코프는 경제적으로 침체된 프로이센의 변방인 실레지아 북부지방에서 발생한 1847-48년의 기근과 발진티푸스의 유행을 연구했다. 그의 연구는 봉기라는 사회적 맥락에서 진행되었다. 파리에서 이제 막 봉기가 발발했으며 독일 전역에서도 봉기가 확산되었다. 피르코프는 바리케이드에 동참했으며 짧은 기간이었지만 민주의회 의원으로 활동했다. 그는 '의료개혁'을 정초했으며, "넓은 차원에서 의료는 의료일 뿐만 아니라 사회과학이며 정치이기도 하다"라는 인상적인 구호로 자신의 보고서를 끝맺었다. 질병은 사회적 문제의 개인적 구현이다. 사회의학과 공중보건의 창시자 중 한 명으로 간주되는 피르코프는 인구의 건강을 증진하기 위해서는 사회개혁이 필요한데, 그러한 개혁은 사회의 지배적인 계급관계를 위협한다는 점을 인식하고 있었다. 실레지아의 티푸스 문제에 관한 그의 보고서는 토지개혁과 소득재분배, 주거개선, 그리고 다른 사회적 프로그램을 요구했다(Taylor and Rieger, 1984).

피르코프는 『영국 노동자계급의 상태』에서 보건의료에 관한 최초의 마르크스주의적 분석을 수행한 엥겔스의 영향을 받았다. 엥겔스는 그 책에서 장티푸스, 결핵, 연주창(결핵성경부림프선염), 구루병의 병인학과 역학을 상세하게 분석했으며, 의학적 개입만으로는 그러한 질병들이 해결될 수 없다고 주장했다(Engels, 1969). 노동자계급의 건강상태에 관한 엥겔스의 분석은 자본주의에서 노동자계급의 노동 및 생활조건에 관한 종합적인 분석의 일부였다. 그는 특히 질병을 사회적 생산관계와 그 관계가 낳은 계급구조에 연관시켰다. 문제는 자본주의에 내재하기 때문에 실질적인 해결은 자본주의의 지양을 필요로 했다. 이후 엥겔스는 마르크스와 함께 변혁을 통해 노동자계급의 상태를 변화시킬 필요성을 역설하는 『공산주의자 선언』을 저술했다. 이러한 입장은 마르크스주의적 보건의료 분석의 기원을 이룬다. 이 같은 마르크스주의적 전통은 1930년대에 유럽 출신 이민자인 지거리스트(H. Sigerist)에 의해 미국에 소개되었다. 그는 미국뿐만 아니라 다른 나라에서도 사회의학과 공중보건의 발전에 커다란 영향을 미쳤다(Terris, 1975).

엥겔스와 피르코프 시대의 지배계급은 보건의료에 관한 이와 같은 사회적(피르코프)·유물론적(엥겔스) 이해를 지지하지 않았다. 그들은 이러한 입장을 자신들이 지배하는 사회 질서에 대한 위협으로 간주했다. 대신 그들은 사회적 현상을 조화로운 자연적·생물학적 법칙에 의해 결정되는 자연적 현상으로 재정의하는 다른 질병 개념을 지지했다. 질병은 병든 육체에 항존하는 요인—박테리아—에 의해 야기되는 것으로 설명되었다. 그러한 이론적 구성물 내에서 인과관계는 관찰가능한 현상들의 조합으로 정의되었고, 현미경을 통해 분석되는 미시적 요인이 주요한 탐구의 주제가 되었다. 미시적인 수준에 초점이 맞춰지면서 거시적인 사회적 조건은 편의적으로 무시되었다. 이것이 바로 플렉스너주의적·기술적·개인적 의료의 기원이며, 병원은 이를 완벽하게 구현했다. 그러한 이론적 구성물은 사회의 지배·피지배 관계와 접합됨으로써 지배력을 획득했다.

플렉스너주의적 의료는 사회가 직면한 질병 문제를 해결하기에는 크게 불충분했기 때문에 지배적인 입장의 대변자들은 병원진료 이외에도 다른 개입들을 포함하는 보건정책을 빈번하게 요구했다. 예를 들어 1970년대 중반 캐나다 정부는 보건장관의 이름을 딴 유명한 『라롱드 보고서』(*Lalonde Report*)를 발행했다. 이 보고서는 의료개혁뿐만 아니라 환경·산업보건·생활조건에 대한 정부의 개입과 그밖의 다른 사회개혁들이 필요하다고 지적했다(Ottawa Health and Welfare, 1974). 그러나 이렇게 제시된 개입 중 어떤 것도 실행되지 않았고, 단지 부분적인 의료개혁만이 실시되었다. 더 심층적인 사회개혁들을 회피하기 위한 수단으로 치료적·개인적 임상개입이 빈번하게 활용되었다.

플렉스너주의적인 역사적 기원으로 인해, 또 의료지식·행위·제도가 사회의 지배적인 권력관계와 접합됨으로 인해 의학계를 비롯한 의료기관은 매우 보수주의적인 성격을 띠게 되었다. 버나드 쇼는 의료계, 군대, 종교계를 가장 보수주의적인 세력으로 정의한 바 있다. 이러한 보수주의는 보건의료를 분석하는 사회과학 분과로도 확산되었다. 다음 절에서는 보건의료의 몇몇 분야를 선택하여 이러한 지배적인 입장과 대안적인 마르크스주의적 입장을 설명할 것이다.

의료제도에 관한 논쟁

다원주의 이론의 해석과 마르크스주의적 비판

지난 30년 동안 보건의료에 관한 지배적인 해석으로 인해 미국에서 계급과 계급투쟁이 존재하지 않는 것으로 간주되었다. 1950년대와 1960년대 초반의 평온한 시기에는 계급과 계급투쟁의 현실이 아직 학술적 출판물에 확산되지 않았다. 자본가계급, 자본주의, 계급투쟁과 같은 용어들은 아예 언급되지 않거나, 따옴표가 쳐진 형태로, 즉 진지한 학자가 아니라 이데올로그가 사용하는 미심쩍은 용어라는 암시를 두면서 언급되었다. 2차 세계전쟁 이후 미국은 복지정책, 사회적 이동, 기회의 확대 등의 결과로 중산층적 생활조건과 라이프스타일이라는 틀로 재건되었다. 이러한 변화는 미국사회의 계급적 특성을 모호하게 만들었고 자본주의 사회라는 규정을 오류인 것처럼 보이게 만들었다. 미국의 현대적 의료사회학의 창시자의 한 명인 앤더슨(O. Anderson)에 따르면,

> 중산층은 자연자원을 개발하고 경제를 발전시키는 기업가적·기술적·관리적 기능의 원천이었으며 지금도 그러하다. 따라서(…)그들이 창조한 사회적 잉여는 예술, 교육, 보건의료서비스, 그리고 민족적 명예와 팽창을 위한 전쟁 등으로 넘쳐 흘러든다(Anderson, 1972: 26).

이러한 이론적 시나리오에는 어떤 지배계급도, 심지어는 지배집단이나 엘리트도 존재하지 않는다. 오히려 거기에는 오직 경쟁하는 이익집단들이 존재할 뿐이며, 하나의 독립적인 실체로 간주되는 국가는 그 누구에 의해서도 지배받지 않는다. 따라서,

> 정부는 사적 개인 또는 집단과 협력·경쟁·협상하는 또 다른 집단 또는 이익과 거의 동일해진다(Anderson, 1972: 24-25).

이는 의료를 포함해서 우리 사회의 모든 차원에 존재하는 권력관계를 설명하고 정당화하는 '다원주의' 학파의 주요한 견해이다. 이러한 설명에서 국가의 역할은 권력의 집중을 견제하는 경쟁적 게임의 감시자이자 중재자로 이해된다. 권력은 전사회에 걸쳐 확산·분산되어 있는 것으로 정의되고, 경쟁하는 집단들은 서로, 그리고 그들 스스로 균형을 이루며, 어떤 특정한 집단이나 이익도 국가를 크게 압박할 수 없다. 앤더슨은 미국과 스웨덴, 영국에서의 형평성에 대한 그의 주요 분석에서 계급에 대해서는 언급조차 하지 않으며, 계급투쟁에 대해서는 더더욱 그러하다(Anderson, 1972). 서구 의료사회학에서는 고전으로 간주되는 이 연구에서, 의료서비스의 진화는 각국의 문화적 특수성의 맥락에서 그 사회에서의 가치의 경쟁의 결과로 인식된다. 예컨대 영국의 국가보건서비스(National Health Service)는 주로 보건의료 영역에서 가치와 입장을 둘러싼 상이한 권력집단의 경쟁을 자비롭게 관리하는 영국의 전통적인 엘리트의 '도덕적 의무'(noblesse oblige)의 소산으로 설명된다. 나바로(Navarro, 1978a)는 마르크스주의적 전통에 입각하여 이러한 다원주의적 입장이 서구 자본주의 사회에서 지배적인 이유를 설명했다. 다원주의는 서구 사회의 실질적인 권력관계를 정당화했다. 그는 국가보건서비스의 확립을 비롯한 영국 의료제도의 진화를 의료와 사회의 모든 영역에 존재하고 재생산되는 영국에서의 계급투쟁의 결과로 설명했다.

1960년대 후반과 1970년대에 이르러 의료에 대한 다원주의적 해석은 불신을 받게 되었다. 이 시기에는 권력이 다른 집단에 비해 특정 집단에 유리하도록 일관되게 편향되어 있으며, 국가는 조정자라기보다는 오히려 상당 부분 문제의 일부라는 사실, 즉 다른 집단보다 특정 집단을 더 많이 지원하고 있다는 사실이 분명해졌다. 예를 들어 국가의 보건정책이 환자단체보다는 상업적인 보험회사에 더 많은 영향을 받는다는 것이 분명해졌다. 다원주의적 해석이 최근까지 암암리에 존재하고 있다는 것은 주목할 만한 흥미로운 일이다.

최근에는 프랑스에서 수입된 다원주의의 새로운 판본이 푸코를 경유하여 의료문헌들에서 다시 출현했다(Foucault, 1973, 1975, 1977). 이러한 수정된 판본은 현실에 대한 다원주의적 해석에 새로운 생명을 주었고, 의료에 대한 해석도 여기에 포함되었다. 다원주의의 새로운 판본에 따르면, 권력은 우리 사회에 널리 분산되어 있는 미시권력들이며, 그러한 미시권력들이 어떻게 접합 또는 재생산되는가를 결정·조직하는 어떤 단일한 권력 범주는 존재하지 않는다. 마르크스주의적 분석에서 계급권력과 국가권력이 가졌던 중심성은 부인된다. 그러나 이러한 다원주의의 최신 판본은 그 이전 판본과 동일한 문제점을 갖는다. 오웰의 표현을 바꾸어 말하자면, 어떤 권력은 다른 권력보다 더 평등하기 때문이다. 실제로 의료에 관한 마르크스주의적인 이론적 생산물은 첫째, 어떤 권력은 서구 의료체제를 재생산하는데 있어서 다른 권력들보다 더 중요하고, 둘째, (의료전문직의 권력을 포함하는) 모든 권력은 계급적 의미를 가지며, 셋째, 권력관계의 결정체로서의 국가는 의료의 내·외부에서 모든 형태의 권력들이 접합될 수 있는 모체(matrix)를 재생산한다는 점을 보여주었다(Renaud, 1975; Navarro, 1976; Stark, 1982; Waitzkin, 1983).

전통적인 다원주의적 해석에서 도출되는 정치적 실천이란 각각의 집단이나 개인이 현재의 또는 새롭게 출현하는 경쟁적 블럭을 통해서 행동하는 것이다. 경쟁적 블럭은 의회 체계를 통해서 작동하는데, 그 체계 내에는 공정한 경쟁을 통해서 공개적으로 교환되는 다원적 이념들과 기회들이 존재한다. 새로운 다원주의적 해석(미시권력 판본)이 제안하는 정치적 실천이란 각각의 집단이 국가 외부에서 그 자신의 공간을 발전시키는 것(예를 들어 전체론적인 대항문화적 의학)이다. 두 가지 해석 모두 첫째, 자본주의의 변혁을 위한 사회적 행위자의 우선성, 둘째, 체계 전체를 재생산하는 핵심적 관계의 일부로서 국가의 중요성을 인정하지 않는다. 이러한 두 가지 현실에 대한 거부로 인해 그들의 정치적 전략은 자본주의 체계에 전혀 위협적이지 않은 것이 된다. 사실상 그들은 체계를 합리화한다.

파워엘리트 이론의 해석과 마르크스주의적 비판

현실에 대한 설명에서 다원주의 이론이 제한적 가치밖에 갖지 못하기 때문에, 1960년대 후반과 1970년대에 '파워엘리트 이론'이 발전하여 다원주의적 설명의 지배력을 상당히 침식했다. (권력집단 이론으로도 언급되는) 새로운 패러다임에서 경쟁은 국가의 다양한 부문들을 실질적으로 지배하는 소수의 엘리트 집단들로 제한된다. 사회학의 프리드슨(Friedson, 1970), 정치학의 마머(Marmor, 1973)와 알포드(Alford, 1975)는 보건의료에 대한 주류적 분석에서 그러한 접근의 주요한 옹호자였다. 바바라와 존 에렌라이히(Ehrenreich and Ehrenreich, 1970)는 그러한 접근의 급진주의적 판본을 정식화했다. 이러한 이론가들 내에는 상당한 변종들이 존재하지만, 그들은 모두 유사한 개념 구성과 방법론을 사용하고 있다. 그들의 분석방법은 첫째, 국가와 보건의료의 다양한 영역에서 지배적인 역할을 하는 엘리트 집단의 규명, 둘째, 권력이 어떤 국가개입 메커니즘을 통해 어떻게 실행되는가에 대한 분석, 셋째, 그 결과 그러한 집단들이 확보하게 되는 이익의 성격에 대한 묘사 등을 포함한다. 그러한 분석에서 행위자들(병원, 대학, 의사협회, 보험회사 등)은 다양한 국가기관을 지배하기 위해 또는 영향력을 행사하기 위해 경쟁하는 권력집단들로 나타난다. 이에 따르면, 지식, 면허, 의료기기, 기금 등의 통제를 둘러싸고 전투가 벌어진다.

이러한 연구자들은 의료연구에 적지 않은 공헌을 했다. 그들은 의료분석에서 사용되는 값진 경험적 정보들을 제공했다. 그러나 이러한 작업들의 설명적 가치는 제한적인 것이었다. 그들은 자신들의 분석적 시야를 보건의료에 국한함으로써, 가시적으로 개입한 행위자와 연구된 실제의 결정사항보다 훨씬 더 중요할 수 있는 비행위자와 비결정을 포함하는 데 실패했다. 나바로(Navarro, 1976)나 맥킨리(McKinlay, 1977) 같은 마르크스주의 연구자들은 '권력집단들'의 경쟁이 계급(그리고 인종·성과 다른 권력범주들)과 같은 더 넓은 권력범주들의 투쟁에 의해 정의되는 파라미터 내에서 벌어지며, 바로 그 파라미터가 경쟁에서 일어날 수 있는 것과 일어날 수 없는 것을 결정한다고 주장했다. 파라미터에 해당하는 권력들의 상호작용 내에서 몇몇 대안(예를 들어 미국에서의 국가보건서비스의 확립)은 고려조차 되지 않는다. 따라서 최종적인 결정이 단순히 가시적인 행위자들의 상호작용의 결과일 수만은 없으며, 비가시적인 행위자들도 고려되어야 한다. 더구나 이러한 파워엘리트 집단들은 예를 들어 계급과 같은 더 넓은 범주의 일부이며, 바로 이 때문에 그들은 전술적 불일치에도 불구하고 우리 사회에서 자신들의 계급적 위치에 따른 응집성에 기초해서 더 넓은 동의를 획득하게 된다.

파워엘리트 이론의 해석은 최근 더 급진주의적인 형태로 일리치((Illich, 1976)의 저작, 그리고 바바라와 존 에렌라이히(Ehrenreich and Ehrenreich, 1974)의 저작을 통해 재출현했다. 후자의 저작은 특히 에렌라이히 자신이 "의료에 대한 사회학적 분석의 가장 중요한 공헌자"라고 규정한 파슨즈(T. Parsons)와 프리드슨(E. Freidson)의 영향을 받았다. 이러한 급진주의적인 연구자들은 우리 사회와 의료의 본성을 인구에 대한 전문직 관료의 이데올로기적 조작의 결과로 정의한다. 이제 억압의 주요 행위자로서 전문직 관료는 자본가계급을 대체한다. 이러한 관료적·전문적 통제의 이론가들에 따르면, 산업화 과정은 우리 사회의 본성을 재구성했다. 자본의 소유로부터 분리된 것으로 가정되는 권력이 자본의 소유자, 즉 자본가로부터 자본의 관리자로, 여기서 다시 기술관료에게로 이전되었다. 기술관료는 산업주의의 사회적 조직체계, 즉 전문직 관료기구를 운영하는 데 필요한 능력과 지식을 가진 집단이다. 새로운 엘리트는 자본가를 대체하는 전문가다. 일리치와 에렌라이히는 의료의 성격을 의료지식·행위·제도에 대한 의료전문직의 조작의 결과로 간주한다. 전문가는 자신의 권력을 영속화하기 위해 의료중독을 창출했고, 이는 역으로 인구집단에 대한 그들의 통제를 정당화했다. 계급투쟁은 사라지고 의료전문직과 환자의 갈등이 그 자리를 대신한다.

마르크스주의 연구자들은 이러한 해석에 도전하고, 그 방법론적·개념적·정치적 근거들을 비판해 왔다(Navarro, 1975; Stark, 1982). 급진주의자들은 의료에만 초점을 맞춤으로써, 의료를 사회적 권력의 범주들(계급·인종·성 등)의 모체 내에서 작동하는 더 포괄적인 권력투쟁의 상호작용으로 파악하지 못했다. 사실상 계급이 의료전문직과 환자의 갈등을 포함하여 그러한 권력투쟁이 나타나는 방식을 조직한다. 마르크스주의적 전통에 입각한 역사연구들은 미국의 의료전문직이 자본가계급의 지원 아래 어떻게 확립되었는지(Berliner, 1975, 1977), 의료지식·행위·제도가 어떻게 계급권력 관계를 재생산해 왔는지(Navarro, 1980a; Smith, 1982), 그리고 어떤 측면에서 환자·의사 관계가 계급을 핵심으로 하는 권력범주의 담지자가 되는지를 보였다(Waitzkin and Waterman, 1974).

나아가 마르크스주의자들은 (급진주의적 판본의 경향을 포함한 파워엘리트 이론가들처럼) 의료를 일차적으로 통제의 기구로 간주하는 것이 권력에 대한 도구주의적 입장을 취하는 것이라고 주장해 왔다(Navarro, 1983a). 그러한 견해에서 의료는 단순히 권력집단에 의해 조작되는 도구로 나타난다. 그러나 의료는 모순적인 사회관계다. 의료 내에서는 모순적인 상이한 기능들이 일련의 권력관계를 통해 재생산되고, 그러한 권력관계들 내에서 계급권력은 다른 권력들을 횡단하고 활용하며, 그 권력들에게 특정한 정치적 의미를 부여한다. 예를 들어 의료에서의 인종주의와 성차별주의는 백인 남성 의료전문직뿐만 아니라 더 중요하게는 지배계급의 권력 재생산을 위해 작동한다. 의료에서의 인종주의와 성차별주의는 지배계급의 헤게모니가 관철되는 의료지식·행위·제도를 통해 나타난다. 인종주의와 성차별주의는 서로 독립적으로 나타나지 않으며, 오히려 계급지배적인 의료를 통해 서로를 강화한다. 이러한 상이한 억압형태들은 단순히 외재적인 조건에서 서로 연결되는 것이 아니라 일련의 사회적 관계들 내에서 접합되며, 그러한 관계들 내에서 계급은 어떤 형태의 권력이 어떻게 존재하게 되는가를 결정하는 권력의 모체를 조직한다. 즉 의료는 먼저 존재했다가 이후 권력집단에 의해 영유되는 도구가 아닌 것이다.

이러한 현실에 대한 몰인식으로 인해, 또 다른 급진주의 연구자인 고든(Gordon, 1978)은 플렉스너주의적 의료의 확립을 의료제도의 남성적 영유의 산물로 간주하게 된다. 그러나 마르크스주의 연구자인 스타크(Stark, 1982)가 지적한 것처럼, 이는 그 이상의 문제를 담고 있다. 이는 '영유'라기보다는 오히려 특정 계급(그리고 성과 인종)이 이행과정을 지배한 특정 사회구성체 내에서의 의료의 창조를 의미한다. 성·인종·계급은 지배과정에서의 부가적인 특징이 아니다. 의료에서 남성지배의 출현은 사실상 명백한 계급적 의미를 지니고 있다. 마르크스주의 페미니스트 피(Fee, 1982)는 과학과 보건의료에서의 성적 착취와 그 함의에 대한 사회주의적 이해를 제공해 왔다.

의료와 사회적 생산관계의 이러한 접합은 또한 의료의 모순적 기능을 설명해준다. 의료의 기능 중 하나는 지배를 위한 통제의 기능(마르크스가 관리노동의 사례를 통해 부르주아적 기능이라고 언급했던 것)이며 다른 하나는 치료하고 보살피는 유용한 기능(마르크스가 다시 관리노동의 사례를 통해 생산에 필요한 조정 기능이라고 언급했던 것)이다. 이 두 가지 기능은 (예를 들어 의료의 장점과 단점처럼) 외재적으로 관련되는 것이 아니다. 오히려 유용한 기능을 통해 통제의 기능이 실행된다. 급진주의 연구자들이 주장한 것처럼 의료를 오로지 통제로만 간주할 경우 유용하고 필요한 기능도 갖고 있는 의료의 변증법적 성격을 파악하지 못하게 된다. 급진주의자들처럼 생각하게 된다면, 대다수 미국인들이 국가보건프로그램을 요구하는 것을 더 많은 통제를 원하는 것으로 간주하게 된다. 바로 이 같은 잘못된 해석으로 인해 급진주의적 입장은 복지국가가 해체되어야 한다는 반동적인 입장을 사실상 승인하게 된다. 노동자계급은 의료서비스를 요구하는데, 이는 그러한 서비스의 활용에서 많은 혜택을 얻을 수 있기 때문이다(예를 들어 메디케어(Medicare)[1)]를 통해 노령인구의 사망은 상당한 정도 감소하였다). 그러나 이러한 서비스가 자본주의에서 존재하는 한, 그것은 자신의 이익을 최대화하기 위해 의료서비스를 활용하고 의료지식·행위를 좌우하는 지배계급의 영향 아래 놓이게 된다. 자본가계급과 노동자계급이 본질적으로 갈등적인 것(자본은 착취된 노동이다)과 동일한 정도로 이러한 두 가지 기능(지배를 위한 기능과 유용한 기능)도 모순적이다.

의료를 일차적으로 사회적 통제기관으로 간주하는 설명에 대한 마르크스주의적 비판으로 인해 급진주의적 입장은 더 심층적인 형태로 다시 정의되었다. 그 중 가장 잘 알려진 것은 의료의 가치를 변화시키고 인종주의와 성차별주의를 제거하기 위해 의료제도 내부에서 투쟁을 전개할 것을 요구한 에렌라이히(Ehrenreich, 1978)의 새로운 정의다.

그러한 급진주의적 전략에 따르면, 의료제도 내에서 그것을 정화하고 서비스의 새로운 가치를 배양하는 '문화혁명'을 수행할 필요가 있다. 이 같은 전략에서 '상상력의 분출'을 요구하는 개입의 주요한 장소는 문화와 가치의 영역에 존재한다. 이것이 어떻게 일어날 수 있는가? 에렌라이히는 불분명한 목적을 향한 사회적 동원이라는 막연한 호소를 제외한다면, 이 점에 대해 침묵을 지킬 따름이다. 인종주의적·성차별주의적 관행이 재생산되는 방식과 그 토대를 이루는 물질적 토대에 대한 분석의 결여로 인해 그로부터 제시되는 그의 분석과 전략은 불충분한 것이 되고 만다. 문화는 그것이 재생산되는 맥락에서 유물론적 관점에 따라 이해되어야 한다. 나바로(Navarro, 1983a)는 이러한 해석이 권력을 적합하게 이해하지 못하며 이로 인해 의지주의적 실천이 초래된다고 비판해 왔다.

---

1) 65세 이상 노인인구와 장애자, 그리고 중증신장병 환자를 대상으로 운영되는 미국의 공적 의료보험제도로서 1965년부터 시행되었으며, 2003년 현재 전체 인구의 13.5%를 포괄하고 있다(역자).

의료의 법인화에 관한 논쟁

의료에 관한 연구에서 비마르크스주의적 접근과 마르크스주의적 접근의 주요한 방법론적 차이는 전자가 의료에서의 권력집단의 행위와 동기에 분석의 초점을 맞추는 데 반해, 후자는 이러한 집단을 다른 모든 갈등들과 그 현실적 형태를 조직하는 파라미터인 더 넓은 범주들(예를 들어 계급)의 일부로 분석한다는 데 있다. 그 결과 마르크스주의자들은 미국 의료의 진화를 미국 자본주의 진화의 일부로 간주한다. 이 때문에 그들은 의료의 법인화, 즉, 금융과 법인자본이 자금·관리·소유·의료서비스의 점유 등에 깊숙이 관여하는 현상을 묘사하고 예측할 수 있었다. 켈먼(Kelman, 1971), 나바로(Navarro, 1976), 새먼(Salmon, 1977, 1978), 힘멜슈타인과 울핸들러(Himmelstein and Woolhandler, 1984), 그리고 맥킨리(McKinlay, 1978) 등은 특히 이 주제에 대해 광범위한 저술을 남겼다. 또 맥킨리(McKinlay, 1985)는 켈먼과 나바로가 일찍이 간략하게 예상한 바 있는 (의사가 의료법인의 피고용자로 일하게 되는) '의사의 프롤레타리아화'라는 문제설정을 활용하여 의료의 법인화가 의료전문직에 미친 효과들을 분석했다. 최근에 의료 법인화의 숨길 수 없는 증거들이 드러나면서 주류 사회과학 또한 이러한 현상을 묘사하기 시작했다. 그러나 파워엘리트 학파에 속한 렐먼(Relman, 1980)과 스타(Starr, 1982) 같은 연구자들은 법인화를 의료에서의 새로운 '권력집단', 예를 들어 법인기업의 출현으로 정의한다. 따라서 자본가계급의 권력층은 몇몇 이익집단의 집합으로 재정의되고, 기업가집단이 그 일부를 구성하는 것으로 제시된다. 1984년 퓰리처 상을 수상한 스타는 이 학파의 가장 유명한 대변자 중 한 명이다. 당연하게도 의료 법인화에 관한 스타의 분석은 이 분야의 마르크스주의자들이 수행한 선행 연구를 조금도 참고하지 않는다. 그는 이처럼 선행 연구를 무시함으로써 '이익집단'에 관한 다른 분석가들과 동일한 진영에 머무르게 된다. 사실상 이러한 새로운 판본의 '의료 법인화' 이론은 그것이 발생한 사회·경제·정치적 맥락을 무시하고 미국의 의료법인기업들을 정부의 특혜를 얻기 위해 경쟁하는 다수의 이익집단으로 간주함으로써 그러한 법인화가 현재 왜 발생하는가를 설명하지 못하게 된다. 스타가 법인화를 예기치 못한 것으로 간주하는 것은 놀라운 일이 아니다(스타는 의료 법인화를 단지 예기치 못한 것일 뿐만 아니라 우려할 만한 양상이라고 본다. 부분적으로 이러한 입장 때문에 자유주의 평론가들과 나아가 급진주의 평론가들도 이 책에 대해 호의적인 평가를 내린다). 그러나 이러한 법인화는 예상된 것이었으며, 예상 가능한 일이기도 했다. 마르크스주의 연구자들은 이러한 의료 법인화가 계급투쟁 과정 내에서의 자본주의적 동역학의 논리적 귀결이라고 설명해 왔다. 지배적 자본가계급은 계급투쟁 과정에서 국가기관들에 대한 압도적 영향력을 지속적으로 유지해 왔다. 미국 정부가 노동자계급의 대중적 요구를 고려한 대응도 자본가계급 또는 법인계급 헤게모니 분파가 정의한 파라미터와 조건을 벗어나지 않았다. 미국 노동자계급의 바로 이러한 제한적인 영향력(다른 발전된 자본주의 사회와는 상이한 상황)이 복지국가의 저발전뿐만 아니라 의료의 법인화를 설명하는 것이기도 하다(Navarro, 1984a).

서구 의료체제의 현재적 위기

지난 15년 동안 커다란 논란이 되어온 주제들 중 또 다른 주요한 분야는 의료의 위기다. 서구에서 의료의 위기는 대체로 인구의 건강 증진에 조응하지 않는 의료비 지출의 급격한 증대로 개념화된다. 특히 1970년대 후반에는 이러한 위기에 대해 우려를 표명하는 광범위한 문헌들이 의료계 및 대중적 언론매체에 등장했다. 인구의 건강지표와 의료비 지출 수준의 상관관계는 존재하지 않는 것처럼 보였다. 위기에 대한 주류적 해석은 문제의 근원이 의료의 산업화에 있다고 보았다. 이 같은 입장의 주요한 옹호자인 메카닉(Mechanic, 1980)에 따르면, 의료기술의 진화는 의사·환자 관계의 기본적 가정을 결정할 뿐만 아니라, 가장 중요하게는 의료의 조직과 사용을 결정한다. 왜 의료의 이러한 조직과 분배[사용], 그리고 위기가 나타나는가? 메카닉에 따르면, 이는 기술발전 그 자체의 논리이자 동역학이다. 반면 일리치에 따르면, 이는 의료전문직이 산업화 과정을 조작하기 때문이다. 일리치에게 의료전문직과 기술관료가 통제하는 기술적 의료는 고통 완화와 해방의 원천이라기보다는 해악과 억압의 원천이다. 의료전문직은 의료를 조작하고 그 성장을 촉진한다. 그러나 그러한 성장은 혜택을 주지 않을 뿐만 아니라 사실상 유해하다.

나바로(Navarro, 1978b, 1982a)는 의료가 위기에 빠졌을 뿐만 아니라 자본주의의 위기의 일부로 복지국가도 위기에 빠졌다고 지적하면서 이와 같은 이론적 입장을 비판해 왔다. 다시 말해, 의료의 위기는 의료제도에 반영된 자본주의의 위기에 다름 아니다. 전문가의 의료조작은 부정할 수 없는 사실이지만, 의료의 성장을 그러한 조작(또는 기술결정론)에서 유래한 것으로 파악하는 것은 오류다. 오히려 의료의 성장은 일상적인 노동과 생활의 조건, 그리고 다른 사회적 조건에서 기인하는 고통을 경감할 수 있는 보건서비스에 대한 대중적 요구에 따른 것이었다. 다른 한편, 의료는 서구 자본주의 사회가 직면한 주요한 보건 문제들(예를 들어 암, 심혈관계 질환, 스트레스 관련 질환)을 해결할 수 없다. 그러한 문제들은 대부분 의료 외부적인 조건들에서 기인하고, 따라서 의료의 효과는 제한적일 수밖에 없다. 동일한 설명이 복지국가의 다른 부분에도 적용될 수 있다. 예를 들어 브라운(Brown, 1985)은 정신의학의 위기에 대한 마르크스주의적 분석을 수행했으며, 맥브라이드(McBride, 1984)는 미국 자본주의의 동역학 속에서 헤로인 문제의 해결 불가능성을 제시했다.

의료(및 다른 사회서비스)가 주요한 보건 문제들을 해결할 수 없다는 사실은 그것이 유용하지 않다는 것을 의미하지 않는다. 의료는 손상을 호전시킬 수 있다. 이러한 중요한 사실로 인해 의료는 이데올로기적 효과를 가질 수 있다. 사람들은 더 많은 의료를 원한다. 이러한 대중적 요구는 1960-70년대 의료의 성장을 설명해 준다. 이 시기 동안 노동자계급과 사회운동을 포함한 다른 사회세력들은 복지국가의 확대와 그 과정의 일부로 의료서비스의 확대(예를 들어 메디케어, 메디케이드(Medicaid)[2])를 위해 투쟁했고 이를 쟁취했다. 이러한 확대는 노동자계급에게 이익을 주었다. 새로운 프로그램은 노동자계급의 권력에 대한 대응으로 확립되었을 뿐만 아니라 노동자계급이 자본가계급에 대해 투쟁할 수 있게 해주었다. 의료보험을 가진 노동자는 그것을 갖지 못한 노동자에 비해 자본가에 대한 저항에서 더 유리한 지위에 있다. 산업안전보건청, 국립산업안전보건연구소, 그리고 미국환경보호국의 설립은 노동자계급의 또 다른 주요한 성과물이었다. 보건의료에서 이와 같은 국가개입의 확대는 대중적 압력과 노동자계급의 요구에 따른 것이었다. 자본가계급은 1970년대 후반과 1980년대 초반 노동자계급을 약화시키고 이전의 사회적 권력, 즉 복지국가의 성장에 따라 약화되었지만 결코 상실되지는 않았던 권력을 복구하기 위해 사회서비스와 보건서비스 지출을 축소하려 했으며, 이는 부분적인 성공을 거두었다. 의료 사회과학에서의 주류적인 이론적 입장들은 대중적 요구(Rogers et al., 1982), 정부에 대한 시민적 저항(Altman, 1984), 정부개입이 상황을 호전시키기보다는 악화시킨다는 자각(Mechanic, 1984) 등을 언급하면서 보건지출의 삭감과 노동자 및 소비자의 건강·환경을 보호하는 정부개입의 축소를 옹호했다. 그리고 대부분의 학술지, 특히 보건의료 분석에서 미국 의료법인의 조직적인 이데올로기적 도구로 기능하는 『보건 문제』(*Health affairs*)에서 이러한 입장들이 매우 많이 개진되었다. 최근의 문헌들에서 가장 흥미로운 현상들 중 하나는 주요한 자유주의자들이 이처럼 새롭지만 매우 보수주의적인 진부한 발상에 재빠르게 적응하고 있다는 사실이다. 나바로(Navarro, 1982b)는 의료계 내

2) 저소득층을 대상으로 한 미국의 공적 의료보험제도로서 1965년부터 시행되었으며, 2003년 현재 미국 전체 인구의 13.3%를 포괄하고 있다. 연방정부와 주정부의 예산으로 재정을 조달한다(역자).

·외부에서 벌어진 최근의 사태에 관한 이 같은 이데올로기적 해석은 그것을 지지하는 경험적 토대가 부족하다는 것을 보여주었다.

위기에 대한 보수주의적인 대응은 또한 주요한 보건 문제의 해결책으로 개인적인 라이프 스타일을 강조했다. 푹흐스(Fuchs, 1972)에 따르면,

> 수많은 보건 문제들이 개인적 행동과 연관되어 있다는 점이 점점 더 분명해지고 있다. 의학에서 극적인 진전이 없는 한, 건강을 증진할 수 있는 가장 커다란 잠재력은 개인이 자신에게, 그리고 자신을 위해 해야 할 일과 하지 말아야 할 일을 변화시키는 것에 있다.

크로포드(Crawford, 1977, 1984)는 누군가 아프면 이는 그 자신의 잘못이라는 것을 함축하는 이러한 새로운 형태의 희생자 과실론을 비판했다. 대부분의 사람들은 그들의 직업과 주거, 환경조건, 그리고 자신들이 포괄되는 관계의 형태를 자유롭게 선택하지 못한다. 마르크스주의적 전통에 속하는 다른 저자들, 예를 들어 굿마커와 베를리너(Guttmacher and Berliner, 1974), 스타크(Stark, 1978) 등은 건강을 결정하는 가장 중요한 요소로서 (계급·인종·성 등을 포함하는) 사회의 권력관계 내에서 개인이 점유하는 지위를 파악해 왔다.

보건, 노동, 생산관계

지난 10여 년간 서구 사회와 미국의 보건에 관한 분석에서 이루어진 가장 중요한 발전은 노동과 보건의 관계를 재발견한 것이었다. 마르크스주의 연구자들은 이러한 재발견에 크게 공헌했다. 노동과 보건의 관계는 대체로 노동을 어떻게 개념화하는가에 따라 매우 다양하게 이론화되었다. 대부분의 문헌에서 노동은 환경적인 문제로 제시되었다. 개별 노동자는 작업 중에 그를 병들게 하거나 사고를 야기할 수 있는 물리적·화학적·심리적 요인들에 노출된다. 노동에

대한 이러한 이해로부터 도출되는 개입전략은 노동자가 이러한 병리적 요인에 노출되는 빈도를 줄이는 것이다. 이러한 과제는 엄청난 중요성을 갖지만, 그러한 이해로부터 도출되는 이론과 실천은 개별 노동자와 환경 양자 모두를 결정하는 사회관계에 대한 이해를 심각하게 저해하는 개인과 환경이라는 이분법을 재생산한다.

노동에 대한 또 다른 개념화는 예를 들어 노동을 노동자의 욕구와 기대를 충족할 수 있게 하는 소득과 같은 자원의 원천으로 간주하는 것이다. 노동에 대한 이러한 이해는 앵글로·색슨 사회학의 주류적 흐름인 베버적 전통에 가장 널리 퍼져 있다. 이러한 전통에서 노동자는 주로 생산의 영역보다는 교환과 분배, 소비의 영역에서 정의되는, 예를 들어 소득·교육수준·사회적 지위와 같은 특정한 속성을 갖는 임금소득자나 소비자로 간주된다. 이러한 이론적 시나리오에는 활동이자 사회관계로서의 노동이 등장하지 않는다. 시민은 노동자라기보다는 주로 소비자로 인식되고 정의된다.

아이어(Eyer, 1975, 1984)와 카라섹(Karasek, 1979, 1981)은 마르크스주의에 의해 영향을 받아 이러한 두 전통을 비판하는 흥미로운 작업을 수행했다. 이들은 건강과 질병을 사회의 조직화에 의해 결정되는 것으로 간주했다. 사회의 조직화 과정은 스트레스(아이어)와 노동과정에 대한 노동자의 통제 정도(카라섹)를 통해 건강과 질병을 결정한다. 이러한 공헌의 가장 큰 장점은 그들이 과거의 베버적 전통과 단절하고 건강과 질병의 총체성에 초점을 맞추며, 그러한 총체성을 생산관계와 결합한 것이다.

다른 연구자들은 노동을 사회적 생활의 조직자이자 사회적 모순의 구체적인 표현으로 간주했다. 나바로(Navarro, 1982c)는 노동과정과 보건의 관계를 이론화했으며, 코예(Coye, 1979)는 노동과 보건의 관계에 대한 주류적인 설명을 비판해 왔다. 마르크스주의적 전통에서는 생산이 사회의 조직자로 나타난다는 점이 중요하다. 생산의 세계에서 개인이 점하는 위치(계급)는 소비·교환·분배·정당화의 세계에서의 위치뿐만 아니라 건강을 결정한다. 말할 필요도 없이, 생산 이외의 다른 영역—교환과 소비—이나 다른 심급—이데올로기와 정치—에서 일어나는 일들은 그 자신의 자율성을 갖고 있으며 또한 보건의료를 설명할 때 커다란 중요성을 갖는다. 이러한 영역과 심급은 생산에 영향을 미치며, 또 생산으로부터 영향을 받는다. 동시에 그것들은 하나의 전체로서 사회 또는 사회구성체 내에서 창조·접합되며, 이때 생산은 그 사회구성체의 성격을 결정하는 요인이 된다.

마르크스주의적 분석의 이러한 분야에는 산업보건·안전에 관한 다수의 마르크스주의적인 이론적 생산물이 존재한다. 무엇보다 특별히 언급할 만한 가치가 있는 것은 버먼(Berman, 1978), 나바로와 버먼(Navarro and Berman, 1984), 섀브킨(Chavkin, 1984), 엘링(Elling, 1983), 골드스미스와 커(Goldsmith and Kerr, 1984), 코텔척(Kotelchuck, 1982), 그리고 나바로(Navarro, 1984b)다. 이들은 산업보건·안전에 초점을 맞춤으로써 미국의 마르크스주의적 보건연구의 두 가지 주요 분야인 노동과정의 진화에 관한 연구와 국가에 대한 분석을 결합할 수 있었다. 작업장에서의 변화가 노동자의 건강에 어떤 영향을 미치는가, 그리고 국가는 그러한 상황에 어떻게 대응하는가는 풍부한 연구의 초점이 되어 왔다. 산업보건·안전은 또한 마르크스주의자들이 노동자계급과 직접적인 관계를 형성하는 것을 가능하게 만든 분야였다.

제국주의와 보건의료

저발전세계에서의 빈곤·죽음·질병을 이해하려는 사람들은 미국을 포함한 선진자본주의 국가에 존재하는 광범위한 문헌을 뒤지기 위해 엄청난 노력을 해야 한다. 그러한 문헌 중에서 보건의료를 포함한 문헌은 거의 없으며, 설령 있다 하더라도 빈곤·죽음·질병의 원인으로서 제국주의와 자본주의를 제시하는 문헌은 거의 없다. 보건의 미발달에 관한 대부분의 문헌에는 이러한 개념과 현실에 대해 귀를 막는 침묵만이 있을 따름이다. 그 대신 그러한 문헌은 대체로 마르크스주의자와 다른 반제국주의 세력의 도전에 대응하는 과정에서 설립된 개발기구와 관련된 기득권층[3]의 입장을 반영한다. 1960년대와 1970년대 초반에는 인구통제라는 목표가 크게 강조되었다. 인구성장은 빈곤의 원인이자 주요한 요인으로 간주되었다. 한편으로 인구가 지나치게 많다는 것과 다른 한편으로 자원이 너무나 희소하다는 것은 빈곤이라는 동전의 양면이다. 이러한 입장을 지지하는 이론적인 틀은 너무도 단순했다. 1인당 국민소득의 비율에서 인구가 적을수록 그 비율은 커질 것이다. 빈곤한 국가는 자원이 없거나 또는 적어도 충분한 자원이 없기 때문에 빈곤한 것으로 가정된다. 따라서 해결책은 그 인구의 크기를 조절하는 것이다. 인구통제 프로그램이 바로 문제의 해결책인 것이다.

그러나 1970년대 초반 발전된 국가에서의 '석유 및 다른 자원의 위기'는 저발전 국가가 자원이 부족하기 때문에 빈곤한 것이 아니라는 점을 보여주었다. 부국에서 사용되는 핵심적인 자원의 상당 부분은 사실상 빈국에서 수입된다. 따라서 빈국이 자원이 없기 때문에 빈곤하다고는 더 이상 말할 수 없을 것이다. 그들은 자원을, 그것도 상당량의 자원을 보유하고 있다. 그러나 그러한 자원은 가난한 국가가 아닌 부유한 국가에서 소비된다.

개발기구와 관련된 기득권층이 취한 새로운 입장('인구통제'를 반드시 대체하는 것은 아니지만 종종 보충하는 입장)은 빈곤한 나라들이 물질적 자원은 있지만 그것을 개발할 지적 자원(예를 들어 노하우나 기술)이 없다는 것이었다. 발전된 국가에서 저발전국으로의 이른바 기술이전은 이러한 방침의 대명사가 되었다. 과학·의료·기술적 지원은 세계의 빈곤을 해결하기 위한 개입의 중요한 수단이 되었다. 곧 이러한 입장의 변종들이 나타났다. 특히 슈마허(Schumacher, 1975)가 제시한 입장은 기술이전의 유형에 대한 고려를 포함하고 있

3) 개발기구와 관련된 기득권층이란 서구의 주요 보건·식량원조기구들에서 국제적으로 활동하는 개인들의 국제적인 집단을 가리킨다.

었다. 이른바 '적합한 기술'이라는 용어는 모든 형태의 기술이전이 긍정적인 것은 아니며, 오로지 적합한 형태의 기술이전만이 유용하다는 주장을 정당화하기 위해 사용되었다. 그러나 '적합한'의 의미는 상당히 다양했다. 어떤 이에게는 적합한 것이 작은 것을 의미했다면('작은 것이 아름답다'라는 [슈마허 식의] 변종), 다른 이에게는 '노동집약적인 것'을 의미했다.

일리치는 반기술적 입장의 또 다른 변종을 대표했다. (이러한 입장은 예를 들어 발전된 국가에서 표출된 반의학 및 반정신의학과 같은 제도를 거부하는 입장과 함께 나타났다.) 이러한 입장의 옹호자들은 기술이전에 반대했다. 왜냐하면 이들은 기술이전이 특정 기술에 대한 의존성을 창조하는 과정이며 따라서 개인적·집단적 발전의 가능성을 저해한다고 생각하기 때문이다. 이들은 거의 동일한 의미로 사용되는 '자기치료'와 '자기원조'라는 용어를 크게 강조하면서, 공식적인 제도 외부에 자율적인 공간을 발전시키는 것을 대안으로 제시한다. 여기서 '자기치료'가 개인적인 것이라면, '자기원조'는 공동체를 위한 것으로 가정되었다.

이러한 모든 이데올로기적·정치적 입장들—인구통제와 기술이전, '자기치료'와 '자기원조'—은 개발기구와 관련된 기득권층에 의해 고안된 것으로 그 시기 동안 저발전 국가들에서 발생한 사건들과 그들의 활동에 대한 반제국주의적 비판에 밀접히 관련된 대응으로 나타난 것이었다. 바로 이 시기에 저발전 자본주의 국가들의 정치적·지적 경향에서 그들의 빈곤이 과대한 인구나 기술의 적절한 (또는 부적절한) 형태 때문이 아니라 오히려 소수가 너무 많은 것들을 통제하고 다수는 훨씬 적은 것들을 통제할 뿐인 세계적 생산관계의 유형 때문이라는 확장된 인식이 등장했다. 그러한 경향에서는 이러한 문제를 정세적인 것이 아니라 구조적인 것으로 인식했다. 이는 발전의 방정식에서 변수와 계수뿐만 아니라, 방정식 자체를 바꿀 것을 요구했다. 이는 세계적인 자원을 재분배하는 '새로운 국제경제질서'를 필요로 하는 동시에 그것을 요구하는 것이었다. 나아가 더 많은 수의 저발전 국가들이 투쟁과 변혁을 통해 구질서와 단절했다.

개발기구와 관련된 기득권층은 이러한 새로운 상황에 대한 대응으로 세계적 자원 배분에서 몇 가지 변화가 이루어질 필요가 있다는 데 동의했지만, 그러한 변화가 대립보다는 협력을 통해서 이루어져야 한다고 주장했다. 국제사회의 인도주의와 정의감에 대한 도덕적 호소, 동시에 발전된 자본주의 국가들의 자기이익에 대한 인식의 개선에 대한 호소가 이러한 협력을 촉진할 것이었다. 사실상 이러한 새로운 입장은 저발전 국가들의 빈곤과 질병의 근절이야말로 발전된 국가들의 이익이라고 가정했다. 따라서 발전된 국가들의 부의 일부를 저발전 국가들과 공유하자는 제안이 제기되었다. 그렇지 않으면, 세계질서는 붕괴하거나 폭발할 것이다. 더구나 저발전 국가들에서의 빈곤의 감축은 더 많은 소비능력을 의미하며 따라서 발전된 국가들의 상품을 위한 더 많은 시장을 의미할 것이다.

이러한 입장의 전형적인 사례로 『빌리 브란트 보고서』(*North and South: A Program for Survival. The Report of the Independent Commission on International Development Issues under the Championship of Willy Brandt, 1980*)가 등장한다. 이 보고서는 세계은행 전(前)총재 맥나마라(R. S. McNamara)의 독창적인 발상에 따라 위원회에서 ('북'으로 언급된) 발전된 국가와 ('남'으로 언급된) 저발전 국가의 개발기구와 관련된 기득권층의 대표자들에 의해 준비된다. 이러한 입장은 전세계의 주요한 보건의료 정책에 대해 지침을 제공할 목적으로 작성된 세계보건기구(WHO)의 주요문서인 『알마아타 보고서』(*International Conference on Primary Health Care, Alma Ata, U.S.S.R., September 6-12, 1978*)에서도 분명하게 나타난다. 나바로(Navarro, 1983b, 1984c)는 기술적인 것으로 간주되는 이러한 문서들이 어떻게 개발기구와 관련된 기득권층의 입장을 전파하는 수단이 되었는가를 보여주었다. 이러한 문서들에서 세계는 자본주의 및 사회주의 체계와 그 하위체계가 아니라 '가진 자'인 북과 '못 가진 자'인 남으로 갈라져 있으며, 착취나 갈등 같은 범주는 나타나지 않는다. 오히려 이 문서들은 화해와 대화를 위한 틀을 제시하려고 한다. 변화가 반드시 갈등적일 필요는 없다. '가진 자'와 권력자는 아무 것도 포기할 필요가 없다. 오히려 그들은 변화를 자신들의 권력을 확대할 수 있는 기회로 간주할 수 있다. 예를 들어 의료분야에서는 기존의 의료기관이 자신의 영역을 확대할 수 있고 제약산업은 자신의 이윤을 더욱 증대할 수 있다. 나바로(Navarro, 1984c)는 이러한 입장의 이데올로기적 성격을 밝히고 그것을 뒷받침하는 가정들의 개념적·경험적 근거들에 도전했다. 또한 나바로가 편집한 논문집(Navarro, 1983b)과 특히 브라운(Brown, 1979), 타우식(Taussig, 1983), 영(Young, 1983), 그리고 캠벨(Campbell, 1984)의 연구는 저발전 세계에서의 의료의 미발달과 질병이 제국주의와 자본주의적 관계에 기원을 두고 있음을 보여주었다.

사회주의와 보건의료

지배적인 이론적 입장은 자본주의 내에서 현재의 권력관계를 정당화하고 재생산할 뿐만 아니라 대안적인 논의를 차단하는 역할도 한다. 따라서 사회주의의 경험에 대한 가장 지배적인 해석은 사회주의 국가들 또는 자본주의 이후의 국가들을 적으로 간주하는 냉전적 의식에 의해 촉발되어 왔다. 이러한 연구들에서 대다수 경험적인 지식은 망명자들과의 인터뷰에 기초해 있으며, 그들의 답변은 연구자의 가정을 강화시켜주는 것이었다. 예를 들어 소비에트 의료에 대한 주류적인 분석도 예외가 아니다. 냉전의 대립 속에서 분석은 종종 천박하지만 많은 보상을 받는 반소주의로 전락했고, 냉전의 권력중심은 이에 대해 찬사를 제공했다. 그러한 분위기 속에서 소련의 의료분야에서 이루어진 부정할 수 없는 성과는 대부분 환상과 기만의 결과로 기각되었다. 소련을 '레닌의 나라'(Leniniana)라고 부르는 필드(Field, 1967)가 이러한 입장의 대표자가 되었다. 그의 입장은 예를 들어 볼셰비키 혁명과 볼셰비키가 추진한 개혁에 대한 의사들의 태업이 볼셰비키의 의료전문직 억압을 낳은 것에 대한 해석에서 잘 드러난다. 필드는 이러한 태업이 볼셰비키의 날조라고 믿는다. 그에 따르면 태업이란 없었다. "환자에 대한 치료의 거부라는 것을 생각조차 할 수 없는 의사들의 사회적 의무와 직업적 윤리에 대한 전통적 의식" 때문에 그러한 태업이란 있을 수 없다는 놀라운 주장을 통해 그는 이러한 결론에 도달한다. 의료전문직에 대한 이와 같은 관념적 해석은 10월혁명부터 칠레의 아옌데에 이르는 모든 역사적 경험에서 의료전문직의 대다수가 자신들의 물질적 이익에 영향을 미칠 개혁에 대해 모든 수단을 동원해서 저항했다는 사실을 부정한다.

지적 바리케이드의 반대편에 소련을 사회주의 건설의 '모델'로 이해하는 사회주의적 전통의 연구자들이 있다. 소비에트의 의료에 관한 지거리스트(Sigerist, 1947)의 연구는 그 시기의 경험에 대한 가장 내용이 풍부하고 세부적이며 무비판적인 기록을 보여준다. 이는 오랫 동안 진보적인 학자들에게 표준적인 문헌이었다. 그러나 서구 마르크스주의에서 소련의 경험에 대한 재평가는 의료에서도 나타났다. 나바로의 『소련에서의 사회보장과 의료: 마르크스주의적 비판』(Navarro, 1977)은 사회주의에서 존재하는 계급갈등의 맥락에서 소련 의료의 역사적인 진화를 설명한다. 마르크스주의의 전통에서 분석되거나 그로부터 영향을 받아서 다른 사회주의 국가들의 경험을 연구한 것으로는 중국(Coye and Livingston, 1975; Sidel and Sidel, 1982), 쿠바(Navarro, 1972a, 1972b, 1980b; Danielson, 1979; Guttmacher and Danielson, 1977), 칠레(Navarro, 1974; Waitzkin, 1974), 그리고 최근의 니카라과(Strelnick, 1984)에 관한 연구를 들 수 있다.

사회주의와 사회주의적 의료에 대한 논쟁이 마르크스주의자와 비마르크스주의자 사이에서뿐만 아니라 마르크스주의자 내부에서도 일어났다는 점에 주목해야 한다. 사실상 마르크스주의 전통 내부에는 사회주의적 의료에 대한 두 가지 다른 이해가 존재해 왔으며, 서로 상이한 정치적 실천을 규정했다. 그 하나는 서구 세계의 노동자운동에 널리 영향을 미친 것으로 의료와 과학을 고유하게 긍정적인 것으로 인식되는 생산력의 일부로 간주하는 시각이다. 여기서 의료와 과학은 생산관계로부터 분리된 것으로 파악된다. 스탈린의 유명한 소책자인『변증법적 유물론과 사적 유물론』에서 잘 요약된 이러한 입장은 생산력의 발전을 역사의 원동력으로 간주하며, 이때의 발전은 과학과 의료를 포함하는 생산력의 완전한 실현을 위한 생산관계의 변화(자본주의에서 사회주의로의 변화)를 요구하는 것이 된다. 이러한 이해에 따르면, 의료의 잠재력을 완전히 발전시키기 위해서는 사회주의가 필요하다. 이에 따른 정치적 귀결은 다양하다. 그 하나는 과학의 담지자인 과학자와 의료전문직이 노동자계급과 동맹을 맺는 것은 과학에 더욱 헌신하기 위한 것으로서 그들의 객관적인 이익에 부합한다는 것이다. 따라서 의료전문직은 건강과 더 나은 의료를 위한 투쟁에서 노동자계급의 자연스러운 동맹자로 간주된다.

이러한 해석의 또 다른 귀결은 의료에 대한 도구주의적 견해다. 사회주의적 의료는 국가의 개입에 의해 더 잘 분배되는 의료다. 이러한 이해에서 사회주의적 의료는 곧 국가주의적 의료가 된다. 사회민주주의와 스탈린주의의 많은 부분들은 사회주의적 의료에 대한 이러한 이해에 기초하여 그들의 실천을 재생산해 왔다. 그러나 중요한 점은 처음부터 사회주의적 의료와 과학에 대한 이러한 이해가 '중립적' 과학이라는 개념을 반박해 온 다른 마르크스주의의 도전을 받았다는 것이다. 예를 들어 영국 노동당의 사회민주주의적 전통과 소련 공산당의 스탈린주의적 전통에 대한 나바로(Navarro, 1977, 1978a)의 비판은 사회주의를 이처럼 특정한 방식으로 해석하는 이론과 실천에 대해 문제를 제기하고자 하는 이론적 개입이다. 사회주의를 위한 투쟁은 의료에서의 우선 순위 및 그 분배(예를 들어 의료의 사용)에서의 변화뿐만 아니라 의료지식·행위의 생산과정과 의료제도의 거대한 민주화를 함축한다. 이러한 민주화는 대표기구를 통해서뿐만 아니라 직접적 형태의 참여와 통제를 통해서 이루어져야 한다. 이러한 전통에서는 마르크스주의와 민주주의의 중심성이 강조되어 왔다. 아세나토와 나바로(Assenato and Navarro, 1980)는 산업보건의 영역에서 이러한 특정한 마르크스주의적 전통에서 유래한 정치적 실천에 대한 논의를 진행했다. 이 전통에서는 자본가계급이 사회구성체에서 지배적 위치를 차지하기 때문에 자본주의 아래에서는 민주주의가 완전히 발전할 수 없다고 주장했다는 사실이 강조될 필요가 있다. 예를 들어 영국의 국가보건서비스는 자본주의라는 바다에 떠 있는 사회주의의 섬이 아니다. 그 제도는 자본가계급의 지배 아래에서 지속적으로 작동하는 것이며 따라서 보건의료에 대한 부르주아적 이익을 반영한다. 이러한 사실 때문에 이 전통에서는 (다른 마르크스주의적 전통과 마찬가지로) 사회주의 건설의 조건으로서 국가권력을 장악하는 것의 중요성을 인식해 왔다. 그런데 이러한 입장은 자유주의 및 급진주의 연구자들의 악의적인 허위진술, 즉 마르크스주의자들을 "혁명이 일어나기 전까지는 아무 것도 변할 수 없다"고 믿는 이들로 오도하는 허위진술의 지속적인 대상이 되어 왔다. 그러나 이러한 비난은 이론적으로나 실천적으로 모두 근거가 부정확하다. 실천적인 측면에서 이러한 허위진술은 미국의 많은 보건개혁이 다른 어떤 세력보다도 특히 마르크스주의자 또는 마르크스주의에 영향을 받은 집단에 의해 고무·지지되었다는 사실을 무시했다. 예를 들어 마르크스주의자들은 미국공중보건협회 내의 사회주의자회의의 창설자였다. 이 회의는 협회 내에서 가장 큰 그룹이며 상당한 영향력을 지녀 왔다. (미국공중보건협회는 미국에서 주도적인 공중보건협회이자 세계에서 가장 큰 공중보건협회이다.) 예를 들어 사회주의자회의는 미국공중보건협회가 노동자와 지역사회의 적극적인 참여 속에서 연방정부가 자금을 지원하고 지역사회가 운영하는 형태로 제안된 국가보건프로그램을 위해 활동하도록 고무했다. 또한 마르크스주의자들은 미국공중보건협회의 많은 부분(특히 산업보건·안전의 영역)을 친기업적인 방향에서 친노동자적인 방향으로 전환하도록 영향력을 행사했다. 그리고 마르크스주의자들은 전국 각지에서 보건개혁을 위한 수많은 투쟁에 참여했다.

국제적인 수준에서 미국의 마르크스주의자들은 국제보건정책협회의 설립을 위해 적극적으로 노력했다. 그 협회 내에서 유럽의 베를링거(G. Berlinguer), 데페(U. Deppe), 디더리히센(F. Diderichsen), 함머슈트롬(A. Hammarstrom), 어번(G. Urban), 도얄(L. Doyal), 시걸(M. Segall)과 라틴아메리카의 가르시아(J. C. Garcia), 로렐(C. Laurell), 에스쿠데로(C. Escudero), 코르데이로(H. Cordeiro), 브레일(J. Breilh) 등은 자신의 사회의 보건 발전에 기여하는 동시에 그 대륙들에서의 이데올로기 투쟁의 표현들을 새로이 정의하는 데 커다란 영향력을 미쳤다. 자본주의에서 인구집단의 건강을 증진하기 위해 마르크스주의자와 다른 세력들이 할 수 있는 일은 여전히 많이 남아 있다.

(보건개혁을 포함하는) 이러한 사회개혁은 노동자계급 및 대중세력을 강화하는 민주개혁인 정도만큼만 자본주의를 넘어서기 위한 사회주의적 전략의 일부가 될 수 있다. 그러나 보건개혁과 사회주의를 혼동하지 않는 것이 중요하다. 이것이 마르크스주의적 전통과 페이비언주의적·사회민주주의적 전통의 기본적인 차이다. 사회주의는 (보건개혁을 포함하는) 사회개혁을 동반하는 자본주의가 아니다. 사회주의와 그 대중적 민주화는 자본주의를 넘어설 것을 요구한다.

미국에서는 자본주의를 넘어서야 할 필요성에 대한 대중적인 인식이 거의 존재하지 않는다. 이 때문에 미국에서는 혁명적 또는 준혁명적 기획조차 극도로 제한적일 수밖에 없다. 그러나 역사적 기록을 살펴보면 현대의 어떤 사회혁명도 완전히 새로운 사회질서를 요구하는 하나의 단결된 계급에 의해서 만들어진 것이 아니라는 사실을 이해할 수 있다. 혁명은 서로 다른 당면한 개혁의 요구들—평화·빵·토지, 억압의 종식과 자유, 사회보장 등—을 갖는 다양한 사회세력들이 결합하여 그러한 요구들에 대해 만족스럽게 대응하지 못하는 분열되고 무력해진 부르주아지와 대결할 때 만들어져 왔다. 그러한 모든 요구들을 만족시킬 수 없는 질서 내에서 그러한 개혁들에 대한 지속적인 요구는 그 질서를 혁명적 이행으로 몰고 간다. 달리 말하자면, 혁명은 의식적인 하나의 혁명적 계급이 아니라 오히려 그

질서의 파괴와 이행의 비용을 감당하면서까지 자신들의 요구들을 해결하려고 하는 비혁명적 세력들에 의해서 만들어진다. 이러한 세력들을 고무·지지하며, 변혁의 기획이 실현되도록 단결과 연대의 형성을 지원하는 것이 바로 조직된 사회주의 세력의 임무다. 현재의 자본주의 질서는 노동자계급 및 대중세력의 증대되는 요구에 대응하여 이를 해결하지 못하고, 이러한 무능력은 오늘 세계의 많은 지역에서 변혁을 역사적으로 가능한 것으로 만들고 있다.

그러나 미국의 자본주의 체계는 신축성을 갖고 있고, 서구의 권력체계에서 미국의 중심성은 증가하고 있으며, 이는 미국 자본가계급에게 상당한 권력을 부여하고 있다. 그럼에도 불구하고, 사회 및 보건개혁에 대한 점증하는 요구는 사회복지가 극도로 미발달된 미국(예를 들어 3천8백만의 미국인들은 어떠한 형태의 의료보험 혜택도 받지 못하고 있다)에서 절박한 과제다. 더구나 이러한 개혁의 확대는 이윤에 기초한 생산체계와 보건을 비롯한 인간적 욕구에 기초한 생산체계의 갈등을 심화시킨다. 미국의 보건영역에서 노동자계급 및 대중세력의 실질적인 실천에 기초해서 사회주의 전략을 이론화하는 작업은 발전되지 못했다. 미국에서 좌파적 실천들이 형성됨에 따라 커다란 이론적·실천적 문제들이 더욱 증가하고 있다. 미국은 서구에서 좌파가 주로 사회운동(노동자운동, 흑인민권운동, 페미니즘운동, 생태운동 등)을 통해 활동하는 유일한 국가이다. 노동자운동은 계급적 실천을 추구하지 않으며(태프트-하틀리 법에 따라 이러한 활동은 금지되어 있다), 노동자운동의 정치적 기구도 존재하지 않는다.

그 결과 미국의 자본가계급은 오늘 세계에서 가장 강력한 계급이다. 노동자운동과 다른 사회운동들이 계급적 담론과 실천을 결여하고 있다는 사실은 자본가계급의 권력의 근본적인 원천이 된다. 미국에서 복지국가의 미발달은 이러한 현실에 뿌리를 두고 있다.

그러나 발달하지 못했다는 것이 존재하지 않는다는 것을 의미하지는 않는다. 뉴딜은 미국 복지국가의 초석이자 계급적 동원과 실천의 직접적 결과로서 미국에서 가장 중요한 보건 및 사회개혁의 계기가 되었다. 그러나 메디케이드나 푸드스탬프처럼 특정한 집단에 초점을 맞춘 실천이 계급적 실천을 대체했고, 이는 결국 '위대한 사회 프로그램'(Great Society Program)으로 귀결되었다. 이러한 단편화된 대응형태로 인해 이 프로그램들은 '긴축'과 반동이라는 현재의 상황에 매우 취약했다. 계급적 실천을 다시금 고취해야 할 필요성이 증대하고 있으며, 보건의료 영역에서의 그러한 실천의 결과는 상당한 중요성을 지닐 수 있을 것이다. 나바로(Navarro, 1980c), 그리고 새먼(Salmon, 1985)이 편집한 논문집의 여러 연구자들은 오늘의 미국에서 현재적인 실천들을 분석하고 그것이 사회주의적 기획과 어떤 관련을 갖고 있는지를 검토하는 최근의 시도들을 제시한다.

오늘 보건의료를 비롯한 투쟁의 모든 영역에서 우파의 막대한 이데올로기적 공세로 인해 미국 내에 존재하는 진보적 변화의 거대한 잠재력을 발견하기는 어렵다. 그러나 마르크스주의적 분석은 미국의 노동자대중에게 포크 가수 거스리(W. Guthrie)가 '새로운 전망'(new lenses)이라고 부르곤 했던 것을 제공할 수 있다. 이러한 새로운 전망은 반동적 세력이 어둠을 보기를 바라는 곳에서 빛을 보고, 절망을 보기를 바라는 곳에서 희망을 보고, 지속적인 비관주의의 늪에 빠져 꼼짝못하기를 바라는 곳에서 변화의 가능성을 보게 하는 데 일조할 것이다. 이러한 전망에 대한 요구는 점차 증가하고 있다. 그리고 보건의료에 대한 분석에서 마르크스주의의 이론적 생산이 지금처럼 풍부하고 생산적인 때도 없었다. 이 글은 지배적인 상황에 대한 대안적 설명의 증대되는 요구에 응답하고 시민의 건강하고 행복한 생활을 구속하는 유해한 현실을 묘사·분석하는 많은 이론적 생산물 중 단지 일부만을 다루었을 뿐이다. 이러한 접근의 매력은 곧 현재적인 질서에 대한 위협이다. 다른 전통과 마찬가지로 마르크스주의적 연구는 새롭고 건강한 사회, (마르크스와 엥겔스가 예전에 썼던 것처럼) "우리 인류의 거대한 잠재력의 완전한 실현"을 가능하게 하는 사회를 향한 길—결코 쉽지 않은 길—에서 이정표를 제시하는 데 기여할 뿐이다.

참고문헌

Alford, R. (1975), *Health Care Politics*, University of Chicago Press.

Altman, D. E. (1984), "What Do Americans Really Want", *Health Affairs*, Vol. 3, No. 3.

Anderson, O. (1972), *Health and Care Can There Be Equity?: The United States, Sweden and England*, J. Wiley and Sons.

Assenato, G. and V. Navarro (1980), "Workers Participation and Control in Italy: The Case of Occupational Medicine", *International Journal of Health Services*, Vol. 10, No. 2.

Berliner, H. (1975), "A Larger Perspective on the Flexner Report", *International Journal of Health Services*, Vol. 5, No. 4.

——— (1977), *Philanthropic Foundations and Scientific Medicine*, Doctoral Thesis, School of Hygiene and Public Health, The Johns Hopkins University.

Berman, D. (1978), *Death on the Job*, Monthly Review Press.

Brown, P. (1985), *The Transfer of Care: Psychiatric Deinstitutionalization and Its Aftermath*, Routledge & Kegan Paul.

Brown, R. (1979), *Rockefeller Medicine Men: Capitalism and Medical Care in America*, University of California Press.

Campbell, C. E. (1984), "Nestle and Breast vs. Bottle Feeding: Mainstream and Marxist Perspectives", *International Journal of Health Services*, Vol. 14, No. 4.

Chavkin, W., ed. (1984) *Double Exposure: Women's Health Hazards on the Job and at Home*, Monthly Review Press.

Coye, M. J. and J. Livingston, eds. (1975), *China: Yesterday and Today*, Bantam Books.

——— (1979), "Crisis: Control in the Work Place: A Review of Three Major Works in Occupational Health", *International Journal of Health Services*, Vol. 9, No. 1.

Crawford, R. (1977), "You Are Dangerous to Your Health: The Ideology and Politics of Victim Blaming", *International Journal of Health Services*, Vol. 7, No. 4.

——— (1984), "A Cultural Account of 'Health' Controls, Release and the Social Body", in J. McKinlay, ed. (1984).

Danielson, R. (1979), *Cuban Medicine*, Transaction Books.

Ehrenreich, B. and J. Ehrenreich (1970), *The American Health Empire*, Random House.

——— and ——— (1974), "Medicine and Social Control", *Social Policy*, Vol. 5, No. 1.

Ehrenreich, J. (1978), "Introduction", in J. Ehrenreich, ed., *The Cultural Crisis of Modern Medicine*, Monthly Review Press.

Elling, R. (1983), "Industrialization and Occupational Health in Underdeveloped Countries", in V. Navarro, ed. (1983b).

Engels, F. (1969), *The Conditions of the Working Class*, Pantheon Books.

Eyer, J. (1975), "Prosperity as a Cause of Death", *International Journal of Health Services*, Vol. 5, No. 4.

——— (1984), "Capitalism, Health and Illness", in J. McKinlay, ed. (1984).

Fee, E., ed. (1982), *Women and Health: The Politics of Sex in Medicine*, Baywood Publishing Company.

Field, M. (1967), *Soviet Specialized Medicine*, The Free Press.

Foucault, M. (1973), *The Birth of the Clinic: An Archeology of Medical Perception*, Pantheon Books.

——— (1975), *Surveiller et Punir*, Gallimard.

—— (1977), *La Volonte de Savoir*, Gallimard.

Friedson, E. (1970), *Professional Dominance*, Atherton Press.

Fuchs, V. (1972), "Health Care and the United States Economic System", *Milbank Memorial Fund Quarterly*, Vol. 50, No. 2, Pt. 1.

Goldsmith, E. and L. E. Kerr (1984), *Occupational Safety and Health*, Human Sciences Press.

Gordon, L. (1978), "The Politics of Birth Control, 1920-1940", in J. Ehrenreich, ed., *The Cultural Crisis of Modern Medicine*, Monthly Review Press.

Guttmacher, S. and H. Berliner (1974), *Materialist Epidemology*, Health Marxist Organization Booklet 3.

—— and R. Danielson (1977), "Changes in Cuban Health Care: An Argument against Technological Pessimism", *International Journal of Health Services*, Vol. 7, No. 3.

Himmelstein, D. U. and S. Woolhandler (1984), "Medicine as Industry", *Monthly Review,* Vol. 36, No. 11.

Illich, I. (1976), *Medical Nemesis: The Expropriation of Health*, Pantheon Books.

Karasek, R. (1979), "Job Demands, Job Decision Latitude, and Mental Strain: Implications for Job Redesign", *Adminstration Science Quarterly* Vol. 24, No. 2.

——, et al. (1981), "The Decision Latitude, Job Demands, and Cardiovascular Disease: Prospective Study of Swedish Men", *American Journal of Public Health*, Vol. 7, No. 7.

Kelman, S. (1971), "Toward the Political Economy of Medical Care", *Inquiry*, Vol. 8, No. 3.

Kotelchuck, D. (1982), "Special Issue on Occupational Health and Safety", *Health PAC*.

McBride, R. B. (1984), "Business as Usual: Heroin Distribution in the U.S.", *International Journal of Health Services*, Vol. 14, No. 4.

McKinlay, J. (1977), "The Business of Doctoring or Doctoring as Good Business: Reflections on Friedson's View of the Medical Game", *International Journal of Health Services*, Vol. 7, No. 3.

——— (1978), "On the Medical-Industry Complex", *Monthly Review*, Vol. 30, No. 5.

———, ed. (1984), *Issues in the Political Economy of Health Care*, Tavistock Publications.

——— (1985), "Towards the Proletarianization of the Medical Profession", *International Journal of Health Services*, Vol. 15, No. 2.

Marmor, T. (1973), *The Politics of Medicare*, Aldine Publishing Company.

Mechanic, D. (1980), *Readings in Medical Sociology*, The Free Press.

——— (1984), "The Transformation of Health Providers", *Health Affairs*, Vol. 3, No. 1.

Navarro, V. (1972a), "Health, Health Services, and Health Planning in Cuba", *International Journal of Health Services*, Vol. 2, No. 3.

——— (1972b), "Health Services in Cuba: An Initial Appraisal", *New England Journal of Medicine*, Vol. 287, No. 19.

——— (1974), "What Does Chile Mean?: An Analysis of the Health Sector before, during and after Allende's Adminstration", *Milbank Memorial Fund Quarterly Health and Society*, Vol. 52, No. 2.

——— (1975), "The Industrialization of Fetishism or the Fetishism of Industrialization: A Critique of Ivan Illich", *International Journal of Health Services*, Vol. 5, No. 3.

——— (1976), *Medicine Under Capitalism*, Neale Watson.

——— (1977), *Social Security and Medicine in the USSR: A Marxist Critique*, Lexington Books.

——— (1978a), *Class Struggle, the State and Medicine: A Historical and Contemporary Analysis of the Medical Care Sector in Great Britain*, Martin Robertson.

——— (1978b), "The Crisis of Western System of Medicine", *International Journal of Health Services*, Vol. 8, No. 2.

——— (1980a), "Work, Ideology, and Science: The Case of Medicine", *Social Science of Medicine*, Vol. 14C.

——— (1980b), "Workers and Community Participation and Democratic Control in Cuba", *International Journal of Health Services*, Vol. 10, No. 2.

——— (1980c), "The Nature of Democracy in the Core Capitalist Countries: Meanings and Implications for Class Struggle", *The Insurgent Sociology*, Vol. 10, No. 1.

——— (1982a), "The Crisis of the International Capitalist Order and its Implications for the Welfare State", *International Journal of Health Services*, Vol. 12, No. 2.

——— (1982b), "Where is the Popular Mandate?", *New England Journal of Medicine*, Vol. 307, No. 24.

——— (1982c), "The Labor Process and Health: An Historical Materialist Interpretation", *International Journal of Health Services*, Vol. 12, No. 1.

——— (1983a), "Radicalism, Marxism, and Medicine", *International Journal of Health Services*, Vol. 13, No. 2.

———, ed. (1983b), *Imperialism, Health and Medicine*, Baywood Publishing Company.

——— (1984a), "Medical History as Justification Rather than Explanation: A Critique of Starr's The Social Transformation of American Medicine", *International Journal of Health Services*, Vol. 14, No. 4.

——— (1984b), "Determinants of Health Policy: A Case Study. Regulating Safety and Health at the Workplace", *International Journal of Health Services*, Vol. 13, No. 4.

——— (1984c), "A Critique of the Ideological and Political Position of the Brandt Report and the Alma Ata Declaration", *Social Science of Medicine*, Vol. 18, No. 6.

——— and D. Berman, eds. (1984), *Health and Work under Capitalism: An International Perspective*, Baywood Publishing Company.

Ottawa Health and Welfare (1974), *A New Perspective on the Health of Canadians*.

Relman, A. S. (1980), "The New Medical-Industrial Complex", *New England Journal of Medicine*, Vol. 303, No. 17.

Renaud, M. (1975), "On the Structural Constraints to State Intervention in Health", *International Journal of Health Services*, Vol. 5, No. 4.

Rogers, D., R. J. Blendon, and T. W. Moloney (1982), "Who Needs Medicaid?", *New England Journal of Medicine*, Vol. 307, No. 1.

Salmon, J. (1977), "Monopoly Capital and the Reorganization of the Health Sector", *The Review of Radical Political Economics*, Vol. 9, No. 1.

——— (1978), *Corporate Attempts to Reorganize the American Health Care System*, Doctoral Dissertation, Cornell University.

——, ed. (1985), *Alternative Medicines: Popular and Policy Perspectives*, Tavistock Publications.

Schumacher, E. E. (1975), *Small is Beautiful: Economics as if People Mattered*, Harper and Row.

Sidel, R. and V. Sidel (1982), *The Health of China*, Beacon Press.

Sigerist, H. (1947), *Medicine and Health in the Soviet Union*, Citadel Press.

Smith, B. E. (1982), "Black Lung: The Social Production of Disease", *International Journal of Health Services*, Vol. 13, No. 4.

Stark, E., ed. (1978), "Special Issue on the Political Economy of Health", *Review of Radical Political Economics*, Vol. 9, No. 1.

—— (1982), "Doctors in Spite of Themselves: The Limits of Radical Health Criticism", *International Journal of Health Services*, Vol. 12. No. 3.

Starr, P. (1982), *The Social Transformation of American Medicine*, Basic Books.

Strelnick, H. (1984), "The Sandinista Revolution Health", *Health PAC*, Vol. 13, No. 6.

Taussig, M. (1983), "Nutrition Development and Foreign Aid: A Case Study of U.S. Diverted Health Care in a Colombian Plantation Zone", in V. Navarro, ed., (1983b).

Taylor, R. and A. Rieger, (1984), "Rudolf Virchow on the Typhus Epidemic in Upper Silesia: An Introduction and Translation", *Sociology of Health and Illness: A Journal of Medical Sociology*, Vol. 6, No. 2.

Terris, M. (1975), "The Contributions of Henry E. Sigerist to Health Services Organization", *Milbank Memorial Fund Quarterly Health and Society*, Vol. 53, No. 4.

Twaddle, A. C. (1982), "From Medical Sociology to the Sociology of Health: Some Changing Concerns in the Sociological Study of Sickness and Treatment", in T. Bottomore, S. Nowak, and M. Sokolowska (International Sociological Association), eds., *Sociology: The State of the Art*, Sage Publications.

Young, A. (1983), "The Relevance of Traditional Medical Cultures to Primary Health Care", *Social Science of Medicine*, Vol. 17, No. 16.

Waitzkin, H. (1983), *The Second Sickness: Contradictions of Capitalist Health Care*, The Free Press.

——— and H. Modell (1974), "Medicine, Socialism and Totalitarianism: Lessons from Chile", *New England Journal of Medicine*, Vol. 291, No. 4.

——— and B. Waterman (1974), *The Exploitation of Illness in Capitalist Society*, Bobbs-Meril.

마르크스주의와 급진주의*

비센트 나바로

마르크스주의에 대한 급진주의적 독해

마르크스는 자본주의를 정치적 통치형태가 아니라 모든 생활영역에서 부르주아지가 압도적인 지배력을 갖는다는 의미에서 부르주아지의 독재로 정의했다. 이데올로기적인 심급에서 그러한 지배는 반대에 대한 독점적 통제 또는 억압이 아니라, 어느 한 쪽이 다른 쪽에 대해 압도적인 우위를 누리는 불평등한 이데올로기적 경쟁을 확립하는 것으로 나타난다. 미국의 학문적 제도는 이러한 상황의 분명한 사례다. 마르크스주의 저작들은 부르주아지의 실천과 담론에서 지속적으로 무시된다. 이러한 현실은 의료에서 극단적인 형태를 취한다. 미국의 지도적 사회학자가 국제사회학회를 위해 집필한 「의료사회학에서 학문의 상태」라는 논문을 보라.[1] 의료분야에 관한 사회과학

---

*) Vicente Navarro, "Radicalism, Marxism, and Medicine", *International Journal of Health Services*, Vol. 13, No. 2, 1983: reprinted in *Crisis, Health, and Medicine: A Social Critique*, Tavistock Publications, 1986 (이현 옮김). 나바로의 주저인 논문집 *Crisis, Health, and Medicine*은 1989년에 보건과사회연구회에 의해 한울에서 국역되었다. 앞에 실린 「마르크스주의적 보건의료 분석」은 이 책에 실린 논문들을 요약하는 것이다.

적 연구목록을 집대성한 그 논문에서 마르크스주의 문헌은 전혀 언급되지 않는다. 그러나 지적 영역에서 부르주아지의 독재는 마르크스주의 문헌들을 침묵하게 할 뿐만 아니라 조작·희화화·상투화한다. 게다가 불행하게도 미국의 수많은 급진주의자들도 자주 이러한 실천을 반복한다. 미국에는 마르크스주의적인 대중운동과 문화가 없기 때문에 많은 급진주의자들은 마르크스주의에 대해 제한적인 인식을 가지며, 이로 인해 그들은 의식적·무의식적으로 마르크스주의의 입장을 상투적인 것으로 이해한다. 그러한 최근의 사례가 에렌라이히다. 그는 자신이 편집한 『현대의료의 문화적 위기』의 서문에서 마르크스주의에 대한 왜곡된 관점을 제시하고 나의 작업을 그러한 입장의 대표적인 사례로 꼽았다.[2] 그러나 그 서문은 나의 저작에서 어떤 구체적인 인용도 하지 않았다. 나를 비롯한 여러 사람들의 입장은 구별될 수 없는 전체로 추상화되었다. 그러나 이 글에서 보여주게 되겠지만, 이러한 관행은 결코 새로운 것이 아니다. 마르크스주의에 대한 많은 급진주의자들의 글에서 이는 거의 전매상표와 같다. 이 글의 목적은 에렌라이히와 다른 급진주의자들이 수행한 나와 다른 마르크스주의자들에 대한 허위진술을 정정하고 그들이 제기한 문제들에 대한 대안적 견해와 전략을 제시하면서 비판에 응답하는 것이다.

먼저 몇 가지 논점들이 해명될 필요가 있다. 첫째, 우리의 중심적 논의 대상은 이론에 대한 단순한 학문적 토론이 아니라 오히려 실천에 대한 서로 다른 인식이다. 그람시와 마찬가지로 나도 이론이 순수한 것이라고 믿지 않는다. 이론은 실천에 대한 특정한 인식을 담고 있으며, 그러한 인식은 이론에 대한 분석을 통해 평가해야 한다.

---

1) A. C. Twaddle, "From Medical Sociology to the Sociology of Health: Some Challenging Concerns in the Sociological Study of Sickness and Treatment", in T. Bottomore, S. Nowak, and M. Sokolowska (International Sociological Association), eds., *Sociology: The State of the Art*, Sage Publications, 1982.

2) J. Ehrenreich, ed., *The Cultural Crisis of Modern Medicine*, Monthly Review Press, 1978.

둘째, 나의 글에서 종종 마르크스를 언급하는 것은 성경에서 권위를 찾는 탈무드적인 의례와 같은 것이 아니다. 오히려 이는 마르크스 및 다른 마르크스주의자들의 분석과 의료에 대한 우리의 인식의 관련성에 관한 토론이며, 급진주의와는 다른 이론적·실천적 함의를 수반하는 해석인 것이다. 이러한 관점에서 나는 의료에 대한 현재의 급진주의적 입장에 대해 단순히 마르크스주의적 견해를 대비시키는 것뿐만 아니라, 사회주의적 의료가 무엇을 의미하는가라는 핵심적 질문에 대한 마르크스주의적 해답의 기초적 요소를 제공하고자 한다. 이러한 질문에 대한 해답은 자본주의 및 사회주의 사회에서의 정치적 실천에 대해 중요한 의미를 갖는다. 그러나 우선 에렌라이히의 가장 최근의 작업을 출발점으로 삼아, 급진주의적 입장에 대한 분석과 비판을 제시하는 것에서부터 시작해보자.

미국 좌파의 두 가지 전통

에렌라이히는 미국 보건운동의 좌파에 대한 그의 분석에서 의료를 일차적으로 쟁취할 가치가 있는 좋은 것으로 간주하는 "정치경제학적 전통"과 사회통제의 수단인 나쁜 것으로 간주하는 "문화비판적 전통"이라는 두 가지 전통을 정의했다.[3] 그는 전자, 즉 "진부한 마르크스주의적 분석유형"을 "의료 문제의 근원을 사적 소유와 의료기관에 대한 통제에서 찾으려는 경향"으로 정의한다. 정치경제학적 전통은 사적 소유와 의료기관에 대한 통제가 "의료의 불평등한 분배를 결정하는 시장관계의 필연적 결과라고 주장하고, 만약 그러한 시장관계가 없었다면 의료는 훌륭하고 유익한 것이 되었을 것"이라고 생각한다.[4] 그러한 분석에 기초해서 나를 포함한 "정치경제학적" 전략가들은 의료의 국유화—국가주의적 의료—와 의료서비스의

3) *Ibid*, "Introduction", p. 2.
4) *Ibid*, p. 16.

더 나은 분배 계획의 수립을 추구하는 것으로 간주된다. 마르크스주의적 처방에 대한 에렌라이히의 견해에 따르면, 사회주의는 서비스 생산보다는 분배의 향상에 더 초점을 두고 있는데, 왜냐하면 전자, 즉 의료서비스의 생산을 (에렌라이히가 사용한 희화화된 표현에 따르면) "훌륭하고 좋은 것"으로 인식하기 때문이다. 그러므로 의료에서 자유주의자와 마르크스주의자의 투쟁은 의료행위에 대해서가 아니라 제도만을 문제삼는 조직적 투쟁으로 제한된다.[5]

에렌라이히는 그러한 입장에 반대하고 "문화비판적 전통"에서 의료제도·행위에 문제를 제기한다.[6] 그는 이 견해의 추종자로 흑인 지역사회단체, 페미니스트, 급진주의적 심리치료사, [보건의료정책자문센터의] 보건의료정책분석가 등을 열거한다. 이러한 전통은 의료의 분배보다는 생산에 초점을 두는데, 이는 그들이 의료서비스의 생산을 유익한 것이 아니라 유해한 것으로 간주하기 때문이다. 현재의 의료행위는 비효율적이고 인종주의적·성차별주의적이며 유해한 의료를 낳고 있기 때문에 의료행위가 변화하기 전까지 그러한 의료의 분배 개선은 선호의 대상이 아니라 반대의 대상이 된다. 에렌라이히에 따르면, 이러한 "문화비판적" 입장이 갖는 커다란 장점은 마르크스주의자들이 무비판적으로 수용한 의료의 미덕에 대해 처음으로 의문을 던졌다는 점이다. 그는 현재 자기 자신이 이러한 "문화비판적 전통"에 속해 있다고 생각한다. 그러나 그의 이러한 공명에는 유보조건이 있다. 그는 일부 의료지식과 기술은 좋고 필요하며 유익하다고 인정한다. 그리고 그는 일부 의료행위는 현재 또는 미래의 사회주의를 위하여 존속시킬 만한 가치가 있다고 생각한다.[7]

에렌라이히는 이러한 두 전통을 제시하면서 자신이 논의를 명확히 하기 위해 (두 비판들 자체가 아니라) 비판들의 간극을 의도적으로 과장했다는 사실을 인정한다.[8] 그러나 에렌라이히의 해석은 단

---

5) *Ibid*., p. 3.
6) *Ibid*., p. 4.
7) *Ibid*., p. 29.

순한 과장이 아니라 마르크스주의적 입장을 상투화하고 왜곡하는 것이다. 사실 에렌라이히는 마르크스주의를 기술결정론으로 파악하는 특정한 해석만을 마르크스주의적 분석으로 간주한다. 그러한 해석은 마르크스주의가 출현했던 때부터 그 내부에 존재해온 경향으로서 다른 마르크스주의적 경향들로부터 비판받아 왔다. 기술결정론적 경향에 따르면, (과학과 기술을 포함한) 생산력은 본질적으로 긍정적인 것으로 생산관계와 분리되어 있다. 스탈린의 유명한 팜플렛인 『변증법적 유물론과 사적 유물론』에서 잘 드러난 이러한 입장은 생산력의 발전이 역사의 주요 동력이며 그러한 발전을 위해서는 과학과 의료를 포함한 생산력의 완전한 실현을 가능하게 하는 생산관계의 변화(자본주의에서 사회주의로의 변화)가 필요하다는 견해를 지지한다. 다른 글에서 지적했던 것처럼, 스탈린뿐만 아니라 레닌도 종종 과학과 기술을 마치 도구와 같은 중립적 실체로 간주하고 그 기능이 그것을 이용하는 사람에 따라 변할 수 있다고 생각했다.[9] 의료에서 그러한 경향의 몇몇 현재적 판본에 따르면, 의료의 잠재력을 충분히 실현하기 위해서는 사회주의가 요구된다.[10] 그러한 인식의 정치적 함의는 과학의 담지자로서 과학자와 의료전문직의 객관적 이익은 자신들의 사회적 임무로서 "의학의 고귀한 전통"을 완전히 실현하기 위해서 노동자계급과 연대·결합하는 것이다.[11] 이에 따라 의료전문직—"모든 의사들"—과 노동자계급의 동맹이 제시된다.[12]

그러나 마르크스주의 내에서 이러한 기술결정론적 경향은 그것이 처음 등장했던 때부터 문제가 되었다. 볼셰비키 내외의 다른 마르크스주의적 경향들은 과학과 의료의 중립성이라는 가정에 의문을 제

8) *Ibid.*, p. 2.

9) V. Navarro, "Work, Ideology and Science: The Case of Medicine", *Social Science and Medicine*, Vol. 14C, 1980, p. 197.

10) J. T. Hart, "The Point Is to Change It", *Medicine in Society*; V. Navarro, "The Point, However Is *How* to Change It...", *Medicine in Society,* 5, 1979.

11) J. T. Hart, *op. cit.*

12) *Ibid.*

기했다.[13] 그들은 '중립적'이라고 간주되는 과학을 부르주아적 과학으로 정의하고 이를 노동자계급의 과학과 대립시켰다. 노동자계급의 과학은 그들에 의해 통제되는 일련의 새로운 제도 아래에서 새로운 지식과 실천을 창출할 것이다.

요컨대, 노동자운동의 역사에서 기술결정론적인 마르크스주의적 경향은 과학과 의료의 중립성에 의문을 제기한 다른 마르크스주의적 경향과 병존해 왔던 것이다. 나는 개인적으로 제2 인터내셔널과 제3 인터내셔널에 널리 퍼져있었던 시각, 즉 생산력을 본질적으로 긍정적인 것으로 파악하는 시각에 대해서 비판해 왔다. 사실상 나의 마르크스주의적 비판은 공산주의 및 사회민주주의 운동 내 몇몇 분파들의 과학·기술·의료에 대한 시각을 비판하는 정치적 개입이었다. 기술결정론적 관점으로 인해 소련[14]과 영국[15]의 사회주의적 전통은 사회주의적 의료를 국가주의적 의료로 이해하게 되었다. 이와 관련하여 에렌라이히가 600여 페이지에 걸쳐 사회주의적 의료를 국가주의적 의료로 이해하는 태도를 비판한 뒤에, 그보다 먼저 훨씬 광범위하게 그러한 태도를 비판한 바 있는 나를 바로 그 입장의 지지자로 분류한 것은 진실을 희화화하는 지나친 단순화 이상의 것이다. 국제노동자운동의 역사와 마르크스주의 이론에 대한 무지로 인해 에렌라이히와 다른 급진주의자들은 마르크스주의를 기술결정론 및 국가주의와 동일시했던 것이다. 나아가 마르크스주의의 분석 방법인 역사유물론에 대한 그들의 생소함은 분석을 부르주아적 지반에 고착시키고 있다. '전문가 지배' 학파에 대한 그들의 막대한 지적 부채와 과거의 '이익집단' 입장을 겉으로만 청산한 그들의 무능력은 의료에 대한 이해를 심각하게 가로막는다. 사실상 파슨즈(T. Parsons)와

---

13) 이를 둘러싼 마르크스주의자들의 초기 논쟁은 D. Lecourt, *Proletarian Science*, New Left Books, 1976을 참조하시오.

14) V. Navarro, *Social Security and Medicine in the USSR: A Marxist Critique*, Lexington Books, 1977.

15) V. Navarro, *Class Struggle, the State and Medicine*, Martin Robertson, 1978.

프리드슨(E. Freidson)에 대한 존과 바바라 에렌라이히의 지적 부채는 의료에 대한 자신들의 분석에서 그들을 "의료에 대한 사회학적 접근의 가장 큰 공헌자들"로 규정하는 것으로 드러난다.[16] 이들은 두 권위자를 비판하지 않고 오히려 그들의 작업에 근거하는 결정을 내렸는데, 이로 인해 이들의 작업은 의료에 대한 설명을 용이하게 하기보다는 방해하는 전통에 위치하게 되었다. 이러한 입장이 존 에렌라이히의 작업 속에 어떻게 나타나는지, 그리고 왜 그것이 그의 담론 및 실천의 가치들을 제한하는지에 초점을 맞추어보자.

간개인적 관계로서 사회적 관계

에렌라이히는 의료행위가 잘못된 이유는 의사·환자관계가 화폐에 의해서 매개되는 간접적인 상업적 거래이기 때문이라기보다—마르크스주의자들은 이렇게 생각한다고 간주된다—오히려 상품형태로 매개되지 않는 두 사람 사이의 **직접적인** 사회적 관계 때문이라고 지적한다.[17] 의료행위가 사회적 관계라는 것은 전혀 독특하거나 새로운 입장이 아니다. 나 자신을 포함해서, 여러 사람들이 이미 그러한 주장에 관한 글을 쓴 적이 있다.[18] 그러나 에렌라이히와 다른 급진주의자들에게 독특한 점은 그들이 이러한 사회적 관계를 기본적으로 상이한 권력을 가진 인간들 사이의 간개인적(interpersonal) 관계로 이해한다는 점이다.[19] 사회적 관계는 개인들 사이의 관계—예를 들어 지배·복종관계—와 동의어가 된다. 에렌라이히는 이 점에서도 독특하다고 할 수 없다. 영과 피글리오와 같은 미국의 다른 급진주의자들도 똑같은 주장을 하고 있다.[20] 그러나 힐러리와 스티븐 로즈

16) B. Ehrenreich and J. Ehrenreich, "Medicine and Social Control", in J. Ehrenreich, *op. cit.*, p. 43.

17) J. Ehrenreich, *op. cit.*, p. 17.

18) V. Navarro, "Work, Ideology and Science".

19) J. Ehrenreich, *op. cit.*, p. 17.

가 보여준 것처럼, 급진주의자들은 사회적 관계를 그러한 방식—마르크스가 사용했던 용어와는 전혀 다른 방식—으로 정의함으로써, 1968년 5월 프랑스의 '개인적인 것은 정치적인 것이다'라는 구호를 역으로 '정치적인 것은 개인적인 것이다'로 변형시켜 버렸다.[21]

의료에서 사회적 관계를 서로 다른 정도의 권력을 보유한 개인들 사이의 관계로 간주하는 것은 의료를 지배하는 개인들의 권력의 원천에 대한 의문을 불러일으킨다. 그러나 에렌라이히에게 이것은 전혀 문제가 되지 않는 부분이다.[22] 왜냐하면 그는 프리드슨의 '전문가 지배'라는 입장에 따라 의료에서 개인의 권력이 의료지식·행위의 전문적 독점화에서 기인한다고 보기 때문이다. 의료권력은 과학에 대한 통제에 따른 것으로 이해되며, 이때 과학은 유용하지만 상층계급의 백인·남성 의사들, 곧 지식과 권력의 소유자들의 인종주의와 성차별주의에 오염된 것으로 간주된다.[23] 이에 대한 해결책은 의료의 재전문화를 통한 의료지식·행위의 정화에 있다. 의료의 재전문화는 의료인력의 계급·성·인종적 배경을 변화시키고, "의료활동은 일종의 천직으로서 강한 봉사 원리를 필요로 한다"는 관념을 강화하기 위해 의료전문직에게 새로운 가치를 주입하는 일련의 과정을 수반한다.[24]

---

20) R. M. Young, "Science Is Social Relations", *Radical Science Journal*, No. 5, 1977; K. Figlio, "Sinister Medicine?: A Critique of Left Approaches to Medicine", *Radical Science Journal*, No. 9, 1979.

21) H. Rose and S. Rose, "Science, Ideology and the Real World", *Science Bulletin*, No. 22, 1980, p. 14.

22) 의료권력이 의료전문직에 의한 의료기술 및 지식의 통제에 근거한다는 주장 역시 의료에 대한 급진주의적 해석의 또 다른 주요한 취약점이라 할 수 있다. B. Ehrenreich and D. English, *For Her Own Good: 150 Years of the Experts' Advice to Women*, Pluto Press, 1979. 조르다노바가 올바르게 지적한 것처럼 의료의 근본적인 갈등을 전문가와 여성의 갈등으로 보는 견해는 "전문가는 누구인가, 누가 그를 그렇게 부르는가, 누가 그 명칭을 받아들이는가, 누가 그의 글을 읽는가"라는 핵심적인 질문을 회피한다. Ludi Jordanova, "Conceptualizing Power over Women: A Review *For Her Own Good*", *Radical Science Journal*, No. 12, 1982, p. 125를 참조하시오.

23) J. Ehrenreich, *op. cit.*, p. 15, 29.

이러한 분석에서 지식과 행위는 제도와 분리된 것으로 인식된다. 그렇기 때문에 에렌라이히는 (지식과 행위를 다루는) "문화비판적 전략"과 (제도를 다루는) "정치경제학적 전략"의 종합을 제안할 수 있었다.[25] 그는 제도의 통제도 필요하지만, 더욱 필요한 것은 그러한 제도 내부에서 그것을 정화하고 그것에 새로운 가치관을 주입하는 "문화혁명"이라고 믿는다. 개입이 필요한 것은 전문가와 일반인의 가치관, 문화, "상상력을 해방하기 위한" 행위의 영역이다.[26] 이것이 어떻게 이루어질 수 있는가? 에렌라이히는 정해지지 않은 목적을 향한 사회적 동원이라는 모호한 요청을 제외하고는 침묵으로 일관하고 있다. 그의 주장은 문화적 갱신의 과정에서 사람들의 실천을 변화시키기 위한 문화적 개입에 불과하다. 그러한 행위들이 재생산되는 방식과 그것들이 기초하고 있는 물질적 토대에 대한 분석이 결여됨으로써 그의 분석과 전략은 불충분한 것이 되고 말았다.

사회적 생산관계로서 사회적 관계

의료에서의 지배·피지배관계를 파악하기 위해서는 사회적 생산관계에서 의료의 위치를 이해해야만 한다. 의료전문직의 권력은 기본적으로 의료에서의 그들의 지위로부터 유래하는 것이 아니라 사회 또는 사회구성체 내에서의 그들의 위치, 즉 특정한 사회구성체의 사회적 생산관계에 의해 결정되는 사회적 분업에서의 그들의 위치로부터 유래한다. 여기서 사회적 분업은 한 사회에서 개인들이 갖는 상이한 업무들의 분배, 즉 사회적 생산관계에 의해 결정되는 사회구조 및 관계에서 그들이 차지하는 위치에 따라 실현되는 업무들의 분배를 의미한다. 사회적 생산관계는 "일정한 생산과정을 전제로 해서

24) *Ibid*, p. 29.
25) *Ibid*, p. 24.
26) *Ibid*, p. 25.

생산수단의 소유자와 직접적 생산자 사이에서 확립된 관계로서 그들이 생산수단을 매개로 형성하는 소유권, 점유권, 용익권 등의 유형에 따라 결정되는 관계"를 의미한다.[27] 마르크스에 의하면, 사회적 생산관계는 생산수단을 소유하는 형태에 따라 '착취의 관계'와 '연합(association)의 관계'라는 두 가지 근본적 형태를 취하게 된다. 생산수단의 소유자가 직접적 생산자의 노동에 의존해서 생활할 때 착취의 관계가 형성된다. 주인이 생산수단의 소유자일 뿐만 아니라 노동력(노예)의 소유자이기도 한 **노예제 생산관계**, 주인이 토지의 소유자이고 농노는 그에게 예속되어 있으며 일정한 기간을 보수 없이 일해야만 하는 **농노제 생산관계**, 마지막으로 자본가는 생산수단의 소유자이고 노동자는 살기 위해 자신의 노동력을 판매해야 하는 **자본주의적 생산관계** 등이 모두 여기에 포함된다. 생산수단의 사회적 소유가 존재할 때, 그리고 사회의 어떤 부분도 다른 부분에 대한 착취에 의존하여 생활하지 않을 때 연합적 생산관계가 형성된다. 마르크스에 따르면, 예를 들어 원시공동체 구성원들 사이에서 확립된 관계 또는 **공산주의적 생산양식을 특징짓는** 관계가 바로 그것이다.

이러한 점에서 생산양식은 경제적 수준에서뿐만 아니라 정치적·이데올로기적 수준에서도 재생산된다. 의료는 경제적 수준에서뿐만 아니라 정치적·이데올로기적 수준에서도 생산양식의 재생산에 기여한다. 그리고 의료는 항상 특정한 생산양식 내에 접합되어 있다는 점을 분명히 할 필요가 있다. 따라서 우리는 의료 일반에 대해서 말할 수 없으며 오히려 봉건제적 의료, 자본주의적 의료, 또는 공산주의적 의료에 대해 말해야 한다.[28] 이러한 관점에서 역사유물론적 분

---

27) M. Harnecker, *Los conceptos fundamentales del materialism historico*, Siglo XXI, 1977, p. 43.

28) 각각의 생산양식은 역사적으로 특수한 의료지식·행위·제도를 갖는다. 다른 곳에서 나는 자본주의적 의료의 특징들—생물학주의, 실증주의, 도구주의, 개인주의—을 규정한 바 있으며, 그러한 의료의 역사적 출현이 어떻게 봉건제 의료에 대한—선형적 연속이 아니라—단절을 의미하며, 그 헤게모니와 지배가 봉건제에서 자본주의로의 이행에서 발생했던 투쟁에서 봉건귀족에 대한 부르주아지의 승리에 의해 어떻게 결정되었는가를 설명

석은 특정한 의료형태 내부의 이데올로기적·정치적·경제적 수준에 대한 연구를 포함해야 하며, 나아가 그러한 의료형태를 일부로 포함하는 생산양식 내에서의 각각의 수준과 그에 상응하는 의료형태 내부의 각각의 수준의 접합에 관한 연구를 포함할 필요가 있다. 이러한 분석방법에 대한 몰인식으로 인해 많은 의료사학자들은 의료의 역사가 아니라 역사주의로 흐르는 경향이 있다. 이는 의료와 관련된 역사적 사건들을 사회구성체 내에서의 변화와 연계하여 설명하는 것이 아니라 그러한 사건들을 단지 연대기적이거나 순환적인 시기들에 따른 주기적 양상으로 묘사하려는 시도에 불과하다.

상이한 사회적 생산관계는 (의료를 포함한) 상이한 사회적 생산양식을 결정한다. 이처럼 상이한 생산양식들이 역사적으로 결정된 동일한 사회구성체에 공존할 수 있다. 예를 들어 20세기 초 유럽의 자본주의 사회는 봉건제적 생산양식, 소상품생산과 매뉴팩처, 그리고 자본주의적 생산양식의 경쟁적 형태와 독점적 형태 등의 요소들로 구성되어 있었다.[29] 각각의 생산양식과 형태는 각각에 해당하는 의료를 갖고 있었다. 오늘의 미국은 독점적 형태의 자본주의적 생산양식에 더하여 소상품생산과 같은 다른 형태의 요소들을 포함한다. 다양한 생산양식과 형태가 동일한 사회구성체에 공존할 수 있다는 사실이 각자가 서로 무관한 관계라는 것을 의미하는 것은 아니다. 오히려 하나의 생산양식(그리고 그러한 생산양식 내의 한 형태)은 다른 것들에 대해 결정적인 영향력을 갖는 지배적인 위치를 차지한다. 지배적인 생산양식은 각각의 사회의 일반적인 성격(봉건제적, 자본주의적 성격 등)을 정의하는 생산양식을 지칭한다. 의료도 마찬가지 방식으로 분석될 수 있다. 오늘의 미국에는 (독점자본주의 형태로 정의되는) 법인자본적 형태의 의료와 (소상품생산 형태의 자본주의

한 바 있다. V. Navarro, "Work, Ideology and Science", pp. 198-203의 'How Bourgeois Ideology Appears in Medical Knowledge'를 참조하시오.

29) 이러한 관점을 더 확장한 것으로는 V. Navarro, "The Limits of the World Systems Theory in Defining Capitalist and Socialist Formations", *Science and Society*, Vol. 46, No. 1, 1982를 참조하시오.

적 관계로 정의되는) 자영업적 의료가 공존하고 있다. 각각의 의료형태는 그 자체의 의료지식·행위·제도를 갖지만, 이는 법인자본적 의료형태의 헤게모니와 지배에 종속된다.

계급은 특정한 사회적 생산관계에 의해서 결정되는 사회적 분업에서 차지하는 위치에 따라 정의되는 적대적 사회집단이다.[30] 사회집단이 사회적 분업에서 차지하는 위치—그들의 계급—가 그들의 구성·위계·지위·수입 등을 결정하는 것이지 그 반대가 아니라는 점이 중요하다. 이러한 관점에서 의료전문직의 프티 부르주아적 성격은 그 계급적인 기원과 구성·위계·수입 또는 지위에 의해서 결정된다기보다는 오히려 그 반대다. 이러한 속성은 특정한 자본주의적 생산양식에 의해서 결정되는 사회적 분업에서 의료전문직이 차지하는 위치에서 비롯된 것이다. 따라서 의료종사자의 구성이 바뀌더라도 의료의 계급적 성격은 바뀌지 않는다. 모든 환상과 반대로, 의료의 계급적(그리고 인종적·성적) 성격은 그 계급적(그리고 인종적·성적) 기원과 의료종사자의 구성을 바꾸거나 또는 그들의 교육에 약간의 새로운 가치(봉사에 대한 고상한 소명의식)를 추가한다고 해서 바뀌지 않는다. 이러한 조치들이 중요하지 않은 것은 아니지만 노동자계급과 대중에 대한 의료지식·행위·제도의 관계를 변혁한다는 근본적 문제에 비해서는 부차적인 문제다. 그러한 변혁이 이루어지지 않는다면, 새로운 의료종사자들도 결국 자본주의적 의료의 구조와 관계에서 기인하는 관행들을 재생산하고 말 것이다. 무수하게 많은 역사적 사실들이 이를 입증해준다.

자본주의에서 의료의 이중적 기능

사회적 분업에서 사회집단이 차지하고 있는 위치가 곧 기능을 결

30) N. Poulantzas, *Classes in Contemporary Capitalism*, New Left Books, 1974.

정하며, 그 역은 아니라는 점도 중요하다. 이러한 관점에서 프티 부르주아지는 사회적 분업에서 그들이 차지하고 있는 위치에 따라 '지배와 통제의 기능'(마르크스가 부르주아지의 기능 또는 자본의 기능이라고 불렀던 기능)과 '필요의 기능'이라는 이중적 기능을 갖는다. 예를 들어 공장의 감독은 두 가지 기능을 갖는다. 그 하나는 노동자와 노동과정의 조정을 돕는 것이다. 또 다른 하나는 노동자를 포함하여 그 과정을 통제하는 것이다. 전자의 기능, 즉 조정기능은 어느 사회에서나 필요한 기능이다. 전자의 기능과 마찬가지로 감독이 수행하는 후자의 기능, 즉 통제기능은 자본주의적 착취관계의 틀 내에서 작동하며 노동자를 통제하려는 목적에 봉사한다. 그것은 연합적 관계에서는 존재할 필요가 없는 기능이다.

마찬가지로 의료전문직도 이중적 기능을 지닌다. (역사적·사회적으로 결정된) 사회집단의 건강과 질병에 대한 관리와 치료라는 어떤 생산양식에서도 필요한 기능과 노동자계급과 대중에 대한 통제의 기능이다. 다음의 논점들을 강조할 필요가 있다.

첫째, 두 가지 기능이 단순히 병존하는 것은 아니며, 통제의 기능은 필요의 기능을 통해 작동한다. 달리 말하자면, 두 기능은 외재적인 관계로 존재하지 않는다. 따라서 만일 의료에 대한 요구가 없다면, 그리고 만일 이러한 의료가 부분적으로라도 질병을 해결하는 데 효과가 없다면, 그와 같은 통제의 기능도 발생할 수 없을 것이다. 이러한 관점에서 자본주의적 의료는 그것이 효과가 있기 때문에 통제의 기능을 확보할 수 있게 된 것이지 그 반대가 아니다.[31] 반의학의 입장처럼, 이와 다른 방식으로 생각하는 것은 헤겔 [또는 오히려 프루동] 식의 관념론적 사고에 불과한 것으로 민중이 무지하기 때문에 의료라는 완전한 조작에 현혹된다고 믿는 것이나 다름없다.

둘째, 의료전문직의 이중적 기능은 사회적 분업에서 그 사회집단

---

31) 카펜터는 어떤 인용이나 특정한 문헌에 대한 언급도 없이 나를 반대의 입장으로 분류해 놓고 있다. 카펜터가 마르크스주의와 급진주의의 저작들을 검토한 M. Carpenter, "Book Review", *Capital and Class*, Issue 8, 1979, p. 145를 참조하시오.

이 차지하고 있는 위치의 결과로서 개별 행위자의 의지와는 무관하다. 예를 들어 어떤 의사가 마르크스주의자라고 할지라도, 의료에서의 새로운 관계(새로운 사회적 분업)가 확립되지 않는다면, 그는 자신의 동기, 목적, 또는 의지와 관계없이 이와 같은 두 가지 기능—통제의 기능과 유익한 기능—을 재생산하게 될 것이다. 급진주의자들 사이에 만연한 의지주의라는 정치적 입장은 바로 이러한 구조적인 제약에 대한 무지로 인해 한계를 드러내게 된다. "새로운 가치"와 "문화혁명"에 대한 호소만으로는 (즉 그러한 가치가 재생산되는 기초인 물질적 구조를 제대로 이해하지 않고서는) 아무 것도 이루어질 수 없을 것이다. 의지주의가 역사적으로 실패한 사례는 무수히 많다.

셋째, 이중적 기능 중에서 자본의 기능(또는 부르주아지의 기능)이 필요의 기능을 형성한다. 이러한 관점에서 자본과 노동자계급의 관계가 갖는 적대적 성격을 이해하는 것이 중요하다. 자본은 (도덕적 범주에서의) 탐욕이 아니라 자신의 필요로 인해 노동자를 착취한다. 자본은 곧 착취된 노동이다. 따라서 자본은 노동자로부터 가능한 많은 노동력을 착출해낼 필요가 있다. 이를 위해서는 (생산의 수준에 존재하는) 지배·피지배관계가 정치적·이데올로기적인 수준에서도 재생산되어야만 한다. 따라서 자본과 노동의 관계는 모든 경제적·정치적·이데올로기적 수준과 (의료를 포함한) 사회의 전영역에서의 지배·피지배관계다. 이러한 관점에서 의료가 상품화되어 있기 때문에, 또는 의료가 시장을 통해 분배되기 때문에, 또는 의료가 가치를 생산하기 때문에 자본주의적이라고 정의하는 것은 잘못된 것이다. 의료가 국유화될 수도 있고 가치를 생산하지 못할 수도 있지만, 그렇게 되더라도 여전히 자본주의적인 것으로 남아 있을 수 있다. 의료는 사회적 분업에서의 그것의 위치로 인해 자본가계급이 지배적인 지배·피지배의 계급관계를 재생산하기 때문에 자본주의적인 것이다. 달리 말하자면, 의료를 자본주의적 또는 부르주아적 의료로 만드는 것은 (자본가계급이 지배계급인) 사회구조 내에서 의료전문직이 점하는 위치인 것이다. 다른 곳에서도 지적했던 것처럼, 널리 믿어지고 있는 것과는 정반대로, 의료를 지배하고 있는 것은 의료전문직이 아니라 부르주아지다.[32] 상징적으로 말하자면, 의료전문직은 곧 의료의 관리자다. 이러한 관점은 (피글리오가 부당하게 나를 비난했던 것처럼) 의료전문직이 단지 부르주아지의 부속물에 지나지 않는다거나 의료가 고유한 여과력을 갖고 있지 않고 부르주아지의 권력을 그대로 투과시킬 뿐이라고 믿는 것이 아니다.[33] 반대로 이는 의료지식·행위가 자율적으로 여겨지거나 의료제도가 독립적인 것처럼 보이더라도 최종적인 분석에서는 지배계급 또는 부르주아지의 정치적 지배와 이데올로기적 헤게모니에 종속된다는 것을 의미한다. 실제로 의료 영역에서 이루어진 대다수의 변화들은 의료전문직 때문에 발생한 것이 아니라 의료전문직의 존재에도 불구하고 발생한 것이다. 부르주아지의 지배는 언제나 의료에서 무슨 일이 벌어질 것인가를 최종심에서 결정한다. 나는 다른 곳에서도 그러한 계급지배가 의료에서 어떤 방식으로 나타나는가를 제시한 바 있다.[34]

그러한 지배가 의료행위와 제도뿐만 아니라 지식에서도 나타난다는 점을 다시 한번 살펴보기로 하자. 사실상 의료지식은 계급으로부터 자유로운 지식이 아니다. 유용한 의료지식이 단순히 인종주의와 성차별주의에 오염되어 있기 때문에 그러한 불순물을 제거하여 다시 완전히 유용한 지식으로 변화시킬 수 있는 것도 아니다. 나는 여기서 의료지식의 사용에 대한 통제가 아니라 그 지식의 생산에 대해 말하고 있다. 의료지식은 추상적으로 생산·재생산되는 것이 아니라 계급이 결정적인 담지자가 되는 권력관계의 담지자들을 통해서 생산·재생산된다. 의료와 과학지식이 그 자신의 자율성을 갖지 않는다는 것이 아니다. 다만 그 자율성은 의료지식을 어떻게 사용할 것인가뿐만 아니라 어떤 지식을 어떻게 생산할 것인가를 결정하는 일련의 권력관계 내에서 나타난다는 것이다. 따라서 과학과 의학이 지배

---

32) V. Navarro, *Medicine under Capitalism*, Neale Watson, 1976.

33) K. Figlio, *op. cit.*, p. 33.

34) V. Navarro, "Work, Ideology and Science".

적 이데올로기로부터 자율성을 확보할 수 있을 것인가라는 질문에 대해서는 그럴 수도 있고 그렇지 않을 수도 있다고 대답할 수밖에 없다. 이 두 범주는 이것 아니면 저것이라는 형태의 관계(선형적 사고)가 아니라, 어느 하나가 지배적인 두 개의 상호의존적 심급(변증법적 사고)으로 이해되어야 하기 때문이다. 의학이 그 자체의 내재적인 논리, 즉 과학 분과로서의 내재적 구조를 일단 확립한 이후에는 크게 변화하지 않는다는 제한된 의미에서 그 대답은 '그렇다'이다. 의료지식이 부르주아 이데올로기의 지배 아래에서 지속적으로 성장하고 있다는 주요한 의미에서 그 대답은 '그렇지 않다'이다. 의료에서 이러한 지배적인 부르주아적 이데올로기는 부르주아지의 헤게모니 아래에서 창출된 과학을 특징짓는 실증주의적이고 기계론적인 이데올로기에 대한 의료지식의 종속으로 나타난다. 실증주의와 기계론은 19세기와 20세기 유럽에서 흄, 콩트, 그리고 이후에는 뒤르켐의 저작을 통해 부르주아지의 주요한 이데올로기로 등장했다. 실증주의에 따르면, (의학을 포함한) 과학은 보편성을 구성하는 특수성에 그 초점을 맞추어야 하며, 사회적 현상은 자연법칙에 종속된 자연현상으로 간주되어야 한다. 그러한 해석에서 인과성은 직접적으로 관찰가능한 현상의 결합으로 설명된다. 의료에서의 실증주의는 질병을 상이한 부분으로 분할되는 인간의 육체에서 발생하는 생물학적 현상(예를 들어 심장학이나 신경학 등 장기에 따른 의료의 전문화), 그리고 항상 그 질병의 존재와 관련되거나 관찰가능한 하나 또는 여러 요소에 의해 야기되는 현상으로 정의하는 것으로 나타난다.[35] 의료지식에 관한 이와 같은 시각은 그 급진주의적 분파를 포함한 모든 부르주아적 의료해석에서 손쉽게 발견된다.[36] 사실 오래된 원인에 새로운—사회적 또는 환경적—원인을 추가한다고 해서 과학에 대한 부르주아적 시각이 타파되는 것은 아니다.

---

35) 'Bourgeois Dominance, Ideology and Knowledge in Medicine', in V. Navarro, "Work, Ideology and Science".

36) J. Ehrenreich, *op. cit.*, p. 13.

의료에서의 도구주의

의료의 이중적 기능, 즉 지배의 기능과 해방이라고 부를 수 있는 기능(인간을 질병으로부터 자유롭게 하는 유익한 개입)이 서로 분리된 두 가지 형태의 지식·행위·제도로 나타나는 것은 아니다. 한편에는 지배하는 의료서비스가 있고 다른 한편에는 해방하는 또 다른 의료서비스가 있는 것이 아니다. 앞에서 지적한 것처럼, 지배의 기능은 해방의 기능을 통해 작동한다. 그러므로 에렌라이히가 믿고 있는 것과 달리 의료에서 해방적 부분인 진정한 과학과 비성차별주의적·비인종주의적 구성물만 남겨두고 나머지는 청산해버리는 것은 불가능하다. 의료는 모순적인 사회적 관계이지 여러 다른 부분들로 분리될 수 있는 도구가 아니다. 달리 말하자면, 우리는 의료를 자립적 권력으로 간주하고 오직 사후적으로만 지배계급에 의해 다양한 방식으로 활용되는 것으로 파악하는 도구주의적 인식을 경계할 필요가 있다. 내가 의료를 계급관계로 환원했다고 비판했던 피글리오의 입장도 사실상 도구주의적 인식과 유사하다.[37] 그는 계급과 분리된 의료란 존재할 수 없다는 사실을 인식하지 못하는 것처럼 보인다. 계급이 먼저 확립된 후에 그 목적에 맞게 의료의 형태를 결정하고, 그 결과 의료가 사후적으로 확립되는 것이 아니다. 계급은 처음부터 의료 내부에 위치하며 의료의 결정과정에 개입한다. 의료는 자본주의의 부속물이 아니다. 자본주의적 의료는 곧 자본주의다. 말할 필요도 없이, 의료(봉건제적 의료)는 자본주의에 선행한다. 그러나 자본주의적 의료는 자본주의에 의해 침투되었고 또 결정되었다.

의료에 대한 도구주의적 시각의 또 다른 영향은 의료를 다양한 이익집단들, 즉 권력 네트워크 곳곳에 포진하여 구조적 형태를 취하면서 의료에 영향력을 행사하는 이익집단들(의사, 제약회사, 보험회사)로 구성된 것으로 파악하는 이론적 분석에서도 발견된다.[38] 다른 곳

37) K. Figlio, *op. cit.*, p. 13.

에서도 지적했던 것처럼, 이러한 이론적 입장—의료에 대한 자유주의적·급진주의적 비판에서 가장 많이 나타나는 입장—은 의료에서의 집단적 투쟁의 일련의 규칙, 가치, 파라미터를 정의하는 비가시적 행위자들을 무시한다. 또한 이는 의료 분석을 가시적인 행위자와 개인의 갈등에 관한 분석으로 축소하는데, 여기서 갈등의 성격은 그들의 행위와 동기에 따라 결정되는 것으로 간주된다.[39] 그러한 가시적 행위자가 특정한 일련의 계급관계 내에서 투쟁하고 있는 계급의 한 집단 또는 분파라는 사실은 무시되거나 부적절한 것으로 기각된다.

도구주의적 시각의 또 다른 예는 의료를 우선적·배타적으로 자본가계급의 필요에 따라 결정되는 것으로 파악하는 급진주의적 전통 속에서 종종 발견된다. 이러한 전통은 프랑크푸르트학파에 기원을 둔 것이다. 여기서 의료는 자본축적과 자본주의적 체계를 정당화하기 위해 자본이 배타적으로 정의한 역할을 우선적으로 수행하는 것으로 간주된다. 이러한 이론적 입장에서 의료는 (그리고 복지국가의 다른 구성요소들은) 부르주아지가 통제하는 도구로 간주되며 노동자계급은 그러한 도구, 즉 의료의 '외부'에 존재하는 것으로 인식된다. 말할 필요도 없이, 노동자계급의 요구가 전반적인 사회체계의 정당화에 기여하는 것으로 여겨지는 국가의 대응을 촉발할 수도 있다. 이러한 입장에서 국가는 사회적 평화와 합의를 창출하는 기능을 갖고 있는 것으로 인식된다.[40] 이러한 입장이 갖는 한계는 첫째, 계급투쟁이 국가 외부에서 일어나는 것으로 간주된다는 점, 둘째, 국가가 자본축적과 정당화라는 기능을 최대화하기 위해 부르주아지에 의해 활용되는 도구로 간주된다는 점, 셋째, 노동자계급은 단지 불만족스럽거나 (그래서 더욱 더 많은 의료서비스를 요구하거나) 또는 (의료서비스를 제공받으면서) 만족스러운 상태로만 간주된다는 점

38) J. Ehrenreich, *op. cit.*, p. 25.
39) V. Navarro, *Medicine under Capitalism*, p. 190.
40) C. Offe, "Some Contradictions of the Modern Welfare State", *Critical Social Policy*, Vol. 2, No. 2, 1982.

을 들 수 있다. 특히 노동자계급이 의료서비스에 만족하는 경우 국가의 대응은 사회질서에 대한 합의된 사회적 수용을 창출하는 데 기여하는 것으로 상정된다. 그러나 이러한 이분법적 사고는 노동자계급이 합의를 하지 않고 사회질서를 정당한 것으로 여기지도 않지만, 현존질서 이외의 어떠한 대안도 발견하지 못하기 때문에, 또는 그것을 능가할 수 있는 물리력을 갖고 있지 못하다고 생각하기 때문에 봉기하지 않는 상태일 수 있는 가능성은 배제하고 있다. 달리 말하면, 합의·정당화 패러다임은 권력의 비합의적 수용41)을 배제하고 있으며, 잘못된 기능주의적·도구주의적 국가 개념을 내포하고 있다. 국가에서 (또는 의료에서) 일어나는 모든 일이 단순히 부르주아지의 의지의 결과인 것은 아니다. 사실상 부르주아지가 의료를 결정하는 유일한 세력이거나 또는 의료를 자신의 요구에 맞게 재단할 수 있다고 보기는 어렵다. 그리고 의료가 전적으로 지배계급 또는 '지배계급이 고용한 정치인'의 의지에서 비롯된 것이라고 볼 수도 없다. 오히려 반대로 부르주아지의 의료지배는 부르주아지만이 전적으로 행사하는 권력이 아닌 일련의 권력관계 내에서 이루어진다. 지배계급은 지배체제 아래로 결코 흡수되거나 포괄되지 않는 피지배계급을 필요로 한다. 계급은 계급투쟁과 독립적으로 존재하지 않는다. 이러한 관점에서 의료를 자본주의적 의료 또는 부르주아적 의료로 정의하는 것은 의료가 부르주아지에 의해 통제되는 도구라는 뜻이 아니라 부르주아가 지배적인 계급투쟁의 과정에서 의료가 결정된다는 것을 의미한다. 의료는 사물이 아니라 계급관계가 핵심적 역할을 하는 사회관계다. 그러므로 노동자계급은 항상 의료 내부에 존재하며, 부르주아지에 대한 그들의 투쟁도 언제나 의료 내부에서 형성된다. 따라서 의료를 결정하는 기본적인 요소는 계급투쟁, 즉 부르주아지의 지배하에서 발생하는 계급투쟁이다. 요컨대 의료지식·행위·제도는 계급관계와 계급투쟁을 핵심으로 하는 권력관계의 총체다.

---

41) 이 점에 대한 좋은 논의로는 G. Therborn, *The Ideology of Power and the Power of Ideology*, New Left Books, 1980, p. 109.

마찬가지로 미국의 급진주의자들에 대한 스타크의 비판도 이러한 사실을 인식하지 못하기 때문에 한계적일 수밖에 없다.[42] 그는 사실상 국가와 의료의 외부에 자율적인 공간을 창출하자는 주장을 옹호하는데, 이러한 규범적 목표는 노동자계급(또는 다른 어떤 사회적 피지배자, 예를 들어 여성)이 국가 외부에 존재할 수 있다는 것을 의미한다. 실제로 스타크는 미국에 국가보건서비스가 존재하지 않는 이유가 노동자계급의 힘이 약했기 때문이 아니라 강했기 때문이라고 믿고 있다. 그러나 이러한 입장은 기본적으로 국가를 통제와 신비화의 도구로 파악하는 도구주의적 개념을 재생산하는 것이다. 따라서 국가와 의료의 확대는 일차적으로 통제의 확대로 간주된다. 그러나 국가(그리고 의료)의 확대는 일련의 지배·피지배관계 내에서 수행되는 계급투쟁(또는 다른 형태의 투쟁)의 결과로 이해해야 한다. 그러한 지배·피지배관계에서 피지배계급과 집단도 국가 및 의료의 확대의 형태와 성격을 결정하는 데 영향을 미치며, 그러한 투쟁에서 국가는 그 투쟁을 종합하는 기구가 된다. 복지국가는 노동자계급의 역량의 결과다. 미국에서 복지가 크게 발전하지 못한 이유는 미국 노동자계급의 역량이 강했기 때문이 아니라 약했기 때문이며, 이러한 취약성으로 인해 미국 노동자계급의 조직들은 확대된 복지국가를 끊임없이 요구해 왔지만 결국 그것을 획득하지 못했다.

의료에서의 계급투쟁

계급투쟁은 의료에서 어떻게 나타나는가? 노동자계급은 의료에서 어떻게 나타나는가? 여기서 몇 가지 논점에 대해 분명하게 언급해두고자 한다. 의료에서 노동자계급의 존재는 도구주의자들이 믿고 있는 것처럼 명확히 파악될 수 있는 부분으로 나타나는 것이 아니

42) E. Stark, "Limits of Radical Health Criticism", *International Journal of Health Science*, Vol. 12, No. 3, 1982, p. 441.

다. 즉 의료는 부르주아적 부분(예를 들어 병원의학과 치료의학)과 노동자계급적 부분(산업의학과 예방의학)으로 구분될 수 있는, 분명하게 파악되는 사물이 아니다. 마찬가지로 부르주아 국가를 부르주아적 부분(예를 들어 억압장치)과 사회주의적 부분(국가보건서비스와 사회보장)으로 구분할 수 있는 것도 아니다. 의료는 특정한 정세에서 계급과 계급분파의 세력관계가 특수하게 물질적으로 응축된 것이다. 예를 들어 부르주아적 의료의 기원은 19세기 계급투쟁의 결과로 간주될 수 있다. 당시에 특정한 계급적 이익과 연계된 의료에 대한 상이한 시각들이 본질적으로 계급투쟁으로 간주될 수 있는 투쟁에 깊이 관련되어 있었다. 부르주아적 입장과는 정반대로, 의료의 역사는 과거의 발견에서 시작된 선형적인 진화가 아니었다. 부르주아적 의료는 부르주아적 의료사에서 묘사되는 것과는 달리 과거의 발견들(예를 들어 1628년 하비(W. Harvey)의 혈액순환 발견, 1683년 반 레이벤훅(A. van Leeuwenhoek)의 현미경 발견 등)을 그대로 상속한 것이 아니었다. 이러한 발견들이 과학적 의료를 창조한 것은 아니었다. 오히려 과학과 의료에 대한 실증주의적 인식을 확립한 것은 바로 산업부르주아지의 승리였다. 이러한 과거의 발견들이 과학적 의료의 기원으로 제시되는 것은 세력관계의 변화에 따라 부르주아지가 승리함으로써 산업자본주의에서 지배계급이 되었기 때문이었다.[43] 이러한 관점에서, 과학적 의료는 과거의 지식이 선형적으로 성장한 것이 아니며, 오히려 쿤(T. Kuhn)의 개념을 사용하자면, 패러다임의 변화가 일어난 것이다.[44] 질병에 대한 새로운 실증주의적 시각을 채택한 새로운 패러다임은 최종심에서 그 사회의 새로운 사회적 세력관계에 따라 결정된 하나의 전환 또는 단절을 보여주는 것이다. 그런데 이러한 결정성을 제대로 인식하지 못하기 때문에 쿤의

43) 'Bourgeois Dominance, Ideology and Knowledge in Medicine', in V. Navarro, "Work, Ideology and Science".

44) T. Kuhn, *The Structure of Scientific Revolutions*, University of Chicago Press, 1962.

주장은 물론이고 파이어아벤트(P. Feyerabend)의 주장도 한계를 갖는다.[45] 쿤과 파이어아벤트는 모두 그들의 입장에 불리할 가능성이 있는 핵심적 주제, 즉 위대한 과학적 발견들의 사회경제적·정치적 결정요인을 전혀 고려하지 않는다. 파이어아벤트의 작업이 지니는 더 큰 오류는 변화가 출현하거나 중단되는 문제에서 과학자에게 결정적인 역할을 부여했다는 점이다. 예를 들어 그는 흑인, 멕시코인, 그리고 인디언의 상태를 조사하는 과정에서 "미국에 남아 있는 비서구적 유산들의 정신적 비참함의 대부분은 우리의 지도적 철학자·과학자·과학철학자의 무지한 지적 파시즘 때문"이라고 썼다.[46] 그러나 문제의 근원은 파이어아벤트가 깨달은 것처럼 보였던 것보다 한층 더 심각하다. 그는 왜 그러한 "파시즘적" 사고가 지배적 또는 대표적 사고가 되었는가라는 핵심적 문제에 대해서는 손을 떼고 있다.

계급투쟁과 의료제도

2차 세계전쟁 이후 복지국가의 구성요소가 된 국가적 의료지출과 보건규제의 확대는 부르주아지가 그러한 서비스와 정책을 제공하도록 강제한 노동자계급의 역량이 강화된 결과였다. 그러나 부르주아지가 계급투쟁에서 지배적인 계급이었기 때문에 그러한 서비스와 정책은 노동자가 요구한 유익하고 해방적인 기능과 더불어 통제의 기능을 갖게 되었다.

요컨대, 의료(그리고 복지국가)의 이중적 기능은 일련의 계급투쟁의 세력관계 속에서 지속적으로 나타난다. 노동자계급은 자신의 고통을 개선할 수 있는 효과적인 사회·의료서비스를 요구한다. 그러나 부르주아지의 지배 때문에 그러한 서비스는 지배를 유지하려는 의도와 성격을 갖고 제공된다. 노동자계급은 기본적으로 자신의 필요

45) P. Feyerabend, *Science in a Free Society*, New Left Books, 1978.
46) *Ibid.*, p. 207.

성 때문에 의료를 요구하지만, 부르주아지는 지배과정의 일부로 그것을 제공할 뿐이다. 그렇지만 의료를 근본적인 의미에서 통제의 과정으로 인식하는 것은 예를 들어 국가보건서비스에 대한 노동자계급의 요구가 더 많은 통제에 대한 요구라고 믿는 것과 같다. 노동자계급이 급진주의적 주장을 지극히 부적절한 것으로 인식하는 것은 조금도 놀랄 일이 아니다. 이러한 의료서비스를 쟁취하는 일은 노동자계급이 땀과 눈물을 흘릴 만큼 가치 있는 일이다. 바로 이 때문에 레이건 정부가 그러한 의료서비스와 (산업안전보건청과 같은) 정부정책을 축소하려 했을 때, 노동자계급은 1981년에 미국의 수도에서 일어난 가장 큰 시위 가운데 하나였던 '연대의 날' 가두시위를 벌였던 것이다. 이러한 점에서 노동자계급이 급진주의자들보다 더 변증법적인 사고를 하고 있는 것처럼 보인다. 급진주의자의 선형적 사고가 노동자계급에 대한 이해를 제한하고 있는 것이다.

마지막으로 언급해둘 것은 의료의 확대가 노동자계급을 기만하거나 억압의 현실을 은폐하려는 부르주아지의 의도에 따라서만 이루어지는 것이 아니라는 점이다. 부르주아지나 의료전문직이 노동자계급을 기만하는 것은 아니다. 기만한다는 것은 곧 진실을 알고 있다는 것을 의미한다. 그러나 어떤 사회집단도 그러한 진실을 알고 있지는 않다. 부르주아지의 지배를 자본가계급의 음모 또는 자본가 개인의 의도로 볼 수는 없다. 오히려 그것은 계급관계의 구조 내에서 인식되어야 한다. 그러한 구조 내에서 부르주아지의 이해관계는 현실에 대한 자신의 전망을 설명한다. 부르주아지가 제시하는 현실에 대한 전망은 보편적이고 모든 집단에게 유효한 것처럼 설명된다. 이러한 점을 지적하는 이유는 종종 부르주아지가 의료와 같은 유혹을 이용하여 노동자계급을 지속적으로 조작하고 포섭한다는 분석이 제시되기 때문이다. 이러한 시각은 계급적 권력관계를 간개인적 관계와 동기로 환원한다. 그리고 특정한 수단 또는 좌익적 전략을 그것이 얼마나 조작되고 포섭될 수 있는가에 따라 평가한다.

계급권력과 성적·인종적 권력

말할 필요도 없이, 의료에서의 모든 권력관계가 계급관계인 것은 아니다. 이 글에서 특히 계급관계를 강조하는 이유는—마르크스주의적 문화와 전통이 결여된—미국에서 자유주의와 급진주의의 대다수 비판들이 의료에 대한 마르크스주의적·계급적 비판을 무시·축소·기각·상투화해 왔기 때문이다. 그 대신 일련의 '이익집단' 분석이 계급관계를 생략 또는 오도하는 담론과 함께 제시되어 왔다. 이러한 사례들에서 계급은 줄곧 하나 이상의 '이익집단' 또는 위계, 소득, 지위와 같은 것으로 언급된다.

계급관계를 강조하는 또 다른 이유가 있다. 그것은 계급으로 분화된 사회에서는 계급투쟁이 그 사회의 원동력이며 계급권력이 권력의 진정한 토대이기 때문이다.47) 인종적·성적 권력과 같은 또 다른 형태의 권력은 계급권력에 의해 재구성되며 계급관계로서 매개되고 재생산된다. 계급권력은 다른 권력들을 횡단하며, 그것들을 활용하고, 그것들에게 특수한 정치적 의미를 부여한다. 예를 들어 부르주아지는 의료를 포함하는 생활의 모든 영역에서 계급지배를 강화·재생산하기 위해 인종주의와 성차별주의를 활용한다. 의료에서의 인종주의와 성차별주의는 부르주아지의 의료지식·행위·제도를 통해 나타난다. 인종주의와 성차별주의는 서로 독립적으로 나타나는 것이 아니라 계급지배적인 의료를 통해 서로 강화하는 형태를 취한다.

요컨대, 서로 독립적으로 발생해서 분리된 채로 스스로를 재생산하는 일련의 착취형태들(계급적, 인종적, 그리고 성적 착취)이란 존재할 수 없다. 모든 형태의 착취는 서로를 강화시키며 궁극적으로는 동일한 계급, 즉 지배계급인 자본가계급에게 봉사한다.

실제로 마르크스주의가 모든 형태의 권력이 사회 전역에서 창출·재생산된다는 사실을 부정하지 않는다는 점도 강조될 필요가 있다.

47) N. Poulantzas, *State, Power and Socialism*, New Left Books, 1980, p. 44.

그러나 모든 곳에 '미시권력의 다원주의'가 존재한다고 주장하는 한창 유행 중인 권력이론에 대해서는 약간의 평가가 필요하다. 푸코와 프랑스의 새로운 철학자들이 도입한 이러한 입장은 사회에서 권력관계의 재생산을 조직하는 특정한 사회집단을 상정하지 않고 권력이 광범위하게 분포된 것으로 인식한다.48) 이는 미국에서 예전이나 지금이나 지배적인 다원주의적인 이론적 입장을 프랑스식으로 재활용한 것에 다름 아니다. 정치적 담론에서 이러한 이론적 입장은 미국사회를 어떤 특정 집단도 다른 집단을 지배하지 못하고, 일련의 견제와 균형이 존재하는 다원주의 체계로 정의하는 것으로 표현된다. 이러한 권력이론은 권력을 분산시킴으로써 계급권력이 사회의 모든 권력관계의 재생산에서 차지하는 중심적인 역할을 부인하고 자본주의 사회를 지양할 수 있는 가능성을 부정한다. 사실상 이러한 이론적 입장은 체계를 결정하고 재생산하는 과정에서 모든 형태의 권력이 똑같이 중요하다고 인식함으로써, 변화를 위한 주체와 수단, 또는 현존 질서를 지양하기 위해 요구되는 개입에 집중하는 것을 가로막는다. 계급의식적 노동자계급과 마르크스주의적 운동이 존재하지 않는 대신 다양한 소규모 저항이 빈발하는 미국만큼 자본주의 질서가 강력한 나라는 이 세상 어디에도 없을 것이다. 이것이 바로 카스텔스(M. Castells)가 언급한 바 있는 "다원주의의 빈곤"이다.49)

자본주의에서 권력은 어느 곳에서나 존재하지만 모든 권력은 계급적 의미를 갖는다. 바로 이 때문에 노동자계급이 자본주의의 지양에서 결정적으로 필수불가결한 세력이 된다. 이러한 현실에 대한 몰이해는 인민주의로 귀결된다. 인민주의에서는 계급투쟁의 요소들이 법인기업과 의료전문직에 대항하는 인민이라는 시나리오로 희석된다. 여기서 인민은 모든 저항적 집단과 그 잠재적·현실적 지지자를 포함한다. 이러한 입장에서 변화를 위한 주체는 단지 동원을 위한

48) M. Foucault, *La volonté de savoir*, Gallimard, 1977; G. Deleuze, "Ecrivan non: un nouveau cartographe", *Critique*, 1975.

49) 개인 서신.

추상적인 주체 또는 분화되지 않은 범주, 즉 애매모호한 공동체로 간주된다. 계급이 사라져버리고 '인민'이라는 더 넓은 범주로 흡수됨으로써 많은 급진주의적 입장은 궁지에 처하게 된다.[50]

나는 미국의 급진주의자들이 이러한 입장을 계급환원론으로 기각하고 내가 모든 권력이 계급권력으로 환원된다는 견해를 지지한다고 주장할 것이라는 사실을 이미 알고 있다는 점을 덧붙이고 싶다. 나아가 나의 주장이 그러한 의미가 결코 아니라는 점을 더욱 강조하고 싶다. 한 개인의 권력적 위치라는 것은 계급이 그 유일한 파라미터인 지배·피지배 권력관계의 모체(matrix)에서 개인이 어떤 위치를 차지하는가에 좌우된다는 점을 나는 충분히 잘 알고 있다. 물론 인종·성·국적 등과 같은 것이 권력의 범주인 것도 사실이다. 그러나 이러한 권력의 범주들이 외재적인 조건에서 서로 연관되는 것은 아니다. 즉, 어떤 것이 다른 어떤 것에 대해서 독립적이거나 다른 어떤 것의 외부에 존재하는 것이 아니다. 계급사회에서 계급은 이러한 다른 형태의 권력들이 존재하도록 조직하는 권력의 모체가 된다. 미국의 급진주의자 고든은 이러한 현실을 제대로 이해하지 못하기 때문에 플렉스너주의적 의료의 탄생을 의료제도의 '남성적 영유'로 인식한다.[51] 그러나 플렉스너주의적 의료의 탄생은 사실상 그 이상의 의미를 갖는다. 그것은 단순한 '영유'가 아니라 특정한 계급(나아가 성)이 의료형태의 변화과정을 지배하는 사회구성체에서 특정한 의료제도를 창조한 것이다. 성과 계급은 그러한 지배과정의 단순한 두 가지 부차적인 특징이 아니다. 실제로 의료에서 성적 지배가 등장한 것 자체가 분명한 계급적 의미를 갖는다.[52]

---

50) K. Figlio, *op. cit.*

51) L. Gordon, "The Politics of Birth Control, 1920-1940", in J. Ehrenreich, *op. cit.*

52) 이러한 관점에 대한 훌륭한 논의로는 Stark, *op. cit.*, pp. 449-551을 참조하시오.

국가와 사회주의

현실에 대한 설명에서 계급권력에 대한 인식이 부재하기 때문에, 많은 급진주의적 분석은 생산관계의 구성적 세력인 동시에 의료를 비롯한 사회의 모든 수준에서 실현되는 권력으로서 국가에 대한 인식을 결여하고 있다. 실제로 의료가 사적으로 존재하는가 아니면 공적으로 존재하는가와 무관하게 국가는 의료지식·행위·제도에서 나타나는 권력관계를 재생산하는 데 핵심적 역할을 담당한다. 국가의 역할을 망각할 경우, 정치적 실천에서 두 가지 오류에 빠지게 된다. 그 하나는 의료에 종사하는 대중을 동원하여 의료의 문화와 가치를 바꿈으로써 의료를 변화시키자는 주장이다. 이러한 문화주의적 전략은 에렌라이히가 그랬던 것처럼, 인민의 상상력에 호소하여 의료문화와 이데올로기의 변화를 추구하지만 그러한 이데올로기와 문화를 재생산하는 국가의 구성적 역할을 무시하는 주관주의와 의지주의로 빠질 위험이 크다.

또 하나의 잘못된 전략은 국가를 무시하고 국가의 외부에서 제도를 발전시키고자 하는 낡은 전략이다.[53] 마르크스보다는 바쿠닌의 유산이라고 할 수 있는 이러한 전통은 "느슨한 자율적 공동체"의 발전을 문제의 해결책으로 파악한다. 그러나 핵심적으로 제기되어야 할 문제는 어떻게 그러한 목표에 도달할 수 있는가라는 점이다. 레닌은 물론 마르크스 역시 사회주의를 건설하기 위해서는 노동자계급이 국가권력을 장악할 필요가 있다고 언급했다.[54]

이러한 두 전통은 국가가 집단적·개인적 생활의 모든 영역을 지배하는 국가주의로 귀결된다는 이유로 마르크스주의적 전통을 기각한다. 마르크스주의에 대한 이러한 독해에 따르면, 당이 국가를 영

53) J. Eyer, "Stress Related Mortality and Social Organization", *Review of Radical Political Economics*, Vol. 9, No. 1, 1977, p. 1.
54) K. Marx, "Carta a J. Weydemeyer, 5 Marzo 1852", in *Obras Escogidas*, II, p. 456.

유하여 국가가 된다. 그러나 일부 국가들에서 이러한 가능성이 현실로 나타났다는 사실이 국가주의의 불가피성을 의미하지는 않는다. 또한 그러한 현실로 인해 마르크스와 마르크스주의가 비난받을 이유도 없다. (자칭 마르크스의 계승자를 자임하는) 스탈린 때문에 마르크스를 단죄한다는 것은 (자칭 그리스도의 계승자라고 주장하는) 프랑코 때문에 그리스도를 단죄하는 것과 마찬가지이다. 따라서 사회적 권력관계를 재생산하는 데 있어서 자본주의적 국가가 핵심적인 역할을 수행한다는 것을 인식한다고 해서, 그리고 어떤 혁명전략에서도 국가권력을 장악하는 것이 중요하다는 것을 인식한다고 해서, 그것이 마르크스주의를 국가주의 또는 '혁명이 이루어지기 전에는 아무 것도 바뀔 수 없다'는 입장으로 변형시키는 것은 아니다.[55] 그러므로 이처럼 악의적인 해석은 생산적 논의가 아닌 분파적 논쟁에 해당하는 것이다. 사회적 권력관계의 재생산에서 국가권력이 갖는 커다란 중요성을 인식한다는 것이 모든 혁명적 활동을 국가에 집중해야 한다거나 모든 의미 있는 변화들이 혁명의 그날까지 유예되어야 한다는 것을 의미하지는 않는다. 자본주의와 사회주의, 그리고 공산주의에 대한 제한적 이해로 인해, 그리고 생산양식과 의료형태의 이행의 문제에 대한 제한적인 인식으로 인해, 급진주의자들은 너무나 쉽게 마르크스주의적 입장을 상투화시켜버리고 마는 것이다.

사회주의적 의료

사회주의적 의료를 정의하기 위해서는 먼저 자본주의, 사회주의, 그리고 공산주의가 무엇인가를 이해해야 하며, 어느 하나에서 다른 것으로의 이행이 함의하는 바를 인식할 필요가 있다. 마르크스에 따

55) 마르크스주의자들에 대한 이런 식의 비판은 급진주의자들에게서 흔히 나타나는 비판들 중 하나다. 카펜터, 피글리오, 에렌라이히는 이런 식의 비판에 열중한다.

르면, 사회주의는 독자적인 생산양식이 아니다. 사회주의는 자본주의적 생산양식에서 공산주의적 생산양식으로 이행중인 사회구성체다. 그리고 마르크스는 공산주의적 생산양식을 착취관계가 아닌 연합관계에 의해 결정되는 생산양식으로 정의한다. 생산수단의 사회적 소유가 확립되고 사회의 어떤 부분도 다른 부분에 대한 착취를 통해 생활하지 않게 될 때 연합관계가 형성될 수 있다.[56] 사회구성체로서 사회주의는 자본주의적 생산양식과 공산주의적 생산양식 양자를 모두 포함한다. 자본주의적 의료는 자본주의적 착취관계에 의해 결정되는 의료이며, 공산주의적 의료는 연합의 조건 아래에서 확립되는 의료다. 반면, 사회주의적 의료에서는 자본주의적 의료와 공산주의적 의료라는 두 가지 의료형태가 적대적인 모순관계로 존재한다.

자본주의에서 공산주의로의 이행에서 두 가지 논점이 강조될 필요가 있다. 그 하나는 이러한 이행이 특정한 사회구성체 내에서 이루어진다는 점이다.[57] 그러나 자본주의에서 사회주의로의 이행은 봉건제에서 자본주의로의 이행과는 다른 논리를 따른다. 자본주의적 관계는 봉건제의 태내에서 성장했고, 이 과정에서 자본주의적 생산력 및 생산관계(즉 경제적 토대로서 생산양식)는 국가가 새로운 자본주의적 토대에 더 잘 적응하도록 이데올로기와 정치구조의 변화를 강제했다. 예를 들어 프랑스에서 봉건제에서 자본주의로의 경제적 토대의 이행은 1789년의 대혁명에 선행한 것이었다. 프랑스에서 자본주의적 생산양식은 프랑스 혁명 이전에 이미 지배적인 것이었다. 혁명을 통해 달성된 부르주아지에 의한 국가권력의 장악은 경제적 토대에 이미 존재했던 부르주아지의 지배를 공고화하는 것이었다. 그러한 이행과정에서 정치는 경제적인 변화에 뒤따른 것이었다. 자본주의적 생산양식의 일부로서 부르주아적 의료도 마찬가지의 진

56) Harnecker, *op. cit.*
57) 이 부분은 V. Navarro, "The Limits of the World Systems Theory in Understanding and Defining Capitalist and Socialist Formation", *Science and Society*, Vol. 46, No. 1, 1982, pp. 77-90을 요약한 것이다.

화과정을 밟았다. 의료에서의 자본주의적 관계는 자본주의와 함께 성장했으며, 부르주아적 의료는 부르주아지가 권력을 장악하기 이전에 이미 (봉건제 의료에 비해) 지배적인 형태였다.

그러나 자본주의에서 공산주의로의 이행은 이와 다르다. 공산주의적 생산관계는 자본주의의 태내에서 탄생할 수 없다. 실제로 노동자가 스스로 관리하고 통제하는 공장 몇 개를 갖는다고 해서, 그러한 사실이 자본주의라는 바다에 공산주의라는 섬이 존재한다는 것을 의미하지는 않는다. 그 공장에서 무엇이 생산되는가, 그리고 어떻게 생산되는가라는 문제는 여전히 자본주의적 사회구성체에서 지배적인 자본주의적 사회관계에 의해 정의되는 분업에 따라 결정된다. 자본주의에서 공산주의로 이행하기 위해서는 그러한 사회구성체의 노동자계급이 국가권력을 장악하여 공산주의적 생산양식을 향한 생산력과 생산관계의 변화를 강제할 필요가 있다. 그러한 이행을 위해서는 국가에서의 정치적 관계가 가장 먼저 확립되어야 한다. 노동자계급과 그 동맹세력에 의한 국가권력의 장악은 공산주의를 향한 생산력과 생산관계의 변화의 기초를 확립하는 것이다. 따라서 자본주의에서 사회주의로의 이행은 혁명적 정치행위가 생산관계의 변화에 선행하는 이행이다. 새로운 사회구성체—사회주의—에서는 여전히 자본주의적 생산양식과 상이한 생산양식이 공존하고 있을 것이다. 사회주의에서 다양한 생산양식과 형태가 어느 것도 특별히 지배적인 위치를 차지하지 못한 채 서로 균형을 이루면서 존재할 수도 있다. 이러한 이행은 마치 봉건제에서 자본주의로의 이행이 그러했던 것처럼 수 세기가 걸릴 수도 있다. 사회주의적 사회구성체에서 그러한 이행의 방향은 기본적으로 그 사회구성체 내에서의 계급투쟁에 달려 있다. 사회구성체를 사회주의로 정의하는 핵심적인 기준은 그 사회구성체의 정치적 심급을 노동자계급과 그 동맹세력이 통제하고 있는가 여부이다. 볼셰비키 혁명에서 신경제계획(NEP) 기간 중에 이루어진 자본주의적 생산양식의 확대는 자본주의로의 회귀를 의미하지 않았다. 볼셰비키 혁명의 사회주의적 성격은 그러한 사회구성체에서 자본주의적 생산양식이 차지하는 '크기'에 따라 결정되는 것이 아니라 국가에 대한 노동자계급의 통제 정도에 따라 결정된다. 달리 말하자면, 사회주의 또는 공산주의로의 이행을 인식하고 정의하기 위한 핵심적 논점은 첫째, 노동자계급이 국가에 대해 어느 정도의 통제를 행사하고 있는가, 둘째, 그러한 통제가 그 사회에 대한 공산주의적 생산양식의 궁극적 지배를 위해 상이한 생산양식 사이의 세력균형을 얼마나 변화시켰는가라는 점이다.

요컨대, 봉건제에서 자본주의로의 이행에서 정치적·이데올로기적 관계는 경제적 토대에서—자본축적의 법칙을 통해—자생적으로 나타난 생산관계를 확립·지지하기 위해 출현하는 반면, 자본주의적 생산관계에서 공산주의적 생산관계로의 이행은 자동적으로 일어나는 것이 아니다. 그러한 사회주의적 이행에서는 정치적인 관계가 우선적으로 확립되어야 한다. 노동자계급과 그 동맹세력은 국가권력을 장악·유지해야 하며 경제적인 변혁을 이끌어야 한다. 여기서 몇 가지 논점을 분명히 확인하자. 그 하나는 국가권력의 장악이 노동자계급을 위해 특정 집단, 엘리트, 또는 정당이 국가권력을 획득하는 것을 의미하지는 않는다는 것이다. 그러한 집단이 노동자의 기대에 따라 사회를 관리함으로써 자신들의 국가권력을 충분히 정당화할 수 있다 할지라도 그것은 결코 실질적 변혁이 될 수 없다.

마찬가지로 정치적 통제를 단순한 법적 범주로, 즉 생산수단의 국유화만으로 이해하지 말아야 한다는 것이다. 경제관계에 대한 국가의 통제는 단지 법적 소유라는 차원에서뿐만 아니라, 그러한 수단에 대한 경제적 영유라는 차원에서, 즉 그것을 작동시키는 경제적 능력이라는 차원에서 정의되는 것이다. 달리 말하자면, 노동자계급이 생산수단과 노동과정을 통제하기 위해서는 국가를 통해서 생산수단을 소유할 뿐만 아니라 그것을 영유해야 한다. 국가권력을 장악하자마자 이것이 달성될 수는 없다. 노동과정에는 그 과정에 필수적이지만 자본주의적 관계를 재생산하는 기술자나 관리자와 같은 행위자들이 존재한다. 노동자계급은 국가권력에 대한 통제를 통해 새로운 생산관계에 상응하는 사회적이고 기술적인 생산관계를 재정의하면서 노동과정의 변화를 지속적으로 주도할 수 있다. 경제관계에 대한 사회주의 국가의 통제 여부는 기본적으로 해당 사회주의 사회에서의 정치적·이데올로기적·경제적 차원에 존재하는—계급투쟁의 결과인—세력간 상호관계에 따라 결정된다. 그러한 통제가 이루어지기 위한 필수적 조건은 노동자계급이 국가권력을 장악하는 것이다.

지금까지의 논의에 따르면, 공산주의적 의료(또는 연합관계에 기초한 의료)는 자본주의적 국가가 재생산하는 착취관계에 기초한 체계인 자본주의에서는 존재할 수가 없다. 공산주의적 의료를 확립하기 위해서는 국가권력을 장악하고 사회주의 국가를 건설할 필요가 있다. 여기서는 자본주의적 의료형태와 공산주의적 의료형태를 모두 포함하는 사회주의적 의료형태가 형성될 것이다. 공산주의적 의료가 지배적·헤게모니적 형태가 될 것인지 여부는 계급투쟁 과정에서의 세력간 상호관계에 달려 있다. 자본주의적 의료에서 공산주의적 의료로의 이행은 장기적인 과정이 될 것이다.

이 시점에서 몇 가지 논점을 명확히 할 필요가 있다.

첫째, 자본주의적 의료에서 사회주의적 의료로의 이행은 의료지식·행위·제도의 부정(또는 파괴)을 의미하는 것이 아니라 자본주의적 의료형태에서 공산주의적 의료형태로의 변혁을 의미한다. 이러한 변혁이 병원과 기술을 토대로 하는 개인적·임상적·치료적인 육체적·정신적 개입에 우선권을 부여하는 의료유형에서 예방적·산업의학적·환경적·사회적 개입에 우선권을 부여하는 다른 의료유형으로의 변화만을 의미하지는 않을 것이다. 자본주의적 의료에서 공산주의적 의료로의 변화는 자원분배의 우선 순위에서의 변화를 의미할 뿐만 아니라, 나아가 훨씬 더 중요한 변화, 즉 그러한 자원의 생산에서의 변화를 의미한다. 공산주의적 의료는 보건의료 분배의 변화를 의미할 뿐만 아니라 가장 중요하게는 보건의료 생산의 변화를 함축한다. 자본주의적 의료에서 건강·질병·의료는 지배계급에 의해 존재론적으로 정의되고 '전문가'에 의해 관리된다. 반면 공산주의적 의료에서 건강·질병·의료는 착취·피착취와 무관한 의료지식·행위·제도를 생산하는 분업 내에서 착취받지 않는 새로운 집합적 행위자에 의해 정의·재생산될 것이다.

둘째, 혁명세력이 권력을 장악한 직후의 사회주의 사회에서는 공산주의적 의료가 지배적·헤게모니적 의료가 될 수 없다. 공산주의적 관계에 부응하는 새로운 형태의 의료지식·행위·제도가 확립되기 전까지는 부르주아적 의료를 재생산하는 지식·행위·제도가 사회주의적 의료에 불가피하게 존재하고 여전히 필요할 것이다. 그러나 공산주의적 의료형태는 혁명과정 중에 일찍 확립될 수 있고 또 확립될 필요가 있으며, 이미 자본주의 아래에서 확립되어 있던 준공산주의적 형태 위에서 건설될 수도 있다.

셋째, 이러한 변혁의 과정에서 자본주의적 의료와 공산주의적 의료의 계급투쟁이 사회주의적 사회에 존재할 것이다. 그것은 적대적인 두 가지 관계, 즉 연합의 관계와 착취의 관계에 상응하는 의료의 두 가지 적대적 형태다. 의료(그리고 사회 전체)에서의 계급투쟁은 모든 사회주의적 사회에 존재할 것이다.

넷째, 한 가지 중요한 신화가 (의료에 대한 부르주아적 시각의 지원을 받으면서) 이데올로기적 계급투쟁에서 발생하는데, 그것은 의료가 모든 계급이 자신의 용도에 따라 차지할 수 있는 비계급적인 도구라는 주장이다. 나는 이미 의료의 중립성과 그로부터 유래하는 도구주의적 개념에 대해서 비판한 바 있다. 앞에서 지적한 것처럼, 부르주아적 이데올로기가 노동자운동으로 침투하는 가장 흔한 방식은 노동자들이 과학과 의료를 포함한 생산력의 중립성이라는 개념을 수용하는 것이다. 따라서 부르주아적 의료는 중립적인 것으로 인식되어 왔고 사회주의적 의료는 공평하게 분배되는 의료로 인식되어 왔다. 이러한 입장은 의료에서의 계급관계를 재생산하는 방향으로 귀결된다. 이 이데올로기의 재생산이 물질적 토대를 갖고 있다는 점을 강조하고 싶다. 즉 이 이데올로기는 그들이 어떻게 불리는가(예를 들어 의료노동자), 그리고 그들이 얼마나 많은 보수를 받는가와 관계없이, 의료전문직과 프티 부르주아지의 다른 구성원들에게 유리한 의료에서의 권력관계를 재생산한다. 그리고 이 이데올로기는 새로운 또는 낡은 계급이 지배적인 계급이 되게 하는 사회 질서를 재생산한다. 결론적으로 이는 사회 전체의 계급관계를 재생산한다.

다섯째, 부르주아적 의료에서 공산주의적 의료로의 변혁은 의료 종사자를 대체하거나(계급·인종·성에서 새로운 노동자), 그의 교육에 새로운 가치를 추가하거나, 또는 의료 내부의 우선 순위를 변경하는 것만으로 달성될 수 없다. 그것은 의식적·정치적으로 의료에서의 사회관계를 변화시킴으로써, 나아가 노동자계급과 대중이 간접적 대표나 위임이라는 매개를 넘어 의료지식·행위·제도를 직접적으로 통제함으로써 달성될 수 있다. 따라서 공산주의적 의료는 공평하게 분배되는 부르주아적 의료가 아니라, 보건의료의 생산과 재생산 과정에서 연합이라는 새로운 관계에 의해 창출되는 질적으로 새로운 형태의 의료다. 마찬가지로 사회주의적 의료는 두 가지 형태의 의료—부르주아적 의료와 공산주의적 의료—를 모두 포함하고 있지만, 노동자계급과 대중의 통제 아래 있는 새로운 형태의 의료다. 사회주의에서는 노동자계급과 대중이 기본적으로 직접적 참여를 통해 의료지식·행위·제도의 집단적 창출과정을 통제한다. 이러한 관점에서 사회주의적 의료는 그 맹아적 형태가 자본주의에서도 이미 나타날 수 있는 민주화된 의료의 가장 완전한 표현이 될 것이다.

여섯째, 사회주의적 의료에서의 계급투쟁은 사회구성체 수준에서의 계급투쟁과 접합되어 있다. 그러므로 의료·교육 그리고 다른 서비스에서의 전문가집단의 권력은 의료·교육 등의 지식 또는 실천에 대한 통제에서 비롯되는 것이 아니라 기본적으로 사회주의 사회의 계급구조 및 관계에서 그들이 차지하는 위치에서 비롯되는 것이다.

일곱째, 사회주의에서 수행되는 자본주의적 의료에서 공산주의적 의료로의 이행은 생산력의 성장과 함께 자동적으로 이루어지도록 미리 결정되어 있는 것이 아니다. 그것은 노동자계급이 그 과정에서 패배할 수도 있는 정치적·이데올로기적 계급투쟁이다.

자본주의에서 사회주의로의 이행

이러한 이행에서 우선적인 문제는 국가권력의 장악이다. 그러나 이는 무엇을 의미하는가? 일부 급진주의적 조류와 마르크스주의적 조류의 의료에 대한 도구주의적 시각은 국가에 대한 그들의 인식에서도 나타난다. 그들에 따르면 국가는 장악하고 양도하고 타도할 수 있는 하나의 사물이다. 그러나 의료의 경우에서 본 것처럼, 국가는 사물이 아니라 오히려 관계다. 이러한 관점에서 국가권력의 장악은 국가의 이데올로기, 기능, 장치에서 나타나는 권력관계의 변혁, 국가 관료의 인적 변화나 정부 구성의 변화로 국한되지 않는 국가 내에서의 세력관계의 변화를 포함한다. 이러한 변혁은 특정한 날짜나 사건으로 만들어질 수 있는 과정이 아니다. 이러한 과정은 국가 내에서의 계급적 세력관계 변화의 결과로서 자본주의 국가 내에서도 발생할 수 있다. 이러한 변화는—도구주의자들이 믿고 있는 것처럼—자본주의 국가 내에서 사회주의적 섬의 출현을 의미하는 변화가 아니라, 노동자계급이 국가로부터 더 많은 이익과 혜택을 얻을 수 있도록 노동자계급을 강화하는 계급적 세력관계의 변화다. 이러한 방법으로 노동자계급은 국가 내에서의 자신의 권력을 강화하면서 일련의 단절과 변혁의 과정으로 나아갈 수 있는데, 그 중에서 억압적 국가장치의 파괴가 가장 핵심적인 문제가 될 것이다.

말할 필요도 없이, 이러한 투쟁은 국가장치의 내·외부에서 동시에 수행되어야 하며, 의료를 포함한 사회의 모든 심급에 대한 통제와 민주화를 위한 투쟁을 동반해야 한다. 사회주의적 정치는 정치와 민주주의의 개념과 실천을 확대·심화하는 것이며, 여기서 민주주의라는 개념은 정치의 차원에 제한되지 않고 정치·경제·사회·이데올로기 영역의 모든 분야로 확장된다. 또한 정치 개념은 대표제 또는 간접민주주의의 영역에서의 '전문가'나 대표자에 의한 참여로 제한되지 않고 모든 형태의 직접민주주의—공장평의회나 지역평의회 등등—로 확장된다. 이러한 정치의 확장을 통해 집단과 개인은 자신들에게 영향을 미치는 정책의 수립과 실행과정에 단순한 수동적 대상이 아니라 능동적 주체로 참여하게 될 것이다. 나는 이와 같은 민주주의의 확대·심화를 대중민주주의라고 불러 왔다.[58] 마찬가지로 의료에서도 그 지식·행위·제도의 생산에서의 세력관계를 변화시킴으로써 의료를 민주화할 필요가 있다. 자본주의에서 의료의 완전한 대중적 민주화—노동자계급과 그 동맹세력에 의한 의료의 지배—는 불가능하지만, 세력관계의 중요한 변화가 이루어질 수는 있고 이를 통해 자본주의에서도 제한적으로나마 인구 대다수에게 비교적 적절하게 혜택이 돌아가는 더 민주화된 형태의 의료를 확립하는 것이 가능하다는 점을 분명히 밝혀둔다. 이러한 민주화는 간접민주주의라는 영역에서뿐만 아니라, 의료지식·행위·제도, 나아가 건강을 담보하는 다른 모든 지식·행위·제도에 대한 직접적 참여와 통제의 영역에서의 투쟁을 통해 달성될 필요가 있다. 예를 들어 산업보건의 영역에서는 노동과정에 대한 노동자의 집단적 통제형태를 발전시키기 위한 작업장 수준에서의 투쟁과 더불어 노동자를 보호할 수 있는 진보적 법률의 확립을 통해 국가 내에서의 세력관계를 변화시키기 위한 투쟁을 수행할 필요가 있다.[59] 대중적·직접적 참여의 매우 중요한 형태는 예컨대 노동자통제의 확립을 목표로 많은 나라들에서 발생하는 투쟁에 대한 능동적·직접적 참여다. 노동자통제를 통해 노동자계급과 대중은 노동과 생활관계의 전체주의적 성격에 반역한다. 이러한 투쟁의 결과는 공장에서 노동자가 직접 선출하는 평의회의 건설이다. 공장평의회는 관리자에 대해 자율적·독립적·대립적인 노동자의 권력의 중심으로 기능한다. 공장평의회는 작업현장에서 노동자

58) V. Navarro, "The Nature of Democracy in the Core Capitalist Countries: Meanings and Implications for Class Struggle", *The Insurgent Sociologist*, Vol. 10, No. 1, 1980, p. 3. 이 절의 내용은 이 글을 요약한 것이다.

59) G. Assennato and V. Navarro, "Worker's Participation and Control in Italy: The Case of Occupational Medicine", *International Journal of Health Services*, Vol. 10, No. 2, 1980, p. 217.

와 관리자 사이에 존재하는 본질적인 갈등에 대한 분명한 인식에 기초한다. 공장평의회의 목표는 생산과정 그 자체에서 계급투쟁을 실행하는 것이다. 자본주의 사회의 노동의 역사에서 과거 수많은 공장평의회의 목적이 그러했던 것처럼, 공장평의회의 목적은 관리자의 통제를 제한하고 생산현장에서의 권력관계를 변화시키는 것이다. 공장평의회는 새로운 노동조건, 기계·설비, 노동정책, 인력 교체, 투자 등의 결정에 대한 거부권을 쟁취해 왔다. 말할 필요도 없이, 이는 방어적인 전략일 뿐이지만 가장 효과적인 전략이기도 하다.

노동자의 투쟁의 표현으로서 공장평의회는 공장에서의 권력관계의 변혁을 목적으로 하는 대중참여의 한 형태다. 이러한 변혁은 의심할 여지없이 공장에서의 또 다른 투쟁 또는 연쇄적 투쟁으로 발전하지만, 사회라는 구조물의 또 다른 부분에서 투쟁이 이루어지지 않는다면 오직 그 생산단위로 국한된 투쟁이 성공하기는 어려울 것이다. 따라서 노동자통제를 위한 투쟁은 노동과 생활의 다른 모든 영역으로 확대되는 정치적 운동으로 이해되어야 한다. 그람시는 작업현장에서 지역사회로 투쟁을 확대할 필요성에 대해 강조했다. 민주주의를 위한 투쟁은 생산자로서뿐만 아니라 소비자로서, 그리고 시민으로서 개인의 소외를 극복하는 것이다. 그람시는 지역사회에 근거하는 그러한 상이한 대중운동들에서 직접적으로 채택되는 또 다른 형태의 대중민주주의—지역평의회—의 창출을 제안했다. 노동자계급은 부르주아지에 대항하는 대중봉기의 순간에 항상 이와 같은 두 가지 형태의 투쟁, 즉 작업현장에서의 투쟁과 지역사회에서의 투쟁을 연계시켜 왔다. 학교, 보건의료기관, 우체국, 교통기관 등과 같은 지역사회의 기관을 통제하기 위한 투쟁은 민주주의 개념의 확대·심화를 표상하는 대중민주주의의 또 다른 형태다. 이러한 형태의 민주주의를 단순한 분권화로 간주할 수는 없다. 예를 들어 만약 지역평의회가 지방자치제도의 단순한 대행기구라면, 이는 지방자치제도의 행정적 전초기지에 지나지 않을 것이며, 지역사회의 기관을 직접 운영하는 지역주민의 직접적이고 자발적인 참여의 모든 형태들을 사전에 배제하게 될 것이다. 이러한 점에서 대중민주주의는 지방행정의 분권화나 지역사회기관의 자치화와 구분된다. 대중민주주의는 (보건의료기관을 포함하여) 지역사회기관에 영향을 받거나 그 기관을 이용하는 사람들, 그리고 거기서 일하고 있는 사람들이 그 기관의 운영과 활동에 직접 참여하는 형태로 이루어져야 한다. 직접적 참여는 지방자치제도나 그밖의 다른 형태의 간접민주주의에 의해 설정된 [간접민주주의와 직접민주주의의] 경계들(margins)에서 이루어지게 될 것이다. 이러한 관점에서 대중민주주의는 잉그라오가 지역사회 차원의 간접민주주의의 분권화를 정의하기 위해 사용했던 기초민주주의와 다르다.[60] 오히려 내가 제시하는 대중민주주의는 지역사회의 차원에서 긴밀하게 연관되는 간접민주주의와 직접민주주의의 두 형태를 모두 포함한다. 예를 들어 학교, 보건의료 및 공중보건서비스, 시장과 상업지구, 언론기구와 직접민주주의의 형태를 띠는 다른 기관들에서—노동자와 사용자의—대표로 선출된 개인들은 대표자로서의 직무만 수행하는 것이 아니라, 노동자, 학생, 주민, 환자 또는 잠재적 환자로서의 책임과 대표자로서의 책임을 결합한다. 또한 여기서는 의사결정의 권위를 위임받은 위원회가 아니라, 그 기관의 노동자와 사용자의 총회가 제도적 의사결정을 담당한다. 이러한 결정은 집단적 토론과 개별적 비밀투표로 이루어진다. 따라서 대중민주주의는 간접민주주의에 직접민주주의를 추가함으로써, 그리고 인민의 생활에 영향을 미치는 모든 영역에 그러한 참여형태를 추가함으로써 민주화의 과정을 확대·심화하는 것이다.

계급투쟁과 대중민주주의

말할 필요도 없이, 대중민주주의는 생활의 모든 영역에서 계급투쟁을 심화시키지 않고서는 이루어질 수 없을 것이다. 그리고 이러한

60) P. Ingrao, *Crisis y Tercera Via*, Saia, 1980.

계급투쟁과 대중투쟁은 투쟁의 영역과 주체에 따라 차이가 있을 것이다. 예를 들어 지역사회에서의 투쟁은 작업현장에서의 투쟁과 다를 것이다. 전자에 적용될 수 있는 압력의 형태는 제한되어 있어서 파업 전술과 같은 것은 사용될 수 없을 것이다. 또한 지역사회에는 작업현장보다 훨씬 더 다양한 이해관계의 차이들이 존재한다. 그리고 대체로 지역사회의 투쟁은 작업현장의 투쟁에 일반적으로 존재하는 구조와 조직의 형태를 갖지 않는다. 이러한 차이점은 다른 형태의 투쟁을 요구하며 따라서 이러한 투쟁은 활동에서 일정한 자율성을 요구한다.[61]

그러나 이러한 투쟁형태의 차이가 준혁명적 상황으로의 발전에 장애가 될 수도 있다. 대중의 직접적 참여에 기초한 여러 대중운동이 짧은 기간 동안 존재해 왔던 미국의 경험은 이러한 사례를 보여준다. 각각의 운동이 그 자신의 특수한 이익을 위한 압력단체로 활동하는 자생적·개별적 운동의 존재방식은 권력을 둘러싼 투쟁을 서로 무관한 단체들 사이의 경쟁으로 인식하는 코퍼러티즘으로 귀결된다. 서로 연관되지 않은 다발적인 소규모 반역들과 마찬가지로 원자화된 투쟁들은 쉽게 고립되기 마련이며 범세계적인 자본주의 질서에 어떠한 위협도 가할 수가 없다. 이 점이 바로 푸코를 비롯한 다른 급진주의적 입장이 갖는 치명적 약점이다. 풀란차스가 올바르게 지적한 것처럼, 정당의 실천에 의해 기만당하는 것을 우려하는 이러한 단일쟁점을 중심으로 하는 운동들은 반대편 극단, 즉 미시코퍼러티즘적 투쟁들의 영역으로 빠져들 수 있다.[62] 그러한 영역에서 모든 저항적 운동은 혁명적인 정치의식을 상실하게 될 것이다. 대중적 참여의 형태가 준혁명적 파급력을 갖기 위해서는 정치적인 것이 되어야 하는데, 이는 곧 압력단체세력을 사회주의적 기획을 추구하는 정치세력으로 변모시키는 것이다. 앞에서도 지적한 바와 같이, 혁명적

61) M. Castells, *Ciudad, Democracy, Socialismo*, Siglo XXI, 1978.
62) N. Poulantzas, "L'ètat, les mouvements sociaux, le parti", *Dialectiques,* No. 28, 1979.

정치는 정치인에 의한 정치의 독점을 타파하고 사회주의적 기획을 모색하면서 다양한 대중적 참여형태를 창출하는 대중적 정치화를 의미한다. 달리 말하면, 정치는 정치의 전문가—정치적 대표자—의 영역에 머무르는 것이 아니라 대중운동 내·외부에서 일상투쟁을 실천하는 것이 된다. 마찬가지로 의료도 전문직의 영역에 머무르는 것이 아니라 집단적인 건강의 생산을 위한 투쟁이 된다. 이러한 입장은 대체로 국가 내부의 투쟁 이외의 방식을 택하는 개인지향적인 자기배려(self-care) 운동과는 구분되어야 한다. 내가 옹호하는 기획은 대중적·정치적 투쟁과의 접합 속에서 국가 내·외부의 모든 부분에서 자신을 실현하는—개인적이 아니라—집단적인 투쟁이다. 이처럼 사회주의적 기획의 필요성을 의식하는 다양한 투쟁과 운동은 변화의 대상이 아니라 주체로서 교육적 경험을 대중에게 제공하며 사회주의를 향한 정치적 운동에 다양성을 부여한다. 그람시의 표현에 빗대어 말하자면, 혁명적 정치는 정치사회와 시민사회의 분리를 지양하는 것을 의미한다. 또는 최근에 알튀세르가 언급한 것처럼, '정치와 국가의 배타적 동일화를 지양하는 것'을 의미한다.63)

그러나 이처럼 상이한 형태로 이루어지는 수많은 대중투쟁들은 또한 그러한 운동들이 만들어낸 요구를 제시하고 접합할 수 있는 정당과 같은 매개형태를 통해 대표제의 영역에서도 수행될 필요가 있다. 나의 견해로는, 이러한 요소를 결여하고 있다는 점이 프랑스의 고르츠(A. Gorz)나 미국의 피븐(F. Piven)과 클로워드(R. Cloward)가 시도했던 대중운동에 관한 탁월한 분석의 기본적 한계이다. 정당은 사회운동을 대변하고 매개하고 연계할 필요가 있다. 그러나 그것이 지도를 의미하거나 또는 대중운동을 정당의 전달벨트로 만든다는 것을 의미하는 것은 아니다. 역사적으로 볼 때, 그러한 전망은 단지 사회운동을 파괴했을 뿐이다. 좌파정당의 유효성은 그것이 사회운동의 요구를 얼마만큼 경청하고 연계하며 대변하는가에 달려 있다.

---

63) "Interview with Louis Althusser on the Problems of the State by Rosanna Rossanda", *Viejo Topo,* 20, 1978, p. 4.

정당에 대한 이러한 견해가 좌파정당은 대표제라는 영역에서만 정치활동을 수행하고, 국가권력을 장악·유지하며, 결국 국가권력 그 자체가 되는 것을 목적으로 하는 '전문가' 집단이 되어야 한다는 것으로 이해되어서는 안 된다. 이러한 입장이 바로 '전문가'에 의한 정부라는 스탈린주의의 기원이며, 또한 우연하게도 페이비언주의자와 다른 사회민주주의자들이 스탈린주의와 공유하는 입장이다. 오히려 노동자계급 정당의 역할은 국가권력의 단절과 변혁에 필수적인 대중민주주의의 형태를 지지·고무하는 것이다. 레닌에 빗대어 말하자면, 이는 요리사까지도 포함하는 평범한 시민들이 국가 및 집단생활의 모든 형태를 통제할 수 있는 새로운 국가와 사회를 건설하는 것이다. 좌파정당의 역할은 간접민주주의 영역에서 다양한 대중운동을 연계·매개·대변하는 것이며 대중조직과 나란히 국가와 사회의 모든 제도와 관계의 단절 및 변혁을 위한 투쟁을 수행하는 것이다. 나아가 사회주의를 건설하기 위해 경쟁력 있는 세계적 기획을 제시하면서 대중운동을 지원하고 정치화하는 것이다.

여기서 한 가지 경고를 덧붙일 필요가 있다. 대중운동을 지원하고 정치화한다는 것은 대중운동에 침투하고 통제한다는 뜻이 아니다. 대서양 양편의 많은 사례들에서 볼 수 있는 것처럼, 이와 같은 통제는 대중운동의 붕괴를 재촉하는 지름길이다. 정당의 지원이란 운동의 내부와 외부 모두에 존재할 수 있는데, 내부적 지원의 경우 그 운동에 대한 정당 활동가의 개입이 있을 수 있다. 그러나 이러한 활동가는 활동의 우선 순위를 정당이 아닌 대중운동에 두어야 한다. 좌파정당의 페미니스트 활동가가 페미니스트 조직에서 활동하는 것을 허용하고 기본적으로 그 조직에 대해 책임지도록 하는 이원적 활동의 발전은 정치에 대한 좌파정당의 인식을 확장하는 매우 긍정적인 조치이다. 또한 이러한 페미니스트 활동가는 페미니즘의 지향에 따라 좌파정당을 자극하여 남성과 여성의 해방을 위한 기구로 재구성하려 시도할 것이다. 그러한 방식을 통해 좌파정당이 페미니스트 정당이 되는 것은 아니지만, 대중동원을 통해, 간접민주주의의 기구들과 직접민주주의의 기구들에서의 활동을 통해, 그리고 그러한 조직들에서의 활동가를 통해 대중운동을 지원함으로써 페미니즘적 대의의 실현을 돕게 된다. 그리고 역으로 이러한 모든 형식과 형태의 활동은 좌파정당으로 하여금 인간해방을 위한 이론과 실천을 비롯한 사회주의적 변혁의 [이행]강령을 발전시키도록 도움을 줄 것이다.

요컨대, 점차 명백해지고 있는 자본주의적 착취관계에 대항하고, 자본주의를 지양해야 한다는 필요성에 공감하는 대중운동이 증가하고 있다. 이를 강조하는 것은 혁명적 노동자계급이 혁명의 기획을 수행할 준비를 해야 하는 긴급성 또는 혁명의 가능성이 있다는 널리 퍼져 있는 신념을 되풀이하려는 것이 아니다. 나는 그것을 신뢰하지 않는다. 역사적 기록을 살펴보면, 현대의 어떤 사회혁명도 완전히 새로운 사회질서를 요구하는 하나의 단결된 계급적 주체에 의해서 만들어진 것이 아니라는 사실을 알 수 있다. 혁명은 서로 다른 당면한 개혁 요구들—평화·빵·토지, 억압의 종식, 사회보장 등—을 갖는 다양한 사회세력들이 결합하여 그러한 요구들에 대해 만족스럽게 대응하지 못하는 분열되고 무력해진 부르주아지와 대결할 때 일어났고 또 만들어져 왔다.[64] 이러한 모든 요구들을 만족시킬 수 없는 질서 내에서 이러한 개혁들에 대한 지속적인 요구는 그 질서를 혁명적 변혁으로 몰고 간다. 달리 말하자면, 혁명은 하나의 의식적인 혁명적 계급이 아니라 그 질서의 파괴와 변혁의 비용을 감당하면서까지 자신들의 요구를 해결하려고 투쟁하는 비혁명적 세력들에 의해서 만들어진다. 이러한 세력들을 지지·고무하며, 변혁의 기획이 실현되도록 그들 사이의 연계—단결—의 형성을 지원하는 것이 바로 조직된 사회주의 세력의 임무다. 현재의 자본주의적 질서는 노동자계급 및 대중세력의 증대되는 요구에 대응하거나 이를 해결하지 못하며, 이러한 무능력은 현재의 변혁을 역사적으로 가능한 것으로 만들고 있다.

---

64) Therborn, *op. cit.*, p. 110.

보건의료의 금융화와 사회운동의 대응

박찬종

노동력 관리를 목적으로 확립된 대중보건의료는 법인자본주의의 발전에 따라 이윤획득 영역으로 변화한다. 만성화된 자본주의적 질병은 일상적 의료서비스와 의약품의 수요를 지속적으로 증가시키기 때문에 보건의료는 중요한 상품 및 서비스 시장으로 자리잡게 되고, 이에 따라 보건의료도 자본축적의 논리에 편입되는 것이다.

1970년대부터 금융세계화가 진행되면서 대중보건의료에서도 변화가 나타난다. 의료비용의 지속적인 상승은 경제위기와 결합하면서 '보건의료의 위기'로 가시화되고, 비효율성이 그 위기의 주범으로 지목된다. 이러한 상황에서 공적 의료서비스는 공적 의료비지출 절감을 주장하는 사적 의료자본에 의해 대체되는 동시에 사적 의료자본의 금융적 변모가 시작된다. 제약·병원 등 사적 의료자본은 세계적 인수·합병과 직접투자를 통해 수익성을 최대화하는 전략을 추구하며, 보험자본과 같은 금융자본의 영향도 증대된다. 이른바 '보건의료의 금융화'가 진행되는 것이다.

보건의료의 금융화는 두 가지 경로로 진행된다. 의료자본이 금융화의 추구로 축적전략을 변경하는 경로와 보험자본과 같이 외부에서 보완적인 역할을 담당하던 금융자본이 보건의료에 직접 개입하는 경로가 그것이다. 전자는 초민족적 제약자본, 후자는 관리의료(managed care)가 대표한다. 그리고 이러한 대중보건의료의 금융화는 세계무역기구와 세계은행과 같은 국제금융기구를 매개로 가속화된다.

초민족적 의료자본의 금융화: 제약자본

서구의 보건의료는 19세기 후반부터 식민보건정책과 의료선교를 통해 주변부로 확산된다. 그것은 예방보다 치료에 집중하는 동시에 식민지 주민을 서구적 생활양식에 적응시켜 보건의료의 잠재적 구매자로 변화시킨다. 그 결과 탈식민화 이후에도 서구의 의료기술과 제도는 제3세계 국가들의 기본모델로 채택되고 주변부에서 중심부로의 가치 이전을 가능케 하는 장치로 자리잡는다(Doyal, 1979).

1980년대부터 신자유주의적 금융세계화가 진행되면서 서구의 의료기술과 행위는 병원, 제약회사, 의료장비, 원격의료·재택치료 등과 같은 기타 의료서비스 부문으로 분화되는 동시에 초민족적 의료자본으로 발전한다. 그렇지만 이는 얼마간 불균등하게 진행된다. 공급자가 소비지로 직접 진출할 수밖에 없는 병원의 초민족화는 민족국가의 제도적·경제적 장벽으로 인해 제한된다. 뿐만 아니라 해외진출을 시도한 컬럼비아헬스케어(HCA)와 썬헬스케어(Sunhealth care), 테넷(Tenet)과 같은 미국의 거대 병원자본들마저도 경영상의 이유로 해외사업부문을 매각하거나 축소한다.[1] 이와 대조적으로 미국과 유럽의 제약·의료서비스자본은 세계경제의 변화에 적극적으로 적응하면서 이에 적합한 경영전략을 성공적으로 채택한다(Lethbridge,

---

1) 이에 따라 중심부의 병원산업에서는 외국환자의 원정치료가 발전한다. 2002년 한 해 동안 미국내 병원이 외국환자로부터 벌어들인 진료비수입은 10억 달러에 달한다. 이는 미국의 대학병원과 전문시설 입원환자의 약 3%에 해당한다. 그러나 서비스무역에관한일반협정이 체결된 후, 병원의 초민족화를 제한했던 제도적 장벽이 와해되면서 중국을 비롯한 개발도상국으로 병원자본의 해외진출이 모색되는 추세다(Adlung and Carzaniga, 2001).

2003; Hall, 2001; Adlung and Carzaniga, 2001).

제약자본의 성장률은 일반적인 산업자본의 성장률보다 높다. 1970년부터 1992년까지 제약산업은 전체 산업의 부가가치의 1.5%에서 약 3%로 증가하고, 세계경제가 침체에 빠져있던 1980년대 초부터 1990년대 초까지 꾸준한 증가세를 나타낸다. 그 결과 제약회사는 세계 100대 기업 가운데 15%를 차지한다. 상위 10대 제약회사의 매출액은 전체 제약회사 매출액의 절반에 달하는데, 이들은 대부분의 수익을 주로 해외시장에서 벌어들이고 있다.[2] 신약에 대한 정부의 규제와 감시·통제, 그리고 경쟁의 격화 때문에 대규모 제약자본은 생산을 탈중심화하고 해외진출을 가속화한다(Tarabusi and Vickery, 1998a).

제약산업의 특수성은 다른 산업에 비해 연구·개발(R&D) 투자의 비중이 높다는 것이다. 19세기 후반부터 등장한 제약산업은 화학산업과 함께 1970년대까지 꾸준히 성장한다. 그러나 화학산업이 석유위기를 계기로 정체된 반면, 제약산업은 2차 세계전쟁 이후 '치료의 학혁명'과 1970-80년대 분자생물학 및 유전공학의 기술혁명을 경험하면서 지속적인 성장을 거듭한다. 제약자본은 분자생물학 및 유전공학 분야의 대학연구소를 지원하고 소규모의 생명공학전문기업(DBC)과 제휴함으로써 이들의 연구·개발의 성과를 상업화한다. 제약자본은 1960년대까지 주로 '종합제약기업'(FIPCo)의 형태로 유효성분의 발견·합성·임상실험·마케팅에 이르는 모든 부문을 하나의 조직에서 담당한다. 반면 1980년대부터는 신약의 연구·개발을 전문적으로 담당하는 연구소 및 전문기업과 승인·마케팅과 같은 상업화를 담당하는 제약자본으로 분화된다(김석관, 2004; Chandler, 2005).

대학연구소나 생명공학전문기업과의 제휴를 통해 개발된 신약은 특허권에 기초하여 일정 기간 동안 독점이윤율이 보장되는 반면, 특

---

2) 의약품의 생산과 소비의 70% 이상은 경제개발협력기구(OECD) 국가들에 집중된다. 일반의약품 시장을 제외하면, 미국이 전체 의약품 시장의 28%, 유럽이 30%, 일본이 17%를 차지한다. 이 비율은 1980-90년대에도 지속된다. 그리고 상위 15대 제약회사 가운데 6개가 미국, 또 다른 6개가 유럽에 위치한다(Tarabusi and Vickery, 1998a).

허기간이 만료된 제네릭은 가격경쟁이 심해 이윤율이 낮다.[3] 따라서 주요 제약자본은 특허약 개발에 주력하는데, 그 결과 연구·개발비의 규모는 1973-92년 동안 전체 생산비의 7%에서 12%로 증가한다. 연구·개발비와 함께 마케팅비용 또한 제약자본의 전체 지출에서 상당한 부분을 차지한다. 20년 이상의 독점권을 보장받은 제약자본은 이 기간 동안 이윤을 최대화하기 위해 마케팅에 대규모로 투자하며, 약품의 소비가 처방전에 의해 좌우되므로 의사집단이 그 대상이 된다. 제약자본은 일단 특허 획득에 성공하면 매우 강력한 시장지배력을 행사할 수 있다. 예를 들어 상위 3개의 상품이 보통 세계시장 총 판매액의 45-60%를 차지하며, 유럽시장에서는 단일상품이 전체 판매액의 20-25%를 차지하기도 한다(Tarabusi and Vickery, 1998a).

특허약은 초민족자본이 지배하는 반면, 제네릭은 주로 민족자본이 담당한다. 제네릭은 약품의 화학식이 이미 공개되어 있고 긴 테스트 기간이 필요하지 않기 때문에 소요되는 연구·개발비가 낮다는 이점을 지닌다. 대중보건의료가 세계적으로 확산되면서 제네릭 시장은 그 중요성이 점차 증가하고 있는데, 예컨대 미국의 경우 1984년 전체 처방약의 19%에 불과했던 제네릭 사용규모는 2001년에 45%로 상승한다.[4] 제네릭의 중요성이 점차 증대되면서 국내시장만을 목표로 하던 인도와 브라질 등의 제네릭 제약자본은 미국시장 진출을 모색하며, 초민족적 제약자본 또한 제네릭 제약자본과의 인수·합병을

3) 약품의 종류는 크게 특허약과 제네릭(카피약)으로 구분할 수 있다. 특허약(In-patent Drug)은 제약산업에서 가장 빠르게 성장하는 부문으로 개발에서 판매까지 엄청난 규모의 연구·개발비용이 투자되는 반면, 일정 기간 동안 독점판매가 보장되고 수익성이 높다. 제네릭(Generic)은 특허보호가 만료되었거나 특허보호를 받지 않는 약품 및 그 복제약을 일컫는 것으로서 가격경쟁이 높기 때문에 수익성이 낮다. 약품은 다시 처방의약품(전문의약품)과 비처방의약품(일반의약품, OTC)으로 구분할 수 있는데, 특허약과 제네릭 중 의사처방 없이는 살 수 없는 약품은 처방의약품, 의사처방 없이도 살 수 있는 약품은 비처방의약품이다(Tarabusi and Vickery, 1998a).

4) 그러나 2001년 현재 제네릭의 매출액은 아직 전체 의약품 매출액의 8.4%에 불과한 반면, 특허약은 91.6%에 달한다(Busfield, 2003).

통해 제네릭 시장진출을 시도하고 있다(Busfield, 2003).

제네릭 시장의 상대적 확대와 함께, 정부의 의약품 가격통제와 제네릭 생산 장려를 통한 경쟁유발은 연구·개발과 마케팅에 대규모로 투자하는 초민족적 제약자본의 수익성을 악화시킨다. 이러한 상황 속에서 초민족적 제약자본은 1980년대 후반부터 직접투자와 인수·합병으로 대응하면서 금융화를 추구하는 전략으로 선회한다. 직접투자와 인수·합병은 생산과 판매에 의한 이윤 획득이 아니라 시장지배력을 확보하여 기업가치를 높이려는 금융적 이익을 대표한다.

초민족적 제약자본은 직접투자를 통해 민족적으로 분절된 제약시장에 침투한다. 이에 따라 초민족적 제약자본에 의한 직접투자의 연평균증가율은 1980년대에 17.5%를 기록한다. 이 추세는 더욱 가속화되어, 미국내 해외 제약자본의 자산은 1985년의 59억 달러에서 1993년에는 374억 달러로 상승하며, 해외로 진출한 미국의 제약자본의 자산도 365억 달러에 달한다. 그러나 직접투자는 대체로 미국·유럽·일본에 집중되고 발전도상국은 배제된다(Tarabusi and Vickery, 1998b). 초민족적 제약자본은 중심부 국가간 교차투자를 통해 제약기술을 독점하고 주변부로의 기술이전을 봉쇄함으로써 세계경제를 양극화하는 동시에 다수의 제3세계 국가를 배제한다(Chesnais, 2003).

초민족적 제약자본의 금융화를 가장 전형적으로 보여주는 것은 1980년대 후반부터 제약자본들 사이에서 급증하고 있는 인수·합병이다. 1988-92년에 제약산업의 초민족적 인수·합병은 226건이고 그 규모도 131억 달러에 달한다. 초기에는 인수·합병이 주로 대자본들 사이에서 이루어지는데, 표면적 이유는 제약자본이 소유한 주요 상품의 특허기간이 만료되기 때문이다.[5] 즉 단기적으로 다른 제약자본을 인수함으로써 시장에 출하될 준비가 되어 있는—즉 '파이프라인'(pipeline)에 있는—특허약의 소유권 획득을 목표로 하는 것이

5) 1989년에는 세계 10대 제약자본의 매출이 전체 제약시장 매출의 3분의 1에 못 미쳤지만, 대규모 제약자본 사이의 인수·합병의 결과로 2000년에는 46%에 달한다(Busfield, 2003).

다.[6] 최근에는 생명공학기술의 전망이 강조되면서 대규모 제약자본과 소규모의 생명공학전문기업이나 생명공학기업 사이의 인수·합병이 증가한다(Tarabusi and Vickery, 1998b; Busfield, 2003).[7] 그러나 초민족자본이 주도하는 인수·합병의 실질적인 목표는 비용절감과 시장지배력 확대, 그리고 이를 통한 주주가치의 극대화다(Serfati, 2002). 파이프라인에 있는 특허약의 보유 여부나 제약시장의 점유율도 주식시장에서 기업가치를 높이는 수단이 된다. 이 같은 인수·합병은 연구·개발에 대한 투자와 신제품의 개발 및 판매와 같은 제약산업의 이윤추구 방식이 금융적 논리에 종속되고 있음을 보여준다.

금융자본과 보건의료: 관리의료

금융세계화는 의료자본의 금융화를 촉진할 뿐만 아니라 보건의료 자체를 금융적 축적의 논리에 따라 재편한다. 성장기 동안 보건의료의 대중화에 기여했던 보험자본은 이제 보건의료의 구조조정을 강제하면서 이 부문을 자본집중의 계기로 활용한다. 그 전형적인 사례가 미국에서 발전되어 세계로 수출되는 '관리의료'(managed care)다.

국가의료보험이 발전하지 못한 미국에서는 1973년 닉슨 정부가

---

6) 단적인 예로 2003년에 화이자(Pfizer)는 파마시아(Pharmacia)를 인수한다. 화이자의 보도자료는 이들 기업이 생산하는 상품 포트폴리오 사이의 상보성이 인수의 이유라고 명시한다. 그러나 실제적인 이유는 화이자 특허약의 대부분은 곧 특허만료를 앞두고 있었지만 파마시아 제품들의 특허기간은 더 길었다는 데 있다(Busfield, 2003).

7) 2002년에 1891개였던 미국의 생명공학기업의 수는 인수·합병을 거치면서 2003년에는 1830개로 감소했다. 이는 비용절감과 생명공학분야로의 자본집중을 동반하는 것이었다. 연구·개발인력의 6%가 감원되었고 2003년에 21억 유로, 2004년에는 29억 유로에 달하는 벤처자본이 유입되었으며, 주가도 2004년에 4억 유로만큼 상승했다. 유럽에서도 2004년에 9억4천만 유로의 벤처자본이 생명공학 관련부문에 투자되었고, 10억 유로 이상 주가가 상승했다(EuropaBio, 2005).

보건조직(HMO)의 지원과 확산을 골자로 하는 '보건조직법'(Health Maintenance Organization Act)을 제정한 후 사적 의료보험의 본격적 성장이 시작된다. 이 법은 25명 이상의 노동자를 고용하는 기업 중 의료보험 급여를 희망하는 기업은 반드시 보건조직을 선택사항 중 하나로 포함하도록 규정함으로써 사적 의료보험이 획기적으로 성장할 수 있는 기반을 마련한다(Starr, 1982; 김창엽, 2003).[8] 그러나 1980년대에 보건조직은 느린 성장세를 나타낼 뿐이었다. 의료비 감축을 위한 시장지향적 개혁은 정치적 동의를 얻는 데는 성공했지만, 의사집단을 비롯한 다양한 이해집단의 저항을 극복하지 못했고, 그 결과 의료비 상승과 같은 고질적 병폐가 지속된다. 그러나 1990년대에 클린턴 정부의 개혁 시도가 실패하면서 보건조직은 관리의료(managed care)로 확장·발전된다. 1991년 미국의사협회, 메이요 클리닉, 글락소, 화이자, 컬럼비아헬스케어와 같은 의료자본의 지원을 받은 잭슨홀그룹은 「21세기의 미국보건의료제도」라는 보고서를 통해 세금공제와 단일지불제도에 기초한 원조방식(stand-by plan)과 대비되는 '관리경쟁'(managed competition)에 의한 보건의료개혁을 주장한다. 이 주장은 사회적으로 커다란 반향을 얻었고, 클린턴이 제출한 국민건강보장안이 실패한 후 새로운 전기를 맞게 된다.[9]

---

8) 보건조직은 국가의료보험이 존재하지 않던 미국의 상황에서 예방적 의료행위와 의료비용 절감의 필요성 때문에 일부 사업체를 중심으로 1910년대에 형성되었다. 그러나 1970년대 초반 닉슨 정부의 지원 하에 사적 보험시장이 확대되면서 보건조직은 급격하게 영리화되었다. 1981년에는 전체 보건조직 가입자 중 영리성 보건조직 가입자가 12%에 불과했으나, 1997년에는 62%로 급증하였다(Wynne, 2004; 김창엽, 2003; 신영전, 2005).

9) 잭슨홀그룹이 제기한 '관리경쟁'은 1992년 당시 대통령 후보였던 클린턴의 정책공약에 반영되어, '예산 범위 내의 경쟁'으로 일정 부분 수용되는 동시에 오랫동안 미국보건의료의 공공성 강화를 위한 주요한 의제였던 '단일지불제'(single-payer system)와 결합하면서 국민의료보험 개혁을 위한 주요 대안으로 변형된다. 이처럼 '관리경쟁'과 '단일지불제도'가 모순적으로 결합된 국민건강보장안(National Health Security Plan)은 결국 공화당의 반대로 폐기된다. 그러나 관리경쟁은 그 후 오히려 발전하면서 미국보건의료제도의 핵심적 원리로 기능한다(Oliver, 2004; Navarro, 1994).

1988년에 관리의료 가입자의 비중은 29%에 불과했지만, 1993년의 51%를 거쳐 1998년에는 73%로 증가한다. 또한 노인과 빈민을 대상으로 하는 국가의료서비스도 사적 의료보험이 장악하기 시작한다. 메디케이드에서 관리의료 가입자의 비중은 1985년의 9.5%에서 1991년에 40.1%로, 1998년에는 53.6%로 증가하며, 메디케어는 1985년의 1%에서 1991년의 4%를 거쳐 1998년에는 16%에 이른다(Oliver, 2004).

보건조직에서 출발하는 관리의료는 하나의 조직에 보험·전달·지급기능이 통합된 선불제도이며, 관리의료조직(MCO, managed care organization)이 환자가 이용하는 의료서비스에 대한 공식적 통제를 수행한다는 특성을 지닌다(Shi and Singh, 1998).[10] 관리의료는 의료위기의 주요 원인으로 지목되어 온 의료비지출의 급격한 증가에 대한 효과적인 대안으로 제시된다. 행위별 수가(fee-for-service)에 기초한 전통적인 의료보험에서는 의료 공급자로서 의사나 병원이 진료회수에 근거하여 보험료를 지급받는 반면, 인두제(capitation)에 근거하여 보험료를 지급하는 관리의료에서는 동일한 환자의 진료회수가 증가할수록 공급자가 손해를 보기 때문에 진료회수를 억제하게 되고 결과적으로 의료비를 절감하는 효과가 있다.

그러나 더욱 중요한 것은 관리의료에서 금융자본이 핵심적 역할을 차지한다는 사실이다. 금융자본은 관리의료조직의 형태로 공급자와 사용자 사이에 개입하고, 서비스공급으로부터 재정관리를 분리시

---

10) 관리의료시장의 확대되면서 관리의료조직의 가장 대표적인 형태인 보건조직(HMO)과 다른 형태의 관리의료조직이 서로 경쟁한다. 그 대표적인 예가 선호의료조직(PPO, preferred provider organization)과 서비스선택방식(POS, point-of-service plan)이다. 보건조직이 의사네트워크와 계약을 맺고 피보험자가 이 의사네트워크의 진료를 받을 때만 보험을 적용받는다면, 선호의료조직은 네트워크에 속한 의사와 그렇지 않은 의사에게 진료를 받을 경우에 따라 본인부담금을 차등화한다. 서비스선택방식은 일정한 의료서비스는 보건조직과 같은 방식으로 제공하고 다른 부분은 전통적 의료보험방식으로 제공한다. 1993-95년에 전통적 의료보험 가입자는 전체의 49%에서 27%로 감소한 반면, 보건조직은 22%에서 28%로, 선호의료조직은 20%에서 25%로, 서비스선택방식은 9%에서 20%로 증가한다 (Jensen et al, 1997).

킨다. 또한 관리의료조직은 병원이나 의사와 같은 서비스공급자에게 의료비용 절감을 강제하기 위해 의료행위에 대해 다양한 통제력을 행사한다. 이는 공급자선택제한(문지기주치의제도), 사례관리, 이용도심사의 형태로 이루어진다. 공급자선택제한이란 피보험자가 관리의료조직이 고용한 의사나 여기에 가입한 의사에게 치료를 받을 경우에만 완전한 보험적용을 받는 것을 의미한다. 또한 주치의를 선정한 환자는 입원 진료 및 전문의 검진이 필요할 경우에 주치의의 동의와 허락을 받아야 한다. 따라서 주치의는 '문지기'로서 과잉의료를 방지하고 2차 의료에 대한 보험회사의 지출을 최소화하는 역할을 담당한다. 사례관리란 의료비지출이 큰 피보험자의 의료비를 축소하기 위한 제도인데, 보험회사는 잦은 입원경력이나 만성질환을 가진 환자에게 사례관리자를 배치시켜 병의 악화를 막거나 자가치료 및 예방교육을 실시한다. 보험회사에 고용된 의료인으로서 사례관리자는 의사와 환자 사이에 개입하여 이들의 관계를 조정한다. 마지막으로 이용도심사는 관리의료의 가장 핵심적인 부분인데, 환자에게 제공되는 의료서비스의 적절성 여부를 보험회사가 판단하는 과정이다. 특정한 치료가 보험회사로부터 과잉의료행위로 판정되면 보험료 지급이 거부되거나 치료 자체가 무효화된다(Shi and Singh, 1998).

관리의료는 단순한 의료보험의 기능을 넘어 보험회사가 의료과정 자체에 개입하면서 비용절감을 주도하는 동시에 그 부담을 병원에게 전가함으로써 수익성을 제고한다. 이는 비용합리화라는 명분으로 의사의 자율성을 침해하는 동시에 1차 의료와 예방을 강조하지만 오히려 양질의 의료에 대한 접근을 제한한다.[11] 병원과 의사집단에

11) 1996년 캘리포니아 대도시 지역에서 관리의료에 가입된 776명의 1차 의료 의사들을 대상으로 한 설문조사에서 조사대상자의 38%가 보너스의 형태로 인센티브를 받는다고 대답했고, 57%는 관리의료조직으로부터 2차 의료로의 위탁진료를 제한하도록 하는 압력을 받는다고 대답했다. 그리고 75%는 하루에 더 많은 초진환자들을 진찰하도록 강요받는다고 대답했다. 이러한 압력이 치료의 질을 떨어뜨리는 경향이 있다고 대답한 의사도 25%에 달했다(Grumbach et al, 1998).

의해 형성되어 의료비 지급을 위한 통로의 기능을 수행했던 초기의 사적 보험은 병원과 의사들의 의료행위에 대한 통제에 의존하여 수익성을 제고하는 데 주력한다(Himmelstein and Woolhandler, 2002). 병원과 개업의는 특정한 관리의료조직에 가입하지 않으면 다른 병원과의 가격경쟁에서 살아남을 수 없기 때문에 보험자본의 의료비용절감 압력을 감수하지 않을 수 없다. 이 같은 과정을 통해 보건의료는 금융자본의 이익에 종속된다.

미국내 관리의료조직들 사이에 경쟁이 격화되고 그에 따라 수익성이 하락하면서 미국의 보험자본은 관리의료를 수출하기 시작한다. 특히 1990년대 라틴 아메리카의 금융위기를 계기로 초민족적 금융자본은 이 지역의 국민보건의료체제를 관리의료의 형태로 재편한다. 초민족적 금융자본은 현지의 보험자본을 인수하거나 합자회사를 설립하는 형태로, 또는 해당 국가의 정부와의 협정을 통해 사회보장과 공적 부문의 관리를 맡는 형태로 이 지역의 의료체제에 개입한다. 라틴 아메리카는 아직 보험에 가입하지 않은 인구의 비중이 상대적으로 크고, 해외 금융자본의 진입을 제한하는 규제가 상당 부분 해체되었으며 남미공동시장(MERCOSUR)과 같은 자유무역협정의 영향으로 다른 라틴 아메리카 국가로 진출하기가 쉽기 때문에, 보험자본에게는 잠재력이 큰 시장으로 간주된다(Iriart et al, 2001).

라틴 아메리카에 진출한 초민족적 보험자본은 에트나(Aetna), 시그나(CIGNA), 엑셀(EXXEL), 아메리카인터내셔널그룹(IMG), 프루덴셜(Prudential) 등이다. 에트나는 1993년 칠레에서 의료사회보장기금을 받는 공인된 현지법인을 설립한 뒤 현지의 보험회사인 크루즈 블랑카(Cruz Blanca)를 9천만 달러에 인수함으로써 칠레의 사적 보험제도(ISAPREs)[12] 가운데 가장 큰 규모의 보건의료기업으로 자리

12) 1920년대부터 시작된 칠레의 공적 의료보험은 1942년에 지식노동자를 대상으로 창설된 국가공무원의료서비스(SERMENA)와 1952년에 육체노동자를 대상으로 창설된 국가의료서비스(SNS)를 통해 발전한다. 그러나 피노체트 집권기인 1980년대 초반에 사적 의료보험제도인 의료보험협회(ISAPREs)의 도입을 시작으로 공적 보험(FONASA)과 사적 보험(ISAPRE)의 이중구

잡는다. 또한 아르헨티나에 진출하여 가입자가 24만 명에 달하는 현지에서 가장 규모가 큰 아르헨티나사회의료보험(AMSA)을 인수한다. 브라질에 진출한 시그나는 당시 재정적 어려움을 겪고 있던 골든크로스와 합병하여 이 회사를 관리의료방식으로 구조조정하고 1년 뒤에는 가입자가 44만 명인 상파울루 지역에 관리의료 계획을 실현한다. 또한 리우데자네이루에서는 인두제로 지불방식의 변화를 시도한다. 아르헨티나의 카이만 제도에 위치한 엑셀은 미국자본의 대규모 투자에 힘입어 19만 명의 가입자와 연간 2억 6천만 달러의 수익을 내는 보험기업으로 성장한다. 엑셀은 산 루이스에서 27개의 병원을 경영하면서 지역정부와의 관리계약을 통해 추가적인 수익을 낼 수 있는 기회도 획득한다. 이 계약은 병원의 기반시설과 전기와 같은 공공요금, 그리고 병원노동자의 대다수의 임금을 지방정부가 대신 지불해주는 것을 주요 내용으로 한다(Iriart et al, 2001).

국제기구와 보건의료의 금융화

미국에서 시작된 보건의료의 금융화가 세계적으로 확산되기 위해서는 이를 뒷받침하는 조건을 필요로 한다. 세계무역기구(WTO), 세계은행(WB), 국제통화기금(IMF)과 같은 국제기구들은 세계적 무역질서를 새로운 방식으로 재편함으로써 초민족적 의료자본의 이익을 보장할 수 있는 조건을 마련한다. 특히 비관세장벽의 철폐에 주력하는 세계무역기구는 관세장벽만을 다루던 관세와무역에관한일반협정(GATT) 체제보다 개별 민족국가의 정책에 대해 더욱 적극적으로 개입한다. 이러한 조건에서 초민족적 의료자본의 주변부로의 진출은

조가 형성된다. 이는 소득의 7%를 정부에 납부할 것인지 아니면 사적 의료보험에 납부할 것인지에 대한 피보험자들의 결정에 따라 나뉘어진다. 현재 29개의 의료보험협회(ISAPRE)가 인구의 28%를, 국립보건기금(FONASA)이 61%를 포괄한다(Lethbridge, 2002; Iriart et al, 2001).

무역협정의 방식으로 이루어지거나, 외채위기를 겪은 국가들에 대한 차관조건으로 강제되는 정책개혁의 형태로 이루어진다. 이에 따라 전통적으로 세계보건기구(WHO)와 같은 국제연합(UN)의 산하 조직들이 전담하던 세계보건의료 부문에서 세계무역기구, 세계은행, 국제통화기금이 가장 영향력 있는 행위자로 부상한다.

세계무역기구는 보건의료와 관련하여 두 가지 중요한 협정을 주도한다. 서비스무역에관한일반협정(GATS)과 무역관련지적재산권협정(TRIPs)이 그것이다. 이 협정들을 특징짓는 핵심적인 원리는 비차별인데, 이는 두 가지 수준에서 정의될 수 있다. 첫 번째는 '최혜국대우'로서 회원국은 다른 외국서비스 혹은 서비스공급자를 차별해서는 안 된다는 원칙이며, 두 번째는 '내국민대우'로서 자국 기업과 다른 회원국 기업을 동등하게 대우해야 한다는 원칙이다. 세계무역기구는 회원국들이 이 두 원칙을 준수하도록 강제하기 위해 구속력 있는 국제적 의무를 부여한다. 즉 일반협정과 지적재산권협정은 모두 세계무역기구의 분쟁해결제도의 적용을 받는데, 이는 비타협적 국가—주로 무역제재에 대항할 힘을 가지지 못한 주변부 국가—에 대해 최종수단으로서 무역제재를 가할 수 있도록 하며, 그럼으로써 세계무역기구의 규정력을 강화한다(Timmermans, 2004).

서비스무역에관한일반협정의 핵심적인 내용은 보건의료서비스를 포함한 공적 서비스를 상품으로 규정하고 이에 대해 자유무역의 원칙을 적용하는 것이다. 이를 위해 세계무역기구는 개방적인 정부조달 방식을 제안하면서 공적 부문을 사적 자본의 경쟁에 개방하도록 유도한다. 이러한 방식으로 서비스무역에관한일반협정은 보건의료와 기타 서비스의 사유화와 탈규제를 강화하는 주요 메커니즘으로 기능하는 동시에 사적 자본에게 새로운 시장을 제공하는 역할을 담당한다(Shaffer and Brenner, 2004; Hall, 2001; Price et al, 1999). 그러나 이 일반협정은 기본틀 협약(framework agreement)으로서 그 성공 여부는 대부분 회원국들의 노력 여하에 달려 있기 때문에 얼마간 신축적인 성격을 갖는다고 볼 수 있다. 그럼에도 불구하고 협정의 수정이나 철회는 피해국이 위반국에게 보상을 요구하는 빌미를 제공하기 때문에, 일단 협정에 가입하면 사실상 외국의 서비스공급자에게 최소한의 시장접근을 보장하게 된다(Timmermans, 2004).

물론 서비스무역에관한일반협정은 보건의료부문과 관련된 몇 가지 예외규정을 두고 있다. 협정의 1조 3항은 '상업적 기반을 갖지 않거나 하나 이상의 서비스공급자들과 경쟁하지 않는 서비스'로 정의되는 '정부서비스'에는 적용되지 않는다고 명시하고, 14조는 '인간, 동물 또는 식물의 생명과 건강을 보호하는 데 필수적인(...)수단을(...) 채택하거나 강화하는' 정부의 노력에 대해서 예외를 인정한다. 그럼에도 불구하고 예외규정은 그 모호성 때문에 어떤 수단이 '필수적'인지, 공적 서비스에 존재하는 사용료와 부담금을 '상업적'인 것으로 볼 수 있는지 등의 문제에 대해서 논란이 끊이지 않는다. 또 규정 해석에 대한 최종적 결정은 무역전문가들로 구성된 세계무역기구의 분쟁해결 배심원들에 의해 이루어지는데, 이들은 예외를 협소하게 해석할 뿐만 아니라 결정 과정을 공개하지도 않는다. 이처럼 보건의료에 대한 일반협정의 예외규정은 매우 제한적이다(Woodward, 2005; Timmermans, 2004; Price et al, 1999).

서비스무역에관한일반협정이 보건의료를 상품화하고 자유무역원칙에 입각해 보건의료부문을 재편한다면, 무역관련지적재산권협정은 지식에 대한 소유권을 기반으로 초민족적 의료자본에게 최소 20년간의 독점이윤을 보장한다. 지적재산권은 특히 제약자본과 관련되는데, 의약품은 다른 상품에 비해 완성품 자체로부터 기술에 관한 정보를 얼마간 손쉽게 획득할 수 있기 때문이다. 뿐만 아니라 제약산업은 승인 후 조사까지 신약의 개발과정이 매우 길며 연구·개발에 투자하는 자본의 규모가 크기 때문에 특허를 통해 기술을 독점하고 특허기간을 최대한 연장하는 것이 이윤을 확보하는 데 핵심적 문제가 된다(Tarabusi and Vickery, 1998b).

무역관련지적재산권협정은 해당국가의 경제적·사회적 발전수준에 관계없이 회원국이 지적재산권협정의 원칙을 준수할 것을 의무화하는 동시에 발전도상국과 최빈국에 대해서는 유예기간, 병행수입(parallel import), 강제실시(compulsory licensing) 등 특허를 제한할 수 있는 가능성 또한 명시하고 있다(WTO, 1994).[13] 그러나 이러한 제한규정을 둘러싸고 중심부의 자본 및 국가와 주변부의 국가 사이에 논쟁이 발생한다. 1998년 남아프리카공화국 정부와 미국의 제약회사들 사이에 벌어진 에이즈치료제에 관한 지적재산권 분쟁을 시작으로 주변부 국가는 무역관련지적재산권협정의 수정을 지속적으로 요구했고, 2001년 카타르의 도하에서 열린 세계무역기구 제4차 각료회의에서는 지적재산권의 유연성을 강조하는 '도하선언'이 채택된다. 그러나 2003년 멕시코의 칸쿤에서 열린 제5차 각료회의는 제약기술을 소유하지 못한 국가로 의약품을 수출하기 위한 강제실시를 사실상 제한함으로써 도하선언의 원칙에서 후퇴한다(Bermudez et al, 2004).[14]

13) 강제실시란 특허권자의 승인 없이 특허권의 사용을 허용하는 것이다. 강제실시권은 합리적인 계약조건 하에 특허권자로부터 승인을 얻지 못할 경우, 국가긴급사태가 발생하는 경우, 그리고 공적 목적에 따라 비영리적으로 사용할 경우에만 발동할 수 있다. 하지만 이 경우에도 특허권자에게 적절한 보상금을 지급해야 하며, 강제실시권을 허용하는 상황이 사라지는 즉시 강제실시권도 종료된다. 병행수입이란 의약품들간 가격차이를 이용하는 것으로서, 해외시장에서 적법하게 상표가 부착된 약품을 국내의 상표권자 또는 전용사용권자의 허락 없이 수입하는 것을 의미한다(정혜주, 2000; Bermudez et al, 2004).

14) 도하선언의 6항은 의약품 제조기술이 취약한 국가들이 강제실시를 국내수요에만 한정하는 무역관련지적재산권협정의 규정 때문에 필수의약품 접근으로부터 배제되어 있음을 지적하고, 2002년 말까지 이에 대한 신속한 해법을 제시할 것을 요구한다. 그러나 2003년 8월에 채택된 '도하선언 6항에 관한 합의'는 자체 의약품 생산시설을 갖추지 못한 개발도상국과 최빈국에 한해 '수입을 위한 강제실시'를 허가한다는 내용을 담고 있지만, 수입하는 제네릭 약품의 상품명과 규모를 세계무역기구에 통지해야 하며, 자국 내에 자체적인 생산능력이 없음을 입증해야 한다는 조건을 제시한다. 또한 '수출을 위한 강제실시'의 경우에도 산업적 또는 상업적 목적으로는 실행될 수 없도록 함으로써, 제네릭 산업의 발전을 차단하고, 결과적으로 의약품 가격의 하락에는 별다른 영향을 미치지 못한다. 이는 의약품에 대한 접근성의 확보를 요구했던 도하선언의 실질적 후퇴를 의미한다(TWN, 2003).

다른 한편 세계은행·국제통화기금 등과 같은 국제금융기구들은 외채위기를 겪고 있는 국가들에게 개입하여 차관조건과 채무지불협상을 지렛대로 삼아 신자유주의적 정책개혁을 강제한다. 또한 채무국의 공적 서비스를 사유화하고 연금제도를 개혁함으로써 채무국의 보건의료부문을 초민족적 의료자본을 위한 시장으로 변모시킨다(Waitzkin and Iriart, 2001). 일례로 1991년 말에 세계은행은 아르헨티나에 대한 차관조건으로 보건의료부문의 개혁을 요구한다. 병원의 지방분권화, 인적 자원의 개발, 병원정보네트워크 형성, 그리고 건강증진과 보호라는 네 가지 영역에서 출발한 아르헨티나의 보건의료개혁은 국가의료제도의 개혁과 사회보장기금의 탈규제로 발전하여 초민족적 금융자본이 주도하는 관리의료의 도입으로 완성된다(Iriart et al, 2001).

세계무역기구·세계은행·국제통화기금 등이 주도하는 다자간협정체제가 주변부 국가의 저항을 받자, 최근에는 미국을 중심으로 자유무역협정(FTA)과 같은 쌍무협정체제로의 전환이 시도되고 있다. 경제적으로 불평등한 두 당사국 사이에서 협정이 체결됨으로써 주변부 국가의 보건의료부문은 초민족적 의료자본에 더욱 개방·종속된다. 예컨대 자유무역협정은 강제실시권과 같은 무역관련지적재산권협정의 예외조항에 엄격한 제한을 가하고, 특허기간도 20년 이상으로 연장하는 무역관련지적재산권협정플러스(TRIPs+)를 포함한다(Velásquez, 2004).

보건의료의 금융화의 효과

보건의료의 금융화는 공적으로 관리되던 보건의료부문을 초민족 자본에게 종속시키기 때문에 보건의료부문 전체를 크게 변형시킨다. 신자유주의적 정책개혁에 의해 사유화된 보건의료시장으로 제약자본과 보험자본이 진출함에 따라 공공성이 해체되면서 수요자의 지불능력에 따라 서비스의 내용이 차별화되면서 건강불평등이 확산된다.

우선 초민족적 제약자본은 의약품을 다른 상품들과 동일한 것으로 간주하는 동시에 지적재산권을 무기로 독점적 지위를 강화하기 때문에 보건의료에 대한 대중의 보편적 접근을 차단한다.[15] 뿐만 아니라 제약자본은 시장성이 있고 수익성이 높은 약품개발에만 주력한다. 즉 세계의약품시장의 81%를 차지하고 있는 미국·유럽·일본 시장의 수요에만 의존하기 때문에 열대병과 같이 저개발국에 고유한 질병의 치료제에 대해서는 더 이상 기술개발을 하지 않거나 생산규모를 대폭 축소한다(정혜주, 2001; McCarthy, 2000).[16]

서비스무역에관한일반협정은 공적 의료서비스의 사유화를 진행시키는 동시에 세계적 수준에서 보건의료의 불평등을 심화시킨다. 일반협정은 서비스부문의 무역자유화를 서비스의 국경간 이동·해외소비·상업적 주재·자연인의 이동이라는 네 가지 유형으로 구분한다(WTO, 1999).[17] 이 가운데 주변부 국가에게 특히 문제가 되는 것은

---

15) 지적재산권을 행사하는 자본들은 기술혁신에 대한 적절한 보상을 독점권을 보장받는 근거로 제시한다. 그러나 초민족적 제약자본의 경우, 연구·개발에 대한 투자규모가 다른 산업부문보다 큰 것은 사실이지만, 이 분야에 대한 투자는 완전히 새로운 의약품 개발을 목적으로 하기보다는 대체로 유사약('me-to' drug) 개발에 집중되어 있다. 이 상품은 기존의 특허약과는 다른 화학식으로 구성되어 있기 때문에 새로운 특허를 부여받을 수 있지만 그 효능은 크게 다르지 않다. 결과적으로 대규모의 연구·개발 투자는 완전히 새로운 의약품을 개발하기보다는 이미 시장에 존재하는 것과 유사한 효능이 있는 상품을 추가하는 데 투여되는 것이다. 실제로 최근 미국 식품의약청(FDA)으로부터 승인 받은 새로운 의약품의 65%는 이미 시장에서 판매되고 있는 효과성분만을 포함하고 있는 것으로 나타났다(정혜주, 2001; 민중의료연합, 2003; Tarabusi and Vickery, 1998b).

16) 1975-97년에 개발된 1223개의 화합물 가운데 열대병에 관련된 것은 13개에 불과한데, 이 중 2개는 기존의 약을 개량한 것이고, 4개는 군사용 연구나 수의과 연구의 결과이며, 나머지 4개만이 제약산업의 직접적인 연구·개발의 결과다(정혜주, 2001).

17) 서비스무역에관한일반협정은 공급 유형을 네 가지로 구분함으로써 전통적인 무역개념을 확장한다. 회원국은 이 네 가지 유형 모두에 대해 시장접근성과 내국민대우를 보장할 의무를 갖는다. '서비스의 국경간 이동'은 한 회원국이 다른 회원국에게 서비스를 수출하는 전통적 유형을 의미하는데, 해외 의료컨설턴트에 의한 서비스나 원격의료가 그 단적인 사례다. '해외소비'는 원정치료처럼 한 회원국의 소비자가 다른 회원국의 영토에서 진료를 받

네 번째 유형으로서 이는 '두뇌유출'의 형태로 나타난다. 의사들의 해외이주 가운데 주변부로부터 중심부로의 이주는 1972년에는 8.6%에 불과했으나 최근에는 50-70%에 달한다. 반면 주변부로의 유입은 11%에 지나지 않는다. 중심부 국가가 보건의료 전문인력을 주로 주변부로부터 충당함에 따라 주변부는 국내 전문인력의 과소공급에 시달리게 된다. 게다가 의료전문교육 역시 공적 부문이나 인구의 요구가 아니라 주로 수출수요에 적합한 내용에 집중됨으로써 상황을 더욱 악화시킨다. 이에 따른 수급불균형은 국제 비정부기구들의 의료활동이나 기부에 의해 부분적으로 충당되지만, 전문인력의 주요 수출국들은 공적 보건의료제도를 포함하는 건강상태의 전반적인 질적 저하에 직면하게 된다(Woodward, 2005; Timmermans, 2004).

초민족적 제약자본의 이윤추구전략과 무역협정의 체결이 세계적 수준에서의 불평등으로 귀결된다면, 관리의료의 확산은 민족적 수준에서 공공성의 약화와 불평등을 야기한다. 라틴 아메리카에 진출한 관리의료는 피보험자에 대한 사용자분담금의 도입을 요구하는데, 이는 보험가입을 제한하는 접근장벽으로 기능하면서 공적 병원과 의원으로 환자들을 집중시킨다. 예컨대 칠레에서는 의료보험협회의 관리의료조직에 가입한 환자들 가운데 약 24%는 진료비의 8.6% 가량의 분담금을 납부할 경제적 여유가 없기 때문에 관리의료에 가입한 사적 병원이 아닌 공적 병원을 주로 이용한다. 아르헨티나와 브라질에서는 공적 병원이 자주관리위원회를 통해 사적 보험과 경쟁할 수 있는 비용효율성을 강조하는데, 이에 따라 공적 병원을 이용할 수 있는 자격을 엄격하게 제한한다. 즉 공적 제도들에서 무료진료를 받고자 하는 환자들은 수입자산조사(means testing)를 거쳐야만 하며, 몇몇 병원들의 경우에는 조사에서 탈락되는 환자의 비율도 평균 30-40%에 달한다. 또한 라틴 아메리카의 관리의료조직들은 심각한 환자는 공적 부문으로 묶어두는 대신, 비교적 건강한 환자만을 유인

는 경우를 말한다. '상업적 주재'와 '자연인의 이동'은 서비스 공급자의 직접적 진출을 의미하는데, 전자는 병원기업의 해외법인 설립으로, 후자는 전문의의 해외의료시장 진출로 나타난다(Adlung and Carzaniga, 2001).

하는 경향이 있다. 예컨대, 칠레의 의료보험협회는 만성질환이 없는 젊은 노동자를 우선가입대상으로 설정한다. 그 결과 의료보험협회에 가입한 환자 가운데 오직 3.2%만 60세 이상인 반면, 공적 병원이나 의원에서는 전체 환자의 12%가 60세 이상이다(Iriart et al, 2001).

보건의료의 금융화에 따라 공공성의 해체가 가속되는 가운데, 노동조합을 중심으로 하는 대응도 진행된다. 예컨대 2002-03년에 걸쳐 엘살바로드와 칠레에서는 보건의료부문의 노동조합과 의사연합이 연대파업을 통해 보건의료서비스의 사유화를 저지하는 데 성공한다. 또한 콜롬비아의 보건의료노조는 2003년 4월 총파업을 통해 사회보장제도의 폐지에 반대하는 동시에 공적 병원에 대한 투자 확대를 요구한다(Lethbridge, 2003). 그러나 이처럼 공공성을 복원하기 위한 민족적 수준의 저항은 궁극적 차원에서는 명백한 한계를 지닌다. 이들은 현재의 보건의료위기의 원인으로서의 신자유주의적 금융화와 그것의 효과로서의 공공성의 파괴를 혼동하면서, 위기에 대한 대안으로 원인의 해결이 아닌 효과에 대한 대증적 처방, 즉 공공성의 복원을 제시한다. 사유화와 국유화, 또는 시장과 국가의 이분법을 기초로 해서 사적 자본에 대한 국가의 규제를 유일한 해결책으로 인식하는 이러한 입장은 자본주의에서의 국가 기능에 대한 몰인식에서 기인한다. 자본주의적 사회관계의 재생산을 담당하는 국가의 역할을 고려한다면, 국가의 규제 강화를 주장하는 것은 결국 자본주의적 사회관계의 안정적인 재생산을 요구하는 것에 다름 아니다.

민중건강운동과 건강을위한세계사회포럼

최근 대안세계화운동과 함께 발전하고 있는 세계적 보건의료운동은 보건의료의 위기를 극복할 수 있는 새로운 가능성을 제시한다. 이는 1978년의 알마아타 선언(Alma-Ata Declaration)의 실패에 대한 반성으로부터 출발한다. 세계보건기구(WHO)와 국제연합아동기금

(UNICEF) 등의 후원 아래 소련의 알마아타에서 열린 1차 국제보건의료회의는 '2000년까지 모든 사람에게 건강을'이라는 슬로건으로 요약되는 선언문을 채택한다. 대다수의 민족국가들이 조인한 이 선언문은 건강을 기본권으로 인정하고 가능한 한 최고 수준의 건강을 유지하는 것이 세계적으로 가장 중요한 목표임을 명시한다. 또한 2000년까지 세계적 건강불평등을 해소하기 위해 민중과 지역사회가 능동적으로 참여하고 국가가 책임지는 1차 보건의료 중심의 사업을 제시한다. 알마아타 선언은 민중과 지역사회를 보건의료계획과 전략의 중심으로 설정하고, 농업·교육·공공사업과 같은 지역사회 개발에 관련된 부문들 사이의 협력을 강조함으로써 건강과 보건의료에 대한 패러다임의 세계적 변화를 상징한다(WHO/ UNICEF, 1978).

그러나 알마아타 선언은 실현되지 못한다. 중심부 국가들은 그 이듬해부터 보편적 1차 보건의료가 아닌 선택적 1차 보건의료로 선회하고 시장지향적 의료개혁을 추진하기 시작한다. 그리고 록펠러재단과 같이 법인자본과 결합된 국제적 보건의료 전문가들은 보편적 1차 보건의료가 비효율적이라고 비판하면서 효율성에 바탕을 둔 선택적·기술적 개입을 지지한다. 이들은 1차 보건의료의 계획·이행·통제과정에서 지역사회를 배제하면서 알마아타의 선언의 이념을 단순한 기술적 접근으로 환원한다. 또한 선택적 1차 보건의료로 전환하는 과정에서 초민족자본에게 주도권을 부여함으로써, 보건의료에 관한 민중의 자기결정권을 박탈한다(Hong, 2000; Navarro, 1986).

1980-90년대를 거쳐 보건의료의 금융화가 가속되고 보건의료의 위기가 가시화되는 가운데, 20여 년 동안 잊혀졌던 알마아타 선언의 이념을 복원하고 보건의료에 대한 민중의 자기결정을 강조하는 새로운 사회운동이 형성된다. 각국의 보건의료정책 결정자들의 회합인 세계보건총회(WHA)에 개입하여 영향력을 행사하려던 사회운동의 시도가 실패로 끝나면서, 대안적인 민중주도적 보건의료가 모색되기 시작한다. 아시아지역사회건강행동네트워크(ACHAN), 국제소비자들(CI), 함마슐트재단(DHF), 민중건강센터(GK), 국제건강행동(HAI), 국

제민중건강평의회(IPHC), 제3세계네트워크(TWN), 재생산권리를위한세계여성네트워크(WGNRR) 등 8개 사회운동단체는 각국의 보건의료 관련 사회운동세력이 집결하는 세계보건의료운동의 세력화를 시도한다. 이들은 각 지역에서 수개월 동안 선전활동과 보건의료에 관련한 지역적 쟁점들에 대한 조사를 수행한다. 예컨대 인도 각지에서 거의 9개월 동안 건강교육을 위한 음악보급 및 영화상영과 같은 선전활동과 세미나를 진행하며, 이러한 활동의 성과로 17개 주와 250개 지방으로부터 파견된 2000여 명의 대표들이 캘커타 총회에서 인도민중건강헌장을 채택하고 건강을위한행진을 벌인다.

이러한 지역별 성과를 바탕으로 2000년 12월 4일에 방글라데시의 사바에서 5일 동안 민중건강총회(People's Health Assembly)가 개최된다(PHM, 2000a; Narayan and Schuftan, 2004). 75개국에서 1400여 명이 참석한 1차 민중건강총회는 전통적 의료행위, 에이즈, 정신건강, 건강권, 모성권, 보건의료에 대한 세계화의 영향, 건강과 생태 등을 주제로 세미나를 개최하고 아울러 건강을위한세계행진을 진행한다. 또한 총회는 알마아타 선언의 이념을 현실화할 것을 요구하는 민중건강헌장(People's Charter For Health)을 채택한다. 이 헌장은 건강을 위협하는 핵심적 세력으로 세계무역기구·세계은행·국제통화기금과 같은 국제기구와 초민족자본을 지목하는 동시에 빈곤국가의 외채삭감, 초민족적 금융자본의 투기적 이동을 규제하는 토빈세 도입, 여성해방과 여성권에 대한 무조건적 지지, 의료 및 지역개발에 대한 민중의 참여, 빈곤해결을 위한 민족적·국제적 지원 등을 요구한다(PHM, 2000b). 2차 민중건강총회는 2005년 7월 17일부터 6일간 에쿠아도르의 쿠엥카에서 개최된다. 80여 개국에서 1500여 명이 참석한 2차 총회는 '만인에게 건강을'이라는 1차 총회의 슬로건을 바탕으로 의약품에 대한 특허권의 폐지, 세계보건기구의 개혁, 생태적으로 지속가능한 발전 등을 요구한다. 이 가운데 가장 주목할 만한 것은 국제민중건강대학(IPHC)의 설립이다. 비판적 분석을 통해 대중의 발언과 요구를 지원하고, 각국의 보건의료운동에 관한 정보를 공유하려는 목적으로 설립된 국제민중건강대학은 25개국의 61명의 활동가와 10개국의 공중보건 전문가들이 참여한다(PHM, 2005a).

민중건강운동(People's Health Movement)은 1차 민중건강총회의 또 하나의 성과로 조직된 것이다. 이 단체는 세계적인 보건의료운동 네트워크를 형성하고 민중건강총회를 지속적으로 조직·발전시키기 위한 필요에서 구성된 사회운동단체들의 연합으로서 1차 총회 이후 대안세계화운동과의 연대를 모색한다. 민중건강운동은 2002년 브라질의 포르투 알레그레에서 열린 2차 세계사회포럼부터 본행사에 앞선 사전포럼으로서 민중의건강을방어하기위한국제포럼(IHF)을 개최하고, 신자유주의적 금융세계화가 건강권을 비롯한 인권을 심각하게 침해한다는 세계사회포럼의 인식을 공유한다(IHF, 2002). 국제포럼은 3차 대회에서 뭄바이 선언을 채택하는 동시에 건강을위한세계사회포럼(World Social Forum on Health)을 조직하기로 결정한다.[18] 이 결정에 따라 2005년부터 민중의건강을방어하기위한국제포럼은 건강을위한세계사회포럼으로 발전됨으로써 보건의료운동과 대안세계화운동의 결합이 비로소 완성된다. 1월 23일부터 3일간 포르투 알레그레에서 개최된 1차 건강을위한세계사회포럼은 보건의료운동과 노동자운동의 연대를 추구하는 동시에 보건의료운동이 세계사회포럼의 부문운동임을 선언한다(WSFH, 2005).

이처럼 민중건강운동이 주도하는 새로운 사회운동은 보건의료의 위기를 심화시키는 신자유주의적 금융세계화를 비판하면서 아래로부터 보건의료의 재구성을 주장한다. 나아가 생태파괴가 건강에 대한 직접적 공격으로 귀결된다는 점을 강조하는 동시에 의료기술의 비약적 발전을 가져올 것으로 이해되는 유전학과 생물공학의 진보가 건강에 부정적 효과를 가져올 가능성에 대해 경고한다. 요컨대

18) 2004년 1월 14일과 15일에 인도 뭄바이에서 열린 3차 국제포럼에서 채택된 뭄바이선언은 자본이 주도하는 세계화의 종식, 전쟁과 점령의 종식, 포괄적이고 지속가능한 1차 보건의료의 실현, 이를 통한 에이즈에 대한 대응, 지속불가능한 발전전략에서 기인하는 생태파괴의 역전, 평등한 건강권의 확립과 여성에 대한 폭력의 종식 등을 과제로 제시한다(PHM, 2005b).

기본적 인권으로서의 건강권, 신자유주의적 금융세계화 비판, 건강에 관한 생태적 관점이라는 세 가지 핵심어가 민중건강운동과 건강을위한세계사회포럼이 일관되게 주장하는 핵심적 의제이다.

민중건강운동은 알마아타 선언에서 제시된 건강권 개념을 더욱 발전시킨다. 민중건강운동은 건강을 기본권으로 인정하고 이를 보장하는 제도적 장치로서 1차 보건의료를 주장한 알마아타 선언의 이념에서 출발한다. 하지만 건강권이 보건의료에 대한 민중의 능동적인 참여를 전제하는 동시에 민중의 사회적·문화적·정치적 변화를 함축하는 것으로 이해한다. 즉 민중은 스스로를 정치적 주체로 구성하는 동시에 건강에 대한 권리를 실현시켜야 하며, 이러한 요구는 인간 생활의 기본조건과 항상 관련되어 있기 때문에 즉각적인 형태로 제기되어야 한다는 것이다. 알마아타 선언의 슬로건은 민중건강운동에 의해 '바로 지금, 만인에게 건강을'이라는 요구로 확장된다(PHM, 2000b; WSFH, 2005). 뿐만 아니라 민중건강운동은 여성의 건강이 사적·공적 영역에서의 억압 및 착취와 밀접한 관련이 있다고 주장하면서, 여성의 성적 권리와 재생산 권리를 위한 국제적이고 지역적인 운동을 지지한다(PHM, 2005c).

민중건강운동은 건강권을 침해하는 주요 원인으로 세계무역기구·세계은행·국제통화기금이 지원하는 신자유주의적 금융세계화를 지목한다. 현재의 국제무역질서와 주변부로부터의 가치 이전을 비판하는 동시에 제3세계의 부채삭감, 투기적 국제금융자본에 대한 토빈세의 적용, 초민족자본—특히 제약자본—에 대한 사회적 통제, 지식에 대한 민중의 권리를 박탈함으로써 수익을 창출하는 지적재산권의 폐지 등을 요구한다. 이와 같은 민중건강운동의 요구는 현재의 신자유주의적 금융세계화에 대한 근본적인 도전이며, 더 나아가 생태적 제약과 건강의 근본적 중요성 및 여성들의 비지불노동의 공헌을 인식하는 대안적 경제로 이행해야 할 필요성을 제기하는 것이다(Rao and Loewenson, 2000; PHM, 2000b; WSFH, 2005; PHM, 2005c).

마지막으로, 민중건강운동은 건강과 생태의 관계에 초점을 맞춘다. 민중건강운동은 상수원과 대기의 오염, 오존층 파괴, 종 다양성의 감소, 삼림파괴와 토양침식 등은 인간의 건강에 심각한 영향을 미친다고 강조하면서, 이러한 파괴의 근본 원인으로 지속불가능한 개발, 장기적·전체적 관점의 결여, 이윤최대화를 위한 자본의 운동, 소수에 의한 과잉소비 등을 지목한다. 그리고 생태와 인간의 건강에 위협을 가하는 자본·공적 제도·군사시설에 대해 사회적 통제를 부가하고, 생태친화적인 발전프로젝트를 기획하고, 주변부로의 산업폐기물 이전을 비판하며, 나아가 노동자 중심의 작업환경개선 등을 요구한다. 이를 위해 민중건강운동은 생태운동과 보건의료운동의 적극적인 연대를 주장한다(Hallstrom, 2000; PHM, 2000b).

이 세 가지 의제의 실현을 위해 민중건강운동은 민중의 시민교육을 강조한다. 이들은 건강문제에 대해 지역사회가 스스로 대처할 수 있는 능력을 고양하고 신자유주의적 금융세계화와 보건의료의 위기의 관련성을 민중이 스스로 인식할 것을 목표로 지역사회에 기초한 다양한 시민교육 프로그램을 개발한다. 예컨대 중앙아메리카의 지역사회에 기초한 보건의료활동가들은 지역사회건강증진위원회(the Regional Committee of Community Health Promotion)를 조직하여 전통적 치료방법과 자생적 보건의료활동 경험을 교환한다. 또한 국제민중건강평의회(IPHC)는 지역주민을 대상으로 '발견법'에 기초한 다양한 교육프로그램을 발전시킨다.[19] 이는 건강 문제의 원인이 세계적 변화에서 기인하고 있음을 지역주민 스스로가 인식하게 한다(Werner, 2000).

이처럼 민중건강운동은 보건의료운동에 대한 대안적인 가능성을 내포한다. 이 운동은 대안세계화운동과 결합하면서 국가에 의존하지 않는 아래로부터의 세계보건의료운동을 제안한다. 그리고 보건의료

19) 보건의료활동가들은 프레이리의 교육론에 따라 다양한 프로그램을 개발하는데, '지역사회 원인 진단'이 대표적인 예이다. 이 방법은 참가주민들에게 각자가 생각하는 건강 문제를 하나씩 말하게 하거나 그림으로 표현하도록 한다. 그리고 이렇게 제기된 개별적 건강문제들 사이의 관련성과 인과성 등에 관해 토론하게 함으로써 주민들 스스로 건강 문제의 근본 원인과 지역사회의 대응방안을 모색하는 계기를 제공한다(Werner, 2000).

에 대한 민중의 자기결정을 강조하면서 자본주의적 보건의료 자체를 건강권의 원리에 따라 변혁할 것을 요구한다. 이는 물론 자본주의적 생산관계의 변혁을 전제하는 것이다. '또 다른 세계는 가능하다'는 대안세계화운동의 구호가 핵심적 내용으로 등장한 2차 세계민중총회의 선언문은 바로 이러한 전망을 명시적으로 보여준다.

참고문헌

김석관 (2004), 「제약산업의 기술혁신 패턴과 발전전략」, 과학기술정책연구원, http://www.stepi.re.kr.

김창엽 (2003), 「상업주의 의료의 천국: 미국 보건의료시스템의 구조와 병폐」, 보건의료단체연합 주최 연속강좌 '역사 속의 보건의료', http://www.kfhr.org.

민중의료연합 (2003), 『이윤보다 생명이다』, 교육비평.

박형근 (2005), 「세계보건기구의 역할과 위상의 변천사: 위기의 WHO」, 『사회복지와 노동』, 9호.

신영전 (2005), 「미국 보건의료부문 영리화가 우리나라 보건의료체계에 주는 교훈」, 건강형평성학회 주최 '영리법인 도입과 한국의 보건의료체계' 자료집.

정혜주 (2000), 「무역관련지적재산권협정과 의약품의 접근권」, 민중의료연합 주최 'WTO와 민중의 건강' 자료집.

—— (2001), 「의약품의 공공성: 문제의 개요」, 민중의료연합 보건의료아카데미 '의약품의 공공성: 그 실천을 위하여' 자료집.

Adlung, Rudolf and Antonia Carzaniga (2001), "Health Service under the General Agreement on Trade in Service", *Bulletin of the World Health Organization*, Vol. 79, No. 4.

Bermudez, Jorge and Maria Oliveira eds. (2004), *Intellectual Property in the Context of the WTO TRIPs Agreement:*

Challenges for Public Health, WHO/PAHO Collaborating Center for Pharmaceutical Policies.

———, ———, and Gabriela Chaves (2004), "Intellectual Property in the Context of the WTO TRIPs Agreement: What Is at Stake?", in Bermundez and Oliveira, eds. (2004).

Busfield, Joan (2003), "Globalization and the Pharmaceutical Industry Revised", *International Journal of Health Services,* Vol. 33, No. 3.

Chandler, Alfred D. (2005), *Shaping the Industrial Century: The Remarkable Story of the Evolution of the Modern Chemical and Pharmaceutical Industries*, Harvard University Press.

Chesnais, François (1997), *La Mondialisation du capital*, Syros (국역: 한울, 2003).

Doyal, Lesley (1979), "Medicine and Imperialism", in *The Political Economy of Health*, Pluto Press.

EuropaBio (2005), *Biotechnology in Europe: 2005 Comparative Study*, BioVision/Lyon, http://www.europabio.org.

Grumbach, Kevin, Dennis Osmond, Karen Vranizan, Deborah Jaffe, and Andrew Bindman (1998), "Primary Care Physician's Experience of Financial Incentives in Managed-care Systems", *The New England Journal of Medicine*, Vol. 339, No. 21.

Hall, David (2001), "Globalisation, Privatisation and Healthcare: Preliminary Report", PSIRU, http://www.psiru.org (국역: 이 책에 실림).

Hallstrom, Niclas (2000), "The Environmental Crisis: Threats to Health and Ways Forward", in *PHA Background Paper*, PHA Secretariat.

Himmelstein, David and Steffie Woolhandler (2002), "Taking Care of Business: HMOs That Spend More on Administration Deliver Lower-Quality Care", *International Journal of Health*

Services, Vol. 32, No. 4.

Hong, Evelyne (2000), *Globalisation and the Impact on Health: A Third World View*, Paper for The People's Health Assembly, http://twnside.org.sg.

IHF (2002), "Health as an Essential Human Need, a Right of Citizenship, and a Public Good: Health for All Is Possible and Necessary", *International Journal of Health Services*, Vol. 32, No. 3.

Iriart, Celia, Emerson E. Merhy, and Howard Waitzkin (2001), "Managed Care in Latin America: The New Common Sense in Health Policy Reform", *Social Science & Medicine*, Vol. 52.

Jensen, Gail, Micheal Morrisey, Shannon Gaffney, and Derek Liston (1997), "The New Dominance of Managed Care: Insurance Trends in the 1990s", *Health Affairs*, January/February.

Lethbridge, Jane (2002), "Forces and Reactions in Healthcare: A Report on Worldwide Trends for the PSI Health Services Taskforce", PSIRU, http://www.psiru.org.

——— (2003), "Health Care Reform in the Americas", PSIRU, http://www.psiru.org.

McCarthy, Michael (2000), "U. S. Researcher Uncover Pharmaceutical Cost-Cutting for Tropical Medicines", *The Lancet*, Vol. 356, November 4.

Navarro, Vicente (1986), *Crisis, Health, and Medicine*, Tavistock (부분 국역: 이 책에 실림).

——— (1994), *The Political Economy of Health Policy: The US Reforms, 1980-1994*, Blackwell.

Narayan, Ravi and Claudio Schuftan (2004), "The People's Health Movement: A People's Campaign for 'HEALTH FOR ALL-NOW!'", *Perpectives on Global Development and Technology*, Vol. 3, Nos. 1-2.

Oliver, Thomas R (2004), "Policy Entrepreneurship in the Social

Transformation of American Medicine: The Rise of Managed Care and Managed Competition", *Journal of Health Politics, Policy, and Law*, Vol. 29, Nos. 4-5.

PHM (2000a), *People's Health Assembly 2000*, http://www.phmovement.org.

——— (2000b), *People's Health Charter*, http://www.phmovement.org (국역: 이 책에 실림).

——— (2005a), *People's Health Assembly 2*, http://phmovement.org.

——— (2005b), "Background to the Mumbai Declaration", *The Mumbai Declaration*, http://www.phmovement.org.

——— (2005c), *The Cuenca Declaration*, http://phmovement.org.

Price, David, Allyson M. Pollock, and Jean Shaoul (1999), "How the World Trade Organisation Is Shaping Domestic Policies in Health Care", *The Lancet*, Vol. 354, November 27.

Rao, Mohan and Rene Loewenson, (2000), "The Political Economy of the Assault on the Health", in *PHA Background Paper*, PHA Secretariat.

Serfati, Claude (1996), "Le rôle actif des groupes à dominante industrielle dans la financiarisation de l'économie", in François Chesnais, ed., *La Mondialisation financière: genèse, coût et enjeux*, Syros (국역: 한울, 2002).

Shaffer, Ellen and Joseph Brenner (2004), "International Trade Agreements: Hazards to Health?", *International Journal of Health Services*, Vol. 34, No. 3.

Shi, Leiyu and Douglas A. Singh (1998), *Delivering Health Care in America: A Systems Approach*, Aspen.

Starr, Paul (1982), *The Social Transformation of American Medicne: The Rise of a Sovereign Profession and the Making of a Vast Industry*, Basic Books (국역: 명경, 1994).

Tarabusi, C. Casadio and Graham Vickery (1998a), "Globalization in the Pharmaceutical Industry, Part I", *International Journal of Health Services*, Vol. 28, No. 1.

——— and ——— (1998b), "Globalization in the Pharmaceutical Industry, Part II", *International Journal of Health Services*, Vol. 28, No. 2.

Timmermans, Karin (2004), "Development Countries and Trade in Health Services: Which Way Is Forward?", *International Journal of Health Services*, Vol. 34, No. 3.

TWN (2003), *TWN Briefings for Cancun 4*, http://www.twnside.org.sg.

Velásquez, Germán (2004), "Bilateral Trade Agreements and Access to Essential Drugs", in Bermundez and Oliveira, eds. (2004).

Waitzkin, Howard and Celia Iriart (2001), "How the United States Exports Managed Care to Developing Countries", *International Journal of Health Services*, Vol. 31, No. 3.

Werner, David (2000), "Communication as if People Mattered", in *PHA Background Paper*, PHA Secretariat.

WHO/UNICEF (1978), "Primary Health Care", Report of the International Conference on Primary Health Care, September 6-12.

Woodward, David (2005), "The GATS and Trade in Health Services: Implications for Health Care in Developing Countries", *Review of International Political Economy*, Vol. 12, No. 3.

WSFH (2005), "Final Declaration of the First World Social Forum for Health", *World Social Forum on Health*, http://www.fsms.org.br (국역: 이 책에 실림).

WTO (1994), *Agreement on Trade-Related Aspects of Intellectual Property Rights*, WTO Secretariat.

——— (1999), "An Introduction to the GATS", WTO Secretariat.

Wynne, Michael (2004), "History of the HMOs", *Managed Care I*, http://www.uow.edu.au.

세계화, 사유화, 보건의료*

데이비드 홀**

요 약

이 보고서는 세계화와 사유화를 구별한다. 전자는 모든 부문에 부정적 효과를 미칠 수 있는 반면, 후자는 특히 공공서비스에 악영향을 준다. 국제기구, 정부정책 및 초민족기업의 활동을 포함하여, 보건의료의 사유화에 영향을 미치는 세계화의 다양한 경로가 있다.

- 세계무역기구(WTO)는 두 가지 방식으로 보건의료서비스에 위협을 가한다. 사유화를 더욱 강화하는 서비스무역에관한일반협정(GATS)의 위협과 건강 욕구를 희생시키면서 제약회사의 이윤을 뒷

---

*) David Hall, "Globalisation, Privatisation and Healthcare: A Preliminary Report", PSIRU, 2001, http://www.psiru.org (박찬종 옮김).

**) 홀은 국제공공서비스연구소(PSIRU)의 수석연구원으로 그리니치대학교에 재직중이다. 국제공공서비스연구소는 공공서비스 관련 노동조합국제연맹인 국제공공서비스(PSI)의 기금으로 설립된 연구소로 세계화와 사유화, 그리고 공공서비스에 관한 경험적 연구를 수행하기 위해 1998년에 설립되었다. 이 연구소는 영국의 그리니치대학교 수리·컴퓨터대학원에 기반을 두고 있으며, 연구소 홈페이지에 데이터베이스와 이를 바탕으로 구성한 보고서를 주기적으로 공개하고 있다.

받침하는 무역관련지적재산권협정(TRIPs)의 효과가 그것이다.

- 세계은행(WB)은 더 많은 사유화를 공식적 목표로 하는 프로젝트를 통해 보건의료서비스의 사유화에 주요한 영향을 미친다. 세계은행의 또 다른 부분, 즉 국제금융공사(IFC)의 직접투자와 다자간투자보증기구(MIGA)의 투자보증도 사유화를 지원한다. 세계보건기구(WHO)와 경제협력개발기구(OECD)와 같은 다른 국제기구도 사유화에 영향을 미친다.
- 다양한 지역의 자유무역지대는 사유화를 촉진하는 규정이 있다. 예컨대 북미자유무역협정(NAFTA)은 캐나다 앨버타주의 보건의료정책을 '의료부문 사유화를 향한 일방통행로'로 변화시킨다. 조달규정도 공공서비스에 민간자본을 도입하는 데 영향을 미칠 수 있다.
- 다수의 선진국 및 발전도상국 정부는 보건의료의 사유화 정책을 도입하기로 결정해 왔고 또 결정하고 있다. 사적 서비스의 공급은 물론 보건조직(HMO)과 같은 민간보험의 도입도 여기에 포함된다.
- 초민족기업의 마케팅활동은 사유화 및 세계화 과정의 중심을 이룬다. 국제보건연구아카데미(AIHS)를 통한 이 활동은 국제기구들과 정부들을 대상으로 한다. 초민족기업이 지금까지 의료에서 수행한 활동은 보험, 병원, 임상·실험, 지원서비스의 네 가지로 분류된다.

우리의 예비적 고찰로부터 몇 가지 일반적 진술이 제시될 수 있다.

- 세계은행은 프로젝트, 투자, 초민족기업에 대한 제도적 지원 등을 통해 보건의료에서의 사유화를 추진하는 매우 강력한 세력이다.
- 세계무역기구와 서비스무역에관한일반협정이 광범위한 국가들에게 제공하는 위협을 배경으로 사유화가 다양한 형태로 진행된다.
- 북미자유무역협정 및 유럽연합(EU)과 같은 기구들의 무역 및 조달 규정은 공공서비스의 사유화에 영향을 줄 수 있다.

반면 민간의료기업의 초민족적 활동양상은 다른 부문에서와 달리 일관성이 없고 크게 팽창주의적이지도 않다.

- 미국의 많은 의료기업들은 국제적으로 큰 힘을 갖지 못한다.
- 민간병원은 현재까지 국제적 사업에서 크게 성공하지 못하고 있다.

- 적어도 선진국에서는 청소 및 위탁급식서비스가 초민족기업이 지배력을 행사하는 '고전적' 유형에 속한다.
- 보험회사는 단순한 보험업자로서 확장하고 있거나 또는 보건조직계획과 결합되어 확장하고 있다.
- 많은 국가들에서 투석, 혈액제제, 자기공명영상촬영기(MRI) 등과 같은 진단서비스나 치료서비스에 대한 초민족기업의 활동이 증가하고 있다.
- 사적 의료기업의 수직적 통합이나 다른 서비스와의 견고한 시너지 효과의 징후는 거의 존재하지 않는다.
- 서비스의 사유화는 세계화 이전에 이미 완성되었다.

세계화, 사유화, 공공서비스

세계화와 공공서비스

세계화와 그것이 발전도상국에 미친 효과에 대해 수많은 쟁점들이 존재한다. 전반적 경제발전, 민족적 산업발전, 이윤송금, 노동조건 악화, 환경 파괴, 민주적 제도의 침식 등이 그러한 쟁점들에 속한다. 이 보고서는 주로 세계화가 일반적인 공공서비스, 특히 보건의료서비스에 미친 충격을 다룬다.

대다수 부문—예컨대 농업·광업·제조업·서비스업—에서 세계화의 문제는 해당 부문을 외국자본에게 노출시킨다는 의미에서 민족적 발전에 대한 위협이다. 이 문제는 그 산업이 사적인지 공적인지와 무관하게, 그리고 사유화가 쟁점인지 아닌지와 무관하게 중요하다.

다른 한편, 세계화가 공공서비스—예컨대, 보건의료·교육·교통·상수도·에너지·폐기물처리—에 미친 가장 부정적인 효과는 특히 사유화와 관련된다. 사유화는 서비스 재정에 대한 사회·경제적 연대를 제한함으로써 공공서비스의 기본원리를 훼손하거나, 공공서비스의 공급을 이윤 원리에 종속시킨다.

공공서비스와 관련해서는 사유화가 재정조달 또는 서비스공급에 미친 효과라는 문제가 그것에 참여하는 민간기업의 국적보다 더 중요한 쟁점이다. 예컨대 영국철도의 경우, 비벤디와 같은 외국계 초민족기업과 레일트렉·버진과 같은 영국계 민간기업이 거의 동일한 규모로 사유화에 참여했다. 발전도상국의 경우도 마찬가지이다. 예컨대 말레이시아 병원의 공공서비스가 말레이시아 국적의 기업에 의해 사유화되는 것은 초민족기업에 의해 사유화되는 것과 마찬가지로 공공서비스에 악영향을 미친다. 개인서비스에서도 외국자본의 진입으로 인한 세계화의 부정적 효과가 존재하지만, 공공서비스에서는 주로 사유화로 인해 특수한 피해가 발생한다.

아래 도표는 이러한 특수성을 보여준다. 이는 기업의 소유, 형태, 그리고 국적에 따라 공급자를 범주화한 것이다.

사유화와 국제화

	공 공					민 간			
	A. 국가	B. 지방	법인화 경계	C. 법인	사유화 경계 1	D. 비영리	사유화 경계 2	E. 공사제휴	F. 기업, 공사제휴
민족	국가의료, 대학			트러스트, 지방기업		비정부기구, 교회		합자회사	민족기업, 공사제휴
									세계화 경계
국제	세계보건기구, 세계은행			해외 공기업		국제적 비정부기구		세계적 공사제휴	초민족 기업

이 도표는 다양한 구조적 변화를 규명하는 데 이용될 수 있다. 우선 '사유화'라는 용어는 다양한 상황에서 다양한 경계를 묘사하는 데 사용된다. 중·동유럽, 과거 소련의 일부였던 체제이행국 등에서는 중앙정부에서 선거를 통해 선출된 지방정부로의 책임의 전환—A와 B의 경계를 가로지르는 전환—이 종종 사유화로 묘사되기도 한다.

공공서비스의 법인화—B와 C의 경계를 가로지르는 전환—는 완전한 법인화는 아니더라도 대체로 영리회계의 도입을 포함하는데,

이는 사적 소유 그 자체로의 전환만큼이나 중요한 것일 수 있다.

공기업과 민간기업의 엄격한 경계—C와 D의 경계—는 교회와 자선단체가 공공의료체제에 통합되어 있는 독일과 같은 국가들에서는 그리 중요하지 않을 수 있다. 이러한 경우에는 A·B·C·D와 E·F의 경계가 더 중요할지도 모른다.

마지막으로 공공부문이 얼마간의 지분을 가지고 있는 합자회사—E—와 100% 완전히 사적으로 소유되는 기업—F—의 차이는 대개 외형상의 이유로 매우 중요한 것으로 간주되지만, 사유화의 지지자와 반대자 모두 그러한 공사제휴(PPP)가 사유화의 완성이라는 예상된 결과로 귀결될 것이라는 데 동의하는 편이다.

사유화의 마지막 단계에서 민족적인 것과 국제적인 것의 수평적 분할선은 민족기업에 의해 사유화된 서비스와 외국계 초민족기업에 의한 사유화를 구분한다.

국제적 부문의 다른 부분도 언급할 만한 가치가 있다. 국제적 활동부문에 의한 분류는 초민족기업의 활동과 공기업 및 비정부기구(NGO)의 국제적 활동의 차이라는 문제를 제기하는 데 도움을 준다. '국제'라고 분류된 부분은 발전도상국에서 수많은 1차 보건의료 프로젝트에 관여하는 세계보건기구, 세계은행, 비정부기구 등과 같은 다자적인 공공부문 조직들의 활동을 포함한다. 또한 다자적 공공부문과 민간부문의 세계적 공사제휴와 빌게이츠재단과 같은 세계적 자선단체도 여기에 속한다. 이들 모두는 현재 많은 국가들의 의료체체에서 중요한 요소를 이룬다.[1]

공기업이 보건의료의 국제무역에 참여하는 경우도 있다. 예컨대 슬로바키아의 휴양지 피에스타니는 1990년대 중반부터 국가의료서비스를 통해 슬로바키아인에게 무상치료를 제공하는 동시에 주로 사우디아라비아에서 여행 온 외국환자에게 유상치료를 제공한다.

---

1) 이러한 세계적 공사제휴의 현황을 파악하기 위해서는 다음을 보라. Kent Buse and Gill Walt, "Global Public-Private Partnerships: A New Development in Health?", *Bulletin of the World Health Organization*, Vol. 78, No. 4, 2000.

세계화의 경로

공공서비스의 사유화를 가속시키는 세계화의 다양한 경로들이 존재한다. 이 경로들 가운데 현재 가장 중요한 것은 세계무역기구의 전반적인 역할과 서비스 무역의 자유화를 추동하는 협정들이다. 그러나 변화를 야기하는 또 다른 국제기구들이 존재하는데, 세계은행, 국제통화기금(IMF)과 같은 국제금융기구들, 나아가 세계보건기구와 경제협력개발기구도 여기에 포함된다. 또한—공공서비스의 사유화에 영향을 미치는 무역과 조달에 관한 규정이 이미 존재하는—북미자유무역협정·유럽연합·남미공동시장(MERCOSUR)과 같은 무역지대도 유사한 효과를 갖는다. 그리고 공식적 무역거래를 통해, 또는 다른 국제적 정치관계를 통해 형성된 두 국가의 쌍무적 관계도 여기에 속한다. 그러한 관계에서 미국과 같은 국가는 서비스의 사유화나 자유화에 관심을 갖는 다른 국가에 일정한 조건을 부과할 수 있다.

무엇보다도 법인기업 자체가 지속적인 활동을 벌이고 있다. 그들은 자신들에 대한 개별적·집단적 마케팅활동을 조직하고 부패를 비롯한 다양한 메커니즘을 통해 민족적·국제적 관계를 형성하며 사유화와 자유화를 필연적인 역사적 경향인 것처럼 보이게 만들고 있다.

이러한 다양한 요소들이 반드시 조율되는 것은 아니며 이들 사이에는 모순이 존재할 수 있다. 2000년에 수에즈 리요네즈는 유럽연합과 프랑스가 서비스무역에관한일반협정에 따른 자유화 추진에 대해 어떤 입장을 취할 것인가를 논의하는 자리에서 일반협정에 대한 경계심을 표출했다. "우리는 '자유주의'라는 용어를 조심스럽게 사용한다. 즉 우리는 자유화의 틀 내에 공공서비스를 유지하기를 원하며 장기적으로 그것만이 우리의 투자이윤을 보장할 수 있는 유일한 길이라고 생각한다. 그러한 제도적 틀을 통해 우리는 사람들로부터 우리의 투자에 대한 신뢰를 얻을 수 있다. 그러나 우리는 어떤 부문을 자유화한다면 이러한 신뢰가 유지되지 않을 것이라는 사실을 알고 있다. 이것이 우리가 공적·사적 계약을 진행하고 있는 이유다."[2] 상수도는 기업과 정부의 합의를 통해 수익성 있는 방식으로 이미 사유화되었다. 무역규제—오늘 대부분의 나라들에서 이 규제는 장애물이 아니다—의 자유화를 향한 공세는 자유화 과정에 대한 거대한 정치적 반대를 야기할지도 모른다.

결국 이러한 연쇄의 최종지점에서 정부가 특정한 서비스의 사유화 또는 자유화를 결정한다. 이미 많은 나라들에서 상수도와 같은 서비스에서뿐만 아니라 보건의료에서도 그러한 결정이 내려졌으며 다른 나라들에서는 논의가 진행 중이다.

이 보고서의 나머지 부분은 이 요인들 중 몇 가지를 살펴볼 것이고, 국제적으로 활동하고 있는 보건의료기업에 대한 간략한 개관으로 끝맺을 것이다.

공공서비스에 대한 세계무역기구의 위협

세계무역기구 : 서비스무역에관한일반협정의 잠재적 충격

세계무역기구는 서비스무역에관한일반협정을 통해 공공서비스, 특히 보건의료의 사유화를 향한 잠재적이고 특수한 압력을 가하고 있다. 국제노동조합의 관점[3]과 발전의 관점[4]에서 이 협정의 일반적인 잠재적 충격[5]에 관한, 그리고 특히 의료서비스에 대한 충격[6]에

2) 2000년 11월 17일에 열린 서비스무역에관한일반협정에 대한 프랑스 대외무역관계자 회의 의사록.

3) Public Services International (PSI) and Educational International (EI), *The WTO and the GATS: What Is at Stake for Public Health*, 2000, http//www.world-psi.org.

4) Ellen Gould and Clare Joy, "In Whose Service? The Threat Posed by the General Agreement on Trade in Services to Economic Development in the South", *World Development Movement Report* (WDM), 2000, http://www.wdm.org.uk.

관한 수많은 상세한 분석들이 진행되어 왔다.

서비스무역에관한일반협정의 핵심 요소는 각국이 무역 부문을 개방하기 위해 '헌신'해야 한다는 것이다. 각국은 각종 부문을 반드시 개방할 의무는 없지만 그렇게 할 수 있어야 한다. 이미 많은 나라들이 보건의료서비스의 여러 측면을 개방해 왔다.[7]

현재까지 일반협정의 충격은 현실적이라기보다는 잠재적인 것이다. "일반협정은 아직 적용되지 않는 협정의 틀이다."[8] 그러나 세계무역기구는 각국이 보호무역을 위한 반(反)경쟁정책을 사용하지 않는다는 사실을 입증해야 한다고 주장하면서, 개방하지 않을 경우 부과할 수 있는 제재를 증가시키려 하고 있다. "고려되고 있는 법적 기준이 현실화되면 공공서비스에 대한 보조금 지급, 공동위험관리, 공적 설계·사금조달·운영 등과 같은 비시장 메커니즘의 사용은 모두 반경쟁 및 무역규제수단으로 금지될 것이다."[9]

서비스무역에관한일반협정의 예외조항: 정부서비스 및 조달

일반협정의 규정은 공공서비스 영역의 많은 부분을 예외로 하는 두 개의 단서조항을 포함한다. 첫 번째는 정부가 직접 제공하는 서비스가 "정부의 권한행사에 의해 공급되며", "상업적 기반을 갖지

---

5) Scott Sinclair, *GATS: How the World Trade Organization's New 'Services' Negotiations Threaten Democracy*, Canadian Centre for Policy Alternatives, 2000.

6) Allyson M. Pollock and David Price, "Rewriting the Regulations: How the World Trade Organisation Could Accelerate Privatisation in Health-Care Systems", *The Lancet*, Vol. 356, 2000.

7) PSI and EI, *The WTO and the GATS: What Is at Stake for Public Health*, 2000, http//www.world-psi.org.

8) Scott Sinclair, *GATS: How the World Trade Organization's New 'Services' Negotiations Threaten Democracy*, Canadian Centre for Policy Alternatives, 2000.

9) Allyson M. Pollock and David Price, "Rewriting the Regulations: How the World Trade Organisation Could Accelerate Privatisation in Health-Care Systems", *The Lancet*, Vol. 356, 2000.

않고, 하나 이상의 다른 서비스 공급자와 경쟁하지 않는" 경우에 적용되는 예외조항이다. 두 번째 예외조항—제13조—은 정부조달을 협정에서 제외시킨다. 정부조달은 예컨대 병원청소와 같은 모든 종류의 서비스에 대해 당국이 체결한 계약들을 포괄한다. 이는 아직까지 일반협정이 내부서비스와 하청노동을 포괄하지 않음을 의미한다.

그러나 기업들은 공공연하게 예외조항을 제거 또는 수정의 대상으로 삼아 왔다. 예컨대 1999년 유럽서비스네트워크는 조달에 관한 예외조항이 제거되어야 한다고 주장했다.[10] "조달에서 다자간 원칙의 결여는 서비스 부문에 영향을 미치는 가장 중요한 비관세 장벽일 것이다. 2000년 서비스무역에관한일반협정 국제회의는 일반협정의 13조를 삭제하거나, 정부조달에관한합의서를 일반협정의 모든 회원국으로 확대함으로써 상황을 개선할 수 있는 적절한 해법을 제공한다."

또 유럽서비스네트워크는 직접서비스에 대한 예외를 엄격하게 적용할 것을 제안했다. "공정한 국제경쟁에 대한 주요한 장애는 정부당국이 이른바 '내부서비스'를 이용함으로써 공공조달규정을 회피하려 하고, 따라서 공공조달법을 따를 필요가 없다고 생각한다는 사실이다. 공법의 적용을 받는 모든 단체는 공공조달규정을 따를 의무가 있음을 연방·지역·지방정부에게 엄중하게 권고해야 한다. 공법이 적용되는 공공기관 및 단체의 연합에 대해서도 마찬가지다."

또한 이러한 영역은 정부조달규정이나 무역지대의 압력에 종속될 수 있다. 예를 들어 유럽연합의 조달규정과 특허조항이 어떻게 공공서비스부문을 민간부문의 입찰에 강제로 개방시킬 수 있는가를 보여주는 실례는 아래를 참조하라.

무역관련지적재산권

국제특허권과 관련되는 무역관련지적재산권협정은 세계무역기구

10) European Service Network, *ESN Position Paper on GATS 2000 and Public Procurement* (Final Version), 1999, http://www.esn.be.

에 의해 관리되지만, 서비스무역에관한일반협정으로부터 분리된다. 무역관련지적재산권은 제약회사와 같은 특허소유자의 권리를 강화하기 때문에, 특히 보건의료에서 공공서비스의 문제를 더 악화시킬 수 있다. 이로 인해 약품이 이전보다 더 비싸게 공급되고, 몇몇 필수 의약품들—예컨대 에이즈 치료제—의 가격은 큰 폭으로 상승하며, 다른 의료비용의 증가를 대가로 제약회사의 수입이 증가한다.[11] 최근 남아프리카공화국과 태국이 에이즈 치료제를 저가로 제조할 수 있는 허가권을 직권으로 부여한다고 발표했을 때, 미국은 그들에게 무역제재를 가할 것이라고 위협한 바 있다.[12]

다른 국제기구들의 영향

국제통화기금과 세계은행: 일반지원조건

국제통화기금이 채택한 구조조정프로그램(SAPs)은 해당 국가에 대해 수많은 조건들을 제시한다. 몇몇 경우에 이 조건들은 공공서비스의 사유화나 영리화를 명시적으로 제안한다. 예컨대 구조조정프로그램은 그 지원조건으로 탄자니아에서는 보건의료와 교육에서의 가격인상을, 그리고 에쿠아도르에서는 에너지 가격의 인상을 요구한다.[13] 가나에서는 국제통화기금의 구조조정 프로그램과 세계은행의 원조에 대한 일반조건에 상수도의 사유화가 포함된다.[14]

---

11) PSI and EI, *The WTO and the GATS: What Is at Stake for Public Health, 2000*, http//www.world-psi.org.

12) 국제자유노조연맹(ICFTU) 2000년 6월 8일자 소식, http://www.icftu.org.

13) Gregory Palast, "Dr. Bankenstein's Monsters: the World Bank, the IMF, and the Aliens Who Ate Ecuador", *London Sunday,* 2000년 10월 8일.

14) Sarah Grutsky, "The IMF and World Bank-Backed 'Poverty Reduction Strategy Papers': Comments from Southern Civil Society", *Globalization Challenge Initiative*, 2000, http://www.challengeglobalization.org.

세계은행: 국제부흥개발은행 프로젝트

세계은행의 특별차관은 관련 서비스공급의 사유화를 권장하거나 또는 차관조건으로 삼는다. 이는 에너지—인도의 우타프라데시주와 케냐를 비롯한 최근의 사례들—와 상수도—팔레스타인, 가나, 그리고 다른 국가들[15]—부문에서 흔한 일이다. 각국은 서비스를 더욱 발전시키기 위해 세계은행의 차관이 필요하다고 생각하기 때문에 차관에 부여되는 조건은 사유화를 거의 피할 수 없는 것으로 만든다.

세계은행은 현재 보건의료와 관련한 200여 개의 프로젝트를 진행하고 있다. 이 프로젝트 가운데 다수는 공공의료체제의 구조조정과 직·간접적으로 관련되며 더 많은 사유화를 적극적으로 요구한다. 다음 세 가지 사례는 이 프로젝트들이 어떤 방식으로 민간부문의 참여와 사적 지불원리를 의제의 일부로 포함하게 되는가를 보여준다.

탄자니아

세계은행은 탄자니아에서 전체 의료부문의 개혁과 관련된 2200만 달러 규모의 의료부문발전프로젝트를 추진하고 있다. 그 첫 번째 명목적 목표인 "서비스공급 강화"는 서비스의 질과 재정능력의 개선을 포함하며 "의료서비스 공급에 대한 사적 부문의 개입을 명시적으로 촉진할" 것이다.

인도네시아

인도네시아의 지역의료프로젝트는 두 지역에서 "의료부문의 효율적 분권화"의 달성을 명시적 목표로 해서 시작되었고, 이후에는 "대안적 보험 접근에 대한 검토 및 추진", "의료자원을 조달하는 조세 및 다른 수단에 대한 검토"와 같은 시장주의적 요소를 포함한다.

---

15) PSIRU의 다음 보고서를 참조하라. "Independent Power Producers: A Review of the Issue"와 "Privatisation of Water and Energy in Africa". 두 보고서 모두 www.psiru.org/reports에서 이용할 수 있다.

불가리아

불가리아에서의 프로젝트는 민간부문을 포함한다는 어떤 공개적 언급도 없이 접근도, 질, 재정·경영의 지속가능성을 개선 또는 구조조정하도록 정부를 지원하는 것으로 요약된다.

그러나 프로젝트의 세부평가보고서는 다음과 같이 진술한다. 불가리아에 대한 세계은행의 전체 프로젝트의 맥락에서 의료부문과 관련된 주요영역은 "효율적 의료보험제도와 민간부문의 역할 증대를 통해 효과적이고 지속가능한 보건재정체계를 구축하고, 과잉기능을 축소함으로써 구조적 비효율성을 감축시키고, 중앙과 지역 수준에서 의료부문에 대한 관리를 강화하며, 공급자 사이에서 경쟁을 유발하는 활동"을 포함한다.

병원은 단순히 효율성을 위해서가 아니라 민간부문으로의 궁극적인 양도를 위하여 법인화될 것이다. 따라서 이 프로젝트는 "보건의료에 종사하는 의사와 치과의사의 특권적 참여를 보장하면서 이후에 사유화를 추진할 기회를 창출하는 데 유리하도록 보건의료시설을 영리회사로 재등록하는 과정을 완료하는 것"을 목적으로 한다.

세계은행: 국제금융공사

국제금융공사는 세계은행의 일부로서 오직 민간부문에만 투자한다. 또한 공공부문에 대한 국제금융공사의 차관은 사유화를 지향하는 사업으로 제한하도록 규정되어 있다.

국제금융공사는 보건의료를 비롯한 공공서비스에서 사적 부문의 역할을 확대한다는 분명한 정책을 갖고 있다. 공사의 사장인 피터 오이크는 1999년에 다음과 같이 선언했다.

> 국제금융공사는 핵심 영역이 민간부문으로 전환될 것으로 예상되는 공공부문에 공격적으로 투자하고 있다. 상수도와 운송에서부터 보건의료, 교육, 환경에 이르는 광범위한 부문이 투자대상이 된다. 우리는 민간부문이 공공부문을 대체해야 한다고 생각하는 것이 아

> 니라, 사적 교육과 보건의료가 공적으로 공급되는 동일한 서비스를 보완해야 한다고 생각한다. 그리고 불가피한 약간의 경쟁은 이 영역을 개선시킬 것이며, 잘만 된다면 그 동안 잘못 운영되어 온 공공서비스에 대해 파급효과를 낳을 수 있을 것이다.[16]

국제금융공사의 투자는 대체로 민간환자에게 다양한 진단과 치료를 제공하는 의원 및 병원과 같은 민간시설에 대한 단순한 금융투자의 성격을 띤다. 이제까지 공사는 한편으로는 지역적 파트너와 다른 한편으로는 초민족적 파트너(핀란드·포르투갈·스페인·싱가포르에 기반하는 파트너)와 함께 투자를 진행했다.

러시아

2001년에 국제금융공사는 신의료센터(NMC)라는 페테르부르크의 신설 민간의료원에 210만 달러를 투자했다. 이 센터는 "대부분의 예방, 진단, 치료서비스를 통합한 원스톱 시설"로 묘사된다. 또한 센터는 핀란드의 민간의료기업인 스칸페르트의 신규사업이기도 하다. 국제금융공사가 발간한 간행물은 "국제금융공사는 러시아의 보건의료체제를 부양하기 위해 투자한다"는 제목으로 이를 오도했다. 하지만 이 간행물은 더 분명하게 다음과 같이 진술했다. "러시아에서 국제금융공사와 그 파트너는 양질의 민간시설에 대한 대규모 잠재시장의 물꼬를 틀 것이다."[17]

도미니카공화국

국제금융공사는 2000년에 도미니카공화국에서도 유사한 투자를 했다. 도미니카공화국의 관광지에서 공사는 스페인의 병원기업 홉스티텐이 운영하는 네 개의 민간병원에 2200만 달러를 투자했다. 이

---

16) Peter Woicke, "A New Direction", 1999년 9월 25일 연례오찬연설, http://www.ifc.org/ifc/pressroom/speeches/amlunch/amlunch.html.

17) "IFC Invest to Boost Russian Health Care System", IFC 보도자료, 2001년 1월.

병원은 "지역 주민에게 봉사한다"는 명분을 걸었지만 기본적으로는 관광산업에 대한 투자의 성격이 강했다. "양질의 보건의료서비스의 부족이 도미니카공화국의 관광산업발전에 대한 중대한 걸림돌 중 하나인 것으로 밝혀졌다."[18]

브라질

브라질에서 공사는 혁신의료서비스(IHS)에 650만 달러를 투자했고, 브라질의 금융기업 이카투와 포르투갈의 호세드멜로그룹의 합자회사에 2500만 달러를 투자했다. 혁신의료서비스는 "자택치료·직업병의학·예방의학·정보기술·처방수익관리·병원서비스 및 관리 등과 같은 영역에서" 사업을 벌이는 기업들에 투자하는 지주회사다.

보험회사는 더 많은 공급자를 원하며, 이 때문에 브라질에서는 민간의료보험이 현저하게 증가했다. 공사는 이 프로젝트가 "보건의료에서 새로운 선택권을 창출할 것이며, 이러한 선택권이 브라질에서 서비스가 제공되는 방식을 변화시킬 것"[19]이라고 예상했다.

나이지리아

나이지리아에서 공사는 민간의료시장에서 활동하는 민간의원에 대해 두 차례 투자했다. 1999년 공사는 두 명의 지역 의사들이 경영하는 히게이아나이지리아에 58만1천 달러를 투자했고, "기존의 환자와 잠재적 환자에 대한 관리의료의 포괄범위를 확대하기 위해"[20] 라고스의 라군병원에 다섯 개의 의원을 설립하고 시설을 개선했다. 1997년 공사는 라드메드치료센터에 29만 달러를 투자했다.[21]

---

18) "IFC Invests in Hospital Network in the Dominican Republic", IFC 보도자료, 2000년 4월 7일.

19) "IFC Makes First Healthcare Investment in Brazil", IFC 보도자료, 1999년 3월 19일.

20) "IFC Invests in Healthcare and Manufacturing in Nigeria", IFC 보도자료, 1999년 9월 9일.

21) http://www.ifc.org/ifc/ABN/cic/nigeria/english/invest.htm#radmed

인도

국제금융공사는 1997년 인도의 캘커타에 270병상 규모의 신설 민간병원에 800만 달러를 투자했는데, 이는 공사의 의료부문 투자 가운데 가장 큰 규모이다. 이 병원은 싱가포르에 본사를 둔 파크웨이라는 지주회사가 소유한 글렌이글의 계열사다.[22]

세계은행: 다자간투자보증기구

세계은행의 또 다른 일부인 다자간투자보증기구는 주로 정치적 위험에 대한 투자보증을 제공한다. 다자간투자보증기구는 국제금융공사와 함께 미국계 법인기업인 데이비드본투자회사가 브라질에 의료장비를 대여하는 것을 지원하고 있다. 데이비드본투자회사는 의료장비—자기공명영상촬영기가 대다수지만 점차 레이저와 같은 치료장비가 늘고 있다—의 대여자금을 융자해 주는 기업이다. 1993년까지는 병원도 소유했지만 현재는 오직 장비대여에 집중하고 있다. 데이비드본투자회사는 "화상진단·방사선요법·기타 의료기술의 사용자를 위한 장비대여를 위한 자금융자 및 관련 서비스를 제공한다." 이 기업은 국제적인 확장을 거듭하여 현재 유럽, 아시아-태평양, 그리고 라틴 아메리카에서 사업을 진행하고 있다.[23] 이 같은 기업—민간기업이든 공기업이든 상관없이—에게 브라질 의료시장의 확대는 사업 확장에 중요한 기회를 제공하지만 평가절하 위험과 정치적 불안정이 여전히 문제로 남아 있다.

데이비드본투자회사는 국제금융공사와 다자간투자보증기구가 완벽한 사업 파트너임을 알아차렸다. 우선, 국제금융공사는 돈세탁업자들이 선호하는 역외세금피난처인 카이만제도에 데이비드본투자회사와 함께 카이만의료금융회사라는 이름의 합자회사를 설립했다. 카이만의료금융회사의 역할은 "라틴 아메리카 전역에서 민간병원, 의

---

22) "IFC to Invest US $8 Million in Modern Multi-speciality Private Hospital in Calcutta, India", IFC 보도자료, 1997년 11월 20일.

23) www.hoovers.com의 프로필 참조.

원, 그리고 의사집단에게 최첨단의 화상진단 및 방사선진료 기기의 구입에 필요한 국제차관을 제공하거나 또는 그 기기를 임대해주는 것이다. 이 장비에는 전세계적 보건의료전달체계를 개선하는 데 중요한 자기공명영상촬영기(MRI), 컴퓨터단층촬영기(CT), 기타 의료장비 등이 포함된다.(…)이 프로젝트의 발전은 특히 암환자들에게 중요한 영향을 미친다. 이 프로젝트는 자칫 건강을 해칠 수 있는 외과시술이나 미국과 유럽으로의 원정치료 및 진단에 비해 양질이며, 비용효과가 크고, 더 효과적인 대안을 제공한다."[24]

당시 다자간투자보증기구의 역할은 이윤송금의 제한이라는 위험과 몰수라는 정치적 위험으로부터 투자를 보호하기 위해 7500만 달러 상당의 보험을 제공하는 것이었다.

1년 뒤인 2000년에 투자보증기구는 카이만의료금융회사에게 더 큰 부양책을 제공했다. 이번에는 투자보증기구가 카이만의료금융회사에 의해 체결된 각서의 위험에 대비해서 브라질 통화의 평가절하 상황이 닥치더라도 미래의 수입을 보장하기 위해 1억 5000만 달러 상당의 보증을 제공했다. 이 보험은 카이만의료금융회사와 데이비드본투자회사에게 매우 중요한 것이었는데, 각서의 신용등급이 브라질 자체의 신용등급보다 더 높게 평가되었기 때문이었다. 따라서 카이만의료금융회사는 자신의 원래 능력보다도 더 낮은 이자율로 국제금융을 이용할 수 있었다. 다자간투자보증기구는 이것이 개발이익을 갖는다고 거듭 주장했다. "이는 개발효과가 매우 높은 프로젝트로서 브라질에서 보건의료의 공급을 개선하는 데 기여할 것이다."[25]

다른 국제기구와 조약

다른 국제조직도 사유화 과정에 영향을 미친다.

---

24) "MIGA Insurers Ground-breaking Health Care Project in Brazil", MIGA 보도자료, 1996년 8월 6일.

25) "Latin Report: Public-Private Insurance", MIGA 보도자료, 2000년 9월.

세계보건기구

세계보건기구는 조언자이자 행위자로서 세계보건정책에 분명한 영향을 미친다.[26]

경제협력개발기구

경제협력개발기구는 경제정책에 대한 조언자인 동시에—의료서비스에 관한 정보도 포함하는—세계경제에 대한 비교가능한 정보의 제공자, 나아가—다자간 투자협정(MAI)을 도입하려는 시도를 포기하기는 했지만—점증하는 조절적 역할의 수행자로서 강력한 역할을 담당한다. 이 기구는 현재 뇌물수수, 역외세금도피, 그리고 초민족기업의 행위규범을 조정하는 데 주도권을 행사하고 있다.[27]

에너지헌장조약

에너지헌장조약은 그 이름이 암시하는 것처럼 주로 에너지 부문에 적용된다. 그것은 기업이 원하는 장소에 원하는 통화로 이윤을 송금할 수 있는 법률상의 절대적 권리를 강화할 뿐만 아니라, 다양한 방식으로 에너지 부문에 대한 초민족적 투자를 보호한다.[28]

무역지대(북미자유무역협정·남미공동시장·동남아시아국가연합·유럽연합)

덧붙이자면, 세계의 다양한 무역협정은 이미 회원국들 사이의 서비스 무역에 영향을 미칠 수 있는 규정들을 보유하고 있다. 이 규정들은 다양한 방식, 예를 들어 그 지역 내 특정 국가의 투자자들에게 다른 국가에 자유롭게 진입할 수 있는 권리를 제공하는 것과 같은 방식으로 사유화를 더 용이하게 만들거나 사유화의 가능성을 높이고 있다.

---

26) http://www.who.org.

27) http://www.oecd.org 및 http://www.oecd.org/els/health를 참조하라.

28) http://www.encharter.org. 이 웹사이트는 최근에 만들어진 것이다. 에너지헌장조약은 다자간투자협정의 경험으로부터 교훈을 얻어서 안정된 지지세력을 확보하지 못한 1998년 이전까지는 인터넷상에서의 접근을 차단했다.

예를 들어, 캐나다 앨버타주의 의료정책의 수정은 '의료부문의 사유화를 향한 일방통행로'로 귀결되었다. 그것을 역전하려는 어떤 시도도 북미자유무역협정에 따라 투자자들의 배상 요구에 직면하게 될 것이다.

조달규정

조달규정 역시 민간자본이 공공서비스로 진입하는 데 영향을 미칠 수 있다. 이는 현재 서비스무역에관한일반협정의 예외 영역이지만, 유럽연합에서는 유럽조례가 적용되는 영역이다.

유럽연합은 모든 회원국의 정부를 대상으로 하는 공동의 조달규정인 유럽조례를 갖고 있다. 이 규정은 유럽연합 가입조건의 일부로 채택되며, 따라서 중유럽 및 동유럽의 가입국들에게도 유사한 효과를 낳는다. 주요한 공동원칙은 유럽·국가·지방의 모든 공공기관이 계약을 체결할 경우 유럽연합의 모든 기업들이 입찰에 참여할 수 있어야 한다는 점이다.[29]

이러한 요구에는 몇 가지 조건이 있다. 우선 직접서비스의 제공은 포함되지 않는다. 왜냐하면 이 규정의 조문에 따르면 공공기관이 직접 수행하는 작업이나 사업에는 의무입찰이 요구되지 않으며, 따라서 민간기업으로부터 공개입찰을 받을 의무도 존재하지 않기 때문이다. (그러므로 이 조문은 새처정부 하의 영국에서 시행되었던 입찰법—공공기관이 직접 작업을 수행할 계획이더라도 입찰을 받을 것을 강제했던 법—과는 정반대이며, 공공기관은 경쟁입찰 없이도 수의계약을 체결할 수 있다.) 공공조직이든 민간조직이든 상관없이 유럽의 모든 조직은 입찰에 참여할 수 있다. 당국은 공공부문의 사

---

29) 현재의 조달감독은 최근 보다 강력해지고 있다. 새롭게 제안된 감독조항은 다음과 같은 제목으로 출판되었다. "Proposal for a Directive of the European Parliament and of the Council on the Coordination of Procedures for the Award of Public Supply Contracts, Public Service Contracts and Public Works Contracts", Brussels, 2000.

업에 대해 차별할 수 없기 때문에, 예컨대 이탈리아의 지방자치기업이 스페인에서의 계약에 입찰할 수 있다.

서비스에 관한 조문은 그것이 적용되는 서비스의 목록을 제시하며, 이 목록에 포함되는 서비스는 입찰을 받아야 한다. 현재 청소·급식·전산관리와 같은 서비스는 입찰을 요구하는 목록에 포함되지만 보건의료 및 사회서비스는 그렇지 않다. 그러나 사실상 보건의료서비스에 대한 막대한 양의 범유럽적 광고들이 전역에 존재한다. 그 결과 이 사업은 민족적·국제적으로 공공부문과 민간부문 입찰자 모두에게 개방된다.

두 가지 작은 쟁점이 조달조문의 효과를 극적으로 변화시킬 수 있었다. 하나는 제외된 직접서비스의 규정 범위와 관련된 쟁점이다. 예를 들어, 민간부문은 이미 지방당국의 컨소시움이 제공하는 서비스(이는 유럽대륙의 공통된 특징이다)를 이 영역에서 제외하려는 시도를 해왔다. 공공부문의 조직이 더 많이 법인화되거나 민간부문과의 협력을 더 확대할수록, 이런 종류의 시도에 더 취약해질 것이다. 또 다른 쟁점은 보건의료서비스와 사회서비스를 포함하는 서비스 목록을 얼마나 확대할 것인가와 관련된 문제다.

정부와 초민족기업

정부의 결정

국내의 정치, 국제적 압력, 경제적·금융적 위기 또는 기회가 복합적인 영향을 미친 결과로서 사유화의 도입은 궁극적으로 정부의 결정에 의해 수행된다.

다른 정책 영역에서처럼 칠레의 독재자 피노체트 장군은 현재 상대적으로 부유하고 건강한 사람들에게 더 유리한 방식—분권화, 빈민에 대한 서비스의 선별 제공, 공공체계와 경쟁하는 민간의료보험의 도

입—으로 의료서비스의 구조조정과 사유화를 수행한 선구자였다.30)

서비스의 사유화는 지금까지 많은 국가들에서 (예컨대 인도에서는 광범위하게) 도입되어 왔다. 유럽의 경우, 현재 (사민주의 정부가 집권하고 있는) 영국과 독일에서 서비스의 사유화를 더욱 심화하자는 제안들이 제기되고 있다.31) 말레이시아의 경우, 최근 체계적이고 계획적인 병원 및 지원서비스의 사유화가 진행되어 왔다. 공급서비스와 지원서비스는 모두—계약자들 사이의 거래가 의료예산의 22%에 달하는—거대한 독점계약으로 사유화되었다. 민간병원과 의원은 확대되고 있고, 민간의료보험이 계획되고 있다.32)

관리의료 계획

라틴 아메리카의 많은 발전도상국들—주로 브라질과 아르헨티나—은 최근 20년 동안 '관리의료'를 도입하기 시작했다. 이 계획의 핵심은 병원에 지불하는 비용을 낮추는 압력을 행사하고 보건의료노동자를 희생시키면서 위험을 축소하고 수익을 개선한다는 것이다.33)

브라질에서 이 계획은 700여 개가 넘는 민간병원의 지지를 받으면서 수 년 동안 발전해 왔다. 설아메리카와 3억 7500만 달러의 계약을 성사시킨—당시에는 미국계 기업이었으나 현재 아이엔지(ING)

---

30) Sandra Polasyk, "Restructuring and Privatization of Health Care Services: Selected Cases in the Americas", *ILO Action Programme in Privatization, Restructuring and Economic Development*, 1999.

31) Stephen Bach, "Restructuring and Privatization of Health Care Services: Selected Cases in Western Europe", *ILO Action Programme in Privatization, Restructuring and Economic Development*, 1999.

32) Chan Chee Khoon, "Privatisation, the State and Healthcare Reforms: Global Influences & Local Contingencies in Malaysia", Paper presented to 9th International Congress of the World Federation of Public Health Associations, Beijing, September 2-6, 2000.

33) Howard Waitzkin and Celia Iriart, "How the United States Export Managed Care to Third-World Countries", *Monthly Review*, Vol. 52, No. 1, 2000.

그룹의 일부가 된—에트나, 유니반코세구로스에 4억 6000만 달러를 투자한 아메리칸인터내셔널그룹, 뱅크엑셀 및 골든크로스와 제휴한 시그나, 그리고 이카투세구로스와 합자한 미국전신전화회사의 계열사인 아이티티하트포드생명보험 등을 비롯한 다수의 초민족기업이 1990년대 후반에 관리의료에 투자하기 시작했다.

2000년에는 텍사스의 베일러시스템이 브라질의 병원들을 매입하려는 목적으로 브라질의료그룹 및 에이피피에이치(APPH)와 접촉하였고 2억 5000만 달러의 예산으로 호스피탈리움이라는 합자회사 설립을 추진한다는 사실이 보도되었다.[34]

수많은 보건조직(HMO)들이 발전하고 있는 필리핀도 유사한 상황이다. 세 개의 미국계 초민족적 보험회사—유나이티드헬스캐어, 에트나, 시그나—가 이러한 관리의료기업에 투자해 왔다.[35]

노동조합의 문제

노동조합과 조직화된 보건의료노동자들은 종종 구조조정의 주요한 표적이 된다. 예컨대 멕시코에서 사유화의 지지자들은 사유화를 심화하는 것과 관련된 가장 큰 세 가지 쟁점이 의료의 질에 대한 효과, 보험회사의 위험선택 정책, "일자리를 노동조합의 통제로부터 민간부문으로 전환한 효과"라고 주장한다.[36] 따라서 핵심은 보건의료노동자들의 착취에 대한 취약성을 증가시키고 노동조합의 정치적 영향력을 감소시키는 것이다. 여기서 교육 및 사회보장관련노조는 "코퍼러티즘적 보건의료 공급자로서의 국가의 역할을 온존시키려는 최후의 보루"로 묘사된다.

---

34) "AIHS Country Workshop Report", *Modern Healthcare International*, 2000년 7월 17일, http://www.modernhealthcare.com.
35) "AIHS Country Workshop Report", *Modern Healthcare International*, 2000년 7월 17일, http://www.modernhealthcare.com.
36) "AIHS Country Workshop Report", Modern Healthcare International, 2000년 7월 17일, www.modernhealthcare.com.

초민족기업의 마케팅활동: 국제보건연구아카데미 연례총회

초민족기업의 마케팅활동은 사유화와 세계화 과정에서 중심적인 위치를 차지한다. 기업의 관점에서 볼 때, 수많은 국제기구들은 사실상 세계적 제휴를 맺을 정도로 자신의 노력을 지지하고 있다.37)

국제보건연구아카데미(AIHS)라고 불리는 단체는 민간보건의료의 세계적 잠재력에 관한 연례총회를 조직하는데, 이것은 실은 학술단체가 아니라 미국의 민간보건의료업체의 모임이다. 2000년의 총회에서는 초민족기업들이 이러한 세계적 마케팅활동에서 어떤 방식으로 서로서로, 그리고 정부 및 국제조직과 협력하고 있는가가 분명하게 드러났다.38)

총회에 참여한 초민족기업들은 대체로 보험회사들이다. 에트나인터내셔널(네덜란드), 알리안츠그룹(독일), 에이언헬스케어알리안츠(미국), 시그나인터내셔널헬스케어(미국), 유나이티드헬스케어인터내셔널(미국), 아스트라제네카제약(영국) 등이 여기에 속한다.

총회는 세계적 규모의 보건의료를 단순한 마케팅 기회로 간주한다. 아르헨티나, 오스트레일리아, 브라질, 칠레, 이집트, 독일, 인도네시아, 이스라엘, 멕시코, 나이지리아, 필리핀, 폴란드, 남아프리카공화국 등에서 '민간의료부문: 기회와 장애'라는 주제로 워크샵이 열렸다. '미국식 관리의료의 세계화: 경향, 기회, 도전', '초민족기업의 고용이득: 의료계획의 도전', '세계인구동향: 납부자, 공급자, 제약회사의 의미들' 등이 세미나 주제로 선정되었다.

세계은행과 세계보건기구의 대표자들도 이 총회에 참석하여 본회의에서 '세계의 보건의료 상황에 대한 보고'라는 공동발표를 담당했다. 총회는 국제보건기구 거시경제와의료에관한위원회 의장인 제프리 삭스(Jeffrey Sachs)의 '21세기 보건의료의 세계화: 쟁점과 도전'

---

37) Kent Buse and Gill Walt, "Global Private Partnership: A New Development in Health?", *Bulletin of the World Health Organization,* Vol. 78, No. 4, 2000.

38) 의제와 토론자에 관한 정보는 www.aihs.com/summit을 보라.

이라는 기조연설로 시작했다.

수많은 국가의 고위공직자와 장관이 총회에 참석했으며, 총회는 '공사제휴의 관점'에 관한 보건부장관포럼으로 막을 내렸다(총회는 공식적인 장관급회의의 개최를 희망해 왔었다).

초민족기업

이 절은 하나 이상의 국가에서 보건의료서비스 사업을 벌이고 있는 주요 기업들을 분류한 예비적 목록을 제시한다. 모국에서는 매우 중요하지만 초민족적으로 사업을 확장하지는 않는 민간기업들—예컨대, 수에즈리요네즈데조의 보건의료 계열사로서 프랑스 외부에서는 활동하지 않는 클린인베스트, 그리고 미국 외부에서는 사업을 벌이지 않는 미국의 수많은 의료보험회사와 보건조직—은 여기서 제외된다.

이 절은 보건의료에서 초민족기업의 활동에 대해 공공서비스국제연구소가 수행한 1차 보고서의 결론이다. 초민족기업의 활동에 관한 자료는 현재 공공서비스국제연구소의 데이터베이스로 축적되어 있으며, 웹사이트(www.psiru.org)를 통해 이용할 수 있다.

보험기업

2000년 12월에 미국의 에트나그룹은 네덜란드의 보험·금융회사인 아이엔지에 에트나인터내셔널을 매각했다. 이제 이 기업은 미국의 보험사 에트나와 아무런 관련이 없다.

아메리카국제보험과 알리안츠는 소규모 의료보험을 사업의 일부로 삼고 있는 업체들에 비해서 대규모의 기업이다. 알리안츠는 초민족기업의 직원들에 대한 보건의료 제공을 전문적으로 담당한다.

시그나는 의료보험사업을 상당수 보유하고 있으며, 멕시코를 포함한 수많은 국가들로 확장해 나가고 있다.

미국의 대규모 보건조직 경영사인 유나이티드헬스는 이제 필리핀과 홍콩에서 의료사업계획을 구상하고 있다.

아데스라스는 보험회사이자 민간병원 및 의원의 소유주로서 스페인에서 가장 큰 보건의료기업이다. 이 기업은 또한 아르헨티나에서도 병원을 소유·경영하고 있으며, 보험사업도 벌이고 있다.

영국의 부파는 유럽과 다른 지역의 수많은 국가들로 보험서비스를 확장해 왔다. 또한 이 회사는 스페인에서도 병원들을 소유하고 있는데, 이는 영국 병원사업의 해외확장의 결과가 아니라 두 개의 병원의 소유자이자 세 번째로 규모가 큰 민간보험회사 사니타스를 매입한 결과였다.[39]

초민족적 병원기업

미국의 거대 병원기업들—컬럼비아헬스케어, 선헬스케어, 테넷—은 모두 국제적 사업의 규모를 축소시켰지만, 유럽에서는 여전히 영향력을 행사하고 있다.

독일의 파라켈수스는 스위스와 미국에서 사업을 벌이는데, 그 곳에서 이 기업이 간접적으로 소유하고 있는 자회사는 재정적 어려움을 겪고 있다.

카피오는 스톡홀름의 민간병원을 근거지로 해서 지난 몇 년 동안 빠르게 성장해왔다. 그러나 해외부문을 포함한 다른 사업의 대부분은 종합병원이 아니라 전문화된 의원이다. 카피오는 스웨덴 투기자본인 부레가 소유했었지만 2000년 9월에 독립하였다.

파크웨이홀딩은 남아시아와 동남아시아에 꽤 많은 수의 병원을 소유하고 있다. 또한 이 기업은 런던에도 병원을 갖고 있지만 이 병

39) "A Spanish Revolution: With Surging Economy, Private Sector Play Vital Role in Healthcare System", *Financial Times,* 2000년 11월 30일.

원은 재정적 어려움을 겪었고 2000년에는 매각이 시도되었다.

아프록스는 남아프리카 기업으로서 짐바브웨에서 사업을 벌이고 있고 아프리카 외부로 사업확장을 추진하고 있다.

전문병원, 연구소 및 기타 서비스

프레제니우스는 신장투석기를 제조했던 독일기업으로서 현재 사업을 확장하여 많은 국가들에서 투석전문병원을 설립하였다. 이 기업은 다른 병원서비스와 병원경영서비스도 제공하고 있다.

스칸페르트는 핀란드 기업으로서 최근 국제금융공사의 후원 아래 페테르부르크로 사업을 확장하였다.

아스트라제네카는 의료서비스 자회사—미국의 암전문병원 계열사—를 갖고 있는 특수한 사례의 초민족적 제약기업이다.

헬스사우스는 외래수술을 전문으로 하는 미국의 기업으로서 미국·오스트레일리아·푸에르토리코·영국으로 투석센터와 직업병센터를 확장해 왔다.

퀘스트다이아노스틱스는 미국에서 영국과 멕시코로 확장해가고 있는 중요한 연구·실험기업이다.

월드케어는 미국의 주도적 병원컨소시움을 설립했던 원격의료기업으로서 원격의료서비스를 세계적으로 판촉하고 있다.

초민족적 지원서비스

아이에스에스(ISS)는 청소와 호텔 서비스를 제공하는 초민족기업으로 수많은 국가에서 병원청소용역을 담당한다. 이 기업은 스칸디나비아에서 재택의료로 사업을 확대하였으며 지원서비스 기업과 컨소시엄을 추진해온 영국의 민자유치사업을 통해 6개 병원에서 사업 허가를 받았다.[40)]

---

40) *ISS Half-yearly Result*, 2000년 8월.

소덱소는 프랑스를 근거지로 하는 초민족적 위탁급식기업으로 많은 국가들에서 병원급식서비스를 담당한다. 이 기업은 스칸디나비아의 재택의료사업에서 철수했으며, 영국의 민자유치사업을 통해 병원급식면허를 소유하고 있다.

렌토킬이니셜과 그라나다컴패스는 모두 청소 및 위탁급식사업에서 주요한 위치를 차지하는 초민족기업으로서 많은 국가들의 병원에서 수많은 계약을 따냈다.

논평

이 글은 초민족적 보건의료기업과 몇몇 국제기구의 활동을 근거로 구성한 예비보고서다. 세계화의 주도세력과 기업에 관한 몇몇 일반적 논평이 가능할 것이다.

세계화와 사유화

- 세계은행의 부서들은 프로젝트, 투자, 그리고 초민족기업에 대한 제도적 지원을 통해 보건의료에서의 사유화를 추진하는 매우 중요한 세력으로 보인다. 세계보건기구 또한 '공사제휴'라는 형태의 정책 붕괴(policy collapse)에 참여하고 있는 것으로 보인다.
- 세계무역기구와 서비스무역에관한일반협정은 이러한 발전의 분명한 배경이며, 광범위한 국가들에서 다양한 형태의 사유화가 이미 진행되고 있다. 사유화에 반대하는 국가 수준의 캠페인은 서비스무역에관한일반협정에 대한 세계적 반대와 함께 국제적 지원을 필요로 한다.
- 북미자유무역협정 및 유럽연합과 같은 기구들에서 무역 및 조달규정은 보건의료서비스의 사유화에 강한 영향을 미친다. 이는 세계무역기구와 세계은행의 위협에 또 다른 위협을 추가한다.

초민족기업

민간의료기업의 초민족적 활동은 상수도, 폐기물관리 및 에너지와 같은 다른 부문에서만큼 팽창주의적이거나 일관되지는 않다.

- 병원기업과 보건조직과 같은 많은 미국 기업들은 최근 재정 및 수익상의 곤란을 겪었다. 이러한 업체들의 취약성의 단적인 사례로서 에트나는 국제의료부문 전체를 매각했다(보건의료의 경우는 상수도와 폐기물처리 부문에서의 미국기업의 비슷한 국제적 취약성과 공명한다).
- 민간병원기업은 현재까지 국제적으로 사업을 확장하는 데 크게 성공하지 못했다. 미국 업체뿐만 아니라 프랑스 업체도 사정은 마찬가지이다. 비벤디는 4년 전 영국에서 철수했고 수에즈리요네즈는 프랑스 외부에서 클린인베스트의 사업을 확장하지 못했다. 하지만 이 두 업체는 다른 모든 공공서비스 부문에서 국제적으로 공격적인 전략을 채택했다. 유럽의 민족적 거대기업들—예컨대 파라켈수스—은 인접국가들로 팽창하려는 징후를 거의 보이지 않는다. 가장 성공적인 국제적 병원업체인 파크웨이홀딩조차 자신의 영국병원을 매각하려 하고 있다.
- 청소 및 위탁급식서비스는 적어도 선진국에서는 초민족적 지배의 '고전적' 유형을 보여준다. 이러한 종류의 기업들이 좀 더 일반적인 병원사업에서 성공할 수도 있겠지만, 아직까지는 영국의 민자유치사업계획이 유일한 사례다.
- 보험기업은 보험자본이나 보건조직의 주도하에 팽창하고 있다. 이들 중 몇몇은 단순히 '틈새' 시장, 예컨대 초민족기업의 직원을 대상으로 삼고 있지만, 발전도상국의 보건조직에 대한 투자도 이루어지고 있다. 보험기업의 성장은 보험시장을 창출하는 정책을 시행하는 국가에 의존한다.
- 또한 투석, 혈액제재, 자기공명영상촬영기와 같은 진단 및 처방서비스에서 국제적 팽창의 사례들이 존재한다. 이러한 종류의 서비

스가 브라질(앞에서 언급된 국제금융공사 및 다자간투자보증기구가 재정적으로 지원하는 계획들을 보라), 인도(델리의 병원협회는 컴퓨터단층촬영기, 심장초음파, 흡기검사기, 소각장비 및 다른 고투자의료기술에 대해 독점권을 부여하려 하고 있다[41]), 캐나다(이 곳에서는 민간자기공명영상촬영검사기관이 공공보건의료체제 내에서 개원되었다[42])를 비롯한 많은 국가들에서 사유화되고 있다는 증거가 있으며, 프레제니우스, 카피오, 스칸페르트 등과 같은 기업들은 세계은행·국제금융공사에서 자금을 지원받으면서 시장의 확대를 추진하고 있다.

- 민간의료기업의 수직적 통합이나 다른 서비스와의 시너지 효과에 대한 징후는 거의 없다. 또 제약회사가 보험회사나 서비스공급자를 매입한다는 징후도 없고, 어떤 일관적인 합병유형도 존재하지 않는다. 사실 합병 파기가 더 현저하게 나타난다. 예컨대, 에트나는 해외사업을 매각했고, 카피오는 금융지주회사에 의해 매각되었으며, 소덱소는 재택의료기업을 매각했다.

- 세계화가 반드시 사유화의 첫 번째 단계인 것은 아니다. 보건조직이 존재하는 브라질과 필리핀에서는 민족기업이 먼저 사유화를 추진했고, 그 후에 초민족기업이 합자회사의 설립이나 인수를 통해 진입했다.

---

41) *The Hindu*, 2000년 12월 18일.

42) "Clash in Canada: Privatization Legislation and NAFTA Open Healthcare Market to Protests", 2000년 11월 13일, www.modernhealthcare.com.

민중건강헌장*

민중건강운동**

전문

건강은 사회적·경제적·정치적 문제이며, 무엇보다도 기본적인 인권이다. 불평등·빈곤·착취·폭력·불의는 빈곤하고 주변화된 사람들의 건강 악화와 죽음의 근원이다. 만인을 위한 건강의 실현은 세계

---

*) People's Health Movement, "People's Charter for Health", http://www.phmovement.org (박찬종 옮김). 2000년 12월에 최초로 작성된 민중건강헌장은 그 후 한 차례 수정되었다. 초안의 '경제적 도전' 부분에서 첫 번째 요구와 두 번째 요구가 세계무역기구의 이른바 '사회조항'—사실상 세계무역기구와 신자유주의적 의제를 강화하는 내용을 포함하는 조항—을 지지하는 것으로 해석될 여지가 있었기 때문에 두 요구는 수정되고 통합되었다. 또 초안의 '전쟁·폭력·갈등에 대한 도전' 부분에서 '자연재해' 항목이 추가되었다.

**) 2000년 12월 방글라데시의 사바에서 열린 1차 민중건강총회(People's Health Assembly) 이후 이 총회의 지속적 개최·발전과 초민족적 보건의료운동 네트워크를 구성하려는 목적으로 설립된 민중건강운동은 방글라데시의 민중건강센터(GK), 말레이시아의 제3세계네트워크(TWN) 등 8개 사회운동단체를 포괄하며 13개 지역본부를 두고 있다. 민중건강운동은 현재 민중건강총회·민중의건강을위한국제포럼의 개최 외에도 보건의료 및 건강권 문제와 관련된 세계적 캠페인을 진행하고 있다.

화에 대한 반대, 그리고 물질적 이익과 정치적·경제적 우선권에 대한 철저한 도전을 의미한다.

이 헌장은 과거에는 자신의 목소리를 낼 수 없었던 민중의 관점에 기초하여 작성되었다. 또한 이 헌장은 민중이 스스로 자신의 해답을 발전시키고 지방정부·중앙정부·국제기구·초민족기업의 책임을 주장하는 데 일조할 것이다.

전망

형평성, 생태적으로 지속가능한 발전, 평화는 더 나은 세계, 즉 만인의 건강한 생활이 실현되는 세계, 모든 생명과 다양성을 정당하게 평가하고 존중하며 찬미하는 세계, 민중의 재능과 능력을 계발시켜 서로를 풍요롭게 하는 세계, 민중의 목소리가 우리의 생활에 영향을 미치는 결정의 지침이 되는 세계를 위한 우리의 전망의 핵심에 있다. 이러한 전망을 달성하는 데 필요한 자원은 충분히 존재한다.

건강의 위기

> 일상화된 질병과 죽음은 우리를 분노케 한다. 이는 아프거나 죽는 사람들이 존재한다는 사실 때문이 아니다. 우리의 분노는 수많은 질병과 죽음이 우리에게 강요된 경제적·사회적 정책으로 인한 것이라는 사실에서 비롯된다.
>
> --어떤 중앙아메리카인의 발언

최근 세계경제의 변화는 민중의 건강과 보건의료 및 기타 사회서비스에 대한 민중의 접근성에 심각한 영향을 미치고 있다. 세계의 부는 전례 없는 규모로 증가했지만, 빈곤과 기아도 증가하고 있다. 부국과 빈국의 격차는 커지고 있으며, 국가 내부에서의 계급·성·세대간 불평등도 증가하고 있다.

세계인구의 대다수는 여전히 식량·교육·식수·위생설비·주거·토지·천연자원·고용·보건의료서비스에 충분히 접근하지 못하고 있다. 이러한 차별은 여전히 만연해 있다. 이는 질병의 발생과 보건의료의 접근성에 영향을 미친다.

지구의 천연자원은 심각한 정도로 고갈되고 있다. 이로 인한 생태파괴는 만인의 건강, 특히 빈민의 건강을 위협한다. 새로운 갈등이 등장하고 있으며, 동시에 대량살상무기가 여전히 심각한 위협이 되고 있다.

세계의 자원이 자신의 사적 이윤을 최대화하려는 소수의 수중으로 점차 집중되고 있다. 소수의 강력한 정부들과 세계은행·국제통화기금·세계무역기구와 같은 국제기구들은 신자유주의적 사회·경제정책을 도입한다. 이것들은 초민족적 법인기업의 통제되지 않는 활동과 결합되어 남과 북의 민중 전체의 생명·생계·건강·행복에 심각한 악영향을 미친다.

공공서비스는 민중의 욕구를 충족시키지 못하고 있다. 이는 특히 정부의 사회예산 삭감에 따른 서비스의 질적 저하에서 비롯된다. 보건의료서비스는 더욱 불평등하게 분배되고 부적절해지며 그 접근성도 악화된다.

사유화는 보건의료에 대한 접근성을 더욱 악화시키고 형평성이라는 필수적 원칙을 손상시킨다. 예방가능한 질병조차 빈번하게 발생하고 결핵과 말라리아 같은 질병이 부활하며 에이즈와 같은 새로운 질병이 출현·확산되는 현실은 우리의 세계가 형평성과 정의의 원칙에 얼마나 충실하지 못한가를 적나라하게 보여준다.

민중건강헌장의 원칙들

[초안의 1-3항은 삭제되었음.]

4. 인종·종족·종교·성·연령·장애·성적지향·계급과 무관하게 가능한 최고 수준의 건강과 행복을 보장하는 것은 기본적 인권에 속한다.

5. 1978년의 알마아타선언에서 제시된 보편적이고 포괄적인 1차 보건의료는 건강관련 정책을 구성하는 토대가 되어야 한다. 그 어느 때보다도 현재 건강과 보건의료에 대한 형평성 있는 참여적·통합적 접근이 절실히 요구된다.

6. 지불능력이 아니라 민중의 필요에 따라 양질의 보건의료, 교육, 기타 사회서비스에 대한 보편적 접근을 확립할 기본적 책임은 정부에게 있다.

7. 모든 보건·사회정책 및 프로그램의 형성·실행·평가에서 민중과 민중조직의 참여는 필수적이다.

8. 건강은 정치적·경제적·사회적·자연적 환경에 의해 일차적으로 결정된다. 따라서 건강은 형평성 및 지속가능한 발전과 함께 지방적·국가적·국제적 정책의 결정과정에서 가장 우선적으로 고려되어야 한다.

행동을 위한 호소

세계적 건강위기에 맞서기 위해 우리는 모든 수준—개인·지방·국가·지역·세계—과 모든 부문에서 행동을 감행할 필요가 있다. 아래에 제시된 요구들은 그러한 행동을 위한 지침을 제공한다.

인권으로서의 건강

건강은 한 사회가 형평성과 정의에 얼마나 헌신하고 있는가를 반영한다. 건강과 인권은 경제적·정치적 고려보다 우선시되어야 한다.

이 헌장은 세계의 민중에게 다음과 같이 호소한다.

9. 건강권을 실현하려는 모든 노력을 지지하자.

10. 정부와 국제기구가 건강권을 존중하는 정책과 실천을 재구성·실행·강화하도록 요구하자.

11. 건강과 인권을 헌법과 법률 속에 통합하도록 정부에 대해 압력을 가하는 대중운동을 조직하자.

12. 이윤을 목적으로 건강에 대한 민중의 욕구를 착취하는 것에 대항하여 투쟁하자.

건강의 결정요인에 대한 도전

경제적 도전

경제는 민중의 건강에 대해 심대한 영향을 미친다. 형평성·건강·사회적 행복을 우선시하는 경제정책은 경제뿐만 아니라 민중의 건강도 개선할 수 있다. 자본주의적 필요에 부응해서 정부와 국제기구가 부과한 정치·금융·농업·산업정책은 생명과 생계로부터 민중을 소외시킨다. 경제적 세계화와 자유화 과정은 민족들 사이에, 그리고 민족들 내부에서 불평등을 증가시키고 있다. 세계의 수많은 국가들과 특히 가장 강력한 국가들은 자신들의 입지를 강화·팽창하기 위해 경제적 제재와 군사적 개입과 같은 자원을 활용함으로써 민중의 생활에 파괴적인 효과를 낳는다.

이 헌장은 세계의 민중에게 다음과 같이 호소한다.

13. 세계무역기구와 세계무역체제의 변혁을 요구하자. 민중의 사회적·생태적·경제적 권리와 건강권에 대한 침해는 중지되어야 하며 남반부의 국가들에게 우호적인 적극적 조치가 시작되어야 한다. 공중보건을 보호하기 위해서는 특허와 무역관련지적재산권 협정과 같은 지적재산권체제를 변혁해야 한다.

14. 제3세계의 외채탕감을 요구하자.

15. 세계은행과 국제통화기금의 근본적 변혁을 요구하자. 이 기관들은 발전도상국들의 권리와 이익을 반영하고 적극적으로 지지해야 한다.

16. 민중의 건강에 부정적 영향을 미치고 노동력을 착취하며 생태를 파괴할 뿐만 아니라 민족의 수권을 침해하는 초민족자본에 대한 효과적인 규제를 요구하자.

17. 시장의 요구가 아니라 민중의 욕구에 부합하는 농업정책을 실시함으로써 식량의 안전과 그에 대한 형평성 있는 접근을 보장하도록 정부에게 압력을 가하자.

18. 지적재산권이 공중보건의 권리를 보호하도록 정부에게 요구하자.

19. 국제투기자본의 이동에 대한 통제와 과세를 요구하자.

20. 모든 경제정책은 건강, 형평성, 성, 환경 등에 대한 영향의 평가에 종속되어야 하며, 또 이러한 원칙을 뒷받침할 강제적 규제수단을 포함해야 한다고 주장하자.

21. 성장 중심의 경제이론에 도전하고 인간적이고 지속가능한 사회를 창조할 수 있는 대안으로 그것을 대체하자. 경제이론은 생태적 제약, 형평성과 건강의 근본적 중요성, 그리고 비지불노동, 특히 제대로 인식되지 못했던 여성노동의 기여를 인정해야 한다.

사회적·정치적 도전

포괄적인 사회정책은 민중의 생명과 생계에 긍정적인 효과를 미친다. 경제적 세계화와 사유화는 지역사회·가족·문화를 심각하게 파괴한다. 여성은 모든 사회조직을 유지하는 데 필수적인 역할을 담당하지만, 그들의 기본적 욕구는 종종 무시 또는 거부되고, 그들의 권리와 인격은 침해된다.

공공제도들은 해체·약화되고 있다. 이것들의 역할 가운데 대다수는 민중에 대해 책임을 지려하지 않는 민간부문, 특히 기업이나 다른 민족적·국제적 기구로 이전된다. 뿐만 아니라 정당과 노동조합의 세력은 심각하게 축소되는 반면, 보수주의적이고 근본주의적인 집단은 세력을 확대하고 있다. [이러한 경향을 역전시키기 위해서는] 정치기구와 시민조직에서의 참여민주주의를 발전시켜야 하며 투명성과 책임성을 확보·강화하는 일이 긴급히 요구된다.

이 헌장은 세계의 민중에게 다음과 같이 호소한다.

22. 민중의 완전한 참여를 보장하는 포괄적인 사회정책을 개발·실행할 것을 요구하고 지원하자.

23. 모든 남성과 여성은 노동·생계·표현·정치참여·종교선택·교육 등에 대한 평등한 권리, 그리고 폭력으로부터 해방될 수 있는 평등한 권리를 소유하고 있음을 분명히 하자.

24. 소외된 집단들의 육체적·정신적·영성적 건강과 인권을 보호·증진하는 법률을 도입·강화하도록 정부에게 압력을 가하자.

25. 교육과 보건을 최우선적인 정책적 의제로 삼을 것을 요구하자. 이는 모든 아동과 성인, 특히 소녀와 여성에 대한 수준 높은 무상·의무교육과 유아의 교육 및 보육을 필요로 한다.

26. 아동보육서비스·식량분배·주택공급 등과 같은 공공제도의 시행이 개인과 지역사회의 건강에 실질적 혜택을 줄 것을 요구하자.

27. 민중을 토지·가정·일자리로부터 강제로 내쫓는 정책들을 비판하고 그것을 역전시키도록 노력하자.

28. 개인의 권리와 자유, 특히 여성·아동·소수자의 생명을 위협하는 근본주의적 세력에 대해 반대하자.

29. 섹스관광과 여성·아동에 대한 세계적 인신매매에 반대하자.

생태적 도전

수질 및 대기 오염, 급속한 기후변화, 오존층 파괴, 핵에너지와 폐기물, 유독화학물질과 살충제, 생물학적 다양성의 감소, 삼림 파괴와 토양 침식 등은 민중의 건강에 광범위한 영향을 미친다. 이러한 파괴의 근본적인 원인은 지속불가능한 천연자원의 개발, 장기적·전체론적 관점의 부재, 개인주의적·이윤추구적 행위의 확산, 부국의 과잉소비 등에 있다. 우리는 이러한 파괴를 즉각적·효과적으로 반대하고 또 역전시켜야 한다.

이 헌장은 세계의 민중에게 다음과 같이 호소한다.

30. 환경과 민중의 건강을 위협하는 초민족기업·민족기업·공공기관·군대 등의 위험한 파괴적 활동을 저지하자.

31. 모든 발전프로젝트가 건강 및 환경기준에 따라 평가되고 기술 또는 정책이 건강과 환경에 잠재적 위협을 가할 때마다 '사전주의 원칙'(precautionary principle)에 따라 경고와 제재가 가해질 수 있도록 요구하자.

32. 각국의 정부가 위험하거나 부적절한 기술과 실천에 의존하지 말고 국제기후변화협정에서 조인된 것보다 더 엄격하게 자국 영토에서 발생하는 온실가스를 감소시키는 데 즉각적으로 전념할 것을 요구하자.

33. 위험산업과 유독·방사능폐기물을 빈국과 소외지역으로 이전하는 것에 반대하고 폐기물을 최소화할 수 있는 방법을 확보하자.

34. 남과 북의 모든 지역에서 과잉소비와 지속불가능한 생활양식을 축소하자. 산업화된 부국이 자신의 소비와 공해를 90%까지 감소시키도록 압력을 가하자.

35. 노동자 중심의 노동조건에 대한 감시를 비롯하여 산업안전과 보건을 보장하는 조치들을 요구하자.

36. 작업장, 지역사회, 가정에서 사고와 상해를 사전에 예방하는 수단을 요구하자.

37. 생명에 대한 특허를 거부하고 전통적·토착적 지식과 자원에 대한 수탈에 대해 반대하자.

38. 지역사회에 기초해서 생태적·사회적 진보를 가늠할 수 있는 인간중심적 지표를 계발하자. 또 생태 파괴와 인구의 건강상태를 측정할 수 있는 정기적 검사방법의 개발 및 채택을 요구하자.

전쟁·폭력·갈등·자연재해에 대한 도전

전쟁·폭력·갈등·자연재해는 지역사회를 황폐화하고 인간존엄성을 파괴한다. 그것들은 지역사회의 구성원들, 특히 여성과 아동의 육체적·정신적 건강에 심각한 악영향을 미친다. 점증하고 있는 무기조달과 부패하고 공격적인 국제무기무역은 사회적·정치적·경제적 안정성과 사회부문으로의 자원배분을 악화시킨다.

이 헌장은 세계의 민중에게 다음과 같이 호소한다.

39. 평화와 군비축소를 위한 캠페인 및 운동을 지지하자.

40. 군사적 침략에 반대하는 캠페인을 지지하자. 또 대량살상무기와 모든 형태의 지뢰를 비롯한 다른 무기의 개발·생산·실험·사용에 반대하는 캠페인을 지지하자.

41. 특히 내전과 학살을 겪고 있는 국가들에서 지속적인 정당한 평화를 달성하려는 민중의 주도권을 지지하자.

42. 아동을 군인으로 차출하는 것을 비판하고 여성과 아동에 대한 학대·강간·고문·살해를 고발하자.

43. 인간의 존엄성에 대한 가장 파괴적인 도구 중 하나인 점령을 종식시킬 것을 요구하자.

44. 인도주의적 구호활동을 군사적으로 이용하는 것에 반대하자.

45. 국제연합 안전보장이사회가 근본적인 변혁을 통해 민주적으로 기능할 것을 요구하자.

46. 국제연합과 개별 국가들이 공격수단으로 활용되는 모든 종류의 제재조치를 종결하도록 요구하자. 그러한 제재조치는 민간인의 건강을 위협할 수 있다.

47. 지역사회와 도시지역을 평화지역이자 비무장지대로 선언하려는 독립적인 민중의 주도권을 지원하자.

48. 특히 남성의 공격적·폭력적 행위의 중단·축소와 평화적 공존의 촉진을 목표로 하는 행동과 캠페인을 지지하자

◦ 자연재해의 사전 예방과 재해 발생에 따른 인간적 고통의 감소를 목표로 하는 행동과 캠페인을 지지하자[초안에 추가된 항목].

민중 중심의 보건의료

이 헌장은 민중이 지불능력과 무관하게 보편적이고 포괄적인 1차 보건의료를 공급받을 것을 요구한다. 이를 달성하기 위해 보건의료서비스는 충분한 자원을 반드시 민주적이고 책임 있게 운용해야 한다.

이 헌장은 세계의 민중에게 다음과 같이 호소한다[초안에 추가된 항목들].

◦ 보건의료서비스를 사유화·상품화하는 국제적·민족적 정책들에 대해 반대하자.

◦ 정부가 포괄적인 1차 보건의료를 장려하고 그 재정을 뒷받침하며 적극적으로 제공할 것을 요구하자. 1차 보건의료는 자유롭고 보편적인 접근을 보장하는 방향으로 건강 문제를 다루고 공공의료서비스를 조직하는 가장 효과적인 방법이다.

◦ 정부가 국가보건정책 및 의약품정책을 채택·실행·강화하도록 압력을 가하자.

◦ 정부가 공공보건서비스의 사유화에 반대하고 (자선단체와 비정부기구가 제공하는 보건의료서비스를 포함하는) 민간의료부문에 대한 효과적인 규제를 확보하도록 압력을 가하자.

◦ 세계보건기구의 근본적인 변혁을 요구하자. 그러한 변혁을 통해 세계보건기구는 법인기업의 이익으로부터 독립을 확보하고 빈민에게 이익이 되고 수직적 사업방식을 회피하고 부문들 사이의 수평적 협력을 증진하고 [각국의 보건의료정책 결정자들의 회합인] 세계보건총회에 대한 민중조직의 참여를 보장하는 방식으로 건강문제에 대응할 수 있다.

◦ 환자와 소비자의 권리를 비롯하여 모든 수준에서, 보건에 관한 의사결정과정에 대한 민중의 권력과 통제를 강화하는 행동을 촉진·지지·지원하자.

◦ 전체론적인 관점의 전통적 치유체계와 의료인의 기여를 인정하고 이들을 1차 보건의료에 통합할 것을 지지·촉진하자.

◦ 보건의료인에 대한 교육방식의 변화를 요구하자. 그러한 변화를 통해 보건의료인은 더욱 문제지향적이고 현실적인 의술에 기초하게 되고 세계적 문제가 지역사회에 끼친 충격을 제대로 이해할 수 있게 될 뿐만 아니라 지역사회와 그 다양성을 존중하고 그 조건에 따라 활동하게 될 것이다.

◦ 의학과 같은 보건의료기술을 탈신비화하고 건강에 대한 민중의 욕구에 종속시킬 것을 요구하자.

◦ 민중에 대해 책임을 지는 기관이 민중의 욕구에 기초해서 민중의 참여를 보장하는 방식으로 유전자연구·의약품개발·재생산기술발전과 같은 보건의료연구를 수행할 것을 요구하자. 그러한 연구기관은 보편적 윤리원칙을 존중하며 민중지향적·공중보건지향적이어야 한다.

◦ 재생산과 성적 자기결정에 대한 민중의 권리를 지지하고 인구 및 가족계획정책에서의 모든 강제수단에 대해 반대하자. 또 안전하고 효과적인 모든 출산조절방식에 대한 권리를 지지하자.

건강한 세계를 위한 민중의 참여

민중의 강력한 조직과 운동은 더욱 민주적이고 투명하며 책임성 있는 의사결정과정에 근본적인 것이다. 민중의 시민적·정치적·경제적·사회적·문화적 권리를 확보하는 것도 필수적이다. 정부가 건강과 인권에 대한 더 공평한 접근을 촉진할 일차적 책임을 지지만, 광범위한 시민사회단체와 운동, 그리고 대중매체도 정책 개발 및 실행과정에 대한 감시에서 민중의 권력과 통제를 보장하는 데 중요한 역할을 한다.

이 헌장은 세계의 민중에게 다음과 같이 호소한다.

49. 분석과 행동의 토대를 마련하는 민중조직을 건설하고 강화하자.

50. 모든 수준에서의 공공서비스에 대한 정책결정과정에 민중의 참여를 강화하는 행동을 증진·지원하고 그것에 참여하자.

51. 건강에 관한 지방적·민족적·국제적 토론장에서 민중조직이 발언권을 가져야 한다는 것을 요구하자.

52. 세계적 수준에서 민중 중심적 연대조직을 건설함으로써 참여민주주의를 지향하는 지방적 주도권을 지지하자.

건강을위한세계사회포럼 선언문*

건강을위한세계사회포럼**

2005년 1월 23일부터 25일까지 포르투 알레그레에서 개최된 제1차 건강을위한세계사회포럼에 모인 27개국 800여명의 참가자들은 다음과 같이 선언한다.

세계적 자본축적과 거대법인기업으로의 자본집중에 기초한 경제정책의 표현으로서 신자유주의는 세계적 규모에서의 고통·질병·사망을 낳는 주요 원인이다. 이에 우리는 신자유주의적 정책이 건강에 대한 인권과 양립할 수 없다고 선언한다. 왜냐하면 세계무역기구·세계은행과 같은 국제금융기구, 나아가 몇몇 국제연합 소속 국제기구의 무역협정과 의제는 건강을 상품으로 간주하고 있으며 건강에 대한 접근을 인간의 경제적 능력으로 제한하기 때문이다.

---

*) WSFH, "Final Declaration of the First World Social Forum for Health", 2005, http://www.fsms.org (박찬종 옮김).

**) 1차 건강을위한세계사회포럼은 5차 세계사회포럼 개회 직전인 2005년 1월 23일부터 3일간 브라질의 포르투 알레그레에서 개최되었다. 건강을위한세계사회포럼의 전신은 민중건강운동(PHM) 주도로 2002년부터 시작된 민중의건강을방어하는국제포럼(IHF)이다. 세계사회포럼 사전행사로 시작된 이 대회는 보건의료 부문에서 대안적인 의제 형성을 목표로 해왔는데, 2005년부터 건강을위한세계사회포럼으로 확대되었다. 민중건강운동의 대표자들은 1차 건강을위한세계사회포럼이 끝난 다음 날 시작된 세계사회포럼의 다양한 분과회의에 참여하여 보건의료운동의 쟁점에 관해 토론했다.

우리는 건강권에 대한 경제적 공격 이외에도, 아프카니스탄과 이라크에서의 제국주의적 침략전쟁의 파괴적 효과와 현재의 세계경제·정치질서의 결과인 서아시아[중동]에서의 갈등 및 세계 몇몇 지역에서의 내전을 비판한다. 현재의 세계경제·정치질서는 인권과 사회권을 부정·침해하고 세계적 차원에서의 불의를 영속화한다.

츠나미라는 비극적 에피소드에서 피해주민의 생활조건의 개선보다는 재난구호로 그 활동을 제한하는 국제원조의 관점과 생명경시의 현실이 드러났다. 그러한 형태의 원조활동은 피해지역에서의 고통과 빈곤에 맞서 싸우는 데 결정적인 구조적 문제들에는 관심을 두지 않으며, 극히 취약한 주민의 욕구를 해결할 수 있는 공공체계를 구축하려는 지속적인 인간적·사회적 노력을 지원하는 것에도 관심을 두지 않는다.

여러 국가들에서 신자유주의적 개혁은 사회보장체계를 파괴하고 있으며, 주거·건강·사회보장·공공부조·교육·노동에 대한 권리를 인정받지 못하는 농촌지역주민·비공식부문노동자·아동·여성·노인 등과 같은 사회적 취약인구를 모든 보호로부터 배제하고 있다. 우리는 생활의 질에 핵심적인 사회보장체계의 결여가 건강에 어떤 긍정적인 영향도 미치지 않으며, 따라서 빈곤과 질병의 조건을 영속화할 것이라고 경고한다.

보건의료가 상업화되고 국제무역 및 국제금융의 이익에 종속되면서 세계인구의 대다수가 건강을 뒷받침하는 조건으로부터 소외되고 기본적인 공공서비스에도 접근할 수 없게 된다. 그 결과 그들의 건강권은 체계적이고도 대규모적인 방식으로 침해된다

세계은행과 다른 국제금융기구들은 신자유주의가 주도하는 시장과정에 참여할 경제력이 없는 사람들에게 불공평한 보험제도를 부과하고 있다. 이러한 보험제도는 공식노동시장의 노동자들의 보험료에 기초함으로써 협소한 수혜대상을 제도화하고 배제를 자연화한다. 그리고 이 과정에서 권리에 대한 논쟁은 제거되고 빈국에서의 정책적 실행가능성에만 관심을 두는 실용주의가 대두한다.

건강권에 대한 이러한 제약들과 더불어, 다양한 종류의 종교적 근본주의의 개입에 따라 강요되는 다른 제한들도 존재한다. 종교적 근본주의는 성·재생산·성적지향에 대한 완전한 권리를 제한하고 흑인과 원주민을 배제·차별하는 제도화된 인종주의를 지속시킨다.

공공보건의료체제에 대한 사유화와 금융화의 공세는 생활조건 및 노동조건에 직접적인 영향을 미치고 그것을 악화시킨다. 이러한 공세는 노동시간을 증가시키고, 각종 서비스를 하청화하며, 노동조합의 권리를 묵살할 뿐만 아니라, 보건의료노동자들의 건강에도 악영향을 미친다.

우리는 '건강에 대한 인권'의 실현이 대안적인 사회·경제적 모델과 민족적·세계적인 공공체계의 구성에 긴밀하게 관련되어 있음을 다시 한번 선언한다. 이러한 공공체계는 능동적 사회참여를 통한 보편성·통합성·형평성의 원리에 기초해야 한다. 이러한 목표를 달성하기 위해서는 시장원리가 확립한 현재의 헤게모니적 보건의료정책에 대한 의존과 단절해야만 한다.

우리는 건강을 토지·물·식량·주거·교통·전기 등에 대한 접근성과 같은 사회적 결정요인들의 결과라고 이해한다. 우리는 건강을 세계적 차원에서 파악할 필요가 있음을 강조한다. 또 우리는 건강이 단순히 질병의 부재가 아니라 생활의 질과 연관된 다양한 인간적·사회적 차원을 포괄하며, 그러한 결정요인들을 이해하고 또 그것들에 개입해야 한다는 점을 강조한다.

보편성·통합성·형평성의 3요소는 사회참여와 국가에 대한 사회의 통제라는 기본원리와 결합되어 상호의존적인 하나의 복합체를 구성한다. 또한 이 3요소는 분절화된 형태로 다뤄질 수 없는데, 이 3요소들 가운데 어느 하나라도 무시된다면 건강에 대한 인권은 실현되지 못할 것이기 때문이다.

형평성이라는 요소에 대한 평가는 계급·종교·연령·성·성적취향·인종·종족 등과 같은 측면들을 고려해야 한다. 공공정책의 원리를 정식화하고 보건의료 및 사회보장체계를 조직하는 과정에서 다양한 사회집단의 다양한 욕구가 진지하게 검토되어야 한다. 또한 불평등을 축소하고 인구의 생활조건을 전반적으로 개선할 수 있는 양질의 대안이 제공되어야 한다.

전염병 관련 지표들이 구강건강, 양질의 비제도적 정신보건의료, 집중치료, 필수의약품 및 고가의약품에 대한 접근 등의 중요성을 지적해왔음에도 불구하고 이 영역들은 전통적으로 경시되어 왔다. 따라서 새로운 형태의 보건의료의 구성적 원리로서 통합성을 달성하기 위한 노력은 이 영역들에서 통합적 의료가 정착되는 것을 목표로 해야만 한다. 이 노력은 통합성이 간단한 치료에만 적용되는 것이라는 관념을 제거하고 인구의 욕구—적절한 영양섭취에서 장기이식에 이르는—에 대한 통합적 대응을 보장하는 동시에 생활의 질을 강조하는 활동을 동반해야 한다. 또 통합성은 문화들 사이의 다양성을 존중하는 방식으로 그 나라의 종족성을 고려하면서 공공체계를 통해 각국의 전통적 치료를 제공하는 것도 포함한다.

따라서 우리가 보편성을 통해 보장하고자 하는 것이 통합적이고 형평성 있는 대응, 즉 각자의 필요에 따라 시의적절하게 요구되는 서비스의 제공인 것과 마찬가지로 보편성은 통합성과 형평성에 의해 구성되며 그 구체적 내용을 가지게 된다.

우리는 건강을 생명에 대한 기본권과 직접적으로 관련되는 인간적·경제적·사회적·문화적 권리로 이해한다. 따라서 건강은 즉각적인 관심을 필요로 한다. 이 때문에 우리는 건강권의 점진적 실현에 대해 반대한다. 또 우리는 국제금융기구와 같은 국제적·초정부적 조직뿐만 아니라 국가·지역·지방정부에 대해 건강권의 즉각적 실현을 약속할 것을 요구한다.

건강에 대한 인권은 인종·종족·연령·성적취향 그리고 특수한 요구를 갖는 [장애인과 같은] 사람들을 고려하는 동시에 성적 권리와 재생산 권리를 포함한다. 반면 국제연합의 '인구와 발전에 관한 국제회의'(1993년 카이로)와 '세계여성대회'(1995년 북경)의 합의문은 그 서명국들에 의해 체계적으로 위반되었고 공공정책의 실행과정에서의 퇴행으로 인해 그 권리들은 유명무실해졌다.

국가는 시민의 권리를 보장할 책임이 있기 때문에 우리는 건강권을 보장하는 것이 국가의 의무라고 이해한다. 따라서 보호되어야 할 권리들을 국가가 보장하지 않거나 오히려 침해한다면, 국가는 이에 대해 책임을 져야 할 것이다. 그러나 '국가의 의무'가 생활의 질과 인구의 건강을 개선·보호하기 위한 책임으로부터 시민사회를 면제시키지는 않는다.

우리는 보편적 보건의료체제를 구축하는 것이 실행가능하다는 인식과 그 가시적 형태를 강화할 필요가 있다. 또한 우리는 보편적 보건의료체제가 경제·사회영역에서, 그리고 사회보장체계의 구성에서 충분히 효율적이라고 주장한다.

우리는 건강권을 지방적·지역적·국제적으로 공유되는 사회보장체계의 구성적 요소로 정의하는 의제들을 통해 사회보장에 대한 보편적 권리를 확립할 것을 제안한다.

보건의료서비스·보건의료체제의 분권화가 각국의 시민권 계약의 보편성을 약화시키는 형태로 진행되어서는 안 된다. 분권화는 권리의 통일성과 개별 민족의 대응을 위한 구성적 지침이어야 하며 각각의 지방과 주민의 특수성을 고려하고 정책결정과정에 대한 지방의 참여를 강화하는 노력의 일환이 되어야 한다.

건강권을 주장하기 위해서 모든 개인들은 이러한 권리의 실현을 요구할 수 있는 완전한 시민이 되어야 하며 따라서 사회적·문화적·정치적 변혁을 수행해야 한다. 이는 사회적 행위자들이 자신들의 사회적 현실을 변화시킬 수 있는 역량을 강화하는 민중적인 대중교육에서의 지속적 노력을 요구한다.

지적재산권 및 지식에 대한 접근권에 관한 국제적 논쟁과 관련하여 우리는 생산된 모든 지식이 인류의 유산임을 단언한다. 과학적 지식의 생산과 의약품제조 및 유전자치료에 대한 그 지식의 적용은 인류의 문제를 해결하는 데 봉사해야 한다. 이러한 지식은 시장의 상품이 아니라 사회적 소유의 일부를 구성한다.

브라질 민중의 운동과 투쟁의 산물로서 통합보건의료체계는 보편성·통합성·형평성과 사회적 참여의 원리에 동의한다는 점에서 보건의료체계의 구성에서 중대한 진전을 나타낸다. 이 체계의 기본적 인식과 조직은 국제적 논쟁에서 중요한 참조가 되어야 한다. 왜냐하면 통합보건의료체계는 보편성·통합성·형평성과 사회적 참여의 원리, 그리고 사회적 의사결정 및 권력·국가에 대한 통제의 가능성을 긍정하기 때문이다.

그러나 몇몇 구조적 요인들로 인해 통합보건의료체계의 구성적 원리는 효과적으로 실행되지 못하고 있다. 이는 통합보건의료체계가 브라질을 비롯한 세계 각국에서 진행중인 신자유주의적 경제정책의 맥락에 위치해 있다는 사실에서 비롯된다. 신자유주의는 사회서비스·교육·직업훈련을 지배하는 민간부문의 논리와 함께 부의 거대한 집중을 야기하는 한편, 공중보건의 요구를 충족시키지 않으며 주민의 일반적 욕구에 보편성·통합성·형평성의 관점으로 대응하기에 충분한 자원들을 제공하지도 않는다.

우리는 또한 다음과 같이 강조하고자 한다.

건강에 대한 인권을 인정한다는 것은 세계무역기구 및 지역적·쌍무적 무역협정의 영역으로부터, 나아가 시장의 논리로부터 그 권리를 분리시킨다는 것을 함의한다.

[국제연합에서 채택된] 이른바 '새천년의 발전목표'처럼 세계적인 사회적 목표를 제안하거나 또는 빈곤에 대한 세계적 전쟁을 제안하는 것은 보건의료를 상품으로 취급하는 현재의 신자유주의적 정책을 옹호한다는 점에서 일관성이 없다. '새천년의 발전목표'는 권리를 부정하고 보편적 보건의료 및 사회보장체계를 건설할 가능성을 가로막는 국제적·민족적 의제를 제시한다.

따라서 우리는 '새천년의 발전목표'에서의 인권('선언'에서는 언급되지만 '목표'와 '지표'에서는 채택되지 않은 인권)의 부재를 비판한 폴 헌트 특별위원의 주장을 지지한다. 그는 또한 '새천년의 발전목표'가 '알마아타 선언'과 수많은 국제인권선언들이 언급했던 요소들을 반복하고 있음에도 불구하고 주민의 현실적 욕구와 그에 대한 대응의 긴급성이라는 요소를 결여하고 있다는 사실을 지적한다.

1차 건강을위한세계사회포럼은 전쟁에 반대하고 다극적인 세계를 옹호한다. 또한 포럼은 단극적인 제국주의적 헤게모니에 저항함으로써 세계평화를 보장하고 새로운 세계질서를 형성하려는 투쟁들에 참여한다. 우리는 평화를 위한 모든 세계적 노력들을 지지할 것이다. 또 우리는 국제연합에 제출될 탄원서를 통해 인민의단결과평화에의투쟁을위한브라질센터의 활동을 지지할 것이다.

우리는 또한 발전도상국에 부과되는 지적재산권과 관련된 모든 법률의 재검토를 요구한다. 왜냐하면 이러한 법률은 우리의 과학·기술의 발전단계를 무시하며, 따라서 민족적 이해와 민족적 프로젝트—발전과 주권—의 형성에 대해 적대적이기 때문이다.

우리는 전통적 지식과 과학적 지식의 변증법적 관계를 통해 서로 다른 지식형태를 통합하고 양자의 허구적 대립을 종식할 것을 제안한다. 모든 지식은 인류의 재산이다. 우리는 민중의 경제적·정치적·사회적·문화적 구성에 영향을 미쳐온 인종과 종족을 고려하면서 전통적 의료행위를 복원할 필요가 있음을 강조한다.

우리는 환자의 완전한 인권을 보장하는 정신보건정책의 효과적 실행을 옹호한다. 이를 위해서는 제도화된 정신보건의료를 대체할 보건의료서비스의 개발이 강조되어야 한다.

우리는 국가구조의 모든 영역에서 경제·금융·재정부문에 대한 효과적인 사회적 통제를 요구한다. 왜냐하면 그 부문들은 사회정책의 실행을 결정하는 동시에 제한하기 때문이다. 이는 또한 국제적 조직화와 지역적 통합의 과정에서도 요구되어야 한다.

우리는 집단적 문제와 특히 사회적 통제에서 개인의 참여를 강화하는 방안으로서 모든 수준에서의 교육에 대한 투자를 보장하기 위해 노력할 것이다.

우리는 주로 젊고 빈곤한 흑인·원주민 여성에게 영향을 미치는 안전하지 않은 낙태와 그에 따른 모성사망 및 건강악화를 감소시키는 노력에 참여하는 것의 중요성을 강조한다. 우리는 성·재생산과 관련되는 보건영역에서 청소년·청년의 특수한 욕구에 주의를 기울이는 전략을 구축할 필요성을 제기한다.

우리는 건강·안전·환경을 규제하고 노동자의 건강권을 보장하는 국제노동기구의 155차 총회와 161차 총회의 결의안을 현실화하기 위한 모든 노동자의 단결을 지지한다. 우리는 노동자를 위한 광범위한 보건의료정책을 발전시킬 것을 목표로 한다. 이러한 보건의료정책은 노사관계에서 발생하는 모든 형태의 폭력, 예컨대 정신적·성적 학대, 아동노동, 노예노동(보건의료노동자의 경우처럼 활동형태에 따라 임의적인 노동시간을 채택하는 노동) 등을 제거하는 것을 목표로 한다.

우리는 건강불평등을 극복하기 위해 긴급하고 특수한 조처들이 공공정책을 통해 실행될 것을 요구한다. 그러한 조처들은 서비스와 체계의 관리 및 조직뿐만 아니라 예방·보호·교육·재활치료서비스를 포함하는 진흥전략을 수반하며, 국가에 대한 사회의 효과적 통제와 함께 다양한 사회적 이해당사자들의 운동전략과 조직된 참여를 확대하는 것을 목표로 한다.

마지막으로, 우리는 건강을위한세계사회포럼이 세계사회포럼 운동의 부문운동임을 다시 한번 밝힌다. 또 우리는 세계의 각지역에서 개최될 2006년 세계사회포럼과 아프리카에서 개최될 2007년 세계사회포럼의 분권화된 모델에 적합한 새로운 대회를 준비할 것이다. 향후 2년 동안의 의사결정과정과 운동의 조직화—2005년 세계건강주간과 국가정상회의 및 세계무역기구회의에 대한 개입 등—는 이번 포럼에서 조직된 국제사무국에서 수행될 것이다. 우리는 이러한 노력에 동참하고자 하는 모든 조직들을 환영한다.

가족과 여성보건

송인주

서론

건강은 보편적 인권이다. 모든 민족국가는 시민의 건강을 뒷받침하기 위해 질병을 예방·치료하는 보건의료제도를 발전시킨다. 그러나 현대보건의료가 모두에게 동등한 혜택을 제공하는 것은 아니다.

남성과 여성은 질병형태, 질병발생률, 사망률 등에서 체계적 차이를 보이지만, 현대보건의료는 이러한 성적 차이를 적절히 고려하지 않는다. 의학적 지식과 제도는 여성보건 문제의 독자성을 인정하지 않으며, 그 결과 현대보건의료에서 여성은 남성만큼 존중받지 못한다. 또한 사회 전반의 성차별주의가 보건의료 영역에서도 재생산되는데, 여성에게 제공되는 보건의료서비스는 전반적으로 남성의 경우보다 열등하다. 그 결과 현대보건의료는 남성과 여성의 건강불평등을 심화시키는 한 요인이 되고 있다.

남성과 여성의 건강불평등은 생물학적 요인과 사회적 요인의 복합적 상호작용에서 비롯된다. 여성의 육체는 남성과 다르며, 특히 재생산이라는 고유한 기능을 갖는다. 하나의 유기체로서 인체의 통합적 자기조절은 이러한 생물학적 차이를 임상적 차이로 발현시킬 수 있다. 또한 사회적으로 규정되는 성적 역할의 차이와 그에 수반되는 경제적·사회적 불평등은 성별에 따라 건강상의 위해와 보건의료에 대한 접근성에서 커다란 차이를 가져온다.

이 같은 이유로 20세기 후반 세계 각지에서 정치적 여성보건운동이 출현한다. 여성에 대한 억압과 차별이 보건의료 영역에서도 재현될 뿐 아니라, 현대보건의료가 여성의 건강증진에 모순적으로 기능하기 때문이다. 즉 현대보건의료는 과학적 의학의 지식·기술을 통해 여성보건의 일부를 담당하지만, 동시에 여성의 성욕과 재생산을 의료화하여 물질적·이데올로기적으로 통제함으로써 여성을 억압한다.

1960년대 말에 태동하여 1970년대에 본격화된 미국과 영국의 여성건강운동은 육체와 건강에 대한 여성의 권리라는 문제의식에 기초하여 기존의 보건의료제도를 변혁하고자 한다.[1] 이들은 여성의 건강 지위가 여성의 사회적 지위를 반영하며 따라서 보건의료의 성차별주의를 철폐하는 것이 사회 전반의 여성 억압 철폐와 병행되어야 한다고 주장한다. 이를 위해 여성의 의식화를 위한 교육운동과 대안적 보건의료활동, 그리고 기존 제도의 혁파를 위한 정치 활동을 전개한다. 그럼에도 불구하고 여성건강운동은 현실 정치와 이론 분석에서 한계를 드러내고, 결국 1980년대 이후 신자유주의가 강화되는 상황에서 변혁적 성격을 상실한다.

이 글에서는 20세기 미국에서 확립된 현대적 대중보건의료가 여성보건을 규정하고 실행하는 방식과 그에 대한 미국 여성건강운동의 비판 및 대응을 살펴본다. 자유주의·급진주의 페미니즘에 기초한 여성보건에 대한 분석의 한계를 검토하고, 사회주의 페미니즘의 시각에서 현대보건의료와 여성의 관계, 나아가 여성보건을 결정하는 다양한 요인들을 제시한다. 마지막으로 여성보건에서 핵심적 지위를

1) 1970년대 본격화되어 1980년대 초까지 지속되었던 서구의 정치적 여성보건운동은 이제 거의 역사적 경험이 된 듯 하다. 이러한 사실과 국내 번역문헌의 관행을 고려하여 이 글과 두 편의 번역 글에서는 '여성건강운동'을 이 시기 여성보건운동을 칭하는 고유명사로 사용한다.

갖는 재생산 문제와 관련하여 최근 쟁점이 되고 있는 생명공학기술이 불임치료와 결합되는 현실과 그 사회적 함의를 분석한다.

대중보건의료와 여성건강운동

재생산의 의료화

20세기에 의학교육·의학연구·임상치료가 결합되면서 확립되는 대중보건의료는 여성의 건강과 모순적인 관계를 형성한다. 대중보건의료의 발전은 여성에 대한 보건의료서비스를 확대한다. 그러나 그것의 기초를 이루는 생의학 모델은 건강한 남성의 육체를 인체의 표준으로 설정함으로써 여성 건강의 독자성을 무시한다. 그것은 여성 육체의 고유성을 생식기관의 해부학적 차이로 정의하고 자기조절기능의 차이를 재생산 기능으로 환원한다(Doyal, 1983; Hubbard, 1990).[2] 생의학 모델에 따라 보건의료가 제도화되면서 여성보건 문제는 산과학 및 부인과학의 대상으로 규정되고, 여성의 건강 욕구는 모성 및 아동 건강 프로그램으로 위임된다. 그리고 그 외의 모든 연구는 남성의 육체와 질병을 중심으로 진행된다(Krieger and Fee, 1994).

전통적으로 여성의 관할에 있던 재생산과 관련된 모든 관행은 이제 대중보건의료에 의해 독점된다(Gordon, 2002). 이를 재생산의 의료화라고 부른다.[3] 의료화는 과거에는 의학적 문제로 여기지 않던

2) 남녀가 공적 영역과 사적 영역으로 분할된 후 생의학 모델의 생물학적 결정론은 남성과 여성의 사회적 역할의 차이를 정당화하는 논리가 된다(Laquer, 1994; Hubbard, 1990). 예를 들어 19세기에 부르주아 여성에게 어머니 역할을 배타적으로 할당하는 것은 생물학적 차이로 정당화된다. 또한 19세기 말에 확산된 사회다윈주의나 20세기 초 생물학에서 이루어진 일련의 발견들—1905년 성염색체와 호르몬, 1920년대 중반 성호르몬—은 우생학적 함의를 갖는 생물학적 결정론을 공고화하는 데 기여한다(Krieger and Fee, 1994).

문제를 질병이나 장애로 정의하여 의학적 치료의 대상으로 만드는 경향을 가리킨다. 임신과 출산을 비롯하여 고령, 음주, 특정한 심리상태, 어린이의 행동 등이 의료화되면, 그것을 적법하게 다룰 수 있는 의료전문가들의 기술적·사회적 영향력이 더욱 확대된다. 이는 전문적 지식과 기술을 매개로 한 사회적 지배·통제관계의 변형이자 확장이다. 따라서 의료화에는 다양한 집단들의 이데올로기적 갈등과 투쟁이 수반된다. 여성의 재생산 역시 이러한 투쟁의 역사적 과정을 거쳐 의료화된다(Nye, 2003; Purdy, 2001).

20세기 초까지 재생산을 보조하는 기술의 효과와 안전성의 측면에서 산과의사의 경쟁력은 여성조산사에게 밀리고 있었다. 그러나 19세기 말부터 우생학 이데올로기가 확산되고 백인집단의 출산율이 급격히 하락하는 이른바 '인종자살'(race suicide)이 정치적 쟁점으로 부각되면서 산과의사는 과학과 개혁의 이름으로 조산사의 활동을 불법화하는 데 성공한다.[4] 과학적 관리 이념이 여성의 재생산에 대해서도 적용된 것이다. 그에 따라 임신·출산은 '질병'으로 간주되고, 그 '치료'를 위한 병원출산이 권장·확대되기 시작한다(Ehrenreich and English, 1973; Gordon, 1978; McCann, 1994).

그러나 초기의 의료화는 오히려 여성보건의 수준을 떨어뜨린다. 조산사의 불법화로 가난한 하위계층의 여성은 전통적인 산과서비스도 받을 수 없게 되고, 병원출산에서는 성급하고 과도한 기술적 개입이 종종 치명적인 결과를 가져온다(Ehrenreich and English, 1973; Leavitt, 1997; Barker, 1998). 이에 따라 1930년대에 출산과정에 대한 기술적 개입의 최소 기준과 병원출산의 일반적 절차에 대한 매뉴

---

3) 여성의 재생산은 임신·출산뿐만 아니라 피임·낙태·불임·수유, 나아가 여성의 육체 일반과 관련된 모든 문제를 포괄하지만, 그 중에서도 임신과 출산이 현대보건의료가 재생산을 포섭하는 과정에서 핵심적 위치를 차지한다.

4) 그러나 당시의 의학에서 '과학'은 대체로 과학적 방법이 아니라 은유나 수사에 불과하고 의료전문직화의 이데올로기로 기능한다. 의학과 과학의 관계 또는 의학 속의 과학의 역사에 대한 개괄적 설명으로는 Warner(1985)를 참조하시오.

얼이 마련된다. 그 결과 1935년부터 모성사망률이 감소하기 시작한다. 동시에 대공황과 2차 세계전쟁을 계기로 국가적 인구조절의 필요성이 인식되면서 가족계획을 기술적으로 뒷받침하기 위해 대중보건의료의 사회·정치적 위상이 강화된다. 그리고 치료혁명으로 산부인과의 치료능력이 개선되면서 재생산의 의료화 과정이 실질적으로 완성된다(Leavitt, 1997; McCann, 1994; Gordon, 2002).

병원출산은 안전한 재생산이라는 여성의 오랜 소망을 이루어주는 대신 다른 대가를 요구한다. 출산과정은 전적으로 전문가 의사에 의해 주도되고, 다른 여성 및 가족과 유리된 산모는 오직 환자로서 취급되고 그녀의 육체는 치료를 위해 개입·조작되는 대상으로 환원된다. 출산을 겪는 여성에게 분만이 어떤 영향을 미치는가는 고려되지 않고, 그에 따라 신체적 손상, 산과적 불편, 피로, 정신 불안, 우울증 등과 같은 산후에 나타나는 건강 문제들이 무시된다(Leavitt, 1997; Nettleton, 1995; Arber and Thomas, 2001).

이에 따라 1950년대부터 여성은 병원출산에 대해 문제를 제기하기 시작한다. 그러나 법인자본이 의료산업의 발전을 주도하면서 재생산의 의료화는 더욱 확대·심화된다. 지속적으로 전문화를 추구하는 의사에 의해 임신과 출산이 더욱 적극적으로 관리되고, 그 결과 의학적 필요성이 명확치 않은 경우에도 여성의 육체에 대한 기술적 개입이 일상화된다.[5] 법인자본의 생산력과 부인과학 및 산과학의 전문성이 재생산에 대한 통제기술로 체계적으로 결합되자 출산의 모든 과정이 도말(塗抹)검사·선별검사·초음파검사 등 기술적 절차로 채워진 것이다. 이제 여성은 산업화된 의료의 도움 없이는 자신

5) 오늘 대부분의 선진국에서 병원분만의 20-40% 정도를 차지하는 제왕절개분만은 산모사망률이 정상분만보다 최대 4배에 이른다고 보고된다. 제왕절개술을 비롯한 의료적 처치가 꼭 필요한 위급한 분만상황이 전체 출산의 5%를 넘지 않는다는 사실을 고려할 때, 이렇게 높은 제왕절개 비율은 산과의사의 성급하고 과도한 기술적 개입을 단적으로 보여준다. 더 심각한 문제는 이러한 외과시술의 대부분이 산모의 동의 없이 의사의 판단으로 또는 반강제로 이루어진다는 데 있다(Doyal, 1983; 1995; Boston Women's Health Book Collective, 1998).

의 재생산능력을 알지도 쓰지도 못하는 무능한 존재로 전락한다(Doyal, 1983; 1995).

결국 재생산이 의료화되면서 재생산과 관련된 여성의 자율성은 부정되고, 여성과 태아의 건강을 담보로 보건의료에 대한 여성의 의존성이 강화된 것이다.[6] 또한 여성과 현대보건의료의 관계가 재생산을 중심으로 형성되면서 임신·출산과 직접적인 관계가 없는 여성의 질병은 대부분 기질적(physical) 원인이 없는 '꾀병' 또는 심인성 질환으로 간주된다(Doyal, 1983). 즉 재생산이 과잉의료화된 반면 여성의 다른 질병은 과소의료화되는 것이다.

성차별적인 의학적 임상연구는 이러한 현실을 대표한다. 오늘 중요한 임상연구의 대부분은 남성을 대상으로, 또 이른바 '남성적' 질병을 주제로 이루어진다. '여성적' 질병이 연구 주제가 될 때에도 요실금이나 골다공증 등 생식과 무관한 문제들은 대부분 제외되며, 생식과 관계된 문제라도 기초연구가 충분히 이루어지지 않는다. 일례로 항우울제의 경우 주소비자가 여성임에도 불구하고 남성만을 대상으로 임상실험이 이루어진 후에 바로 여성에게 시판된다. 그것이 생리주기에 따라 여성에게 남성과 다른 영향을 줄 가능성은 전혀 고려되지 않는 것이 오늘의 의학이다(Doyal, 1983; 1995).

여성건강운동의 대중보건의료 비판

대중보건의료와 여성보건이 이렇게 모순적 관계를 형성하면서 여성의 불만이 누적된다. 이는 일차적으로 대부분 남성인 산과의사를

---

6) 병원에 도입된 새로운 재생산기술은 그것의 의학적 안전성이나 여성과 태아의 건강증진에 미치는 실제 효력이 검증되지 않은 채 적용되는 경우가 대부분이다. 일례로 1970년대 선진국의 산과 서비스에서 확산된 '적극적 분만 관리'는 옥시토신과 같은 호르몬제 사용이나 회음부 절개와 같은 외과시술이 결합된 유도분만을 실제 내용으로 한다. 의학적 필요 이상으로 유도분만이 일상화되자 신생아 황달, 제왕절개, 조산아 출산, 산모의 생식기 감염, 마취제·진통제 사용에 따른 후유증 발생 등이 전반적으로 증가한다(Doyal, 1983; 1995).

환자로서 여성이 대면할 때 경험하는 곤란과 소외 및 의사의 권위주의적 태도에 대한 불만으로 표출되기 시작한다. 그리고 1960년대 말부터 산부인과에 대한 이러한 경험의 공통성을 집단적으로 인식하면서 여성건강운동이 조직된다(Fee, 1975).

초기 여성건강운동은 남성의사의 권력 독점을 비판하는 데 집중된다. 자유주의 페미니즘은 남성의사가 여성의 사회적 가치를 생물학적 재생산에 국한시키며 그조차도 비합리적인 여성에게 맡길 수 없기 때문에 반드시 의사의 통제가 필요하다는 불합리한 신념을 갖고 있다고 비판한다. 보건의료의 성차별주의는 보수적인 남성의 상위직 독점에서 비롯되며, 따라서 그 해결을 위해서는 여성을 열등한 존재로 간주하는 편견을 교정하는 동시에 남성의 의사직 독점을 개선해야 한다는 것이다. 이에 따라 자유주의 페미니즘의 여성건강운동은 남성의사의 인식개선과 여성의사의 확대, 그리고 여성의 의사결정권을 요구한다. 특히 환자로서 여성의 합리적 선택권과 능력을 강조하면서 '충분한 정보에 근거한 동의'의 법제화를 주요 실천전략으로 채택한다(Fee, 1975; Annandale, 1998).

그러나 여성의사의 비율이 크게 증가한 오늘에도 보건의료와 여성의 관계에서 근본적인 변화는 나타나지 않고 있다. 여성의사와 환자의 관계도 기존의 관계와 크게 다르지 않은 것으로 보고된다(Nettleton, 1995; Butter at al., 1994; Doyal, 1998a). 자유주의 페미니즘은 의사직에서의 성별 불평등만을 문제삼음으로써 현대보건의료의 자본주의적 성격과 현대의학이 여성에게 미치는 모순적 영향을 간과한 것이다(Fee, 1975). 부분적으로 법제화된 '충분한 정보에 근거한 동의' 전략도 새로운 기술을 임상에 도입할 때 환자의 동의만 받으면 된다는 식으로 전문가 집단이 책임을 회피하는 구실이 될 수 있다(Luna, 2001). 재생산과 관련된 여성의 권리는 단순히 보건의료서비스에 대한 소비자의 권리로 환원될 수 없는 것이다.

이러한 자유주의 페미니즘적 시각은 정치적 계기를 통해 변화된다. 1973년 로우 대 웨이드 사건이 일어나면서 여성건강운동은 낙태권 운동과 결합하여 전국적인 정치세력으로 부상하는 한편 이론적으로도 급진화된다(Marieskind, 1975; 1980).[7] 급진주의 페미니즘은 여성에 대한 억압과 차별이 여성의 육체·성욕·재생산능력을 사회적으로 통제한 결과이며, 보편적인 남성 지배를 뜻하는 가부장제를 그 원인으로 지적한다.

급진주의 페미니즘은 병원에서 남성의사·여성간호사·환자의 관계를 전형적인 가부장제 가족의 아버지·어머니·자녀의 관계로 설명한다. 환자의 무력함은 권위적인 가부장, 즉 의사에게 절대적으로 의존·복종할 수밖에 없는 그들의 유아적 위치에서 비롯되며 보건의료제도는 그 자체가 가부장제를 실행·지지하는 장치로 기능한다는 것이다(Fee, 1975; Annandale, 1998). 역사적으로 남성의사는 성직자·정치가·자본가와 같은 지배계급 남성들과 동맹하여 여성치료자와의 경쟁·투쟁에서 승리한다. 그리고 여성을 암컷 동물로 환원하는 의학·생물학 지식과 육체를 사물로 조작하는 의료도구를 독점하면서 보건의료 영역으로부터 여성을 완전히 배제한다. 지식과 기술은 가부장제의 역사적 산물이자 남성의 지배도구이며, 남성의사는 산부인과 지식과 기술을 통해 재생산을 의료화하고 여성의 육체와 성욕을 지배·통제한다(Ehrenreich and English, 1973; Wajcman, 1991).[8]

---

7) 1970년의 로우 대 웨이드 사건은 텍사스주 댈러스시에 사는 미혼녀 제인 로우(Jane Roe)가 자신이 안전한 병원에서 낙태를 받을 권리를 가로막는 텍사스주 낙태법의 위헌 여부를 확인하고 실행을 금지하는 명령을 내려달라는 소송을 댈러스시를 상대로 제기하면서 시작되었다. 이 사건은 1973년에 대법원이 개인의 사생활에 대한 권리를 승인하는 맥락에서 미국 전역에 걸쳐 임신 6개월 이내 낙태를 합법화하는 판결로 마무리되었다.

8) 과학적 지식·기술에 대한 급진주의 페미니즘 내부의 입장은 매우 다양하다. 하지만 크게 두 갈래로 구분되는데, 먼저 파이어스톤(S. Firestone)으로 대표되는 '친기술론'적 입장이 있다. 이는 과학기술의 발전을 통해 여성 억압의 원천이 되는 재생산능력을 여성에게서 제거하고 재생산을 사회화하자고 주장한다. 다수를 차지하는 또 하나는 밀레트(K. Millett)를 경유하여 문화주의 페미니즘으로 발전하는 '반기술론'적 입장이다. 이는 여성의 재생산능력—모성의 경험—이야말로 여성적 가치와 문화의 핵심으로서 폭력적이고 기술중심적인 남성 문화에 대항할 수 있는 원천이라고 주장한다.

따라서 급진주의 페미니즘은 대중보건의료가 의학적 지식의 생산 과정부터 근본적으로 변혁되어야 한다고 주장한다. 가부장제 사회에서 남성의 지식과 기술은 여성의 억압과 지배를 목적으로 하기 때문에 여성의 건강과 복리 증진에 기여할 수 없으며, 여성 스스로가 자신을 위한 지식과 기술을 찾아서 소유해야 한다. 이런 맥락에서 이들은 공통적 경험의 인식과 자매애의 고취를 위한 의식화 그룹을 강조하면서 대안적 보건의료를 형성하는 데 주력한다. 그 결과 1970년대 미국 전역에서 제도권 외부에 위치하는 여성보건센터가 설립된다. 이들은 '여성적 가치'에 입각한 환자와 의사의 상호교육·협력·공동결정에 기초하여 소외된 여성의 건강욕구를 해결하고자 한다(Fee, 1975; Marieskind, 1975; 1980).

그러나 급진주의 페미니즘은 가부장제를 초역사적인 것으로 인식하면서 여성이 착취·억압받는 구체적 형태와 그것을 결정하는 사회·역사적 요인들에 대한 분석을 간과한다. 그 결과 이론적 분석에서는 재생산이라는 여성의 공통성만이, 그리고 대안적 의료실천에서는 자기결정에 기초한 재생산의료서비스만이 과도하게 부각된다. 다양한 사회적 조건에 있는 여성들이 재생산과 무관하게 호소하는 여러 가지 다른 건강상의 문제는 여전히 간과되는 것이다. 그에 따라 기존의 남성중심적 보건의료를 비판하며 등장한 페미니즘적 보건의료에서도 여성은 재생산하는 존재로만 간주되는 양상이 지속된다(Fee, 1975; Annandale, 1998).[9)]

급진주의 페미니즘의 이러한 한계는 특히 현대보건의료의 물질적 토대를 보지 못한 데서 비롯된다. 자본주의적 생산관계는 가족형태

---

9) 페미니즘적 대안의료 시도는 계급·인종·연령 등에 따른 여성들의 다양한 보건의료 욕구를 수용하지 못하여 결국 실패한다. 일례로 1977년에 연방정부가 메디케이드를 수령하는 빈곤여성의 인공유산에 대해 재정적 지원을 축소하고자 했을 때, 미국 여성건강운동은 내부적 입장 차이를 극복하지 못하고 분열된다. 이 같은 하이드개정안(Hyde amendment) 투쟁은 여성 내부의 '차이'와 단일한 여성 범주의 '해체'를 강조하는 포스트모던 페미니즘이 부상하는 배경이 된다(Fee and Krieger, 1994; Annandale, 1998).

가 규정하는 성별 분업의 구조에 인종적·민족적·지역적 차이들을 결합하여 여성에게 상이한 생계조건과 활동방식을 할당한다. 여성의 보건의료 욕구는 이러한 생활조건의 차이에 따라 다양하게 나타난다. 또한 자본주의적 생산관계는 그 자체가 대중보건의료를 구성하고 운영하는 원리가 된다. 일례로 남성의사의 권력의 원천이 되는 20세기의 의학적 지식·기술·장비는 남성을 위해 생산된 것이 아니라 자본축적의 논리에 따라 생산된 것이다. 따라서 현대보건의료에 대한 비판은 그것이 성적 차이를 매개로 자본의 계급지배를 관철하는 다양한 메커니즘을 분석해야 한다(Fee, 1975; Wajcman, 1991; Navarro, 1986; Kabeer, 1994).

또한 급진주의 페미니즘은 현대의학의 지식 비판을 권력 비판으로 환원하는 한계를 보인다. 과학자의 이데올로기적 편향이라는 외재적 비판은 지식의 과학적 한계에 대한 내재적 비판을 대체할 수 없다. 그리고 경험의 수집과 일반화가 곧바로 과학적 인식이 되는 것도 아니다. 현대보건의료를 기초짓는 생의학 모델의 제한성과 성적 맹목에 대한 과학적 비판은 의학적 지식에 대한 문화적 거부와 구별되어야 한다(Gordon, 2002; Keller, 2000; Lewontin, 1998a; Weasel, 1997).[10)]

급진주의 페미니즘은 결국 기존의 보건의료지식과 제도에 대한 단순한 거부, 나아가 여성의 과학, 여성의 의학, 여성의 문화를 표방

---

10) 이데올로기적 인식과 과학적 인식을 혼동하는 급진주의 페미니즘의 주장은 페미니즘적 인식론을 둘러싼 논쟁을 촉발한다(Keller, 1995; Birke, 2000). 그 결과 개별적 경험을 초월한 보편적 과학은 불가능하다는 관념이 확산되고, 1980년대 초 문화주의적 전환은 이러한 회의를 심화시켜 포스트모던 페미니즘의 부상을 가져온다. 포스트모던 페미니즘은 여성의 육체, 여성의 건강과 질병, 나아가 여성이라는 존재 그 자체를 사회·문화적 구성물로 간주한다. 따라서 인간 유기체의 물질적 상태와 관련된 의학적·생물학적 관심은 폐기된다(Annandale, 1998; Oakley, 1998; Jackson, 2001). 페미니즘 이론의 이러한 변화는 1980년대 페미니즘 이론과 여성운동 사이의 분리를 가속화한다. 그 결과 미국과 영국의 여성건강운동은 변혁적 지향을 상실하고 점차 소비자운동으로 경도된다(Birke, 2000; Kuhlmann and Babitsch, 2002; Nettleton, 1995).

하는 분리주의로 귀결된다. 이는 보건의료 영역에서 제기되는 여성 문제를 해결하는 것이 아니라 해체하는 것이고, 나아가 남성과 여성의 허구적 적대관계를 고착시킬 위험을 내포한다. 현대보건의료와 여성의 관계, 그리고 여성의 발병의 구조적 원인이라는 근본적 문제는 여전히 해결되지 않는다. 그 해답을 위해서는 현대사회의 물질적 생산과 성별화된 주체의 생산, 즉 자본주의적 생산양식과 역사적 가족형태에 대한 분석이 필요하다.

현대적 가족형태와 여성의 질병

보건의료제도에 대한 페미니즘적 비판은 여성의 질병·건강상태를 결정하는 원인을 분석하는 것에서 출발해야 한다. 사실 20세기 대중보건의료는 질병의 근본적 원인을 진단하고 제거하는 의미에서의 치료와 예방보다는 증상의 완화를 통한 노동력의 보존을 중시한다(Navarro, 1986; Schatzkin, 1978). 따라서 발병의 원인에 대한 탐구는 오히려 억압된다. 대중보건의료에 대한 비판이 의학에 대한 내재적 비판을 필요로 하는 것은 이 때문이다.

자유주의 페미니즘이나 급진주의 페미니즘에 기초한 여성건강운동이 질병의 원인에 관한 문제의식을 발전시키지 못하는 반면, 사회주의 페미니즘은 여성이 왜 '여성으로서' 아픈가라는 문제를 제기한다. 이는 현대사회에서 여성 억압의 형태가 전통 사회의 경우와 질적으로 다르다는 인식을 전제한다(Fee, 1975).

사회주의 페미니즘은 가족형태가 물질적 조건을 전제한다는 사실에 주목한다. 한 사회의 지배적 생산양식은 역사적으로 존재해 온 다양한 가족형태들의 발전을 배제하거나 방해하면서 특수한 가족형태의 재생산을 용이하게 한다. 가족은 일차적으로 노동력의 재생산을 담당함으로써 생산양식의 일부를 구성한다. 또한 사회적 생산관계는 가족형태 속에서 구현된 성별 분업을 매개로 성별화된다. 즉 가족형태는 양성에게 서로 다른 위치와 역할·의미 등을 부여하는 성별 이데올로기를 통해 성별화된 주체를 생산하고, 생산양식이 규정하는 물질적 조건과 상호작용함으로써 두 가지 성적 동일성의 관계를 사회적 관계로 확장한다(Barrett, 1980; 권현정, 2002).

현대 가족형태의 지배적 성별 이데올로기는 18세기에 출현하여 19세기에 발전한 빅토리아적 가족형태에서 시작된다. 이 가족형태는 남성 생계부양자 모델을 이상화한다. 기혼 여성은 과거의 생산적 역할을 부정당하고 자녀양육과 가사관리를 전담함으로써 가정이라는 사적 영역의 수호자로 정의된다.[11] 19세기에는 주로 부르주아지에게 한정되었던 빅토리아적 가족형태는 '가족임금'을 매개로 20세기 미국에서 노동자계급에게까지 확산된다. 성애에 기초한 '동반자직 관계'를 이상으로 하는 미국식 핵가족형태가 그것이다. 특히 가족임금 이데올로기는 사회적으로 생산적인 노동을 남성에게 배타적으로 할당함으로써 가족으로 유폐된 여성이 남성에게 실질적으로 종속되는 데 기여한다(Barrett, 1980; 이미경, 1999).

현대적 가족형태의 성별 분업은 보건의료의 실천과 이론에도 반영된다. 남성에게 더 나은 보건의료를 제공하는 대중보건의료의 성차별주의는 그것이 일차적으로 남성노동력의 안정적 재생산을 목표로 하는 데서 발생한다. 대중보건의료나 사회 전반의 여성에 대한 억압과 차별은 성적 동일성을 규정하는 지배적 가족형태와 가족임금으로 그것을 지지하는 법인자본주의의 상호작용에서 비롯된다.

핵가족형태와 결합된 법인자본주의는 노동시장의 성별 분단과 노

---

11) 간호사와 의사의 관계는 빅토리아적 가족모델이 추구한 부부관계를 모방한다. 19세기 초까지 성매매·절도·음주 등 '방종'과 연결되던 간호사는 19세기 중반에 규율과 침착함을 갖춘 중년의 '숙녀'로 대체된다. 그들은 대부분 30대 이상의 귀족이나 부르주아지 출신 여성들로서 간호의 지식·기술보다는 '인격'을 주된 무기로 삼는다. 현대적 간호의 어머니로 간주되는 나이팅게일은 부르주아 아내가 남편에게 복종하듯 간호사가 의사에게 복종하는 것을 제1의 원칙으로 삼는다. 나이팅게일식 간호사의 품행은 '빅토리아적 여성성'의 진수를 구현하는 것이고 동시에 부르주아 여성의 가치를 노동자계급에 전파하는 통로가 된다(Ehrenreich and English, 1973).

동력의 분절화를 통해 노동자계급 일반의 생활조건을 지속적으로 악화시키는 동시에 한정된 생계자원을 항상 남성에게 유리하게 배분한다.[12)] 그 결과 수많은 여성이 가장 기본적인 생계욕구도 충족시키지 못하고 있으며, 이는 여성의 건강에 직접적으로 영향을 미친다. 또한 사회적 관계로 확장된 성별 이데올로기가 남성과 여성에게 서로 다른 활동조건과 활동방식, 사고방식 등을 부과하기 때문에 발병·사망 요인에서 체계적으로 차이가 발생한다(Doyal, 1995; 2000). 여기에 남성과 여성의 고유한 생물학적 차이와 대중보건의료의 성차별주의가 결합된다. 그 결과 오늘 여성이 겪는 질병과 고통은 이중적으로 고유한 것이 된다. 우선 그것은 자연적 현상, 즉 여성의 육체적 특성에 기초한다. 그러나 그 특성이 여성에게 위험이 되는 것은 역사적 현상, 즉 20세기 법인자본주의의 산물이다.[13)]

여성에게 주어진 가장 기본적인 활동은 가사노동이다. 가사노동은 노동조건이 매우 열악하다. 대부분의 가정에서 남성이 더 많은

---

12) 보건의료제도에서도 노동시장의 성별 분단이 나타난다. 미국과 영국에서 보건의료인력의 70%가 여성이며, 그들 대부분—특히 비백인 여성—이 조직위계의 가장 하층에서 가장 열악한 대우를 받으며 가사노동과 유사한 업무에 종사한다. 게다가 경제적 보상은 고사하고 사회적 인정도 받지 못하는 주부가 가정에서 1차 보건의료의 역할을 수행한다. 고도로 전문화된 현대보건의료가 고비용 구조로 인해 공중보건역할을 거의 수행하지 못함에도 불구하고 공중보건제도라는 위상을 여전히 유지할 수 있는 것은 그러한 여성들이 있기 때문이다(Doyal, 1995; Butter at al., 1994; Navarro, 1976).

13) 여성보건의 역사적 특성은 건강불평등의 대표적 지표인 평균수명에서 잘 드러난다. 오늘 선진국에서 평균수명은 1세기 전에 비해 30-40년이 늘어났고, 특히 여성의 평균수명이 남성에 비해 8-9년 더 길다. 통상 생산력의 발전과 생활수준의 향상이 평균수명의 연장에, 여성의 생물학적 이점이 수명연장에서 여성의 이득을 더 크게 한 것으로 설명되어 왔다. 그러나 생물학적 요인은 사회적 요인과의 상호작용을 통해 굴절되어 드러난다. 19세기까지는 일반적으로 남성의 평균수명이 여성보다 더 길었다. 그러나 20세기 법인자본주의가 이러한 격차를 역전시킨다. 노동자계급에게도 일반화된 핵가족형태의 가족중심주의는 영양개선 및 출산감소(및 안전한 출산)를 통해 여성의 수명연장에 기여한 반면, 남성은 더 큰 위험에 직면한다. 즉 남성은 '가장'으로서 여성보다 더 위험한 직업에 종사하며, 좀더 위험한 여가를 보낼 수 있게 된 것이다(Annandale, 1998; Doyal, 1995).

소득과 부, 정서적 지지, 우월한 지위와 의사결정권을 갖지만, 가계의 어려움에 대한 책임은 대부분 여성에게 귀속된다. 이러한 권리와 책임의 비대칭성은 여성의 과잉노동을 야기한다. 가정에서 자신의 시간을 갖거나 제대로 휴식을 취할 수 있는 여성은 거의 없으며, 가계가 빈곤할수록 상황은 더 악화된다. 가옥의 구조나 노후한 설비와 관련된 가사노동의 물리적 조건은 소음을 제외하면 전반적으로 정규직장보다 더 열악한 것으로 알려져 있다(Doyal, 1995).

여성의 건강과 복지에 좀더 직접적으로 위해가 되는 것은 가사의 노동과정이다. 대부분의 여성이 단조롭고 지루하며 반복적인 가사노동을 격리된 개별 가정에서 혼자 수행한다.[14] 신경과민, 의기소침, 불면증, 우울증, 수전증, 악몽, 현기증, 심계항진(가슴 두근거림) 및 다른 불안증후군들로 표현되는 이른바 '주부 신드롬'은 가사노동이 여성의 건강에 얼마나 큰 영향을 미치는가를 말해준다. 어린 자녀나 노인·장애인이 있는 가정에서는 그러한 어려움이 배가된다. 여기서 우울증은 주부의 직업병이 된다. 그러나 가사노동의 위험은 가족에 대한 사랑이라는 외피로 인해 종종 은폐되고 무시된다(Doyal, 1995; England at al., 1994).

많은 여성이 가사노동 및 자녀양육과 함께 임노동을 병행한다. 일반적으로 가정에 유폐된 전업주부보다 임노동을 통해 자신의 사회적 존재를 인정받는 직장 여성의 건강상태가 더 좋은 것으로 관찰된다. 그러나 이중부담에 따른 육체적·정신적 피로나 분단된 노동시장이 규정하는 여성의 노동조건은 그러한 잠재적 혜택을 종종 무효화시키거나 역전시킨다. 현대적 가족형태와 가족임금 이데올로기는 여성의 노동력가치를 평가절하하고, 여성을 주로 저임금의 불안전한

---

14) 직업 심리학자들에 의하면, 임노동자들이 가장 큰 스트레스를 느끼는 것은 노동에 대한 아무런 통제권도 없이 똑같은 일을 반복하는 것이다. 가사노동도 이와 마찬가지이지만, 그러나 임노동과 달리 가사노동은 아무런 물질적 보상을 받지 못하며 사회적 평가도 낮다. 게다가 가사노동을 자율적으로 선택하는 여성은 거의 없다. 이 모든 것이 가사노동의 정신적 위해 요인이 된다(Doyal, 1995).

직종과 직무에 배치한다. 특히 서비스직 등 이른바 '여성적' 직종의 경우, 과도한 감정노동으로 인한 육체적·정신적 소진에다가 성희롱이라는 위험도 추가된다(Doyal, 1995; Barrett, 1980).

그밖에도 자본주의적 노동과정은 여성건강을 위협하는 유해요소와 물질로 가득 차 있다. 예를 들어 세계적 생산라인의 50% 이상을 여성이 담당하는 전자산업의 경우, 청결한 이미지에도 불구하고 생산공정과 그에 부수되는 중간원료들에 상당한 발암 위험이 있다. 따라서 노동자들은 일상적으로 두통, 현기증, 메스꺼움, 시력 저하, 마비 증세 등을 경험한다. 산업적 유해요소들은 재생산 기능과 관련해서 여성에게 추가적 위험이 될 수 있지만, 잉여가치 추출과 관련된 부분에서 여성은 무성적 존재로 간주될 뿐이다. 이는 산업역학(疫學) 연구의 대부분이 남성노동자를 대상으로 실시되며 그에 따라 작업장 환경의 부분적 개선—적정중량이나 기준온도·복장 등 여러 표준의 설정 및 장비 배치 등—도 남성의 육체를 기준으로 이루어진다는 사실에서 잘 드러난다(Doyal, 1995; 2001; Navarro, 1982).

가족형태와 노동시장의 상호작용이 여성에게 강제하는 육체적·정신적 노동의 압력은 여성의 생애과정 전반을 특징짓는다. 자녀양육기의 여성은 재충전할 기회도 없이 과중한 책임감에 시달리는데, 이는 만성적 질병을 야기하는 주요인이 된다. 노동시장에서 은퇴한 후에도 최소한 은퇴한 남편을 부양하기 위한 가사노동은 여전하다. 그러한 부담도 면제받은 여성노인은 대부분 빈곤과 고립, 열악한 건강상태로 인해 수명연장을 또 다른 고통으로 경험한다(Arber, 1998).[15)]

한편, 성욕과 재생산은 노동과 일상생활로 환원되지 않는 여성보

15) 이러한 여성의 생애과정은 현대보건의료와 여성의 모순적 관계가 심화되는 한 요인으로 작용한다. 약물 오남용이 대표적 사례인데, 항우울제나 진정제는 평균적으로 남성보다 여성에게 훨씬 더 많이 처방되며, 구매력의 상대적 제한에도 불구하고 여성 소비량이 남성 소비량의 2배를 넘는다. 약물복용은 가족과 임노동이 여성에게 강제하는 지위와 생활방식을 바꾸는 데는 실제로 아무런 기여도 못한다. 그럼에도 불구하고 여성의 절박한 처지는 약물에 대한 의존성을 확대시키고, 보건의료는 이를 통해 여성에 대한 더 큰 통제력을 갖는다(Doyal, 1983; 1995; Woodhouse, 1998).

건의 고유한 영역을 이룬다. 재생산의 의료화가 보여주는 것처럼, 현대보건의료는 여성의 건강을 관리한다는 명목으로 성욕과 재생산을 통제한다. 여성에 대한 보건의료의 혜택은 항상 특정한 가족형태 및 성적 동일성을 전제하고 그것을 강화하는 방식으로 제공된다.[16) 전통사회의 성별 이데올로기가 종교—신과 자연—에 의해 정당화되었다면, 현대사회의 여성성과 남성성은 의학이라는 과학적 근거에 의해 뒷받침된다(Turner, 1996).

대표적으로 19세기 후반의 성의학 담론은 여성의 육체적 취약성과 생식기관의 전제성(專制性)을 강조하면서, 빅토리아적 가족모델이 고무하는 무성적 어머니 상, 즉 여성에 대한 성적 억압을 정당화했다. 성애를 중심으로 한 20세기 미국식 핵가족형태는 이러한 여성성의 변화를 요구하고, 그에 따라 20세기 초 성의학 담론은 여성의 성욕을 인정한다. 하지만 이들은 속류화된 프로이트주의에 기반해서 여성의 성욕을 수동적·의존적·감정적인 것으로 규정하고, 이를 통해 개별 남성—남편—에 대한 개별 여성—아내—의 성적 종속을 정당화한다(Corbin, 1987; Doyal, 1983).

여성이 성욕·재생산에 대한 자율적 결정권을 상실하면서 성욕과 재생산의 관리에 관련된 신체적·사회적 위험은 여성에게 전가된다. 여성에게 권유·강제되는 피임법의 위험이 대표적 사례다. 일반적으로 새롭게 개발·개선되는 피임기술은 대부분 여성을 대상으로 하며, 그것의 합병증이나 장기적 효과 등이 충분히 규명되지 않은 상태에

16) 19-20세기 미국에서 출산조절에 대한 여성의 권리를 둘러싼 페미니즘의 투쟁과정과 그 결과가 이를 잘 보여준다. 전통적으로 여성의 자율에 맡겨져 있던 피임과 인공유산은 19세기 후반 자연과 도덕을 명분으로 대부분의 주에서 불법화된다. 그것은 특히 노동자계급의 성적 방탕을 조장하면서 가족을 구성할 고귀한 의무의 이행을 저해하는 것으로 간주되었다(Reagan, 1997; McCann, 1994). 20세기 초 페미니즘은 재생산통제와 그것이 내포하는 성적 억압에 맞서 여성의 재생산권리를 주장하는 출산조절운동을 전개한다. 그러나 의사·우생학자·사회학자·심리학자 등 사회개혁전문가들이 결합하면서 출산조절운동은 현대적 핵가족형태의 확산을 위한 가족계획운동으로 변질된다. 그 결과 여성의 성욕과 재생산은 20세기 핵가족형태에 확고히 종속된다(Gordon, 1978; 2002; McCann, 1994).

서 판매된다. 여성은 피임용구에 대한 충분한 정보를 갖지 못한 채 차악 중 하나를 선택해야 하며, 그마저도 대부분 의료전문가의 기술적·이데올로기적 통제를 거쳐야 한다(Tong, 1997; Doyal, 1995).

또한 국가가 여성의 재생산능력을 도구화하기도 한다. 출산장려정책 또는 출산억제정책이 피임용구나 영구불임술 등 재생산기술의 형태와 공급 방식을 결정하며, 종종 우생학적 함의를 내포하면서 계급·인종·지역 등에 따라 차별적으로 시행된다. 재생산과 관련된 법은 여성의 재생산보건에 직접적인 영향을 미치기도 한다. 일례로 낙태는 세계적으로 가장 보편화된 재생산조절법의 하나인데, 낙태의 법적 지위는 여성의 건강지위를 결정하는 단일 요인으로는 가장 큰 비중을 차지한다(Doyal, 1995; Tong, 1997).[17]

직장내 성희롱을 비롯하여 강간 또는 성매매와 같은 극단적 폭력의 위험은 여성의 성적 자율성을 원천적으로 제약한다. 자발적으로 결합하는 연인과 부부 사이에서도 동일한 제약이 있다. 현대적 가족형태에서 많은 여성이 '의무적'인 성생활을 영위하며, 그에 따른 종속감은 여성의 정신건강을 저해할 뿐만 아니라 종종 생식기전염병(RTIs)과 같은 심각한 부산물을 낳는다.[18] 현대보건의료의 성차별주의는 종종 상황을 더 악화시킨다. 성폭력이나 생식기 질환으로 인해 산부인과를 찾는 많은 여성은 그 결과를 야기한 자신의 '문란함'에 대한 도덕적 비난을 감수해야 한다. 보건의료 종사자들의 그러한

---

17) 낙태가 법적으로 금지될 때 불법적 시술이 만연하는 것이 가장 큰 문제다. 세계적으로 낙태 시술로 인한 여성 사망자가 연간 20만명에 이른다. 미국의 경우 낙태가 합법화된 1970-76년에 여성사망률이 1000명당 30명에서 5명으로 하락한 바 있다(Doyal, 1995).

18) 여성 생식기는 해부학적 구조로 인해 남성의 생식기보다 감염에 더 취약하며, 이는 성관계에 대한 여성의 통제권 결여와 맞물려 때때로 치명적인 결과를 낳는다. 에이즈가 대표적 사례다. 남성의 강제적 성관계 요구로부터 자신을 지키기 위한 여성의 노력—성관계 거부나 피임의 요구—은 남성의 폭력과 강간으로 이어지며, 그 과정에서 생긴 상처와 출혈이 에이즈 감염을 가져온다. 성적 문란이라는 통념에도 불구하고 에이즈 바이러스(HIV)에 감염된 많은 여성은 그들 남편 이외에 다른 파트너가 없다는 사실이 이를 증명한다(Doyal, 1995; Carovano, 1994).

편견은 현대적 재생산보건서비스에 대한 여성의 접근성을 떨어트리는 동시에 안전한 성생활에 필요한 남성의 책임을 면제해주면서 성별 이데올로기를 강화한다(Doyal, 1995; Tong, 1997).

이상에서 살펴본 사실들은 일반적으로 중심부 지역의 여성이 처해 있는 상황에 초점을 맞춘 것이다. 여기에 주변부라는 특수성이 추가되는 제3세계 여성의 상황은 더욱 심각하다. 제3세계 여성이 처해있는 종속과 억압의 현실은 보통 전통적 문화의 유산으로 오인되지만, 실제는 세계체계로서 자본주의적 생산양식이 구성해낸 현대적 산물이라는 점을 인식하는 것이 중요하다. 중심부에서 현대적 핵가족형태를 지배적 가족이데올로기로 만든 법인자본주의는 주변부에서는 전통적인 친족관계를 매개로 핵가족형태를 이식·정착시킨다. 제3세계 여성은 소비를 주역할로 하는 선진국 여성의 가정주부화와 달리 생산을 주역할로 하는 가정주부화로 인해 다양한 형태의 비임금노동과 임금노동에 종사한다(Kabeer, 1994; 이미경, 1998).

제3세계 여성의 가내노동은 가장 기본적인 식수·연료·식료품을 구하기 위한 생계노동을 포함한다. 특히 공기오염이나 화재와 같은 일상적 사고위험을 증폭하는 불안전한 연료 사용과 열악한 가옥 구조, 아무런 안전장치 없이 다루어지는 독성 산업원료들이 가내노동의 일상적 조건을 구성한다. 또한 일부 산업화된 도시지역에 집중된 여성 임금노동자는 극도의 저임금과 열악한 노동조건, 그리고 위험한 노동과정에 시달린다(Doyal, 1995).

생계노동에도 불구하고 여성 억압의 주변부적인 구조는 제3세계 여성의 가족내 경제적 자원에 대한 통제력을 더욱 약화시킨다. 나아가 자본과 남성에 의한 노동력 착취는 종종 가족구성원이 강제하는 성매매 등의 성적 착취로 이어진다. 이들 국가 대부분에서 현대적 보건의료서비스가 절대적으로 부족하다는 사실뿐만 아니라 여성이 처해 있는 이러한 경제적·이데올로기적 조건이 그에 대한 접근마저도 극도로 제약한다는 사실로 인해 제3세계 여성보건의 실태는 매우 열악하다(Doyal, 1995).

여성의 성욕과 재생산에 대한 사회적 통제는 더 심각한 상황이다. 아프리카·동남아·라틴 아메리카 일부에서는 여성의 성욕을 통제하는 극단적 방법인 성기절제가 아직도 시행되고 있다(Doyal, 1995; Krieger and Fee, 1994). 제3세계에서 불법적·제한적 낙태시술로 인한 여성의 사망 위험은 선진국 여성의 100배에 이르며, 매년 임신·출산과 관련된 60만 명의 사망자 중 대부분이 제3세계 여성이다. 성장과정에서부터의 지속적 성차별이 야기하는 불리한 신체상태, 과로와 영양결핍을 만성화하는 열악한 생활조건, 그리고 가장 부족한 동시에 저열한 현대적 산부인과서비스의 수준이 제3세계 여성의 성욕·재생산과 관련된 위험을 배가시키는 요인이다(Doyal, 1995; Sundari, 1994; Gordon, 2002).

요약하자면, 여성의 생물학적 조건과 가족·임노동·보건의료제도 등 다양한 사회적 조건이 여성의 건강지위를 과잉결정한다. 특히 자본주의에 의해 구조화된 경제적 불평등과 현대적 가족형태에서의 성욕·재생산에 대한 통제는 여성의 건강상태가 남성보다 열등하게 되는 근본 원인이다.[19] 또한 현대의학과 대중보건의료의 성차별주의가 여성보건 수준을 악화시키는 데 기여한다. 중심부 지역에서는 재생산의 과잉의료화가 여성의 건강증진에 주요 장애가 되고 있는

19) 가족형태가 여성에게 강제하는 건강상의 위험은 가정폭력에서 극단적인 형태를 취한다. 가정폭력의 정확한 발생 빈도와 정도는 측정이 매우 어렵지만, 미국 등 선진국의 경우 적어도 20%의 여성이, 제3세계의 경우 좀더 높아서 약 50%의 여성이 남편이나 연인의 구타를 경험한 것으로 보고된다. 미국의 경우 병원 응급실을 찾는 여성 환자의 1/3이 가정폭력에 의한 것으로 알려져 있으며, 대부분의 나라에서 여성은 남성파트너에 의해 살해당할 가능성이 가장 높은 것으로 나타난다. 가정폭력의 현실은 일반적인 통념보다 더 복잡하다. 물리적 구타의 경우 종종 강간이 수반되며, 의학적 치료가 필요할 때에도 많은 아내가 남편의 제재로 인해 병원을 방문하지 못한다. 임신 중인 아내가 구타당할 가능성은 더욱 높은데, 제3세계에서 이는 모성사망률을 높이는 요인이 되고 있다. 가정폭력을 겪은 여성 대부분이 육체적인 후유증 외에도 장기적인 정신적 후유증을 겪으며, 이것이 남성의 2-3배에 이르는 여성의 불안·우울증과 약물남용의 주요인이 된다(Doyal, 1995; 2003; Boston Women's Health Book Collective, 1998).

반면, 현대적 보건의료가 전반적으로 열악한 제3세계에서는 재생산의 과소의료화가 기본적인 수준의 모성보건마저 가로막고 있다.

생명공학기술과 재생산의 분절화

1980년대 이후 재생산의 의료화는 새로운 양상으로 전개된다. 20세기 대중보건의료에서 여성보건의 주요 목표는 임신과 출산을 잘 관리하여 '성공률'을 높이는 것이다. 그에 따라 불임은 현대 산과학에서 가장 치명적인 여성보건 문제로 규정된다. 그것은 여성이 자신의 가치를 입증하며 공동체의 재생산에 기여할 기회의 상실인 동시에 산과서비스가 능력을 과시할 기회의 박탈이다. 따라서 여성 자신과 공동체, 그리고 대중보건의료 어느 쪽에서도 가장 심각한 '질병'인 불임의 '치료'를 위한 재생산기술이 지속적으로 발전한다.

과거의 불임치료술이 배란촉진제를 투여하거나 상대적으로 단순한 인공수정기술(AI)에 제한된다면, 1970년대 말에 등장한 체외수정기술(IVF)—시험관 아기—과 1980년대에 본격화된 관련 파생기술의 발전은 과거와 획기적인 단절을 이룬다. 성혁명을 거치는 지난 1세기 동안 여성운동의 성과가 성욕에서 재생산을 분리하는 것이라면, 최근 20여년 동안 확산된 새로운 재생산기술은 재생산에서 성욕을 제거하는 것이다. 지식·기술의 원천도 다르다. 과거의 재생산기술이 피임·출산 등 재생산과 직접 관련되어 보건의료제도 내에서 형성된 것이라면, 새로운 재생산기술은 유전학과 발생학의 연구성과가 의료임상과 결합된 것이다(Blank, 1990; 하정옥, 2005).

그 결과 새로운 재생산기술은 종종 '생명공학기술'이라는 형태를 띠는데, 이러한 형태의 변화가 재생산의 의료화라는 현실에 관한 오인을 낳고 있다.[20] 즉 생명공학기술이 여성의 재생산과 관계된 것이

20) 생명공학기술은 농업·식품·해양·환경·의료 등 분자 수준에서 세포활동을 규명·조작하는 분과학적 기술을 가리킨다(Grace, 1997; Smith, 2004). 그러

라는 사실은 소거되고, 첨단산업으로서 생명공학의 잠재력과 파급효과만 부각되는 것이다.[21] 특히 새로운 기술의 사회적 파급효과와 관련된 논란에서는 인간복제와 같은 얼마간 과장된 쟁점이 부각되거나 실험의 대상·재료가 되는 생명물질을 둘러싼 생명윤리적·종교적 쟁점이 부각되기도 한다(Lecourt, 2003).

현재 논쟁의 대부분은 인간생명의 도덕적 위상을 강조하는 생명윤리학적 담론과 새로운 기술의 잠재적 혜택을 강조하는 과학의료 담론으로 이루어지고 있다. 그리고 각각의 쟁점에서 개인의 권리를 강조하는 자유주의와 공동체의 권리를 강조하는 보수주의가 대립한다. 반면 이러한 논쟁의 구도에서, 새로운 생명공학기술이 여성 육체에 대한 인위적 개입이자 기존의 성별 이데올로기를 강화하는 재생산기술이기 때문에 여성의 권리를 위협할 수 있다는 페미니즘의 주장은 주변화되고 있다(하정옥, 2005; Tong, 1997).[22]

나 이 글에서는 1990년에 발표된 인간게놈프로젝트 이후 대중적으로 알려진 생명공학기술, 즉 '인간복제'와 관련된 생명의료기술에 집중한다.

21) 생명공학기술의 부정적 측면에 대한 비판은 세 가지 측면에서 이루어진다. 첫째, 생식세포 기증자나 대리모와 관련된 법적 분쟁의 증가가 보여주듯이 새로운 기술은 가장 기본적인 사회·문화적 가치와 질서를 위협한다. 둘째, 국가나 특정 집단이 주도하는 생명공학기술 개발과 응용은 과거 독일 나치의 우생학처럼 전체주의적 사회통제의 위험을 안고 있다. 셋째, 유전자 검사기법의 일반화는 개인·가족이나 사회가 부양·통제하기 어려운 고비용 위험집단의 선별에 집중됨으로써 사생활에 대한 침해는 물론 약소자에 대한 사회적 낙인·배제를 강화할 수 있다(Blank, 1990).

22) 페미니즘적 입장에서 가장 강력한 비판은 유전공학에저항하는국제페미니스트네트워크(FINRRAGE)로 대표된다. 이들에 따르면, 새로운 생명공학기술은 여성의 육체를 착취하는 형식이자, 여성에게 남겨진 마지막 권력 원천으로서 재생산능력을 남성-사회가 탈취하려는 시도다. 체외수정기술 등은 품종개량을 목적으로 한 동물실험과 동일한 논리에 기초한 것으로 원료에 불과한 여성의 육체를 훼손하고 파편화함으로써 여성을 인간생산을 위한 '살아 있는 실험실'로 전락시킨다. 따라서 이들은 새로운 기술 자체를 거부한다. 이와 달리 재생산기술의 중립성과 여성의 잠재적 혜택을 인정하는 중도적 입장의 페미니스트들도 있다. 이들에 따르면 불임치료를 선택하는 것 자체가 재생산과 관련된 여성의 능동적 반응이며, 비록 기술을 둘러싼 권력관계가 제약을 낳지만 새로운 기술은 여성의 권리 실현에 도움을 줄 수 있다(하정옥, 2005; Wajcman, 1991; Purdy, 1996).

새로운 기술은 생명공학이라는 외피에도 불구하고 기존 재생산기술에 토대를 두며, 그것과 마찬가지로 기술의 생산·적용·결과 전과정에서 재생산에 대한 통제와 밀접히 관련된다. 우선 재생산기술과 생명공학기술 사이에는 기술발전의 연속성이 있다.[23] 이를테면 복제로 불리는 체세포 핵치환은 인간의 생식세포를 인체 밖에서 능숙하게 다룰 수 있을 때만 가능하다. 즉, 체외수정기술은 그 자체 생명공학기술의 원천이다(하정옥, 2005; 2006).

또한 생명공학의 이론적·임상적 발전이 재생산과정의 조작을 필요로 하기 때문에 새로운 기술은 의료화된 재생산과 필연적으로 결합된다. 현재 유전학·발생학의 과학적 한계는 발생과정의 해명을 필요로 하며, 이는 동물실험뿐만 아니라 결국 인간배아에 대한 실험을 요구한다. 이 때 실험의 핵심 재료가 되는 여성의 난자는 현재의 과학기술 수준으로는 인공적 생산이 불가능하다. 따라서 '합법적'으로 난자를 공급하기 위한 불임치료의 문화적 가치와 경제성이 생명공학의 이면에서 더욱 확대·강조될 것이다(Lewontin, 1998b; 하정옥, 2006; Bowring, 2004; Blank, 1990).

마지막으로 재생산은 생명공학기술의 사회적 필요성과 효과성을 보증하는 가장 강력한 논거가 된다. 현재 생명공학기술에 대한 실질적 수요와 적용은 대부분 불임치료에 집중되어 있다. 그에 따라 새로운 기술이 내포하는 윤리적 함의는 주로 가족구성의 문제로 현실

---

23) 기술의 연속성은 특정한 기술 그 자체의 물질적 속성·한계·효과가 이후 특정한 기술의 발전을 필연적으로 가져온다는 것을 의미한다. 불임치료는 대표적 사례다. 일례로 1938년에 영국에서 개발된 디에틸스틸베스트롤(DES)은 에스트로겐 합성물인데, 습관성 유산을 예방한다는 목적으로 1950-60년대 전세계 수천 명의 여성에게 투여된다. 그러나 이 약제는 효능이 없으며 오히려 DES를 투여받은 여성에게서 습관성 유산 발생률이 더 높다는 점이 후속 연구들에 의해 밝혀진다. 또한 자궁 내에서 이 약제에 노출된 태아가 선천적 장애를 입는다는 사실이 알려지면서 1970년대 초반 사용이 금지된다. 그러나 과거 DES를 처방 받은 여성의 자녀들이 성인이 되자 그들이 이미 불임이라는 사실이 드러난다. 그에 따라 이 'DES의 딸들'을 대상으로 한 새로운 재생산기술이 다시 개발되고 불임클리닉의 주요 서비스를 구성하게 된다(Klein and Rowland, 1989).

화되고, 그 대부분이 기존 가족 이데올로기의 확인·재강화로 귀결되고 있다(Tong, 1997; Blank, 1990).

재생산기술이 생명공학기술로 발전함으로써 이제 재생산은 분절화된 형태로 의료화된다. 과거에는 성교·수태·임신·출산에 이르는 일련의 과정을 한 여성이 연속적으로 경험했다면, 이제는 각각의 단계가 상대적으로 독립적인 부분으로 분할되고 여기에 복수의 여성이 개입한다. '협력 임신'은 생물학적 부모를—기증 또는 구매된 난자와 정자를 활용할 경우—유전적 부모와 대리모로 세분화한다. 또한 과거에는 산과의사가 재생산과정을 모두 통제한다면, 이제는 분절화된 각각의 단계에 따라 의사뿐만 아니라 다른 의료인력·생명공학자·기술공학자·기업가·법률가·생명윤리학자 등 다양한 전문가들이 개입한다. 예를 들어 정자·난자은행을 이용하거나 중개기관·사업자를 통해 대리모를 소개받는 과정, 유전자 검사 등 산과적 시술과 분리된 전문화된 진단 과정, 분쟁·소송과 관련된 법적 자문 과정, 적절한 의사결정에 요구되는 상담 과정 등이 모두 재생산과정에 포함된다(Corea, 1984; Blank, 1990; Tong, 1997).

새로운 불임치료 방식은 특히 분절화된 생산과정과 유사하다. 작업공정의 세분화가 생산성을 높이고 관련 산업의 발전을 촉진하는 것처럼, 재생산과정의 분절화도 질 좋은 산출물을 목적으로 하며 각각의 과정에 수반되는 전문기술·의료자원·서비스의 개발 등을 촉진한다.[24] 또한 노동과정의 분절화가 자본의 통제력을 확대시키고 노동자의 자율성을 약화시키는 것처럼, 불임치료과정에 의사뿐만 아니라 다양한 이익과 지식을 갖는 여러 전문가들의 개입이 증가하면서 실제 부모나 여성의 의사결정권은 더욱 제약된다.

더 중요한 것은 상품화를 수반하는 재생산의 분절화도 이윤 창출 영역을 확대하고, 원료를 공급하거나 작업 대상이 되는 여성의 육체

24) 유전자 검사, 선별적 낙태, 맞춤식 정자제공 등을 활용하여 부모가 원하는 성별·건강상태를 갖고 태어나는 영아가 분절화된 재생산과정의 최종생산물이다. 앞으로 부모가 원하는 소질·지능·외모 등을 갖춘 '맞춤 아기'도 등장할 것으로 기대·우려되고 있다(Blank, 1990; Tong, 1997; Purdy, 1996).

를 착취하며, 소비자의 계층화를 통해 대중을 분할한다는 것이다. 미국에서는 영리를 목적으로 한 정자·난자 은행이나 저온보존업체가 증가하고 있으며, 연간 수천 명에 이르는 대리모 수요를 충족하기 위한 시장도 발달하고 있다. 이미 구매력 있는 계층만이 접근가능한 불임치료도 점점 더 영리화되는 추세다(Blank, 1990).

난치병 치료에 대한 기대와 함께 최근 사회적 주목을 받고 있는 배아줄기세포 연구도 불임치료 과정에서 생산되는 잔여배아의 처리와 관련된다. 그러나 논쟁이 '생명윤리'에 집중되면서, 연구의 기본 재료가 되는 난자가 여성의 육체에서 추출된 생명물질이라는 사실은 간과되고 있다.[25] 자궁과 함께 난자도 제공하는 대리모처럼 난자의 상품화는 이미 현실화되고 있고, 이는 경제력 있는 여성이나 의료자본이 빈곤하거나 주변화된 여성을 생물학적으로 착취할 가능성을 내포한다(Blank, 1990; Spar, 2005; Tong, 1997; Habbard, 1990).

재생산과정의 분절화가 여성을 배제한 채 더욱 자본집약적인 절차들로 메워지면서 여성에게 전가되는 육체적·사회적 비용도 더욱 증가하는 추세다. 기존 재생산기술이 여성의 건강상태에 대한 기술의 영향을 무시·간과한 것처럼, 생명공학기술이 여성건강에 미치는 효과도 중요한 주제로 다루어지지 않는다. 대표적으로 시험관 아기 시술과정의 의학적 안전성은 생명의료 전문가들 내부에서도 중요한 쟁점이 되지만, 그 내용은 대중적으로 거의 알려지지 않고 있다.[26]

---

25) 배아연구의 윤리적 쟁점과 관련하여 과학기술계의 지배적 입장은 생명공학기술의 임상적용과 연구사용을 구분하고 후자의 경우에 대해서도 생식용(인간복제)과 치료용을 구분하자는 것이다. 그리고 환자나 부모의 권리를 존중하고자 하는 생명윤리학계는 이를 암묵적으로 수용하는 경향을 보인다. 이러한 '은밀한' 합의에 의해 임상적용과 연구, 생식과 치료가 여성의 육체를 필요로 한다는 점에서 연속적인 과정이라는 페미니즘의 주장은 체계적으로 은폐·억압된다(하정옥, 2005; Bowring, 2004).

26) 난자 추출을 위해 사용되는 과배란제가 난소에 과중한 자극을 가함으로써 여러 가지 부작용을 낳는다는 사실은 잘 알려져 있다. 난소과자극증후군(OHSS)은 말할 것도 없고, 전반적인 기억력 감퇴와 난소·자궁 능력의 저하, 빈번한 마취·주사에 따른 감염과 부작용 위험, 그리고 때때로 난소암과 같은 치명적 위험도 여기에 포함된다. 체외수정으로 인한 자궁외 임

또한 체외수정으로 태어난 아이들의 건강수준이 상대적으로 낮다는 최근의 연구보고들은 새로운 재생산기술의 잠재적 위험이 생각보다 훨씬 클 수도 있음을 시사한다(Bowring, 2004). 그리고 이 모든 '부정적' 결과들은 결국 여성의 부담이 된다.

따라서 체외수정기술 나아가 생명공학기술은 페미니즘적 분석과 비판의 중요한 대상이 된다. 재생산에 대한 여성의 권리는 그러한 비판의 기초를 이룬다. 현재의 재생산기술은 여성의 재생산에 대한 통제를 강화하는 동시에 여성의 모성을 핵가족형태에 종속시킨다. 생명공학기술의 임상시술과 관련하여 각국에서 새로이 마련·시행되는 다양한 제도적 장치들은 반드시 유전적으로 연결된 '자기 자식'을 갖는다는 의미를 강조함으로써 핵가족형태의 생물학적 기초를 부각시킨다(Blank, 1990; 하정옥, 2005). 이러한 사회적 흐름은 여성의 모성이 사회적 모성으로 전화될 가능성을 원천적으로 제약하며, 가족형태를 통한 여성의 억압과 종속을 더욱 고착시킬 것이다.

한편 생명공학기술에 대한 페미니즘적 비판이 좀더 실질적인 함의를 갖기 위해서는 더 넓은 경제적·사회적 맥락이 반드시 같이 고려되어야 한다. 분절화된 재생산과정의 각각의 단계를 담당하는 의사·과학자·공학자는 생명공학산업에서 각자의 지분을 갖고 있으며, 실제로 관련 기업체의 주식을 소유하는 경우도 많다. 또한 새로운 재생산기술의 원료가 되는 난자와 정자, 대리모 등은 이미 세계적으로 거래되고 있다. 초민족적 제약자본이 주도하는 보건의료의 금융화로 인해 생명공학기술의 '장미빛 미래'는 더욱 강조될 것이고, 구매력 있는 '세계시민'을 위한 재생산 서비스는 더욱 확대될 것이다(Lewontin, 1991; Spar, 2004; Conrad and Leiter, 2004).

신이나 유산율의 증가, 임신성공율을 높이기 위해 여러 개의 배아를 착상시킴으로써 발생하는 다태임신도 산모나 태아 모두에게 위험을 야기한다. 또한 체외수정 시술 전후 부모·태아를 대상으로 한 유전자검사나 (그 결과가 안 좋을 경우 시술하는) 인공유산도 위험요소를 안고 있다(Boston Women's Health Book Collective, 1998; Doyal, 1995; Blank, 1990).

보론: 황우석 논쟁

황우석 사태는 2005년 11월 공동연구자인 제럴드 섀튼의 결별 선언과 문화방송 '피디수첩'의 연구윤리에 대한 의혹 제기로 시작된다. 이후 황우석 지지자들의 격렬한 반발과 YTN 등의 취재윤리에 대한 역공으로 사건이 증폭되면서 노무현 대통령까지 직접 가세하는 정치적 쟁점이 된다. 그러나 잇따라 2005년 『사이언스』 논문 데이터 조작 의혹이 제기되고 일군의 청년 과학자들이 그 증거를 제출하면서 황우석 사태는 논문조작사건으로 선회한다. 그리고 마침내 2006년 1월 서울대조사위원회에 의해 황우석팀 연구의 대부분이 조작·날조된 것이라는 사실이 증명된다.

지금까지의 사태 전개 과정에서 황우석 사태의 본질은 '논문조작' 또는 '과학사기'로 규정되고 있다. 또 이를 야기한 원인으로는 황우석으로 대표되는 과학자의 타락, 그리고 그것을 조장·방조한 연구환경의 문제가 지적된다. 그에 따라 유사한 사건의 재발을 막기 위해 한편으로는 연구비의 재분배나 연구관행의 개선 등 연구조건의 개선책이, 다른 한편으로는 생명윤리법 개정과 과학성실성(또는 진실성)위원회 수립 등 연구과정의 도덕성 향상을 위한 제도의 확립이 모색되고 있다.

그러나 논문조작 또는 과학사기라는 규정은 황우석 사태를 설명하는 데 충분하지 않다. 최근 5-6년간 급격히 확산된 남한의 생명공학 붐과 마찬가지로 황우석이라는 한 과학영웅의 갑작스런 성공과 몰락 역시 그 객관적 원인이 규명될 필요가 있다.

황우석 사태 전반은 아직 그 중요성이 충분히 인식되지 못한 여러 쟁점들을 내포하고 있다. 우선 황우석 사태의 선행조건이 된 황우석 신화의 실체, 즉 자본과 생명공학의 결합을 지적할 수 있다. 생명공학은 최근 신기술이 가장 많이 개발되고 있는 분야로서 특허권 제도를 매개로 주식시장과 벤처자본의 활성화에 기여하고 있다.[27] 애초 과학적 발견의 도구로 개발된 실험기술이 이렇게 새로운 자본축적의 원천으로 주목받게 된 것은 1980년대에 초민족적 제약자본이 생명공학 분야에 진출하면서부터다(Kenney, 1986). 초민족자본이 보건의료의 상품화를 가속화하면서 관련 생명공학기술의 산업화가 차세대 성장전략으로 부상한다. 병원의 영리법인화나 관리의료의 확대 등 신자유주의적 보건의료정책이 이러한 흐름에 상응하는 것은 말할 나위도 없다. 생명공학기술자 황우석과 의료법인경영자 노성일, 그리고 그 두 사람의 결합에 대한 정부의 전폭적 지원이라는 황우석 신화의 세 가지 구성요소는 이러한 현실을 집약적으로 표현한다.

그러나 생명공학의 의학적 잠재력이 현실화되기 위해서는 한 가지 결정적인 조건이 요구된다. 의학적 연구와 기술개발 과정에 요구되는 충분한 실험재료 조달이 그것인데, 그것이 바로 난자다. 황우석팀이 20여년 전부터 이미 이론적으로 알려져 있던 인간복제의 가능성을 실험적으로 증명했다고 주장하면서 남한의 생명공학산업의 경쟁력을 선전할 수 있었던 것은 우선 난자 획득의 용이성 때문이다. 세계줄기세포허브가 남한에 세워진다고 할 때 섀튼을 비롯한 미국과 전세계 생명공학계가 관심을 가졌던 이유도 바로 그것이다.

난자의 채취·수집·활용을 둘러싼 쟁점은 일반적으로 인간복제 연구와 관련된 생명윤리 문제로 인식되고 있지만 이는 쟁점을 왜곡하는 것이다. 그것은 명백히 여성의 불평등한 사회적 지위와 관련된 페미니즘적 쟁점이다. 여성의 육체를 도구로 활용하는 것을 당연시하는 남한의 '몰(沒)페미니즘적' 문화는 과거 가족계획운동과 같은 발전주의의 생산물이다. '발전'을 위해서라면 그 수단의 정당성에 대해서는 묻지 말아야 한다는 체험적 진리는 경제적 불안과 문화적 혼란이 가중된 오늘과 같은 상황에서 더욱 위력을 발한다. 동시에 남한에는 난자 등 생명공학적 실험의 주요 재료들을 합법적으로 다룰

---

27) 미국의 경우 2000-01년간 월별 주가지수를 보면 생명공학 주식 지수의 등락폭이 다우존스나 나스닥 지수의 2-3배를 넘는다(Ernst & Young, 2002). 이는 현재 생명공학에 대한 사회적 관심의 많은 부분이 주식시장을 경유하는 투기와 관련되어 있음을 시사한다.

수 있는 기관·시설이 편재해 있다. 가장 대표적인 것이 불임클리닉이다.[28] 남한의 불임클리닉은 영리추구를 위한 산부인과의 진화 형태이기에 여성의 재생산에 대한 도구적 시각을 강화하며, 또한 이 때문에 불법적 난자거래망에 포섭될 위험성도 높다. 이러한 물질적 조건이 발전주의의 지체된 기억과 결합하여 난자 공급의 호조건을 구성한다. 충분한 정보에 근거한 환자의 동의 없이 난자를 적출하고 그것을 실험재료로 유용할 수 있는 곳이 바로 남한이다.

따라서 문제는 남한의 의료-생명공학체제에 의한 여성 육체와 재생산의 통제라는 현실을 인식하고, 이를 뒷받침하는 남한의 가족형태를 비판적으로 분석하는 것이다. 그러나 황우석 사태와 관련된 페미니즘적 쟁점은 아직 대부분 인지되지도 못하고 있다. 황우석팀에 의해 '희생된' 여성들의 권익 문제가 손해배상청구소송이라는 형태로만 구체화되는 것은 그 문제를 여성의 고유한 권리라는 페미니즘적 관점이 아닌, 난자 소유자 또는 산부인과 소비자의 권리라는 자유주의적 관점에서 조명하는 인식론적 한계에서 비롯된다.

보건의료의 신자유주의적 재편이나 산업화와 관련된 페미니즘적 쟁점은 정부의 '인민주의적' 동원이라는 황우석 사태의 특수한 정치적 형식으로 인해 거의 눈에 띄지 못했다. 황우석이 갑자기 유망한 과학기술자로 알려지게 된 것이 김대중 정부 시절이며, 황우석에 대한 요란한 국가적 지원이 노무현 정부에 들어와 본격화되었다는 사실을 환기해 보자.

황우석은 1999년에 '영롱이' 개발을 계기로 주목받기 시작했는데, 이는 정부가 당시 농업개방이라는 문제에 대한 해결책으로 동물복제기술을 선전했기 때문이다. 그 후 황우석은 매년 대단한 연구 성과를 발표하며 스타과학자로 떠오르는데, 눈길을 끄는 것은 그가

---

28) 남한의 불임클리닉은 1990년대에 폭발적으로 증가한다. 이들간의 경쟁으로 인해 오늘 남한의 재생산기술은 세계적 수준으로 발전하고 이것이 2000년 이후 본격화된 생명공학의 산업화 정책의 실질적 기초가 된다(하정옥, 2006). 참고로 현재 생명윤리법은 생명공학기술의 개발과 관련된 불임클리닉의 법적 지위를 '배아생성기관'으로 규정하고 있다.

2000년부터 인간복제 연구를 시작했다는 것이다. 그는 1998년 말 경희대 연구팀의 탐색적인 인간복제 연구가 공론화되었을 때 그것에 대해 강경하게 반대한 바 있다. 이러한 급격한 방향 전환은 황우석 개인의 인민주의적 성향만으로 설명될 수는 없다. 2000년은 1990년 처음 발표되어 전세계에 생명공학의 존재를 각인시킨 인간게놈프로젝트의 연구결과의 초안이 발표된 해다. 미국에서 이는 의약분야 생명공학벤처기업에 대한 투자열풍으로 이어졌다(Ernst & Young, 2002). 김대중 정부 초기 벤처열풍이 가라앉고 관련 비리가 잇따라 터지면서 정보·통신기술(IT)을 통한 첨단기술입국의 전망이 정부에 대한 불신으로 귀결되고 있던 당시의 상황에서 생명공학기술(BT)은 유망한 대안이었을 것이다.

황우석팀의 생명공학 연구는 참여정부에 들어와 인민주의적 정치의 수사로 본격적으로 활용된다. 노무현 대통령은 황우석을 최고과학자로 추켜세우기에 급급했고, 고위관료와 여야 정치인들이 경쟁적으로 재정적·제도적 지원을 약속했다. 그 과정에서 황우석을 제외한 다른 생명공학자나 생명공학 관련 주제들은 대중의 관심에서 멀어졌다. 황우석팀 하나만을 위한 시행규칙을 달고 2005년부터 시행된 생명윤리법이 가장 대표적인 예일 것이다. 대중은 그러한 과학의 '신화와 기적'을 접함으로써 건강과 고용 등 안정적 생활에 대한 그들의 소박한 꿈을 지속하고, 현재의 궁핍과 불확실한 미래에 대한 불안을 인내한다. 노무현 정부의 황우석에 대한 투자는 남한경제의 장기불황과 그에 따른 다양한 사회 문제가 진지하게 쟁점화되는 것을 차단하기 위한 국가적 선전 사업이었던 셈이다.

인민주의적 정치는 정치인이나 언론의 전유물이 아니다. 황우석 신화가 탄생되는 데는 황우석 자신의 그런 성향도 큰 역할을 했다. 과학자(집단)의 정치화는 1980년대 이후 신자유주의적 금융세계화에 따른 지식생산구조의 재편을 배경으로 한다. 국가를 우회하여 자본과 대학의 직접적 결합이 강조되면서 연구자는 재정조달이나 연구과제 설정 등에서 연구와 사업의 병행을 요구받게 되는데, 이 새로운 산학협동모델의 선구자가 바로 생명공학이다(Kenney, 1986; Orsenigo, 1989). 이러한 '변신'은 특히 전문가주의(expertism)에 의해 정당화되는데, 황우석 사태가 전개되며 연출되었던 과학자집단과 대중의 분할·반목 구도는 바로 여기서 연원한다.

전문가주의는 지식노동과 육체노동을 분리하는 법인자본주의의 이념에 기원을 둔다. 그것은 기술만능주의의 의인화된 판본인데, 그 속성상 지식에 대한 대중의 권리를 인정하지 않는다. 이로 인해 전문가주의가 발달할수록 대중은 문제 해결의 도구는 더 많이 갖지만 과학적 인식으로부터는 더 소외된다. 전문가주의는 전통적인 전문가정신(professionalism)과도 다르다. 전문가정신이 능력에 기초해서 공동체의 이해에 복무한다는 도덕적 책임의 요소를 갖는 반면, 전문가주의는 최선의 수난을 찾을 뿐 주어진 문제의 사회적 가치와 의미는 문제삼지 않는다(Brint, 1994). 전문가주의는 공동체의 운영에서 대중의 참여를 원천적으로 배제하기 때문에 전문가주의가 발달할수록 과학자 및 전문가집단에 대한 대중의 불신이 심화된다.

황우석이라는 과학자의 인민주의적 행태는 이러한 전문가주의를 배경으로 출현하고 또 성공한다. 과학자로서의 소박한 신념과 고집, 그리고 그에 어울리는 겸손이라는 이미지는 황우석이 대중적 스타가 될 수 있었던 중요한 요인이다. 그는 자신의 연구내용과 그 가치·의미를 대중과 공유하고 대중의 일상과 안위를 연구활동과 직결시킨다고 주장한다. 황우석의 그러한 이미지는 대중의 판단능력을 존중하지 않는 대부분의 전문가와 비교되어 더욱 부각된다. 황우석의 애국주의적 호소에 응답하여 대중이 자발적으로 난자 제공을 약속하고 응급임상의라는 비상식적 제도를 통해 치료능력이 확인되지도 않은 줄기세포 주입시술을 받는 것은 이렇게 이해될 수 있다.

결국 과학자 황우석을 지지하는 사람들은 그간 누적된 과학기술자에 대한 소외감을 과학자의 이념형을 보여준 황우석 개인에 대한 열광과 동시에 그를 비판하는 다른 모든 과학자에 대한 적개심으로 표출한다. 남한의 대중은 '발전의 수단'이 아닌, 시민의 권리로서 과학을 가져본 적이 거의 없다. 그 결과 전문가주의에 대한 대중의 반격이 그 거울상이라 할 수 있는 반지성주의를 통해서 표출되는 비극이 발생한다. 그것은 오늘의 포스트발전주의적 상황과 '과학의 위기'(Fuller, 2000)가 결합할 때 발생할 수 있는 사회적 위기의 한 형태를 예증한다.

과학활동은 과학자의 것이지만 동시에 과학자만의 것은 아니다. 과학은 사회 속에 배태되어 있으며 대중의 활동의 일부분이다. 인간을 동물과 구별하는 근본적 특성으로서 이성은 대중의 '공통의 인식'이며 과학의 임무는 이러한 '공통적 인식'의 증진에 기여하는 것이다. 지식에 대한 권리가 개인의 보편적 권리가 되는 것은 이 때문이다. 따라서 과학자는 이러한 권리를 위임받아 대중을 대표하여 사물의 원인을 탐구하는 이들이라고 할 수 있다. 그러나 이러한 과학의 대표성은 과학의 비판성을 전제로 할 때만 확립된다. 어떤 외부적 압력·권위에도 의존하거나 굴종하지 않아야 자연과 역사의 원인에 대한 객관적이고 합리적인 인식이 가능하기 때문이다. 과학적 지식의 보편성은 과학적 인식의 이러한 내재적 비판성에 준거한다.

따라서 과학계의 진정한 자정능력은 이러한 과학의 현실화를 가로막는 모든 사회적·개인적 조건에 대한 과학자 자신의 비판적 인식과 실천을 포괄한다. 그것은 지식의 생산방식뿐만 아니라 과학과 대중의 교통방식까지도 성찰의 대상으로 삼아야 한다. 국가와 자본의 통제에서 벗어나 과학이 회복해야 할 자율성과 비판성은 결국 대중의 집단적 토론과 판단을 뒷받침하기 위한 것이기 때문이다. 그러나 오늘 남한에서 이러한 자정 노력은 찾아보기 힘들다. 과학과 대중은 과거 어느 때보다 심하게 괴리되어 있다. 그리고 그 결과 우리는 황우석 사태가 제기하는 중요한 질문 중 하나를 놓치고 있다.

그것은 생명공학기술 그 자체에 대한 질문이다. 생명공학기술의 의미는 무엇이며 앞으로 인류는 그것과 어떤 관계를 맺어야 할 것인가? 현재의 생명공학기술이 어차피 과학적·의학적 한계가 있음에도 불구하고, 게다가 그 현실화를 위해서는 여성의 육체에 대한 착취라는 크나큰 대가를 치러야 함에도 불구하고 우리는 인류의 미래를 거기에 걸어야 할 것인가?

이미 오래 전 이러한 의문을 제기한 선진국에서도 논의는 대부분 종교적 감정과 논리에 기초한 기술만능론이나 기술거부론의 반복에 그치고 있다. 공통의 인식의 근거가 될 생명과 역사에 대한 과학적 지식이 대중에게 공백으로 남아 있기 때문이다. 사물의 원인에 대한 공통의 인식으로서 과학의 본성, 인간의 존재조건으로서 기술의 본성, 그리고 역사적이지만 초월적 잠재력을 갖는 인간의 본성을 진지하게 고려하는 생명공학기술에 대한 반성이 우리 모두의 과제가 되고 있다(Lecourt, 2005; Gould, 1998; Lewontin, 1998b).

결론

현대의 대중보건의료는 여성의 건강과 모순적 관계를 갖는다. 대중보건의료는 여성 육체의 독자성을 인식하지 못하고 여성 질병의 원인을 제거하지도 분석하지도 못한 채, 여성의 노동력과 재생산능력에 관계된 육체적 위험을 관리할 뿐이다. 또한 보건의료기술을 통해 여성의 질병을 치료하지만, 동시에 재생산과 성욕에 대한 기술적·이데올로기적 통제를 통해 현대적 가족형태를 재생산하는 데 일조한다.

1980년대 이후 신자유주의적 금융세계화가 본격화되면서 보건의료와 여성의 모순적 관계는 더욱 심화된다. 금융세계화는 대중의 일상적 생활조건과 건강상태를 급격히 악화시킨다. 이는 다시 보건의료 욕구의 증가로 이어지며, 초민족자본이 주도하는 보건의료의 구조조정은 이러한 수요의 확대에 힘입어 경제적·이데올로기적 영향력을 강화한다. 그러나 그 전반적인 과정에서 여성에 대한 억압과 위험은 더욱 증가한다.

금융세계화에 따른 노동자계급의 궁핍화는 가족의 일상생활을 책임지는 여성의 육체적·정신적 스트레스를 가중시킨다. 작업장의 노동조건이 열악해질 뿐만 아니라 임노동과 가내노동의 이중부담이 일반화되면서 노동시간이 절대적으로 증가하고 노동강도가 강화된다. 게다가 복지제도의 축소가 아동·노인·장애인 등에 대한 부양 부담의 많은 부분을 사적 영역으로, 특히 여성의 책임으로 전가시키고 있다. 기업·국가·가계 전반에서 여성노동력에 대한 착취의 강화는 여성의 건강상태를 더욱 악화시킨다.

보건의료 영역의 구조조정은 보건의료에 대한 여성의 접근성을 더욱 감소시킨다. 기존 서비스의 축소 또는 사유화는 많은 여성들에게서 최소한의 의료서비스마저 박탈한다. 특히 의료보험과 고용의 연계를 강화하는 것은 상대적인 고실업·불안전노동에 몰린 여성들의 보험 수혜를 더 많이 축소함으로써 보건의료에 대한 남성과 여성의 구매력 격차를 심화시킨다.

또한 금융세계화와 결합된 의산복합체의 발전은 생명공학기술을 통한 여성의 억압과 착취의 새로운 형태를 더욱 강화한다. 특히 불임치료의 산업화는 서비스 구매자로서 여성을 통제·착취하는 한편, 분절화된 재생산과정의 상품화를 촉진함으로써 여성의 육체에 대한 생물학적 착취 가능성을 높이고 있다.

현대사회의 역사적 변화는 그 비용과 위험의 많은 부분을 항상 여성에게 전가한다. 따라서 여성의 건강 문제를 근본적으로 해결하기 위해서는 현재와 같은 성별 이데올로기를 실현하는 가족형태 그리고 그것을 물질적으로 뒷받침하는 자본주의적 생산양식의 변혁이 항상 같이 사고되어야 한다. 또한 통합적 전체로서 여성 육체의 고유성을 적극적으로 반영하는 의학적 지식과 제도가 필요하다. 진정한 보건의료는 질병의 원인을 올바로 규명할 때 가능하며, 여기서 전제가 되는 것은 인간이 남성과 여성으로 성별화되고, 따라서 개인의 보편적 권리인 건강 역시 성별화된다는 사실이다. 보건의료의 변혁이 지향하는 평등은 차이를 고려하는 평등, 즉 '차이 속에서의 평등'이어야 한다.

참고문헌

권현정 (2002), 『마르크스주의 페미니즘의 현재성』, 공감.

이미경 (1998), 「세계적 규모에서 자본축적과 가부장제: 미스와 미터의 분석을 중심으로」, 다이앤 엘슨 외, 『발전주의 비판에서 신자유주의 비판으로: 페미니즘의 시각』, 공감.

——— (1999), 『신자유주의적 반격 하에서 핵가족과 가족의 위기: 페미니즘적 쟁점들』, 공감.

하정옥 (2005), 『생명의료기술의 사회학: 체외수정기술 논의를 중심으로』, 서울대학교 여성연구소 워킹페이퍼.

——— (2006), 『한국 생명의료기술의 전환에 관한 연구: 재생산기술로부터 생명공학기술로』, 서울대 사회학과 박사학위논문.

Annandale, Ellen (1998), *The Sociology of Health and Medicine*, Polity Press.

Arber, Sara (1998), "Health, Ageing and Older Women", in Doyal, ed. (1998b).

——— and Hilary Thomas (2001), "From Women's Health to a Gender Analysis of Health", in William C. Cockerham, ed., *The Blackwell Companion to Medical Sociology*, Blackwell.

Barker, K. K. (1998), "A Ship upon a Stormy Sea: The Medicalization of Pregnancy", *Social Science of Medicine*, Vol. 47, No. 8.

Barrett, Michèle (1980), *Women's Oppression Today*, Verso.

——— and Mary McIntosh (1982), *The Anti-Social Family*, NLB (국역: 여성사, 1994).

Birke, Lynda (2000), "Sitting on The Fence: Biology, Feminism and Gender-Bending Environments", *Women's Studies International Forum*, Vol. 23, No. 5.

Blank, Robert (1990), *Regulating Reproduction*, Columbia University Press.

Boston Women's Health Book Collective (1998), *Our Bodies, Ourselves for the New Century*, Boston Women's Health Book Collective (국역: 또하나의문화, 2005).

Bowring, Finn (2004), "Therapeutic and Reproductive Cloning: A Critique", *Social Science & Medicine*, Vol. 58.

Brint, Steven (1994), *In an Age of Experts: The Changing Role of Professionals in Politics and Public Life*, Princeton University Press.

Butter, Irene H., Eugenia S. Carpenter, Bonnie J. Kay, and Ruth S. Simmons (1994), "Gender Hierarchies in the Health Laber Force", in Fee and Krieger, eds. (1994).

Carovano, Kathryn (1994), "More than Mothers and Whores: Redefining the AIDS Prevention Needs of Women", in Fee and Krieger, eds. (1994).

Conrad, Peter and Valerie Leiter (2004), "Medicalization, Markets and Consumers", *Journal of Health and Social Behavior*, Vol. 45.

Corbin, Alain (1987), "Backstage", in Michelle Perrot, ed., *Histoire de la vie privée IV: De la Révolution à la Grande Guerre*, Editions du Seuil (국역: 새물결, 2002).

Corea, Gena (1984), "Egg Snatchers", in Rita Arditti, Renate Duelli-Klein, and Shelley Minden, eds., *Test-Tube Women: What Future for Motherhood*, Pandora Press.

Doyal, Lesley (1983), *The Political Economy of Health*, Pluto Press.

——— (1995), *What Makes Women Sick*, Macmillan.

——— (1998a), "Introduction: Women and Health Services", in Doyal, ed. (1998b).

———, ed. (1998b), *Women and Health Services: An Agenda for*

Change, Open University Press.

——— (2000), "Gender Equity in Health: Debates and Dilemmas", *Social Science & Medicine*, Vol. 51.

——— (2001), "Sex, Gender, and Health: the Need for a New Approach", *British Medical Journal*, Vol. 3.

——— (2003), "Sex and Gender: The Challenges for Epidemiologists", *International Journal of Health Services*, Vol. 33, No. 3.

Ehrenreich, Barbara and Deirdre English (1973), *Witches, Midwives, and Nurses: A History of Women Healers*, The Feminist Press.

England, Suzanne E., Sharon M. Keigher, Baila Miller, and Nathan L. Linsk (1994), "Community Care Policies and Gender Justice", in Fee and Krieger, ed. (1994).

Ernst & Young (2001), *Focus on Fundamentals: The Biotechnology Report*, Ernst Young LLP (국역: 김영사, 2002).

Fee, Elizabeth (1975), "Women and Health Care: A Comparative of Theories", *International Journal of Health Services*, Vol. 5, No. 3.

——— and Nancy Krieger, eds. (1994), *Women's Health, Politics, and Power: Essays on Sex/Gender, Medicine, and Public Health*, Baywood Publishing Company.

Fuller, Steve (2000), *The Governance of Science: Ideology and the Future of the Open Society*, Open University Press.

Gordon, Linda (1978), "The Politics of Birth Control, 1920-1940: The Impact of Professionals", in John Ehrenreich, ed., *The Cultural Crisis of Modern Medicine*, Monthly Review Press.

——— (2002), *The Moral Property of Women*, University of Illinois Press.

Gould, Stephen Jay (1998), "Dolly's Fashion and Louis's Passion", in Gregory E. Pence, ed., *Flesh of My Flesh: The Ethics of Cloning Humans*, Rowan & Littlefield (국역: 울력, 2002).

Grace, Eric S. (1997), *Biotechnology Unzipped: Promises & Realities*, Trifolium Books (국역: 싸이제닉 생명공학연구소, 2000).

Hubbard, Ruth (1990), *The Politics of Women's Biology*, Rutgers University Press (국역: 이화여자대학교 출판부, 1994).

Kabeer, Naila (1994), *Reversed Realities: Gender Hierarchies in Development Thought*, Verso (부분 국역: 다이앤 엘슨 외, 『발전주의 비판에서 신자유주의 비판으로: 페미니즘의 시각』, 공감, 1998).

Keller, Evelyn Fox (1995), *Refiguring Life*, Columbia University Press.

—— (2000), *The Century of the Gene*, Harvard University Press (국역: 지호, 2002).

Kenney, Martin (1986), *Biotechnology: The University-Industrial Complex*, Yale University Press.

Klein, Renate D. and Robyn Rowland (1989), "Hormonal Cocktails: Women as Test-Sites for Fertility Drugs", *Women's Studies International Forum*, Vol. 12, No. 3.

Krieger, Nancy and Elizabeth Fee (1994), "Man-Made Medicine and Women's Health: The Biopolitics of Sex/Gender and Race/Ethnicity", in Fee and Krieger, eds. (1994).

Kuhlmann, Ellen and Birgit Babitsch (2002), "Bodies, Health, Gender-Bridiging Feminist Theories and Women's Health", *Women's Studies International Forum*, Vol. 25, No. 4.

Jackson, Stevi (2001), "Why a Materialist Feminism Is (Still) Possible and Necessary", *Women's Studies International Forum*, Vol. 24, No. 3/4.

Laqueur, Thomas W. (1990), *Making Sex*, Golden Bough (국역: 황금가지, 2000).

Leavitt, Judith W. (1997), "'Science' Enters the Birthing Room: Obstetrics in America since the Eighteenth Century", in Tone, ed. (1997).

Lecourt, Dominique (2003), *Humain, Posthumain*, PUF (국역: 지식의풍경사, 2005).

Lewontin, Richard (1991), *Biology of Ideology: The Doctrine of DNA*, HarperPerennial (국역: 궁리출판사, 2001).

——— (1998a), *Gene, organismo e ambiente*, Gius. Laterza & Figli Spa (국역: 잉걸, 2001).

——— (1998b), "The Confusion over Cloning", in Gregory E. Pence, ed., *Flesh of My Flesh: The Ethics of Cloning Humans*, Rowan & Littlefield (국역: 울력, 2002).

Luna, Florencia (2002), "Globalization, Gender, and Research", in Rosemarie Tong, Gwne Anderson, and Aida Santos, eds., *Globalizing Feminist Bioethics: Crosscultural Perspectives*, Westview.

Marieskind, Helen I. (1975), "The Women's Health Movement", *International Journal of Health Services*, Vol. 5, No. 2.

——— (1980), *Women in the Health System*, Mosby Company.

McCann, Carole R. (1994), *Birth Control Politics in the United States, 1916-1945*, Cornell University Press.

Navarro, Vicente (1976), "The Labor Force: Women as Producers of Services in the Health Sector of the United States", in *Medicine under Capitalism*, Prodist.

——— (1982), "The Labor Process and Health: A Historical Materialist Interpretation", *International Journal of Health Services*, Vol. 12, No. 1 (국역: 의료연구회 편, 『한국의 의료』,

한울, 1991).
—— (1986), "Radicalism, Marxism, and Medicine", in *Crisis, Health, and Medicine*, Tavistock (국역: 이 책에 실림).
Nettleton, Sarah (1995), *The Sociology of Health and Illness*, Polity Press (국역: 한울 아카데미, 1997).
Nye, Robert A. (2003), "The Evolution of the Concept of Medicalization in the Late Twentieth Century", *Journal of History of the Behavioral Science*, Vol. 39, No. 2.
Oakley, Ann (1998), "Science, Gender, and Women's Liberation: An Argument against Postmodernism", *Women's Studies International Forum*, Vol. 21, No. 2.
Orsenigo, Luigi, (1989), *The Emergence of Biotechnology*, St. Martin's Press.
Purdy, Laura (1996), *Reproducing Persons: Issues in Feminist Bioethics*, Cornell University Press.
—— (2001), "Medicalization, Medical Necessity, and Feminist Medicine", *Bioethics*, Vol. 15, No. 3.
Reagan, Leslie J. (1997), "'About to Meet Her Maker': The State's Investigation of Abortion in Chicago, 1867-1940", in Tone, ed. (1997).
Schatzkin, Arther (1978), "Health and Labor-Power: A Theoretical Investigation", *International Journal of Health Services*, Vol. 8, No. 2 (국역: 의료연구회 편, 『한국의 의료』, 한울, 1991).
Smith, John E. (2004), *Biotechnology*, Cambridge University Press (국역: 월드사이언스, 2005).
Spar, Debora L. (2005), "For Love and Money: The Political Economy of Commercial Surrogacy", *Review of International Political Economy*, Vol. 12, No. 2.
Sundari, T. K. (1994), "The Untold Story: How the Health Care

System in Developing Countries to Maternal Mortality", in Fee and Krieger, ed. (1994).

Tone, Andrea, ed. (1997), *Controlling Reproduction: An American History*, Scholarly Resources Inc.

Tong, Rosemarie (1997), *Feminist Approaches to Bioethics*, Westview.

Turner, Bryan S. (1996), *The Body and Society*, Sage (국역: 몸과 마음, 2000).

Wajcman, Judy (1991), *Feminism Confronts Technology*, Polity Press (국역: 당대, 2001).

Warner, John H. (1985), "Science in Medicine", *OSIRIS*, Vol. 1.

Weasel, Lisa (1997), "The Cell in Relation: An Ecofeminist Revision of Cell and Molecular Biology", *Women's Studies International Forum*, Vol. 20, No. 1.

Woodhouse, Kate (1998), "Cause for Concern: Women and Smoking", in Doyal, ed. (1998b).

여성보건과 성별 분업*

레슬리 도얄**

1960년대 말과 1970년대 초에 등장한 페미니즘적 의학 비판은 초기 여성해방운동의 중요한 투쟁 영역의 일부가 되었다(MacKeith, 1978; Elston, 1981). 이렇게 된 배경은 간단하다. 여성은 병들었을 때나 건강할 때나 남성보다 보건의료서비스를 더 많이 이용할 뿐만 아니라 보건의료부문 노동력의 다수를 이루기 때문이다(Doyal and Elston, 1983; Macfarlane, 1980). 그러나 의학 일반, 특히 여성 억압을 창출·강화하는 강력한 수단인 재생산기술은 여전히 남성의 수중에 확고하게 장악되어 있다(Roberts, 1982; Brighton Women and Science Group, 1980; Cambridge Women's Studies Group, 1981). 따라서 1980년대에도 보건의료가 지속적으로 페미니스트들의 주요 관심사가 되는 것은 당연하다.

---

*) Lesley Doyal, "Women, Health and the Sexual Division of Labor: A Case Study of the Women's Health Movement in Britain", *International Journal of Health Services*, Vol. 13, No. 3, 1983 & *Critical Social Policy*, Vol. 7, 1985 (송인주 옮김).

**) 도얄은 영국 브리스톨대학교 정책대학원 보건과사회서비스센터 교수이며, 브리스톨여성과보건연구그룹 회원이다. 그녀는 영국 및 세계에서의 성과 보건이라는 쟁점을 다루는 광범위한 저작을 출판했으며, 국제학술회의와 세계기구, 여성단체 등에서 활발한 연구·자문활동을 하고 있다.

이 글은 영국 여성건강운동의 역사를 개괄하고 두 가지 주요한 주제를 집중적으로 검토한다. 첫째, 포괄적인 사회적·경제적 발전, 특히 화폐주의적[신자유주의적] 경제정책과 복지국가의 해체 시도에 대응하여 여성보건활동가들의 우선적 관심사가 어떻게 변화해왔는가를 살펴본다. 둘째, 여성보건이라는 쟁점에 관한 사회주의 페미니즘적 분석이 어떻게 출현하고, 그것이 이론적·정치적 측면에서 어떤 가치를 갖는가를 살펴본다. 그러나 논의를 진행하기에 앞서 두 가지 단서를 지적할 필요가 있다. 첫째, 이 글은 여성건강운동의 역사를 몇 개의 시기로 구분하면서 그 운동을 하나의 동질적인 전체인 것처럼 다룬다. 물론 현실은 이보다 훨씬 더 복잡하다. 보건활동가들은 넓은 의미의 페미니즘적 관점 내에서 매우 다양한 시각을 견지하고 있으며, 각각의 역사적 시기들도 상당히 중첩된다. 그러나 여성건강운동의 주요 특징을 파악하기 위해서는 이러한 단순화가 필수불가결하다. 둘째, 이 글은 동시대의 여성건강운동만 다루지만, 여성이 언제나 보건의료를 둘러싼 투쟁에 참여해 왔다는 사실—대부분 인정받지도 또 전혀 기록되지도 못해 잊혀진 사실—은 마땅히 강조되어야 한다(Ehrenreich and English, 1976; Chamberlain, 1981).

초기의 여성건강운동

보건의료를 둘러싼 페미니즘적 투쟁의 초기 국면은 서로 연결되는 몇 가지 요소들로 이루어졌다. 첫째, 여성을 건강한 인간으로 다시 정의하려는 시도, 즉 여성은 열등하고 '병약한' 피조물이라는 의학적 관점을 정상적이고 건강한 존재로서 여성이라는 시각으로 대체하려는 시도가 있었다(Doyal and Pennell, 1979; Ehrenreich and English, 1976). 이는 보건의료의 성차별적 신념과 관행을 폭로하고 그것에 대항하는 활동을 수반했다. 또 과거에 의사들이 독점해 왔던 특정 영역의 지식—예를 들면 육체가 어떻게 작동하는가에 관한 지식—이 여성들에게 잠재적으로 막대한 중요성을 지닌다는 자각이 확산되고 있었다. 이에 따라 의학적 지식을 탈신비화하는 동시에 더욱 대중화하려는 체계적 노력이 시작되었다.

페미니스트들은 또한 재생산기술에 대한 의사의 통제를 제거하고자 했다. 20세기에 개발된 더 안전하고 효과적인 출산조절·낙태·피임 방법은 분명 여성해방을 앞당기는 데 매우 중요한 역할을 했다. 그러나 여성이 출산력을 스스로 조절할 가능성은 여전히 제한되어 있다. 환자를 대신하여 의사결정을 내리거나 환자 스스로 결정하는 데 필수적인 정보를 공유하지 않는 의학전문가들의 권력이 큰 장애물이다. 그 결과 초기 여성건강운동의 활동 대부분은 여성 자신에 의한 '재생산수단의 장악', 즉 출산조절수단의 영유를 목표로 했다.

초기 단계 페미니스트 보건활동가들의 정치적 실천을 살펴보면 그들의 목표가 다양한 방식의 행동으로 표출되었음을 알 수 있다. 가장 기본적인 것은 아마도 소규모 자기원조그룹의 창설일 것이다. 이는 특히 영국과 미국에서 지금도 번성하고 있다(Ruzek, 1979). 이 집단은 여성해방운동의 기초를 이루었던 더 일반적인 의식화그룹이 보건부문에서도 형성된 결과라고 할 수 있다. 이것은 여성의 자가검진을 중시했고 지식의 공유를 통해 여성의 자신감과 행동 역량을 고취하고자 했다. 이러한 과정의 중요성은 육체와 관련된 여성 자신의 경험 그리고 자신의 육체에서 일어나는 생리적 과정들에 대한 관찰의 유효성을 확인하는 데 있었다. 말하자면 여성들은 대부분의 의사들이 그들의 필연적 우월성의 근거로 삼는 이른바 '객관적' 임상 지식에 도전하기 시작하면서 자신들의 '주관적' 지식도 건강 문제를 이해하는 데 종종 매우 중요할 수 있다고 주장한 것이다.[1)]

---

1) 자신들의 전능함에 대한 일부 의사들의 신념을 보여주는 좋은 사례로 Oakley and Graham (1982)이 있다. 그들은 산전 검진을 받은 한 여성이 의사로부터 자녀수에 대한 질문을 받은 일화를 예로 들고 있다. 그 여성이 1남 1녀를 두고 있다고 대답했을 때 의사는 진료기록 내용이 조금 다르다는 이유로 그녀에게 그 대답이 정말 '확실한가'라고 되물었다고 한다.

이러한 새로운 기술과 지식 영역의 발전에 힘입어 이른바 페미니스트 보건교육이라는 또 다른 중요한 정치적 실천형태의 기초가 마련되었다. 이것은 여성운동의 핵심을 이루는 비권위주의적·비엘리트주의적 가치에 입각한 새로운 방식을 통해 가능한 한 많은 여성에게 새로운 사고를 보급하는 과정이었다. 이런 종류의 작업들 중 가장 유명한 것은 1971년에 출판된 보스턴 여성들의 경험을 모은 『우리 몸, 우리 자신』(*Our Bodies, Ourselves*, Boston Women's Health Book Collective, 1978)이었다. 이 책은 정치적으로도 상업적으로도 성공하여 이후 몇 개 언어로 번역되었고 수백만 부가 팔렸다. 영국을 비롯한 여러 나라의 여성건강운동은 이러한 서적들 외에도 방대한 양의 비공식적 자료들을 생산했다. 영국에서 그것은 흔히 지방을 순회하는 보건단체에 의해 작성되었나. 또 영국의 여성건강운동은 강연자를 비롯한 교육자원을 네트워크로 조직하여 소규모 그룹에게도 보건지식을 제공했다.

페미니스트 보건정치에는 더 전통적인 압력단체 활동과 단일의제 캠페인도 포함되었다. 낙태는 다른 곳과 마찬가지로 영국에서도 이러한 캠페인의 가장 중요한 주제였다. 그러나 영국에서는 현재의 여성건강운동이 출현하기 전인 1967년에 이미 낙태시술을 자유화한 임신중절법이 제정되었다는 사실에 주목해야 한다(Greenwood and Young, 1976). 따라서 페미니스트들이 낙태 캠페인에 참여하는 것은 주로 이미 획득한 권리를 방어하기 위한 것이다. 1970년대 초반 이후 낙태에 법적 제한을 가하려는 몇몇 움직임이 있었지만, 수천 명의 페미니스트들과 그 지지자들의 굳센 대항으로 좌초되었다.

이제까지 검토한 내용을 보면 영국의 초기 여성건강운동은 서구의 다른 나라들, 특히 미국의 그것과 매우 유사하다. 그러나 두 나라의 여성건강운동에는 두드러진 차이들도 있는데, 특히 대안적 서비스 공급의 중요성을 인정하는 정도가 다르다는 것이 가장 중요한 차이다. 기존의 의료제도가 성차별주의를 내포하고 이로 인해 많은 여성들이 서비스를 이용하는 과정에서 빈번하게 굴욕감을 느낀다는 사실을 고려하면, 페미니스트들이 즉시 자체적인 서비스—여성에 의한, 여성을 위한 보건의료서비스—공급을 고려하기 시작했다는 것은 놀랄 일이 아니다. 최근 페미니스트 진료소들의 네트워크가 갖추어지기 시작한 미국에서는 이러한 서비스가 매우 중시된다. 많은 페미니스트 진료소들이 보건의료서비스는 어떻게 제공되어야 하는가에 관한 가장 기본적인 가정들의 일부에 도전하고 있다(Ruzek, 1979). 때때로 이러한 '대안적' 서비스의 양과 질을 통해 특정 국가의 페미니스트 보건정치의 활력을 평가하려는 경향이 실제로 나타났다.

그러나 영국과 같은 국가에서 그러한 전략은 경제적으로도 정치적으로도 그다지 유효하지 않은데, 무엇보다도 필요한 조치를 거의 무상으로 제공하는 국영보건의료가 존재하기 때문이다. 이러한 조건에서 대안적 서비스를 추구하는 것은 언제나 민간보건의료를 확대하려는 시도와 동일시될 위험이 있다. 동시에 그것은 중산층 고객만을 서비스의 소비자로 끌어들이는 경향이 있어서 실제로 보건의료서비스가 필요한 대부분의 사람들은 결국 국가보건서비스(National Health Services, NHS)의 엄정성을 감수하거나 아무런 처치도 받지 못하게 된다. 대부분의 페미니스트들에게 이런 결과는 받아들일 수 없는 것이었으며, 국가보건서비스의 민영화를 주장하는 목소리가 커질수록 이에 대해 더욱 반대할 수밖에 없었다. 또한 국가보건서비스 외부에서 페미니스트적 대안을 마련하고자 했던 시도들은 모두 실패해왔다.[2] 사실상의 유일한 예외는 페미니스트 심리치료를 찾는 여성에게 전문의를 소개하거나 치료서비스를 제공하는 런던여성치료센터였다(Ernst and Goodison, 1981; Eichenbaum and Orbach, 1982). 이 센터의 성공은 확실히 성차별적이지 않은 심리치료에 대한 여성의 수요가 많다는 것, 그리고 국가보건서비스를 통해서는 어떤 종류의 심리치료도 지극히 받기 어렵다는 사정으로 설명된다. 즉 심리치료를 받을 여유가 있는 여성은 어쨌든 비용을 지불해야 하고

2) 간혹 지방의 단체들이 제공하는 임신 테스트와 같은 얼마간 제한적인 서비스들은 예외다.

그럴 바에는 페미니스트 대안을 찾게 된다는 것이다.

이제 초기 여성건강운동을 요약해 보자. 기본적으로 그것은 '환자'—의료 소비자—로서의 여성이 대면하는 문제, 특히 재생산과 관련된 건강 문제에 초점을 맞춘 것이었다. 페미니스트 보건활동가들은 여성이 자신의 육체에 관한 정보를 얻을 권리, 성차별적이지 않은 치료를 받을 권리, 스스로 자신의 출산을 통제할 권리 등을 확보하는 데 주력했다. 앞에서 살펴본 것처럼, 공식적으로 대안적 서비스를 마련하려는 시도는 거의 없었으며, 그런 활동의 대부분은 국가보건서비스의 외부에서 이루어졌다. 중요한 것은 여성이 스스로를 돌보고 또 서로를 돌보는 것이었다. 국가보건서비스와 관련된 정책과 관행에 도전하는 것은 중요한 정치적 사안이 아니었다.[3)]

여성건강운동의 이러한 발전이 근본적으로 중요하다는 점은 명확하다. 의학의 성차별주의를 폭로하고 또 그에 대항하는 것은 더없이 귀중한 가치를 갖는 일이며 따라서 앞으로도 지속되어야 한다. 그러나 여성 자신이 재생산기술을 통제하기 위한 싸움은 이제 막 시작되고 있다. 또한 보건의료라는 쟁점을 둘러싼 운동은 상이한 페미니즘 단체들이 연합할 계기를 제공했을 뿐만 아니라, 수많은 여성들—그것이 없었으면 자신들의 생활과 페미니즘이 무슨 관계가 있는지 전혀 몰랐을 여성들—의 정치적 참여를 이끌어내기도 했다는 사실을 지적하는 것이 중요하다. 그러나 고립된 형태로 추진된 이런 전략들은 영국 여성이 일반적으로 직면하는 건강 문제에 대해 극히 부분적인 해결책을 제공했을 뿐이다. 사회 전반의 경제적·정치적 발전은 새로운 상황을 낳고 있었다. 그것은 여성의 건강 욕구에 관한 새로운 사고방식과 정치적 실천방식을 촉구하고 있었다. 다음 절에서 그 이유를 살펴볼 것이다.

3) 전반적으로 영국 페미니스트들은 다른 나라의 자매들과 달리 국가에 대해 직접 대항하는 투쟁에 크게 관여하지 않았다는 사실에 주목할 만하다. 이 점에 대한 흥미로운 논의로는 Barrett (1980)을 참조하시오.

여성과 국가보건서비스의 위기

영국 여성건강운동의 최근의 발전에 직접적으로 영향을 끼친 가장 중요한 요소는 노동당 정부 시절에 시작되어 1979년에 집권한 보수당 정부가 더욱 맹렬히 전개했던 복지제도에 대한 공격이다.[4] 상당히 효과적인 보건의료서비스의 수혜가 더 이상 당연한 것으로 간주되지 않는 상황이 조성되자, 국가보건서비스가 여성의 가장 기본적인 건강 욕구를 충족시키는 데 얼마나 중요한 역할을 하고 있는가가 분명해졌다. 이에 따라 국가보건서비스는 더 이상 뒷전에 밀려 있을 수 없었고 이 제도의 존속 자체가 페미니스트 보건활동가들의 중요한 목표가 되었다. 국가보건서비스의 재정 삭감은 몇 가지 이유에서 남성보다 여성에게 훨씬 더 큰 영향을 미쳤다. 첫째, 여성은 의료 소비자의 다수를 차지하기 때문에 서비스가 축소·철회될 때 더 큰 타격을 받는다. 더욱이 '필수적이지 않기' 때문에 국가보건서비스에서 쉽게 제거할 수 있다고 규정된 것들은 대부분 여성과 아동이 이용하는 지역사회서비스였다. 둘째, 여성은 보건의료서비스의 주요 생산자다. 여성은 국가보건서비스 인력의 70% 이상을 차지한다. 따라서 인원 감축과 노동조건 악화는 여성에게 가장 심각한 영향을 미친다. 대개 여성이 밀집된 최하위 노동력 부문에서 대부분의 인원 감축이 이루어지기 때문에 사태는 더욱 악화된다. 마지막으로, 여성은 국가보건서비스가 돌보지 않는 사람들도 항상 보살펴 왔다. 따라서 가정에서 이루어지는 숨겨진 노동이 이제 국가가 철회한 서비스까지 보충하도록 점점 더 증가하고 있다. 게다가 이는 여성의 고실업률 문제도 동시에 해소하는 실로 '멋진' 방책이다(Taylor, 1977; Stacey, 1982). 더욱 역설적인 것은 이 여성들 중 일부가 해고된 보건의료 노동자라는 것이다. 그들은 과거 임금을 받으면서 했던 노동

---

4) 그 전개과정에 관한 논의는 최근 *Marxism Today*와 *Critical Social Policy*에서 다루고 있는 쟁점들을 참조하시오. 또 국가보건서비스에 대한 분석으로는 Politics of Health Group (1980; 1982)을 참조하시오.

을 이제 아무 대가 없이 또는 '사랑'의 이름으로 하고 있다.

이 모든 이유들 때문에 국가보건서비스에 대한 지속적 공격이 여성에게 미친 영향은 심각한 것이었으며, 이는 여성건강운동의 정치적 실천에 뚜렷한 자국을 남겼다. 가장 중요한 변화는 국가보건서비스의 수호라는 과제를 포괄하기 위해 정치활동의 기초가 확대된 것이다. 병원·일자리·서비스를 보전하기 위한 그리고 보건의료의 민영화 추세에 반대하기 위한 캠페인에 참여하는 여성의 수가 점점 더 늘어났다. 이러한 전환의 가장 중요한 측면들 중 하나는 그 활동으로 인해 보건의료를 제공하는 여성과 이용하는 여성 사이에 더욱 강력한 유대가 형성되었다는 것이다. 최근 국가보건서비스에서 일하는 여성의 노동조합가입률이 높아지고 있다. 그리고 새로운 페미니스트 보건노동자 단체들, 이를테면 급신적인 간호사 단체, 급진적인 조산사 단체, 급진적인 무보수가정방문보건노동자(health visitor) 단체, 그리고 페미니즘을 표방하는 의사·의학도 단체가 여성건강운동에 속속 결합하고 있다. 1981년에 무보수가정방문보건노동자를 위한 지원망이자 압력단체를 표방한 경력자협회의 출범은 특히 중요한 진전이었다. 이 모든 조직들이 여성보건단체들 그리고 보건의료부문 노동조합들과 다양한 방식으로 연대하여 현재 국가보건서비스에서 실행되고 있는 각종 삭감·폐쇄 조치에 저항하고 있다.

여성이 국가보건서비스를 수호하기 위한 이 같은 투쟁에 참여하는 것은 역설적이다. 본질적으로 자본주의적인 복지서비스를 방어하기 위한 사회주의자와 페미니스트의 활동은 모두 이러한 역설에 직면하는데, 그것은 국가가 제공하는 복지서비스 자체의 모순적 성격에서 기인한다. 페미니스트 비판들이 잘 보여준 것처럼 국가서비스는 한편으로 억압의 원천이 될 수 있다. 그러나 그것은 다른 한편으로 계속 지켜나가야 할 상당히 중요한 요소들도 내장하고 있다. 이것은 확실히 딜레마다. 국가서비스를 비판하면 그것의 축소를 원하는 이들을 지지한다고 비난받을 수 있다. 하지만 국가서비스를 변호하는 것은 모순, 심지어 위선으로 보인다. 물론 해답은 더욱 정교한 전략을 구사하는 데 있다. 우리가 정말 필요로 하는 것들을 지켜가기 위한 서비스의 방어 전략과 동시에 그것이 이용자와 제공자 모두의 진정한 욕구를 충족시키는 서비스가 되도록 만드는 전략, 즉 질적인 변화를 위한 운동 전략이 모두 필요하다(Carpenter, 1979).

다음의 활동 사례들이 보여주는 것처럼 페미니스트들은 영국에서 전개된 그러한 캠페인들의 선두에 서 왔다. 가장 중요한 사례들 중 하나는 런던에 위치한 엘리자베스가렛앤더슨병원을 수호하기 위한 4년간의 투쟁이다. 앤더슨이 설립한 이 병원은 여성을 위한 병원이었고 이미 한 세기 동안 여성이 운영해 왔다. 공공지출 삭감을 위한 첫 표적의 하나로 1974년에 이 병원의 폐쇄가 입안·예정되었다. 여성단체들은 이 병원의 유지를 위해, 뿐만 아니라 여성이 받고 있던 기존의 서비스를 더 나은 것으로 만들기 위해 노조원과 함께 투쟁했다. 운동은 단지 부분적으로만 성공했다. 그렇지만 병원서비스 중 일부는 지속될 수 있었다. 그밖에도 일부 일반개업의 단체가 국가보건서비스와의 계약을 통해 획득한 상대적 자유를 활용하여 현행 보건제도 내에서 페미니스트 노선을 수립하고자 한 사례가 있었다. 이들은 비위계적인 노동관계 속에서의 의료실천과 이용자가 적극적으로 참여하는 조직운영을 확립하고자 했다. 이런 맥락에서 건강한 여성을 병든 환자와 동일시하는 과오를 피하기 위해 특히 '건강여성진료소'(well women clinics)의 운영이 강조되었다(Gardner, 1982). 마지막 사례로 출산방식에 대한 여성의 영향력을 증대하기 위한 캠페인을 들 수 있다. 환자로서의 권리 행사를 중시한 여성은 남성 지지자 및 급진적인 간호사·조산사 단체와 함께, 어디에서 어떻게 출산할 것인가에 관한 부모의 선택권을 확대하기 위해, 그리고 산과학이 '기술적 우수성'을 추구하는 과정에서 종종 무시하고 주변화한 간호·산파기술을 보전하기 위한 캠페인을 벌였다(Chard and Richards, 1977; Rakusen and Davidson, 1982).

그리하여 여성건강운동의 페미니스트들이 가장 적극적인 국가보건서비스의 수호자라는 사실이 분명해졌다. 물론 그들의 접근방식이 남성지배적인 노동조합의 좀더 교조적인 방어전략과 때때로 갈등을 일으켰던 것도 분명하지만 말이다. 실제로 과거 몇 년간의 보건투쟁 경험을 돌이켜 볼 때, 이 운동들이 단순한 현재의 상태에 대한 방어를 넘어서 서양의 과학적 의학의 신념과 관행에 대한 비판적 재평가로 발전하고자 한다면 페미니스트들의 존재가 필수적이다.

여성건강운동 내에서 정치적 우선성이 이러한 방향으로 전환되자 국가보건서비스와 관련된 여성의 경험을 이해하기 위한 논의도 더욱 정교하게 진행되었다. 가부장제와 자본주의의 관계를 둘러싸고 여성운동 내에서 지속된 논쟁이 이론적 분석에서의 이 같은 발전을 보여주었다(Barrett, 1980; Fee, 1975). 이 논쟁은 대체로 매우 일반적인 용어들로 이루어졌지만—우리가 곧 볼 것처럼—확실히 여성과 의학의 관계라는 문제와 관련이 있었다. 단순화해서 보자면, 급진주의 페미니스트들은 여성이 경험하는 억압을—비록 그 형태가 역사적 상황에 따라 변화한다고 해도—가부장제라는 남성지배의 보편적 경향의 관점에서 명료하게 설명할 수 있다고 주장한다. 따라서 그들은 성적 분할을 사회의 주요한 분할로 간주하며, 따라서 여성의 지위는 이 관점에서 이해해야 한다고 주장한다. 반면 사회주의 페미니스트들은 여성의 지위가 마르크스주의적 의미로 이해되는 생산양식에 의해서도 직접적인 영향을 받는다고 주장한다. 따라서 영국과 같은 사회에서 여성 억압을 설명하기 위해서는 가부장제 또는 남성지배적 문화의 존재뿐만 아니라 영국 사회의 자본주의적 본성도 고려해야 한다. 그럴 때 비로소 성적이고 계급적인 분할을 분석적·전략적으로 유효하게 사고할 수 있다.

이 논쟁은 페미니스트 보건정치에서 매우 중요한 의미를 갖는다. 의학적 성차별주의의 복잡하고 다면적인 특성은 가부장제만으로 적절히 설명될 수 없다는 사실이 여기서 드러난다. 게다가 사회주의 페미니스트들은 대체로 정치영역의 외곽에 머물러 있는 지금의 여성건강운동이 앞으로 얼마나 더 성과를 낼 수 있겠는가라는 심각하지만 정당한 의문을 제기한 것이다. 사회주의 페미니즘은 의학적 성차별주의, 즉 의학이 여성을 억압하는 형태를 더욱 일관되게 이해할 수 있는 가능성을 제시한다. 초기의 페미니스트 저작들에서 때때로 발견되는 '불쾌한' 의사들에 기초한 단순한 설명, 또는 일부 급진주의 페미니스트들이 제시한 남성지배의 몰역사적 보편성에 대한 확신을 극복할 여지가 마련된 것이다. 사회주의 페미니즘의 분석을 통해 우리는 대부분의 정통 의학이 여성을 왜 현재와 같은 방식으로 다루는지에 대해 좀더 구조적으로 이해할 수 있을 뿐만 아니라 변화를 위한 좀더 효과적인 전략을 정식화할 수도 있다.

'재생산' 개념은 여러 영역에서 이루어진 여성 억압에 관한 사회주의 페미니즘적 분석의 핵심에 위치한다. 그것은 여성과 의학의 관계를 살펴보는 데 특히 유용하다. 그러나 먼저 확연히 구별되는 이 개념의 두 가지 용법, 즉 이데올로기적 용법과 생물학적 용법을 구분할 필요가 있다. 이데올로기적 차원에서 의학적 지식과 실천이 성적 분할을 유지하는 한 가지 방식이라는 것은 분명하다(Doyal and Elston, 1983). 다시 말해서 성차별이 여성의 본성과 의무에 관한 특정한 신념을 가진 개별 보건노동자의 행위를 매개로 실현된다 하더라도, 그 행위는 또한 선진 자본주의의 특징인 성별 분업을 지속시키는 전반적인 과정에 기여한다. 과학적 의료제도가 사회적으로 통용되는 여성차별적 시각을 반영할 뿐만 아니라 정형화된 여성상을 적극적으로 만들어내고 그것에서 일탈하는 여성을 통제하는 데 특별한 전략적 역할을 해 온 것은 거의 확실하다(Hutter and Williams, 1981; Smart and Smart, 1978; Ehrenreich and Ehrenreich, 1978). 의학이 여성의 본성에 관한 특정한 시각의 재생산, 그리고 그 시각—이데올로기—에 부합하는 여성의 사회화에 관여한다는 것은 이러한 의미에서다. 따라서 마르크스주의의 표현을 빌면, 의학은 생산관계를 전반적으로 재생산하는 역할을 한다. 이것은 사회주의 페미니스트들에게 이론적·전략적으로 매우 중요한 문제다.

또한 '재생산'이라는 용어의 좀더 통상적인 용법은 종의 생물학적 재생산을 지칭한다. 급진주의 페미니스트들은 생물학적 재생산의 문제에 각별한 주의를 기울였는데, 그들은 여성의 출산 능력 자체가 여성 억압의 원천을 제공한다고 보기 때문이다(Firestone, 1979). 그러나 이런 주장은 생물학적 환원주의이자 변화의 가능성을 봉쇄하는 것으로 비판받았다(Barrett, 1980). 반면 사회주의 페미니스트들은 생물학적 재생산에 대한 통제 시도—종종 조직화된 의료를 통해 이루어지는 시도—에 대항하기 위해서는 급진주의 페미니스트들이 올바르게 주장한 것처럼 가부장제적 문화라는 배경을 이해해야 할 뿐만 아니라 자본주의적인 사회·경제적 조직양식이라는 맥락도 고려해야 한다고 주장한다. 즉 많은 성적 억압이 남성지배 이데올로기와 직접적으로 관련되지만, 사회관계가 근본적으로 바뀌지 않은 채 자본축적이 최대한 활성화된다면, 여성의 성욕과 출산—누가 어떤 조건에서 아이를 낳을 것인가—에 대한 일정 수준의 사회적 통제가 지속되리라는 점 역시 명확하다(Gordon, 1977). 예를 들어, 역사적으로 어떤 시기에서든 인구의 규모나 특정한 가족형태의 유지는 일반적인 사회적 관심이 집중되는 문제들이다. 이러한 상황에서 보건의료체제는 국가정책이 실행되는 메커니즘으로 기능한다. 더욱이 출산통제에 대한 여성의 접근은 직접적인 생물학적 의미에서뿐만 아니라 여성의 다른 사회·경제적 역할이란 측면에서도 심오한 함의를 갖는다는 사실을 인식하는 것이 중요하다. 따라서 정부는 출산통제에 대한 여성의 접근을 규제함으로써 여성이 생활에서 누릴 수 있는 자유의 정도에, 그리고 사회에서 그들이 수행할 수 있는 역할에 실질적인 영향을 끼칠 수 있다. 가부장제 개념이 이런 과정들을 설명해주는 하나의 방편은 되지만, 그 자체만으로 여성·성욕·재생산을 둘러싼 사회적 태도의 역사적 변화를 설명할 수는 없다. 모든 문제를 경제적 토대의 문제로 환원하는 단순화된 마르크스주의적 관점도 그러한 변화를 설명하지 못하는 것은 마찬가지다.

지금까지 의료서비스의 소비자로서 여성의 경험을 분석하는 다양한 방식을 검토해 보았다. 그러나 사회주의 페미니스트들은 여성이 또한 소비자나 환자에 국한되지 않는다는 사실을 특히 강조한다. 이미 보았듯이 여성은 보건의료의 주요 생산자다. 하지만 여성이 보건부문 노동력 내에 균등하게 분포되어 있는 것은 아니다. 최근의 연구들은 보건부문에서 여성노동이 사회 전체의 성별 분업을 반영하는 방식에 주목한다. 그 결과 영국의 경우 의사의 25% 정도만 여성이고(Elston, 1977), 대부분의 여성 보건노동자는 전체 위계에서 하층, 특히 간호나 간호조무에 집중되어 있다는 사실이 밝혀졌다. 이런 업무는 환자의 개별적인 욕구를 보살피거나 요리·청소·세탁 등 가사의무에 준하는 것들로서 전통적으로 '여성적'인 기술로 간주되던 것에 속한다. 따라서 대부분의 보건의료 노동이 '여성의 일'이다. 게다가 국가보건서비스에서 그러한 노동의 많은 부분은 '흑인 여성의 일'이다(Brent Community Health Council, 1981; Doyal et al., 1981). 이렇게 성적으로 또 종종 인종적으로 정형화된 분업은 보건의료 부문에서 많은 여성들의 일자리가 저임금, 낮은 지위, 열악한 노동조건 등을 특징으로 한다는 사실에서도 드러난다. 실제로 여성 일자리의 그러한 특징은 다른 경제영역에서도 일반적으로 나타난다. 마지막으로 가장 중요한 것은 [무보수가정방문보건노동자처럼] 환자 및 장애인을 집에서 돌보는 일 그리고 일상적인 가사노동을 통해 가족의 건강을 유지하는 일 모두가 보수를 받지 못하는 것은 물론이고 종종 사회적 인정도 못 받는다는 것을 자각하는 여성들이 점차 늘고 있다는 사실이다(Taylor, 1977; Stacey, 1982; Molyneux, 1979; Himmelweit and Mohun, 1977). 소비자로서 여성의 역할에 국한되었던 관심이 보건의료의 생산자로서 여성의 역할에 관한 이해로 바뀌는 중요한 전환이 이론적·실천적 측면에서 이루어졌다. 특히 과거 영국이 저비용의 보건의료제도를 유지할 수 있었던 것은 스스로 보살피는 사람(care giver)임을 당연시하도록 사회화되고 또 열악한 지위를 수용하는 여성을 활용했기 때문이라는 사실이 명확해졌다.

지금까지 여성건강운동에서 이루어진 좀더 직접적인 정치적 발전 및 여성과 보건에 대한 새로운 인식의 성장을 살펴보았다. 그리고 자율적인 여성건강운동이 지속될 필요가 있지만, 동시에 보건과 관련된 페미니즘적 쟁점을 더 넓은 정치적 투쟁과 연결시키는 것이 중요하다는 점을 강조했다. 그러나 지금까지는 보건의료의 조직이나 배경과 직접적으로 연관된 문제만 다루었을 뿐이다. 마지막 절에서는 여러 측면에 걸쳐 최근의 보건정치에서 가장 흥미로운 발전이 이루어지고 있는 부분, 즉 사회가 어떻게 여성을 아프게 하는가에 관한 사회주의 페미니즘의 초기적 이해를 살펴본다.

사회주의 페미니즘적 역학을 위하여

앞서 살펴본 바와 같이 지난 두 단계의 여성건강운동은 여성의 건강 문제를 당연시하는 편이었고, 따라서 의사가 여성을 어떻게 대하는가라는 문제에 집중했다. 그러나 여기서 더 나아가서 지난 몇 년 동안 여성의 발병 원인을 파악할 필요가 있다는 인식이 성장했다.[5] 이에 따라 페미니스트들은 여성을 보건의료체제의 포로가 되게 하는 질병과 장애의 본성에 대해 좀더 상세하게 연구하기 시작했다. 특히 그들은 여성의 발병률 및 사망률 유형이 얼마만큼 생애과정의 특징에 의해 좌우되는가에 주의를 기울였다. 이론적인 차원에서 이는 사회주의 페미니즘적 역학—사회의 가부장제적·자본주의적 본성이라는 맥락에서 여성의 질병·건강을 이해하려는 시도—의 개시를 의미했다. 좀더 실천적인 차원에서 그것은 여성의 생활·노동조건의 향상을 위한 사회운동, 그리고 여성건강운동과—유사한 목적을 지닌—다른 조직운동 간의 부문별·사안별 협력의 강화와 관련되었다.

여성의 노동이 그들의 건강에 미치는 영향을 검토해보면 이러한 새로운 발전의 중요성을 이해할 수 있게 된다. 여성보건 문제에 대한 전통적 설명은 생물학적 재생산능력에서 비롯되는 여성의 건강

5) 발병의 사회적 원인들에 대한 일반적인 설명으로는 Doyal and Pennell (1979)을, 미국 여성보건 문제의 개요 및 상세한 문헌 목록에 관해서는 Marieskind (1980)를 참조하시오.

욕구를 강조하면서 대체로 여성의 재생산 역할에 초점을 맞춘다. 여성의 생애에서 재생산이 차지하는 중요성은 더 말할 나위도 없지만, 그것이 여성의 건강상태를 전적으로 좌우하는 요인은 결코 아니다. 이에 따라 페미니스트들은 가사노동과 임노동이 여성의 발병률·사망률 유형에 미치는 영향을 고찰함으로써—생물학적 차원과 대조되는—사회·경제적 차원에서의 여성의 역할을 강조하기 시작했다.

가사노동의 건강유해성을 평가할 때 주된 어려움은 그 위해들이 잘 드러나지 않는다는 것이다. 여성의 가사노동은 거의 주목받지 못한다. 여성은 보통 고립된 채 혼자서 일한다(Oakely, 1974). 그러므로 가사노동조건이 인체에 미치는 영향을 입증하기는 어렵지만, 예비적 조사가 제시하는 바에 따르면 다음의 네 가지 주요 영역에 주목할 필요가 있다. 첫째, 직접적인 위해가 있다. 보통 여성이 상대적으로 더 많은 시간을 집에서 보내기 때문에 가옥 자체의 전반적 상태는 누구보다도 여성에게 영향을 미칠 것이다. 예를 들어 (주택기금이 축소되면서 영국에서 점점 문제가 되고 있는) 습기가 특히 여성과 아동의 건강에 해를 입힌다는 사실이 밝혀졌다(Bedale and Fletcher, 1982). 또 여성은 불안전한 전기 배선으로 인해 빈번히 사고를 당하고, 건물의 물리적 구조로 인해 여러 가지 상해를 입기도 한다. 가내사고 통계에서 여성의 비율이 더 높게 나타나는 사실이 이를 입증한다(Marieskind, 1980; Eddy, 1972). 더욱이 가정에서 사용하는 독극물 또는 심지어 발암성 화학물질에 노출되는 위험도 점점 여성을 위협하고 있다. 영국에서 일반적으로 사용되는 정원용 소독약에 그 악명 높은 고엽제 성분(트리클로로페녹시아세트산) 또는 다이옥신이 함유되어 있다는 최근의 보고는 이 점을 명확히 보여주고 있다(Cooke and Kaufman, 1982).

여성이 직면하는 두 번째 유형의 가내유해성은 그들의 남편 또는 파트너의 일에서 기인한다. 많은 남성들이 뜻하지 않게 작업장에서 집안으로 위험물질을 실어 나른다. 예를 들어, 석면을 다루는 노동자의 경우 그 아내도 석면폐증을 앓는다는 증거가 있다(Women and

Work Hazards Group, 1979). 뿐만 아니라 특정한 미숙련노동자 집단의 아내는 자궁경부암 발병률이 높은 것으로 알려져 있는데, 이는 정통 역학이 주장해 온 것처럼 그녀들의 '문란한 성생활'에서 비롯된 것이 아니라, 오히려—적어도 부분적으로는—남편과의 성교에서 비롯된 것이라는 사실을 입증하고 있다. 즉 작업장에서 광물성 기름과 같은 발암물질에 노출되었던 남편이 그 위험을 아내에게까지 전달한 것이다(Robinson, 1982; 1981).

여성이 가정에서 직면하는 위해들을 살펴보면서 남성의 폭력이 여성의 건강에 미치는 영향을 고려하지 않을 수 없다. 남성 역시 때때로 폭력에 의한 상해를 입지만, 여성에게 가해지는 가정폭력은 좀 더 특별하다. 가장 중요한 것은 이런 폭력이 상당히 장기적으로 지속되는 경향이 있다는 사실이다. 물론 이는 피해자 여성이 도움을 받거나 가정을 떠나는 것을 어렵게 만드는 사회·경제적 제도로서 결혼 때문이다. 게다가 가정폭력은 종종 아동학대와도 연결됨으로써 여성에게 더욱 참혹한 경험이 된다. 그 결과 가정폭력에는 대부분 육체적·정신적 손상이 병행되며, 특히 정신적 손상의 경우 보통 심층부에서 장기간 지속되기 마련이다(Dobash and Dobash, 1980).

마지막으로 '주부'가 되는 것과 관련이 깊은, 여성의 주요 직업병이라 불릴 만한 것, 즉 우울증에 대해 살펴보아야 한다. 사우스런던에서 실시된 최근 조사는 다른 곳에서 실시된 조사들보다 더 인상적인 결과를 보여주고 있다. 이에 따르면, 주로 집안에서 어린 아이들을 돌보고 있는 노동자계급의 어머니는 다른 인구집단보다 우울증에 걸릴 가능성이 높다(Brown and Harris, 1978). 그 이유는 확실히 복합적이지만, 다른 성인과의 교류나 여가시간의 부족, 가사노동이나 어머니 역할에 주어지는 낮은 사회적 지위 등과 관련되는 것으로 보인다. 흥미로운 것은 여성으로의 사회화가 그녀의 문제를 우울증이라는 형태로 표출하게 한다는 것, 그래서 사회적으로 기대되는 여성의 역할에 가장 충실한 여성이 이런 식으로 우울증에 걸리기가 더 쉽다는 것이다. 따라서 가능한 한 가장 광범위한 맥락에서 건강과

'여성성'의 관계를 고찰할 필요가 있다. 페미니스트들은 사회가 구성하는 여성적 역할이 그 자체로 특정 형태의 정신질환을 유발한다는 사실을 암시한다(Gove and Tudor, 1973; Fox, 1980; Jordanova, 1981; Nathanson, 1975; Weissman and Klerman, 1977).

가정 외부의 노동에서 여성이 직면하는 유해성들로 관심을 돌리면, 정보의 부족이라는 심각한 어려움에 또 한번 부딪히게 된다. 영국에서는 1974년에 노동보건안전법이 제정된 이후 작업장에서 발견되는 건강상의 위해라는 의제를 둘러싸고 정치활동이 활발해졌다. 그러나 이런 활동들 중에서 여성이 경험하는 직업적 위해에 관심을 보인 것은 거의 없다. 이는 확실히 여성이 집밖에서 노동하는 경우가 거의 없거나, 있다고 해도 안전한 일자리에 고용되어 있을 것이라는 가정이 여전히 지속되기 때문이다. 물론 이런 가정의 어느 것도 사실이 아니다. 불황에도 불구하고 전례 없이 많은 여성들이 임노동을 지속하고 있다. 전반적으로 여성이 전통적인 고위험산업—예를 들면 광산업—에 고용되어 있지는 않지만, 그들 나름의 직업적 위해에 둘러싸여 있음을 보여주는 증거들이 증가하고 있다.

여성 노동력은 고유한 건강 위험을 지닌 특정한 산업에 집중되는 경향이 있다. 예를 들면, 비서나 사무직 노동자는 트리클로로에틸렌과 같은 독성화학물에 대한 노출, 소음 및 열악한 조명에 따른 스트레스, 서투르게 고안된 의자가 유발하는 육체적 손상 등의 위험에 노출되어 있다(Craig, 1981; Working Women's Educational Fund, 1981). 더욱이 많은 여성이 신기술로 인한 위험, 즉 컴퓨터의 사용에서 오는 두통이나 눈의 피로를 호소한다(Huws, 1982). 호텔이나 요식업 종사자는 주방 또는 세탁시설에 편재하는 위험한 설비 때문에 자주 부상을 입는다(Counter Information Services, 1981). 또 미용사는 스프레이·염색약·세정제의 위험을 감수하고 있다(Marieskind, 1980). 역설적이게도 여성 병원노동자 역시 고위험 집단인 것으로 드러났다. 이들은 감염, 방사능, 마취가스, (포름알데히드나 암치료에 쓰이는 세포파괴 약물과 같은) 독성화학물질의 위험에 노출되어 있다. 또한 간호사는 종종 필요장비나 보조인력 없이 환자를 이송하는 과정에서 사고를 당한다. 영국에서 대부분의 병원이 왕립이고 따라서 노동보건안전법상의 기소대상에서 제외된다는 사실이 이러한 상황을 더욱 악화시키는데, 그 결과 많은 여성노동자들이 최소한의 보호조차도 받지 못하고 있다(Lunn, 1976).

위에서 언급한 위해는 여성이 그런 직종에 집중되어 있기 때문에 주로 여성에게 영향을 미치지만, 같은 상황에 놓여 있는 남성에게도 마찬가지로 영향을 줄 수 있다. 따라서 마지막으로 여성에게만 해당하는 위해에 대해 잠시 살펴볼 필요가 있다. 첫 번째는 직장에서의 성희롱이다. 최근 여성은 동료 노동자, 특히 남성 상관의 성적 의도에 대처하면서 겪는 문제에 주목하기 시작했는데, 관련 조사(Farley, 1979)에 의하면, 이것은 상당한 정신적 고통의 원인이 된다. 그러나 여성에게만 고유한 주된 직업적 위해는 역시 재생산과 관련된 것이다. 납 또는 방사능에의 노출 등 특정한 형태의 직업적 접촉은 남성이 건강한 아기의 아버지가 될 가능성을 위협한다는 강력한 증거가 있지만(Lancranjan, 1975), 그런 위험들에 잠재적으로 가장 취약한 것은 역시 여성의 재생산능력이다(Sullivan and Barlow, 1982). 그것은 태아의 성장을 방해하거나 유산 또는 심지어 영구불임을 유발할 수도 있다. 과거 이런 종류의 재생산 관련 유해성이 알려졌을 때 그에 대한 대처는 통상 보호법안을 제정하는 것이었다. 즉 임신 여성 또는 심지어 가임 여성 모두를 관련 직종에서 배제하는 것이다. 그러나 여성건강운동 활동가들에 따르면 이 같은 방식은 대체로 여성에 대한 차별로 귀결되기 때문에 부적절하다(Lehmann, 1977). 그래서 이들은 첫째, 남성과 여성 모두에게 더 안전한 작업장을 만들기 위해, 둘째, 여성이 작업장의 안팎 어디서든 직면할 수 있는 재생산과 무관한 위험에 더 많은 관심을 갖게 하기 위해 캠페인을 벌이고 있다(Stellman, 1977; Hricko and Brunt, 1976).

이와 같이 여성건강운동의 세 번째 단계는 여성의 건강과 안녕을 위협하는 요소들을 식별하고 제거하는 데 초점을 맞추고 있다. 그에 따라 조금은 더디지만 분명히 페미니즘적인 역학 연구가 시작되었고 관련 문헌들도 점점 더 많이 생산되고 있다. 뿐만 아니라 광범위한 쟁점들을 둘러싼 직접적 캠페인도 증가하고 있다. 이 추세를 대표하는 것은 여성 발병의 사회적 원인을 주제로 개최된 1차 전국회의다. 1981년에 런던에서 개최된 회의에는 수많은 개인들과 단체들이 참석했다. 앞에서 보았듯이 페미니스트들은 보건·안전 관련 쟁점들에 점점 더 폭넓게 관여하게 되었고—여성과노동재해단체가 1978년에 설립된다—더 광범위한 환경 및 지역사회와 관련된 보건 쟁점들을 중심으로 캠페인을 벌이게 되었다. 그러나 노동조합과 보건·안전단체 사이의 협력이 항상 쉽지는 않았다. 몇 가지 훌륭한 예외적 사례를 제외하면, 영국의 노동조합은 보건·안전 관련 의제들을 철저히 무시하는 경향이 있었고, 관련 캠페인을 할 때도 보통 남성노동자가 겪는 위해에만 집중했다. 그러므로 분명한 페미니즘적 지향을 갖는 조사·연구와 투쟁은 여전히 근본적 중요성을 가지며, 전통적인 노동조합 구조의 안팎에서 지속적으로 수행될 필요가 있다.

결론

지금까지 임노동과 가사노동이 여성의 건강을 위협할 가능성을 살펴보았다. 물론 많은 여성들은 두 가지 일을 모두 하고 있다. 따라서 거의 아무런 보상 없이 두 일을 대부분 병행하는 데서 비롯되는 정신적 스트레스와 육체적 피로가 여성 발병의 기본적 원인일 것이다(Waldron, 1980). 이른바 '[여성]해방의 질병'이라고 불리는 것을 어느 정도 설명하기 때문에 이것은 매우 중요하다. 현재 선진국의 여성에게서 발견되는 건강·질병 유형의 가장 큰 특징은 통상 '남성적' 질병으로 간주된 폐암, 심장병 등의 여성 발병률이 높아졌을 뿐만 아니라 정신적 질병의 발생빈도도 여전히 높다는 것이다. 따라서 '해방'의 성취는 여러 측면에서 착각이었던 것으로 보인다. 여성은 외부 세계에서 노동할 권리를 얻었지만, 그것은 대체로 매우 유해한 노동조건을 단서로 하는 것이었다. 달리 말하자면, 여성은 이제 가정 외부의 새로운 스트레스와 위험에 노출되었으나, 그들의 전통적 역할과 의무가 경감된 것도 아니다. 바로 이 '이중의 부담'이 그들의 발병률·사망률 유형의 변화로 나타나고 있다. 이러한 상황이 변화되기 위해서는 영국 및 다른 나라의 페미니스트 보건활동가들이 지속적으로 투쟁해야 할 것이다. 성차별적이지 않으면서 더 적절한 보건의료를 위해서, 뿐만 아니라 여성과 남성 모두에게 더 건강한 생활·노동조건을 제공할 광범위한 사회·경제적 변혁을 위해서 말이다.

참고문헌

Barrett, M. (1980), *Women's Oppression Today: Problems in Marxist Feminist Analysis,* Verso.

Bedale, C. and T. Fletcher (1982), "A Damp Site Worse", *Times Health Supplement*, Feb. 12.

Boston Women's Health Book Collective (1978), *Our Bodies, Ourselves: A Health Book by and for Women*, Penguin.

Brent Community Health Council (1981), *Black People and the NHS,* London.

Brighton Women and Science Group (1980), *Alice under the Microscope,* Virago.

Brown, G. W. and T. Harris (1978), *Social Origins of Depression: A Study of Psychiatric Disorder in Women,* Tavistock.

Cambridge Women's Studies Group (1981), *Women in Society*, Cambridge University Press.

Carpenter, M. (1979), "Left Orthodoxy and The Politics of Health", *Capital and Class*, No. 8.

Chamberlain, M. (1981), *Old Wives' Tales: Their History, Remedies and Spells,* Virago.

Chard, T. and M. Richards (1977), *Benefits and Hazards of the New Obstetrics,* Heinemann.

Cooke, J. and C. Kaufman (1982), *Dioxin, the Deadly Poison,* Pluto Press.

Counter Information Services (1981), *Hardship Hotel,* London.

Craig, M. (1981), *The Office Workers' Survival Handbook,* British Society for Social Responsibility in Science.

Dobash, R. E. and R. P. Dobash (1980), *Violence against Wives: A Case against the Patriarchy,* Free Press.

Doyal, L. and M. A. Elston (1983), "Health and Medicine: Unit 14 Course U221", in *The Changing Experience of Women,* Milton Keynes.

———, G. Hunt, and J. Mellor (1981), "Your Life in Their Hands", *Critical Social Policy,* Vol. 1, No. 2.

——— and I. Pennell (1979), *The Political Economy of Health,* Pluto Press.

Eddy, T. P. (1972), "Deaths from Domestic Falls and Fractures", *British Journal of Preventive and Social Medicine,* Vol. 26.

Ehrenreich, B. and J. Ehrenreich (1978), "Medicine and Social Contorl", in J. Ehrenreich, ed., *The Cultural Crisis of Modern Medicine,* Monthly Review Press.

——— and D. English (1976), *The Sexual Politics of Sickness,* Writers and Readers Publishing Cooperative.

——— and ——— (1976), *Witches, Midwives and Nurses: A History of Women Healers.* Writers and Readers Publishing Cooperatives.

Eichenbaum, L. and S. Orbach (1982), *Inside Out, Outside In,* Penguin.

Elston, M. A. (1977), "Women Doctors, Whose Problem?", in M. Stacey, ed., *Health and the Division of Labour*, Croom Helm.

——— (1981), "Medicine as 'Old Husbands' Tales': The Impact of Feminism", in D. Spender, ed., *Men's Studies Modified*, Pergamon.

Ernst, S. and L. Goodison (1981), *In Our Own Hands,* Women's Press.

Farley, L. (1979), *Sexual Shakedown,* McGraw-Hill.

Fee, E. (1975), "Women and Health Care: A Comprison of Theories", *International Journal of Health Services*, Vol. 5, No. 3.

Firestone, S. (1979), *The Dialectic of Sex,* The Woman's Press.

Fox, J. W. (1980), "Gove's Specific Sex-Role Theory of Mental Illness", *Journal of Health and Social Behavior*, Vol. 21, No. 3.

Gardner, K. (1982), "Well Woman Clinics: A Positive Approach to Women's Health", in H. Roberts, ed., *Women, Health and Reproduction*, Routledge and Kegan Paul.

Gordon, L. (1977), *Woman's Body, Woman's Right: A Social History of Birth Control in America,* Penguin.

Gove, W. R. and J. F. Tudor (1973), "Adult Sex Roles and Mental Illness", *American Journal of Sociology*, Vol. 78.

Greenwood, V. and J. Young (1976), *Abortion in Demand,* Pluto Press.

Himmelweit, S. and S. Mohun (1977), "Domestic Labour and Capital", *Cambridge Journal of Economics,* Vol. 1, No. 1.

Hricko, A. and M. Brunt (1976), *Working for Your Life: A Woman's Guide to Job Health Hazards,* LOHP.

Hutter, B. and G. Williams (1981), *Controlling Women: The Normal and the Deviant*, Croom Helm.

Huws, U. (1982), *Your Job in the Eighties: A Woman's Guide to New Technology*, Pluto Press.

Jordanova, L. J. (1981), "Mental Illness, Mental Health: Changing Norms and Expectations", in Cambridge Women's Studies Group, ed., *Women in Society*, Cambridge University Press.

Lancranjan, I. (1975), "Reproductive Ability of Workmen Occupationally Exposed to Lead", *Archives of Environmental Health,* Vol. 30, No. 8.

Lehmann, P. (1977), "Protecting Women Out of Jobs", *Science for the People,* Vol. 9.

Lunn, J. A. (1976), *The Health of Staff in Hospitals,* Heinemann.

Macfarlane, A. (1980), "Women and Health: Official Statistics on Women and Aspects of Health and Illness", Paper presented at the Social Science Research Council / Equal Opportunities Commission Seminar on Women in Government Statistics, London, June 5.

MacKeith, N. (1978), *The New Women's Self-Health Handbook,* Virago.

Marieskind, H. (1980), *Women in the Health System,* C. V. Mosby.

Molyneux, M. (1979), "Beyond the Domestic Labour Debate", *New Left Review*, No. 16.

Nathanson, C. (1975), "Illness and the Feminine Role: A Theoretical Review", *Social Science and Medicine*, Vol. 9.

Oakely, A. (1974), *The Sociology of Housework,* Martin Robertson.

——— and H. Graham (1982), "Competing Ideologies of Reproduction", in H. Roberts, ed., *Women Health and Reproduction,* Routledge and Kegan Paul.

Politics of Health Group (1980), *Cuts in the NHS,* London.

——— (1982), *Going Private*. London.

Rakusen, J., and N. Davidson (1982), *Out of Our Hands: What*

Technology Does to Pregnancy, Pan.

Roberts, H. (1982), *Women, Health and Reproduction,* Routledge and Kegan Paul.

Robinson, J. (1979), "A Feminist Critique of Cervical Cancer", *Times Health Supplement,* Nov. 27.

——— (1982), "Cancer of the Cervix: Occupational Risks of Husbands and Wives and Possible Preventive Strategies", Proceedings of the Ninth Study Group of the Royal College of Obstetricians and Gynaecologists, R.C.O.G..

Ruzek, S. B. (1979), *The Women's Health Movement: Feminist Alternatives to Medical Control,* Praeger.

Smart, B. and C. Smart (1978), *Women, Sexuality and Social Control,* Routldege and Kegan Paul.

Stacey, M. (1982), "Who Are the Health Workers? Patients and Other Unpaid Workers in Health Care", Paper presented at the World Congress of Sociology, Mexico.

Stellman, J. (1977), *Women's Work, Women's Health,* Pantheon.

Sullivan, F. M. and S. M. Barlow (1982), *Reproductive Hazards of Industrial Chemicals,* Academic Press.

Taylor, J. (1977), "Hidden Labour and the NHS", in M. Stacey et al., eds., *Health and the Division of Labor,* Croom Helm.

Waldron, I. (1980), "Employment and Women's Health: An Analysis of Causal Relationship", *International Journal of Health Services,* Vol. 10, No. 3.

Weissman, M. and G. Klerman (1977), "Sex Differences and The Epidemiology of Depression", *Archives of General Psychiatry,* Vol. 34.

Women and Work Hazards Group (1979), *Health and Safety Information Packet,* London.

Working Women's Educational Fund (1981), *Health Hazards for Office Workers,* Cleveland.

여성보건의 세계적 쟁점*

레슬리 도얄

보건의료는 북미, 오스트레일리아, 뉴질랜드, 그리고 유럽의 2세대 페미니스트들의 주된 관심사였다. 그러나 많은 국가들에서 풀뿌리 페미니즘 자체가 쇠퇴함에 따라 페미니즘적 보건의료의 정치적 중요성도 약화되었다. 여성보건정치의 무게 중심은 제3세계로 이동했다. 제3세계에서는 불황, 구조조정, 그리고 광범위한 환경파괴에 직면하여 사회운동이 점점 더 활발해지고 있다. 특히 라틴 아메리카 지역에서 여성의 보건을 옹호하는 전통은 매우 강력하며 또 계속 성장하고 있다. 아시아 지역의 조직들도 빠르게 성장하고 있다. 여성보건을 위한 운동의 조직(자)들은 현재 세계의 많은 지역에서 중요한 정치적 현실을 대표하고 있으며 그들의 발언력은 지난 10여 년 동안 더욱 커져왔다.

---

*) Lesley Doyal, "The Politics of Women's Health: Setting a Global Agenda", *International Journal of Health Services*, Vol. 26, No. 1, 1996 (송인주 옮김). 이 글은 *What Makes Women Sick: Gender and the Political Economy of Health* (Macmillan, 1995)의 8장을 요약한 것이다. 여성보건에 대한 경제적·사회적·문화적 제약들을 분석하는 *What Makes Women Sick*은 도얄의 주저라고 할 수 있는데, 8장은 그 결론에 해당한다.

여성보건정치는 세계 여러 나라로 확산되었을 뿐만 아니라 그 실천 또한 점점 더 세계화되고 있다(Kisekka, 1992; Tudiver, 1986). 이는 한편으로 여성의 안녕을 해치는 많은 위협요소들—예를 들면 위험스러운 재생산기술과 동시에 환경오염 및 직업적 위해의 수출 등—의 초민족적 성격에 대한 대응이다. 그러나 다른 한편으로 이는 국제연합이 설정한 1975-85년 '세계여성10년' 이래 여성정치 내부에서 국제적 협력이 전반적으로 성장했다는 사실을 반영한다.

이러한 활동은 상이한 물질적 이익, 욕망, 관심, 노동유형, 그리고 의미화체계[문화]를 지닌 여성들을 한데 묶어야 하기 때문에 결코 쉬운 일이 아니다. 그러나 넓게 보면 그들의 상황이 어떠하든 여성들은 항상 동일한 목적에 매진해 왔다. 재생산에 대한 자기결정, 더 저렴하고 효과적이며 인간적인 보건의료서비스, 기본적 욕구의 충족, 안전한 작업장, 그리고 육체적 안전 등이 모든 페미니즘적 보건 의제들에서 여전히 중요한 사안들이다.

재생산을 둘러싼 시비

재생산권리라는 쟁점은 현재 세계 대부분의 나라들에서 여성보건정치의 핵심에 위치한다(Garcia Moreno and Claro, 1994). 역사적으로 볼 때, 대부분의 여성운동은 출산통제라는 단일쟁점운동으로 이루어졌다. 그러나 문제의식이 점점 더 확대되어 피임의 권리뿐만 아니라 성적 자율성에 대한 권리, 안전한 모성에 대한 권리, 자녀양육을 위한 건강한 환경에 대한 권리 등을 포괄하게 되었다(Correa and Petchesky, 1994; Dixon-Mueller, 1993; Gerber Fried, 1990).

대부분의 재생산보건 활동가는 지역사회에서 활동하면서 정보, 조언, 보살핌 등을 통해 여성의 역량 강화를 도모한다. 그러나 여성이 기존의 가족계획과 낙태서비스의 문제점을 파악하고 공론화하면서, 그리고 몇몇 의료기술의 위험을 폭로하고 재생산 관련 연구 및 기술 개발에의 더 많은 참여를 위해 투쟁하면서 다각도의 문제제기가 더욱 활발히 이루어지고 있다. 최근에는 이러한 운동단체들 중 다수가 민족적·지역적 동맹을 형성하면서 공동작업을 시작했다. 라틴아메리카와카리브해역여성보건네트워크는 이시스인터내셔날과 함께 이 지역의 많은 활동들을 조직·조정하고 있다. 남아시아와 동남아시아에서도 최근 이와 유사한 네트워크가 출범했다. 브라질의 건강과재생산권리를위한전국페미니스트네트워크는 현재 거의 50개에 이르는 회원단체를 보유하고 있으며, 아르헨티나, 칠레, 콜롬비아에도 준회원단체들이 있다(Garcia Moreno and Claro, 1994). 또한 다양한 조직들이 북과 남의 경계를 넘나들며 활동하고 있다.

재생산 쟁점과 관련된 캠페인의 규모나 그것의 민족적·국제적 수준에서의 연계의 성장은 여성보건정치에서 이 주제가 지닌 활력을 보여준다. 그러나 캠페인에 참여하는 수많은 여성 단체들이 일차적으로 집중하는 이해관계는 매우 상이하다는 사실을 분명히 해야 한다. 어떤 단체들은 주로 출산통제에 우선적인 관심을 두고 있다. 예를 들어, 라틴 아메리카 지역의 많은 여성들은 더 안전하고 효과적인 피임수단을 얻기 위해, 그리고 낙태에 대한 권리를 보장받기 위해 정치적 행동에 참여하게 되었다. 반면 아시아 지역의 많은 나라들에서는 여성들이 피임이나 영구불임을 거부할 권리를 박탈하는 강압적 정책[가족계획 또는 인구정책]을 경험하면서 정치화되었다.

운동전략에 관한 논쟁에서도 중요한 차이들이 확인된다. 일부 여성들은 정부기구—'국가'—나 국제적 가족계획조직들과의 협력이 결코 재생산권리를 얻기 위한 적절한 수단이 될 수 없다고 믿고 있다. 그들은 그런 전략이 오직 주변적인 이익을 가져다줄 뿐이며 그것조차도 기존의 인구정책을 정당화하는 대가를 치를 것이라고 주장한다(Garcia Moreno and Claro, 1994). 다른 이들은 노동자 또는 활동가로서 여성이 기존의 권력기구에 들어가지 않고서는 근본적인 변화가 불가능하다고 믿는다(Broom, 1993; Watson, 1990).

정리하자면, 현재 많은 여성 단체들이 재생산권리라는 포괄적인 기치 아래 활동하고 있다. 그들은 공통의 목적을 가졌지만, 서로 매우 다른 조건에서 시작했고, 다양한 경로를 밟아왔으며, 매우 상이한 수준의 가용 자원들을 보유하고 있다. 재생산권리를 위한 세계적 운동을 구성하는 다양한 조류들 중 일부를 검토함으로써 이러한 '다양성 속의 통일성'을 좀더 상세히 살펴볼 수 있다.

'새로운 세대'의 재생산권리 운동은 여성이 더 큰 성적 자율성을 누릴 권리를 요구한다는 점에서 이전 세대의 운동과 구별된다. 선진국가들에서 성적 자유를 위한 캠페인은 그 역사가 긴데, 특히 레즈비언과 게이 운동에서 두드러진다. 그러나 그것은 보건이라는 쟁점과 직접 연관된 적은 거의 없었고, 때때로 폭넓은 사회·경제적 쟁점들과 절연된 채 전개되고 있다(Gilliam, 1991). 그러나 최근에는 중요한 연관성이 재생산권리를 위한 폭넓은 운동이라는 맥락에서 여성들에 의해 만들어지고 있다. 특히 라틴 아메리카에서 여성의 성욕은 많은 여성보건단체들의 핵심적인 관심사안이다. 그들은 출산통제와 성적 쾌락의 연관성을 강조하면서 여성이 자신의 성생활의 본성을 스스로 결정할 권리를 위해 운동한다.

세계의 다른 지역들의 재생산권리 운동에서는 여성의 성욕이 그렇게 중요하게 제기되지 않는다(Nowrojee, 1993). 몇몇 문화적 맥락에서는 성적 자율성을 거론하는 것이 그렇지 않아도 어려운 출산통제수단에 대한 접근을 더욱 어렵게 한다. 그러나 에이즈라는 전염병이 점차 확산됨에 따라 여성의 성욕과 관련된 쟁점들은 더 이상 회피할 수 없게 되었다. 자신의 육체와 욕망을 분명하게 이해할 수 없다면, 여성은 궁극적으로 에이즈 바이러스의 감염으로부터 자신을 보호하는 유일한 수단이 될 성적 자율성을 결코 획득하지 못할 것이다. 현실에 대한 이런 인식을 통해 많은 나라의 여성은 성적 지식과 관심사를 공유하기 위한 단체를 결성했다(Berer and Ray, 1993).

자율성 및 의사결정과 같은 쟁점은 여전히 지속되고 있는 안전하고 효과적인 피임을 위한 캠페인에서도 핵심적인 지위를 차지한다. 이 목표를 달성하기 위한 최초의 대대적인 노력은 19세기말 유럽과 미국에서 시작되었다. 당시 다양한 배경을 지닌 여성들이 출산통제 기술의 이용가능성을 더 높이기 위한 조직적 운동을 벌였다(Gordon, 1976; Petchesky, 1986). 그러나 의미심장하게도, 일부 정책들의 우생학적 함의가 밝혀지면서 곧 중간계급의 여성과 노동자계급의 여성, 그리고 흑인여성과 백인여성의 분리가 나타났다(Davis, 1990).

오늘에도 여전히 효과적인 피임수단을 갖지 못한 수백만의 여성이 존재하며 그것을 얻기 위한 투쟁도 계속되고 있다. 그러나 분명히 접근권만으로는 불충분하다. 여성보건 옹호자들은 가장 일상적으로 활용되고 있는 피임법의 안전성과 접근성, 그리고 많은 가족계획 서비스에 내포된 사회적 불평등에 대해 강도 높게 비판해 왔다. 따라서 이제 캠페인의 강조점은 서비스의 이용가능성뿐만 아니라 안전성과 품질의 문제를 포함하는 것으로 확대되었다.

예컨대 인도에서는 다양한 여성 조직들이 피임법의 잠재적 위험을 상세히 기록하고 선전했다(Balasubrahmanyan, 1986; Daswani, 1987; Gandhi and Shah, 1992). 재생산권리를위한세계여성네트워크, 국제여성건강연맹, 국제소비자조합 등과 같은 국제조직들도 출산통제기술과 관련된 지식의 세계적 확산에 중요한 역할을 수행했다. 네덜란드에 본부를 둔 여성과제약프로젝트는 과학적인 동시에 여성중심적인 방식으로 일련의 피임법들을 평가하기 위해 사회적 기준과 생물학적 기준을 모두 사용한다(Hardon, 1992; Mintzes, 1992). 그들의 출판물은 세계 여러 곳에서 널리 활용되어 왔는데, 이는 그들이 다양한 정보를 제공할 뿐만 아니라 페미니즘의 시각에서 의료기술을 평가하면서 방법론적 쟁점을 정교하게 다루고 있기 때문이다(Morgall, 1993).

그러나 피임의 활용가능성이나 효과성과 상관없이, 여성은 언제나 만일을 위한 대비책이자 때로는 더 나은 출산통제방법으로서 안전한 낙태에 대한 요구를 갖는다. 낙태의 합법화를 위한 캠페인이 지속되는 것은 이러한 현실을 분명하게 보여준다. 아일랜드에서는 다른 유럽 나라들과 보조를 맞추어야 한다는 압력에도 불구하고 낙태의 합법화를 향한 길이 여전히 멀고도 험하다(Murphy-Lawless, 1993). 1988년에 브라질의 여성단체들은 헌법에 태아보호조항이 추가되는 것을 가까스로 막아냈지만, 낙태의 비범죄화를 위한 투쟁은 계속되고 있다(Garcia Moreno and Claro, 1994). 헝가리·루마니아·폴란드에서 여성들은 가톨릭 교회의 권력이 부활하면서 점차 위협받게 된 낙태에 대한 권리를 지키기 위해 싸우고 있으며(Fuszara, 1993; Jankowska, 1993), 구동독의 활동가들은 통일로 인해 위협받게 된 이 권리를 지키려고 노력하고 있다(Funk, 1993). 그러나 낙태 관련 캠페인이 가장 맹렬하게 전개되고 있는 곳은 최초로 낙태를 합법화했고 그 성과를 지키기 위한 투쟁이 지속되고 있는 미국이다(Gerber Fried, 1990).

그 캠페인들의 많은 부분은 낙태의 합법성과 용이한 접근성을 보장하기 위한 입법적·정책적 쟁점에 초점을 맞추고 있다. 그 결과 낙태는 현재 미국에서 중요한 선거 쟁점이 된다. 그러나 낙태를 지지하는 활동가들도 이제 시민불복종이나 다른 형태의 직접행동을 할 수밖에 없는 상황에 처해 있다. 이들의 직접행동은 미국 전역에 걸쳐 낙태시술소 앞에서 피켓시위를 하는 낙태수술로부터의태아구출과 같은 조직들의 출현에 대응하여 발전했다. 그들의 맹렬한 공격은 낙태에 관한 모든 법적 권리들이 철회될 수도 있다는 위험을 환기시킨 것이다.

미국의 경험은 또한 낙태 캠페인의 정치적 복잡성을 뚜렷이 보여준다. 낙태 그 자체는 까다로운 도덕적 쟁점이며, 어떤 환경에서도 자신만을 위해 낙태를 선택하는 여성은 많지 않을 것이다(Luker, 1984). 임신한 여성의 선택권을 지지하는 사람들 사이에서도 전략과 우선적 과제를 둘러싸고 이견이 존재한다. 예를 들어 장애 여성들은 낙태 논쟁에서 그들의 이익이 적절히 대표된 적이 없다고 주장하면서 태아의 기형 여부가 낙태의 정당한 기준인가에 대해 의문을 제기했다(Asch and Fine, 1990). 흑인 여성들 역시 일부 백인 활동가들의 정치를 비판해 왔다. 그들은 언제나 운동에 적극적으로 참여했지만, 종종 주변화된다는 것을 감지했다. 흑인 여성들 중에는 사회·경제적 환경으로 인해 원하는 임신을 지속할 수 없는 사람들이 있는 반면, 보건의료 제공자들에 의해 강제로 낙태나 영구불임술을 받는 사람들도 있었다(Joseph and Lewis, 1981; Ross, 1993; Shapiro, 1985). 따라서 모든 관련자들의 상이한 이해관계를 정확히 파악하려면 낙태의 정치를 더 넓은 맥락 속에서 고찰할 필요가 있다. 뒤에서 살펴보겠지만, 모성의 정치에서도 이와 유사한 복잡성이 드러난다. 어떤 여성은 안전한 출산을 보장하는 데 필수적인 기능과 기술에 접근하기 위해 싸우는 반면, 다른 여성들은 그들 생애의 중요한 사건이 이른바 '과잉의료화'되는 것에 저항하고 있다.

세계의 많은 나라들에서 임신과 출산은 여전히 여성의 사망과 발병을 가져오는 주요 원인이 되고 있다. 당연하게도 임신 여성들 대부분은 변화를 위한 투쟁에 참여할 여력이 거의 없으며, 그들의 죽음은 수 세대에 걸쳐 거의 주목받지 못했다. 그러나 1980년대 동안 많은 국제조직들이 모성사망률을 의제화하기 위해 캠페인을 벌였고 지금은 수백 개의 여성 단체들이 그 대의에 동참하고 있다. 1988년에 코스타리카에서 개최된 5차 국제여성건강회의에서 각국 대표들은 산모의사망률과발병률을낮추기위한캠페인을 발족시켰다. 그들은 이 캠페인의 일부로 5월 28일을 '여성보건을 위한 세계 행동의 날'로 지정했다. 현재 많은 보건단체들, 특히 발전도상국의 단체들이 매년 이 날에 집중활동을 벌이고 있다. 또 의미심장하게도, 이 날은 국제보건기구에서도 채택되어 매우 상이한 환경에서 활동하고 있는 여성보건 지지자들을 이어주는 중요한 연계고리가 되었다.

많은 제3세계 국가의 여성들은 그들의 생활조건에 부합하는 효과적이고 적절한 산과 치료를 받기 위해 캠페인을 벌여 왔다. 대부분의 여성들에게 그것은 전통적 의술의 적절한 활용뿐만 아니라 분만서비스와 1차 보건의료의 긴밀한 연계를 의미한다. 여성들은 이러한 방식을 통해 자기 문화에 고유한 '비기술적'인 의술의 도움을 받으면서 동시에 현대적인 산과 치료술의 혜택도 받기를 소망하고 있다

(Jordan, 1986). 선진국의 친모성 활동가들도 출산과 관련된 적절한 서비스를 요구해 왔다. 그러나 당연하게도 그들의 세부적인 요구사항은 매우 달랐다. 그들은 대체로 산과적 개입의 정도를 높이는 것이 아니라 오히려 낮추는 것에 관심을 두고 있다.

선진국에도 의료 지원을 거의 받지 못하는 여성들이 있다. 특히 미국이 대표적인데, 재정 부족을 이유로 어떤 필수적인 서비스도 없이 가난한 어머니를 방치해 두는 일이 종종 일어난다(Barbee and Little, 1993; Ruzek, 1978). 그러나 임신을 둘러싼 정치의 주요 행위자들은 백인 중산층 출신의 여성이었다. 이들은 안전한 출산을 위한 기본적이고 효과적인 의료 혜택을 누릴 수 있지만, 어머니와 아이의 건강을 위해 합당하다고 생각하는 선을 넘어서는 의료 개입에는 반대한다.

유럽, 북미, 그리고 오스트레일리아에서 모성간호와 관련된 소비자운동이 1970년대 말과 1980년대 초에 정점에 이르렀다(Kitzinger, 1990; Shearer, 1989). 그것은 여성의 선택권을 확대하고 여성이 자신의 출산 조건을 더 많이 통제하는 것을 주요 목표로 설정했다. 그리고 세부적인 요구사항에는 병실 분위기가 덜 나는 분만 환경을 조성할 것, 정말 위급한 상황에만 고도기술을 적용할 것, 그리고 아버지가 적극적으로 참여할 수 있는 기회를 확대할 것 등이 포함되었다. 캠페인의 조직자들은 새로운 산과 기술의 많은 부분이 검증을 거치지 않았고 일부는 유해한 것으로 드러났음을 지적했다. 또한 그들은 어머니를 출산과정으로부터, 그리고 때로는 아기로부터 소외시키는 현행 간호정책의 부적절한 측면을 강조했다.

몇몇 나라에서는 이러한 소비자운동이 보건의료 관행에 괄목할 만한 영향을 미친 것으로 나타났다. 더 많은 어머니들이 좀더 '내 집 같은' 환경에서 출산할 수 있게 된 것이다. 그들은 이제 좀더 완화된 기술적 개입과정을 거치고, 산파의 보살핌을 받기가 더 쉬워졌으며, 자신들의 아기와 장시간 격리되지 않아도 된다. 그러나 이러한 성과들을 과대평가해서는 안 된다. 많은 병원에서 제왕절개 등의 시술

비율이 여전히 높고 집에서의 출산은 매우 드물게 허용된다. 심지어 좀더 인간적인 서비스가 제공되는 병원에서도 출산은 엄격한 의료적 통제에 따라 이루어진다. 실제로 일부의 가장 가시적인 혁신들은 유복한 임신 여성이 상당한 경제력을 행사할 수 있는 미국에서 일어났다는 점이 중요하다. 더욱이 이 같은 변화는 종종 외형적 변화에 그치곤 했다. 즉 그 혁신은 의료철학의 변화가 아니라 출산율이 하락하는 시대에 환자의 수를 유지하려는 경제적 동기에 의해 이루어졌던 것이다(Ruzek, 1980; Worcester and Whatley, 1988).

재생산권리를 위한 세계적 캠페인은 매우 복합적이고 다면적인 정치적 현실이다. 그것은 다양한 형태로 나타나지만 여성 스스로가 자신의 육체에서 일어나는 일을 결정할 권리를 갖는다는 신념을 공유한다. 따라서 재생산권리를 주장하는 활동가들이 여성 생애의 중요한 부분에 대해 여전히 상당한 통제력을 발휘하는 의사나 다른 보건요원들과 종종 갈등하게 되는 것은 당연하다. 그러나 여성은 의학이 제공해야만 하는 것들 중의 일부를 진실로 필요로 한다. 다음 절에서는 의학에 대한 더 광범위한 페미니즘적 비판을 검토함으로써 이러한 모순을 살펴본다.

페미니즘적 의학 비판

모든 여성이 보건의료를 쉽게 접할 수 있는 것은 아니다. 보건의료에 대한 접근에서의 차이는 여성 개개인의 경제적 빈부, 그리고 지역사회에서 이루어지는 서비스 제공의 범위와 비용에 따라 좌우된다. 일부 여성은 자신과 관련된 보건의료를 자기 뜻대로 다룰 만큼 충분히 부유하다. 하지만 수백만 명의 여성이 여전히 전문직 지배의 영향력 하에 있으며, 그들의 생명(그리고 죽음)에 관한 중요한 결정에 참여할 권리를 부인 당한다. 그 결과 이들은 자신이 접근할 수 있는 보건의료의 양적·질적 측면 모두에 대해 도전하기 시작했고, 현재의 의학이 조직되는 기초 그 자체에 대해 의문을 던지기 시작했다.

1960년대 말과 1970년대 초에 선진국의 여성보건정치는 주로 자기원조, 즉 여성이 스스로 또 서로 보살피는 능력을 향상시키는 데 초점을 맞추었다. 이러한 지역 단체들의 대부분은 2세대 페미니즘을 특징짓는 더 넓은 의미의 '의식화' 그룹이 쇠퇴하면서 현재는 소멸했다. 그러나 수많은 여성들이 더 전문화된 보건단체들에 계속 참여하고 있으며, 이런 단체들 중 일부는 전국적 수준에서 운영된다. 보건단체들 대다수는 상호부조 및 원조 단체로서 특수한 어려움에 처해 있는 사람들을 위해 조직된 것이다. 그 중 일부는 혼성조직이지만 대부분은 여성만의 조직이며 여성 관련 문제들에 초점을 맞춘다(Hatch and Kickbusch, 1983). 또한 그 중 대다수가 상호부조와 정보를 제공할 뿐만 아니라 소속 회원의 더 나은 욕구 충족을 위한 캠페인을 전개한다. 미국의 전국여성건강네트워크는 현재 개인과 단체를 통틀어 17000여 회원을 보유하고 있다. 이들은 미국의 보건의료체제의 개혁을 위해 정열적으로 활동하고 있으며, 상호원조와 소비자정치를 결합시켜 종종 강력한 세력이 된다.

여성보건에 관한 광범위한 페미니스트 출판물들 역시 많이 생산되고 있다. 그 중에는 매우 포괄적인 접근법을 취하는 것도 있고, 반대로 좀더 특수한 지역사회의 사정에 초점을 맞춘 것도 있다. 말레이시아의 한 여성 단체는 그곳에만 적절히 적용되는 안내서를 출간했고(Asian and Pacific Women's Resource Collection Network, 1989), 미국의 전국흑인여성건강프로젝트는 특히 아프리카계 미국 여성들에게 빈발하는 고혈압이나 전신낭창 등의 문제를 다루는 간행물을 다수 출판한다(Avery, 1990). 몇몇 국가들에서는 레즈비언 여성이 흔히 자신의 건강과 보건의료 경험을 규정하는 무지 및 동성애공포증을 규명하는 활동에 적극적이다(Browne et al., 1985; Pies, 1985; Hepburn and Gutierrez, 1988). 학술조사를 수행하는 한편 여성들이 좀더 손쉽게 보건 관련 지식을 접하도록 하기 위한 연구센터들도 다수 설립되었다. 미국의 원주민여성건강교육지원센터는 그것이 없었다면 무시되었을 집단에게 중요한 정보를 제공한다.

일부 국가의 여성은 이러한 교육활동을 뛰어넘어 여성 자신만의 보건센터를 만들고자 했다. 그러나 이 같은 활동의 생명력은 그것이 전개되는 사회·경제적 맥락에 따라 매우 다양하게 나타났다. 예를 들어 영국의 경우 주류 제도권 밖에서 창출된 서비스는 거의 없었다. 직접적으로 비용을 지불하지 않고도 국가보건서비스(NHS)를 이용할 수 있기 때문에 민간의료시장 자체가 매우 협소하다는 사실이 이를 부분적으로 설명한다. 그러나 대안적 서비스 공급에 대한 정치적 반대도 작용했다. 대다수 여성은 이러한 민간서비스를 이용할 경제적 여유가 없기 때문이다. 영국에서는 오직 정신건강과 약물오남용 분야에서만 대안적 서비스가 마련되었다(Doyal, 1985). 반면, 미국에서는 1970년대와 1980년대 초에 여성보건센터들이 급속히 확산되었다. 이들은 판매 또는 자선의 형태로 재생산 관련 의료와 일련의 다른 서비스를 제공했다(Ruzek, 1978; Zimmerman, 1987).

여성보건센터가 가장 성공한 곳은 아마도 오스트레일리아일 것이다(Broom, 1993; Hunt, 1991). 이는 역사적으로 오스트레일리아 여성건강운동이 여성보건센터 활동에 주력했고, 이것이 곧 국가여성보건정책으로 통합되었다는 사실에서 드러난다(Commonwealth Department of Community Services and Health, 1989). 비록 보건센터 활동에 참여하는 여성이 급진적 의제를 위해 국가재정을 활용하려는 대부분의 시도에 내포된 모순으로 인해 여전히 어려움을 겪고 있지만, 보건센터가 다른 보건의료 공급자들에게 여성친화적 치료라는 중요한 모델을 제시하고 있다는 점은 분명하다.

대부분의 선진국들에서 여성보건센터는 필수적이기보다는 공식적 보건의료체제에 대한 하나의 대안이다. 그러나 세계의 다른 곳들에서 그것은 종종 가능한 유일한 선택지가 된다. 많은 활동가들이 기초적인 보건의료체제의 공백을 채우기 위해 구상된 자발적 조직들에 참여하는 것은 바로 이런 이유에서다. 그들은 촘촘한 의료서비스 네트워크를 구축하기 위해 현대적 의료와 전통적 치유 방법을 모두 활용하는 등 다양한 전략을 추구했다.

방글라데시여성건강연맹은 현재 10개의 기획사업을 통해 재생산과 관련된 보건의료서비스 및 여성·아동을 위한 일반적 보건의료서비스를 제공하고 있다(Kabir, 1992). 그들은 임신을 원하지 않는 여성을 돕기 위해 월경주기를 통한 조절법을 알려주는 활동에서 시작했으나 곧바로 낙태·피임·모성간호, 나아가 기본적 질병의 진단과 간단한 치료까지 그 범위를 확대했다. 이와 유사한 사업이 페루에서도 진행되었는데, 플로라트리스탄센터와 우유잔(Vaso de Leche)은 리마의 여성에게 통합 보건의료서비스를 제공하기 위해 공동으로 작업했다. 이 사업은 여성이 평소에 주로 느끼던 건강 문제를 확인하기 위한 자가검진과정으로 시작되었다. 그리고 여성이 스스로 건강을 돌보는 것을 도와주기 위한 시도로 이후 다양한 서비스·워크샵·단체가 만들어졌다.

공식적 보건의료의 공백을 채우면서 여성중심적 치료를 제공하는 진료소의 사례는 세계 전역에서 발견된다. 이들은 부족한 여러 가지 서비스를 공급할 뿐만 아니라 바람직한 의료관행의 유용한 사례를 제공한다는 점에서 중요한 선구자들이다. 그러나 개별적인 사업으로는 고품질의 보건의료에 대한 보편적 욕구를 충족시킬 수 없다. 그래서 여성은 제도화된 보건의료서비스의 조직·재정·내용을 변혁하기 위한 투쟁을 계속 전개하고 있다. 여성은 보건의료서비스에 대한 접근성과 구매가능성의 확대, 질병 치료나 증상 완화에서의 효과성의 제고, 그리고 좀더 인간적인 환자·치료자 관계를 추구한다.

브라질에서는 보건부와 여성운동 활동가들이 연합하여 여성보건의료를위한포괄적프로그램을 창설했다. 콜롬비아 여성들은 전국적인 수준의 여성보건정책을 실행하면서 한 단계 더 진전했다. 전미보건기구(Pan-American Health Organization)와 정부와 페미니스트 활동가들의 협력은 '여성을 위한 보건, 보건을 위한 여성'이라는 취지하에 건강증진과 자기원조, 재생산보건과 성욕, 폭력피해자 보호와 예방, 정신건강, 직업보건 등을 위한 다양한 프로그램들을 창출했다(Garcia Moreno and Claro, 1994).

세계의 많은 곳들에서 보건의료서비스에 대한 접근성이 향상되고 있음에도 불구하고 여성에게 행해지는 많은 시술의 유효성에 대해서는 여전히 논란이 지속되고 있다. 많은 여성들이 담당의사에 의해 부적절한 진단과 치료를 받는다. 이는 부분적으로 양성 모두에게 동일하게 적용되는 수많은 의학적 절차들에 대한 과학적 평가가 아직 미비하다는 사실에서 기인한다. 그러나 그것은 의학적 의사결정에 내재한 성적 편향으로 인해 더욱 확대되기도 한다. 의학적 지식의 생산과 소비과정에서 일어나는 이러한 왜곡은 현재 다양한 방면에서 문제시되고 있다(Rosser, 1992).

미국에서 많은 여성들이 유방암으로 사망하자 집단행동이 일어났다. 에이즈 남녀활동가들의 선례를 이어받아 여성들은 유방암 연구에 대한 투자가 상대적으로 부족하다는 사실을 폭로하기 위해 노력했다. 현재 미국 여성의 9명 중 1명이 유방암으로 사망하는 것으로 추정되고 있으며, 실제로 매년 45000명의 사망자가 발생하고 있다. 1979년부터 1986년까지 이 질환으로 인한 사망자가 24%라는 압도적 수치만큼 증가했음에도 불구하고 유방암 예방을 위한 연구에 사용되는 자금은 여전히 상대적으로 적은 액수에 불과하다(Rennie, 1993; National Institutes of Health, 1992). 이런 상황을 변화시키기 위해 수천 명의 여성들—그 중 많은 이들이 유방암에 걸렸다가 생존한 이들이다—이 암환자행동연대, 유방암행동, 여성암자원센터 등과 같은 운동단체를 결성했다(Brady, 1993). 그들은 상호부조뿐만 아니라 더 많은 연구자금과 모든 여성을 위한 더 나은 치료법을 쟁취하기 위해 투쟁하고 있다.

모든 페미니즘적 의학 비판의 핵심은 여성이 보건의료제도 내에서 아무런 권력도 갖고 있지 않다는 것이다. 권력의 결여는 여성이 의학적 우선 과제를 결정하거나 희소한 자원을 배분하는 데 행사할 수 있는 영향력을 제한한다. 또한 그것은 보건의료서비스의 이용자로서 여성이 겪는 개인적 경험에도 중대한 영향을 미친다. 권력의 결여로 인해 여성은 자신의 치료과정에 능동적으로 참여할 수 있는 역량을 상실하고 아무런 보살핌도 받지 못한 채 종종 방치된다. 일부 국가에서는 여성이 자신의 치료에 대해 이의를 제기함에 따라 의사의 교육과정에서 변화가 나타나기도 했다. 그러나 환자 개인과 그가 필요로 하는 기술을 지닌 내·외과의사 사이의 관계의 질적 측면과 관련된 통제는 거의 없다. 바로 이러한 관계에서 여성의 권력을 강화하기 위해 일부 활동가들은 어떤 의료적 절차든 그 시행 전에 '충분한 정보에 입각한 동의'(informed consent)가 이루어질 것을 환자의 권리로 보장하고자 시도했다.

다시 유방암의 경우를 예로 들면, 여성이 의사결정과정에 능동적으로 참여하는 것이 중요하다는 사실을 인식하기 시작한 외과의사가 증가하고 있다는 증거가 있다. 미국에서는 현재 절반 가량의 주에서 유방암에 특화된 '충분한 정보에 입각한 동의' 법안을 실시하고 있다(Montini and Ruzek, 1989). 오스트레일리아에서도 이러한 문제와 관련된 광범위한 사회적 논쟁의 결과로 모든 의학적 의사결정에 적용되는 국가적 지침이 마련되었는데, 여성이 이 모든 과정에서 최전선에 있었다(Hancock, 1991).

이런 종류의 전략은 여성에게 더 인간적인 보건의료서비스를 제공하는 데 기여한다. 그러나 '여성친화적' 서비스가 실현되기 위해서는 좀더 근본적인 변화가 필요하다. 보건의료 노동자들은 여성 개개인의 욕구를 인식할 때나 그 욕구의 충족을 위한 적절한 전략을 고안할 때 항상 여성의 성적 특성을 고려할 필요가 있다. 그러나 보건의료제도 내부에서 일하는 여성에게 더 나은 조건과 더 많은 권력·권위를 주지 않는다면 이것은 불가능하다. 많은 나라에서 간호사·조산사·여의사 단체가 결성되고 있는 것은 바로 이러한 이유에서다. 그들은 자기 직업의 전문직 위상을 높이는 것뿐만 아니라 자신이 담당하는 여성의 복리를 증진시킬 방안을 마련하는 것에도 관심을 갖고 있다. 그들은 다른 페미니스트 단체들과 연대활동을 전개하면서 여성이 소비자와 노동자로서 보건의료서비스의 운영에 더 많이 관여할 것을 촉구한다(Doyal, 1994).

이제까지 보건의료에 대한 육체적·정신적 욕구를 더 효과적으로 충족시키기 위해 여성이 의학에 도전하고 있는 상황을 살펴보았다. 일부의 성과도 있었지만, 여전히 할 일이 많다. 그러나 의학이 근본적으로 변화된다 하더라도, 그것만으로는 여성보건을 위한 최적의 조건이 마련되지 않는다. 여성은 또한 그 자신과 가족의 건강 욕구의 충족에 필요한 기본적 자원을 더 수월하게 입수할 필요가 있다. 앞으로 살펴보겠지만, 여성보건에 필수적인 이런 요소들의 결핍이 점차 정치적 쟁점이 되고 있다.

기본적 욕구와 지속가능한 발전

제3세계의 많은 지역에서 생활수준이 악화되면서 점점 더 많은 여성이 기본적 욕구를 충족시키기 위한 정치투쟁에 참여하고 있다. 또 무분별한 개발과 생태파괴 때문에 환경운동에 참여하는 여성도 증가하고 있다(Braidotti et al., 1994; Dankelman and Davidson, 1988; Rodda, 1991; Sontheimer, 1991). 선진국에서는 이 같은 행동이 대체로 현재의 사회·경제적 정책이 현재와 미래 세대의 건강상태에 끼칠 충격에 대한 윤리적 관심에서 시작된다. 제3세계 국가들에서는 종종 환경파괴가 여성의 일상적 생활에 가하는 직접적인 충격으로 인해 이런 행동이 증폭된다. 그래서 현재 많은 사람들이 지속가능한 발전정책을 요구하는 캠페인을 벌이고 있다. 일부 사례에서 이러한 캠페인은 오랫동안 지속되어온 집단행동의 전통에 기초를 두지만, 대부분의 사례에서는 점진적인 자기역량강화 과정의 첫 번째 단계에 해당한다.

가장 강력한 캠페인들 중 몇몇은 라틴 아메리카에서 발견된다. 라틴 아메리카는 불황과 급속한 산업화의 복합적인 상호작용으로 인하여 집단적 소비[사회서비스]의 위기를 맞았다. 1970년대 브라질에서는 수많은 사람들의 생활수준이 급격히 하락했고, 이로 인해 처음으로 수천 명의 여성이 거리로 몰려 나왔다. 그들은 높은 식료품 가격에 항의하고 탁아시설의 확충을 요구했다. 또 경찰·군인에 의해 '사라진' 친족들의 귀환을 요구했다.

수백만 여성들에게 정치는 가정에서, 즉 그들의 가내환경을 개선하기 위해 고안된 지역사회의 사업에서 시작된다. 이 사업에는 식량·연료·주택 등에 대한 접근성을 제고하기 위한 다양한 전략들이 포함되며, 주목표는 여성들의 실제적 욕구를 충족시키기 위한 기회를 확대하는 것이다. 그 중 일부는 여기에 그치지 않고 기존의 성적 분할 질서에 도전하면서 자신의 사회·경제적 환경에 실질적 변화를 가져올 선택지를 여성들에게 제공하기도 한다(Moser, 1989). 많은 여성들이 농업지원금의 배분과정에서 발생하는 지속적인 차별에 함께 대항하고 종종 토지의 공동구입에 쓸 자본의 축적을 위해 공동으로 노동한다. 식량 조달의 증대, 소득의 창출, 그리고 여성의 자신감과 기술의 향상이 이러한 사업들의 성공을 증명한다.

일부 여성들은 식량뿐만 아니라 충분한 양의 연료를 얻기도 어렵다. 삼림파괴가 확대되면서 많은 여성들이 연료를 수집하기 위한 과도한 노동 때문에, 또는 어쩔 수 없이 더 위험한 연료를 사용하는 과정에서 발생하는 화학적 오염 때문에 건강상태에 심각한 위협을 받고 있다. 땔감의 수집과 판매를 생존전략으로 구사하는 여성들에게 삼림파괴는 필요악일 것이다. 그러나 대다수의 여성들은 생태보존에 관심을 갖고 있으며, 삼림보호를 위한 캠페인의 최선두에 서 있는 이들도 바로 이런 여성들이다.

이 운동 중에 가장 잘 알려진 것은 힌두어에서 '껴안기'라는 뜻을 가진 칩코 운동이다(Jain, 1991; Shiva, 1989). 1970년대 초 북인도에서 시작한 이 운동은 비폭력저항이라는 간디의 방법을 사용하여 삼림벌채에 저항했다. 여성들은 벌목꾼의 도착에 맞춰 나무를 껴안고 이 나무를 잘라내려면 자신들의 머리를 먼저 쳐야 할 것이라고 으름장을 놓았다. 이러한 공개적 행동은 종종 비판의 대상도 되었지만, 그에 참여했던 많은 여성들은 자신감을 얻었고 운동은 급속히 성장했다. 그 결과 현재 대다수 지방단체들은 생계의 기본요소를 지키고자 하는 촌락 여성들에 의해 조직되고 있다(Rodda, 1991).

여성이 식수의 공급·관리·보전을 책임진다는 사실도 보건 관련 운동에 여성들의 참여를 높였던 한 가지 요인이다(Dankelman and Davidson, 1988). 볼리비아의 라파스 근교 판자촌에 위치한 한 단체는 분뇨를 포함한 쓰레기장이 아동의 건강에 어떤 영향을 미치는가에 대해 관심을 가졌다(Rodda, 1991). 여성들은 쓰레기더미를 함께 치웠고 토속적 소재로 간이 변소를 만들었다. 또한 식수의 보호에서 여성이 수행하는 핵심적 역할이 인식되자 지역사회의 혁신적 사업들에 관여하기 위한 조직도 결성되었다. 인도 라자스탄의 스와치 프로젝트는 문맹이었던 몇몇 여성들을 기계공으로 훈련시키는 데 성공했다. 그 결과 그들의 경제적 독립이 달성되었을 뿐만 아니라 마을의 펌프도 더욱 안정적으로 관리되었다. 다른 조직들은 지역사회 여성들과 연계하여 보건, 위생, 그리고 식수 관련 사안 등을 논의하면서 활력소가 되고 있다.

특히 급속하게 성장한 도시지역에서의 주택 문제는 식수 및 공중위생의 쟁점들과 긴밀하게 연관된다. 여성들은 이 문제에서도 다양한 전략을 활용하여 변화를 위한 운동에 매진해 왔다(Moser and Peake, 1987). 뭄바이의 빈민가에서는 많은 여성들이 마힐라밀란 조직을 통해 활동하고 있다. 이 조직은 정치적 행동뿐만 아니라 지역사회의 개발에 직접 참여하면서 해당 구역 여성들의 자기원조를 도모하고 있다(Gahlot, 1993). 이 조직은 도로건설 때문에 재산을 압류당하거나 파괴당한 주민을 위해 뭄바이건설공사로부터 보상금을 받아냈고, [뭄바이시의] 재정착 계획에 대해 항의했고, 여성을 주택 설계에 참여시켰으며, 여성이 구매할 수 있는 영구적·합법적 주택을 건설하기 위한 저축협동조합을 설립했다.

이 같은 활동들은 종종 정치적 반대자들뿐만 아니라—여성은 가족을 위해 가정에 머물러 있어야 한다고 믿는—지역 주민들의 반대를 야기함으로써 소모적이고 위험한 결과를 낳기도 한다. 그러나 사회의 변화를 이끌어냈을 뿐만 아니라 여성 자신의 변혁을 위한 출발점이 되었다는 점에서 이러한 활동들은 확실히 중요하다. 기본적 욕구를 위한 캠페인들은 바로 이러한 심리적·경제적 역량강화의 잠재력으로 인해 세계 여성보건정치에서 매우 중요한 요소가 된다. 임노동의 맥락에서도 이와 유사한 경과를 볼 수 있다.

노동과 건강

여성들은 일반적으로 직업적 보건·안전 쟁점의 캠페인에는 제한적으로 참여했다. 많은 여성들이 '비공식' 경제의 소규모 작업장에 고용되어 있거나 노동조합이 거의 또는 전혀 없는 임시직 일자리에 고용되어 있다(Rowbotham and Mitter, 1994). 노조가 있다고 해도 그것은 대체로 남성지배적 조직으로서 여성들의 특수한 관심에 주의를 기울이지 않았다(War on Want, 1988). 최근 일부 노조에서 조합원 모두의 욕구를 동등하게 대표하는 것이 중요하다는 사실이 인식되면서 이러한 경향은 변화하기 시작했다. 그러나 대부분의 노조에서 일반적으로 보건, 특히 여성보건은 우선적인 관심사가 아니었으며, 일자리와 임금을 불안하게 만드는 현재의 경제적 분위기를 고려할 때 이런 경향은 앞으로도 지속될 것으로 보인다.

이런 상황에 대응하기 위해 많은 여성들은 새로운 전략, 즉 노동조합을 통한 협상이라는 전통적 방식보다 그들 처지에 훨씬 더 적합한 전략을 개발했다. 그 대부분은 개별 작업장 단위로 이루어지는 소규모의 국지적 캠페인이었다. 그러나 일부는 그 기반을 더 확장하여, 여성이 우세한 직종에서 지금까지 비가시적이었던 위해들을 파악하기 위한 광범위한 조사·연구를 조직했다. 조사·연구의 결과는 다른 여성들에게도 널리 알려졌고 때로는 제도 개선을 위한 캠페인으로 정점에 이르기도 했다. 이런 조사·연구의 많은 부분은 노동환경의 경험적 측면에 주목하여 그것의 육체적 위험뿐만 아니라 심리적 위험도 집중적으로 조명했다.

인도에서 자영업여성연합(SEWA)은 직업보건에 관한 조사·연구를 과거 어떤 종류의 정치적 행동에도 참여한 적이 없는 여성들과 공동으로 수행하면서 여성의 조직화와 결합시켰다(Asian and Pacific Women's Resource Collection Network, 1989). 여성들 자신의 적극적 참여로 이루어진 생활조건과 노동조건에 관한 연구·조사는 이후의 캠페인을 위한 기초가 되었다(Jhabvala, 1994). 자영업여성연합은 의회에서 여성적 의제가 주목받을 수 있도록 했으며, 노동조합운동이나 국제노동기구가 가내노동자의 복지라는 대의를 받아들이도록 하는 데 크게 기여했다. 도미니크공화국을 비롯한 일군의 국가들에서도 비슷한 조사·연구 활동이 이루어지고 있는 것으로 알려졌다(Centro de Investigación Para la Acción Remenina, 1987).

선진국에서 새로운 캠페인 전략은 압도적으로 여성적인 영역이라고 할 수 있는 사무·비서직에서 나타났다. 사무직의 직업적 위해는 대부분 처음부터 사무노동자들이 스스로 파악한 것인데, 이들은 직접 조사하고 또 그 결과를 출판했다. 예를 들어 반복사용긴장성손상을 최초로 '증후군'이라 명명한 것은 1980년대 초 오스트레일리아의 사무직노동자들과 그 동료들이었다. 고용주들과 대부분의 의사들은 처음에 이 질병의 존재를 부인했다. 그러나 현재 수많은 나라들에서 이 문제를 인식시키기 위해 캠페인을 벌이고 있는 여성들은 수천 명의 노동자들이 직접 진술한 증언뿐만 아니라 다양한 의학적 연구 결과도 활용하고 있다.

여성들의 사무직노동 경험은 성희롱을 공중보건의 쟁점으로 조명하는 데에도 매우 중요했다. 이 위험은 다른 많은 작업장에서도 일반적이지만, 그것이 사회적으로 인식되는 데에는 사무직노동자들이 크게 기여했다. 성차별금지법이 이미 시행되고 있던 국가에서는 일부 여성들이 성희롱 문제를 재판에 회부할 수 있었다. 특히 미국에서는 전국 여러 곳에 상담·변호센터들이 설립되면서 이런 법적 행동이 더욱 촉진되었다. 또한 여성들은 바로 자신들의 작업장에서 일어나는 성희롱을 식별하고 그 가해자에 대한 적절한 처벌을 강구하는 지침을 만드는 데에도 참여했다.

최근 여러 나라들의 보건·안전운동에는 새로운 노동자들이 참여하고 있다. 성산업 종사자들이 그들이다. 성매매는 언제나 고위험의 일자리 중 하나였는데, 과거 십여 년 동안 에이즈가 확산되면서 이런 경향은 더욱 심화되었다. 성노동자들의 건강상태를 감독하기 위한 행정적 시도는 대부분 성산업의 고객과 사회 일반을 감염의 위험으로부터 보호하기 위해 고안되었으며, 대체로 처벌 위주의 접근방식을 취했다. 이에 대응하여 세계 여러 곳의 성매매여성들은 이제 자신의 긴깅을 증진시키기 위한 조직 활동에 참여하고 있다.

그 중 가장 유명한 것은 태국 성산업의 중심지인 팻팡에서 일하는 여성들을 지원하기 위한 역량강화프로젝트이다(Garcia Moreno and Claro, 1994). 현재 유사한 프로젝트들이 세계 여러 곳에서 진행되고 있다(Berer and Ray, 1993). 샌프란시스코의 캘리포니아성매매여성교육프로젝트는 여성들이 더 안전한 섹스를 협상할 수 있도록 도와주고 있는데, 이러한 서비스는 교육, 정보, 상담, 안전한 섹스를 위한 워크샵, 후원단체, 에이즈 및 성병 검사, 탈성매매를 결심한 성노동자를 위한 직업재활 등을 포괄한다.

직업보건 캠페인들 사이의 연대를 위한 국제적 네트워크도 형성되고 있다. 세계의일하는여성과 같은 조직들은 자원과 정보의 공유를 위한 수단을 제공하면서 동종 산업 내 노동자단체들의 직접적 교류를 지원한다. 지역적 범위에서도 유사한 활동이 이루어지는데, 홍콩의 아시아감시센터와 아시아여성위원회가 대표적인 조직들이다. 성노동자의 보건과 인권을 위한 최초의 국제회의는 1992년 12월에 카메룬의 야운데에서 열렸다. 런던에 설립된 성노동관련에이즈프로젝트네트워크는 이런 연대를 더 발전시킬 것인데, 이것은 세계의 성노동자들과 그 고객들에게 에이즈 관련 서비스네트워크를 제공하기 위해 만들어졌다.

지금까지 살펴본 바와 같이 여성들은 가정, 직장, 나아가 그 사이의 회색지대 등 자신들의 조건의 변화를 위해 다양한 전선에서 투쟁하고 있다. 더 나은 보건의료, 출산에 대한 더 큰 통제권, 경제적 자율성의 신장, 문맹 타파 등을 통해 여성의 역량이 강화되는 곳에서 진보가 이루어진다. 그러나 여성의 보건과 안전을 위협하는 주요 요소들 중 하나가 여전히 미해결 상태로 지속되고 있는데, 남성의 폭력이 바로 그것이다.

정치적 쟁점으로서 폭력

1948년의 세계인권선언이 명시한 육체적 안전에 대한 권리가 부정되는 여성이 아직도 매일 수백만 명에 이른다(Bunch and Carillo, 1990). 이러한 엄청난 폭력의 문제를 가시화하기 위해 지난 20여 년 동안 많은 나라에서 캠페인이 전개되었다(Davis, 1994; Dobash and Dobash, 1992; United Nations, 1989). 페미니스트 네트워크인 이시스의 최근 조사에 따르면, 여성에 대한 폭력을 근절하기 위해 라틴 아메리카에서만 400여 개의 단체들이 활동하고 있다(Heise, 1993). 이 중에는 국제적인 조직들도 다수여서 이 문제의 세계적 성격을 보여주고 있다. 라틴 아메리카와 카리브해역의 여성들의 주도적인 활동에 힘입어 11월 25일이 국제여성폭력반대의날로 지정되었다. 세계 여러 곳에서 유의미한 성과들이 있었지만, 여전히 해야 할 일이 많다. 특히 폭력이 점차 증대하고 있는 나라들에서 문제가 심각하다. 이 나라들에서는 토지의 박탈, 빈곤의 증대, 군사주의의 확산, 종교적·사회적 가치의 근본주의화 등으로 인해 이러한 폭력이 심화되는 것으로 밝혀졌다.

남성폭력의 후과에 대처하는 초기의 전략들 중 하나는 생존자를 위한 보호소를 설립하는 것이었다. 최초의 보호소는 1971년에 런던에 세워졌는데, 그 수는 계속 늘어 현재 100여 개에 이른다. 상황이 계속 변화하고 있기는 하지만, 현재 미국에도 그런 보호소가 700개 이상인 것으로 추정된다(United Nations, 1989). 성폭력을 당한 여성들에게 원조와 조언을 제공하는 강간위기센터도 계속 증가하고 있다. 제3세계 국가들에서 보호소와 강간위기센터는 1980년대에 급속히 확산되었다. 말레이시아에서는 1981년에 최초의 보호소가 문을 열었고, 현재 폭력피해자를 위한 서비스네트워크가 아시아와 오세아니아 그리고 아프리카 일부 국가들에 걸쳐 형성되고 있다. 구사회주의권 국가들에서도 최초로 학대받는 여성들을 위한 조직이 출현하기 시작했다(Siklova and Hradlikova, 1994).

이처럼 보호소의 수가 늘어나고 있지만 대부분 재정적으로 열악하고 지원봉사자에게만 의존한다. 광범위한 로비활동의 결과로 정부가 여성에 대한 폭력을 심각한 문제로 받아들이게 된 국가는 일부에 불과하다. 예를 들면 홍콩, 뉴질랜드, 일본, 브라질, 파푸아뉴기니, 그리고 말레이시아의 여성 보호소들은 현재 국가로부터 재정적인 지원을 받고 있다. 특히 오스트레일리아에서는 강력한 여성운동으로 인해 이미 1975년부터 상당한 국가 지원이 정착되었다. 성폭력센터와 보호소는 정부의 재정지원을 받지만, 여성 단체들에 의해 독립적으로 운영되며 종종 다른 자선단체들의 협력을 받기도 한다.

여성들은 학대받은 피해자를 위해 서비스를 제공할 뿐만 아니라 폭력을 고무하는 사회적 환경을 변화시키기 위한 운동에도 참여해 왔다. 예를 들어 인도의 여성들은 성범죄와 관련된 법령의 개정을 시도했다(Gandhi and Shah, 1992). 1980년 3월 8일 세계여성의날에 기존의 성폭력법에 반대하는 최초의 시위가 델리에서 조직되었다. 3000여 명의 여성이 참여한 이 날의 시위는 인도에서 자율적인 여성운동의 필요성을 공개적으로 주장한 최초의 사례가 되었다. 여성억압에반대하는포럼과 같은 조직들은 다른 단체들과 연합하여 지참금 살해 및 사티(미망인 화장)와 관련된 법령을 개정하기 위해 활동했다. 파키스탄과 방글라데시에서도 비슷한 운동이 조직되었다.

일부 국가에서 상습적 구타자를 위한 치유 프로그램을 개발하기도 했으나, 그 효과는 아직 검증되지 않고 있다. 다른 국가에서는 폭력을 휘두르거나 잠재적으로 폭력을 휘두를 수 있는 남성, 그리고 이들을 통제하는 데 도움을 줄 수 있는 남성 등 남성 인구 일반을 대상으로 하는 지역사회 교육 프로그램이 시도되었다. 이 프로그램은 여성에 대한 폭력의 현실과 그 잔혹함을 가능한 대로 많은 사람들에게 알리기 위해 다양한 전략을 구사했다. 파푸아뉴기니에서는 전국여성위원회와 협동으로 인상적인 캠페인이 전개되었다. 이 캠페인에서 지방단체들은 구타당한 여성을 보호·원조하기 위한 직접행동과 전국적인 촌락별 회합을 조직했다. 폭력이라는 쟁점을 둘러싼 논쟁이 확산되면서 일부의 시도는 성공하기도 했다. 그러나 여성에 대한 위협은 여전히 크고 도처에 널려 있다.

결론

현재 수백만의 여성이 개인적·조직적으로 더 나은 건강을 위한 투쟁에 참여하고 있다. 이들은 자신의 상황에 적합한 목표를 설정하고, 전략을 세우며, 방법을 고안했다. '아래로부터의', 그리고 '위로부터의' 캠페인이 모두 시도되었고, 그러한 참여 시도가 지방적·민족적·지역적·세계적 차원에서 이루어졌다. 여성들은 의료제도나 공식기관의 안팎에서 변화를 위해 활동했고, 혼성으로 또 여성들만으로 조직을 구성해 왔다. 누군가는 그들을 페미니스트라고 부를 것이고 누군가는 아니라고 할 것이다. 한번도 단일한 운동이 되지는 못했지만, 그들 모두는 여성의 건강권에 대한 신념을 공유하고 있다. 이 목적이 성취되려면 여성건강권의 현실화가 페미니즘 정치뿐만 아니라 지속가능한 발전, 정치적 자유, 사회적·경제적 정의 등을 위한 더 광범위한 캠페인에서도 중심적 의제가 되어야 할 것이다.

참고문헌

Asch, A. and M. Fine (1990), "Shared Dreams: A Left Perspective on Disability Rights and Reproductive Rights", in M. Gerber Fried, ed., *Abortion to Reproductive Freedom: Transforming a Movement*, South End Press.

Asian and Pacific Women's Resource Collection Network (1989), *Asian and Pacific Women's Resource and Action Series: Health*, Asian and Pacific Development Centre.

Avery, B. (1990), "Breathing Life into Ourselves: The Evolution of the National Black Women's Health Project", in E. White, ed., *The Black Women's Health Book: Speaking for Ourselves*, Seal Press.

Balasubrahmanyan, V. (1986), "Ringer in the Dyke: The Fight to Keep Injectables Out of India", in K. McDonnell, ed., *Adverse Effects: Women and the Pharmaceutical Industry*, International Organization of Consumer Unions.

Barbee, E. and M. Little (1993), "Health, Social Class and African-American Women", in S. James and A. Busia, eds., *Theorizing Black Feminisms: The Visionary Pragmatism of Black Women*, Routledge.

Berer, M. and S. Ray (1993), *Women and HIV/AIDS: An International Resource Book*, Pandora.

Brady, J. (1991), *1 in 3: Women with Cancer Confront an Epidemic*, Cleis Press.

Braidotti, R. et al. (1994), *Women, the Environment and Sustainable Development: Towards a Theoretical Synthesis*, Zed Books.

Broom, D. (1993), *Damned if We Do: Contradictions in Women's*

Health Care, Allen and Unwin.

Browne, S., D. Connors, and D. Stern (1985), *With the Power of Each Breath,* Cleis Press.

Bunch, C. and R. Carillo (1990), *Gender Violence: A Development and Human Rights Issue,* Attic Press.

Centro de Investigación Para la Acción Femenina (1987), "Notes on a Study of Women Workers in the Dominican Republic", in M. Davis, ed., *Third World Second Sex 2,* Zed Books.

Commonwealth Department of Community Services and Health (1989), *National Women's Health Policy: Advancing Women's Health in Australia,* Australian Government Publishing Service.

Correa, S. and R. Petchesky (1994), "Reproductive and Sexual Rights: A Feminist Perspective", in G. Sen et al., eds., *Population Policies Reconsidered: Health, Empowerment and Rights,* Harvard University Press.

Dankelman, J. and I. Davidson (1988), *Women and Environment in the Third World: Alliance for the Future,* Earthscan.

Daswani, M. (1987), "Women against Injectables", in K. Bhate et al., eds., *In Search of Our Bodies: A Feminist Look at Women, Health and Reproduction in India,* Shakti.

Davis, A. (1990), "Racism, Birth Control and Reproductive Rights", in M. Gerber Fried, ed., *From Abortion to Reproductive Freedom: Transforming a Movement,* South End Press.

Davis, M. (1994), *Women and Violence: Realities and Responses Worldwide,* Zed Press.

Dixon-Mueller, R. (1993), *Population Policy and Women's Rights: Transforming Reproductive Choice,* Praeger.

Dobash, P. and R. Dobash (1992), *Women, Violence and Social Change,* Routledge.

Doyal, L. (1985), "Women, Health and the Sexual Division of Labour: A Case Study of the Women's Health Movement in Britain", *Critical Social Policy*, Vol. 7 (국역: 이 책에 실림).

——— (1994), "Changing Medicine: The Politics of Women's Health", in J. Gabe et al., eds., *Challenging Medicine*, Tavistock.

Funk, N. (1993), "Abortion and German Unification", in N. Funk and M. Mueller, eds., *Gender Politics and Post Communism: Reflections from Eastern Europe and the Former Soviet Union*, Routledge.

Fuszara, M. (1993), "Abortion and the Formation of the Public Sphere in Poland", in N. Funk and M. Mueller, eds., *Gender Politics and Post Communism: Reflections from Eastern Europe and the Former Soviet Union*, Routledge.

Gahlot, D. (1993), "A Spark of Hope for Slum Dwellers", in Women's Feature Service, ed., *The Power to Change: Women in the Third World Redefine Their Environment*, Zed Press.

Gandhi, N. and S. Shah (1992), *The Issues at Stake: Theory and Practices in the Contemporary Women's Movement*, Kali for Women, New Delhi.

Garcia Moreno, C. and A. Claro (1994), "Challenges from the Women's Health Movement: Women's Rights versus Population Control", in G. Sen et al., eds., *Population Policies Reconsidered: Health, Empowerment and Rights*, Harvard University Press.

Gerber Fried, M., ed. (1990), *From Abortion to Reproductive Freedom: Transforming a Movements,* South End Press.

Gilliam, A. (1991), "Women's Equality and National Liberation", in C. Mohanty et al. eds., *Third World Women and the Politics of Feminism*, Indiana University Press.

Gordon, L. (1976), *Woman's Body, Woman's Right: A Social History of Birth Control in America*, Grossman Publications.

Hancock, L. (1991), "Informed Consent: Women, Surgery and Lack of Consent", in *Women and Surgery 1990 Conference Proceedings,* Healthsharing Women.

Hardon, A. (1992), "Contraceptive Research: Women's Perspectives", in B. Mintzes, ed., *A Questions of Control: Women's Perspectives on the Development and Use of Contraceptive Technology*, Women and Pharmaceuticals Group, Health Action International, and WEMOS.

Hatch, S. and I. Kickbusch, eds. (1983), *Self Help and Health in Europe,* WHO.

Heise, L. (1993), "Violence against Women: The Missing Agenda", in Mo. Koblinsky et al., eds., *The Health of Women: A Global Perspective*, Westview Press.

Hepburn, C. and B. Gutierrez (1988), *Alive and Well: A Lesbian Health Guide,* Crossing Press.

Hunt, L. (1991), *Professional Experience Programme Report: Women's Health Promotion, an International Perspective,* School of Community and Language Studies, Edith Cowan University.

Jain, S. (1991), "Standing Up for Trees: Women's Role in The Chipko Movement", in S. Sontheimer, ed., *Women and the Environment, A Reader: Crisis and Development in the Third World*, Earthscan.

Jankowska, H. (1993), "The Reproductive Rights Campaign in Poland", *Women's Studies International Forum*, Vol. 16, No. 3.

Jhabvala, R. (1994), "Self Employed Women's Association:

Organising Women by Struggle and Development", in S. Rowbotham and S. Mitter, eds., *Dignity and Daily Bread: New Forms of Economic Organising among Poor Women in the Third World and the First*, Routledge.

Jordan, S. (1986), "Technology Transfer in Obstetrics: Theory and Practice in Developing Countries", Working Paper 126, Department of Anthropology, Michigan State University.

Joseph, G., and J. Lewis (1981), *Common Differences: Conflicts in Black and White Feminist Perspectives,* South End Press.

Kabir, S. (1992), "The Bangladesh Women's Health Coalition: An Intergrated Approach to Reproductive Health Services", in B. Mintzes, ed., *A Question of Control: Women's Perspectives on the development and Use of Contraceptive Technologies*, Women and Pharmaceuticals Group, Health Action International, and WEMOS.

Kisekka, M. (1992), "Women's Organised Health Struggles: The Challenge to Women's Associations", in M. Kisekka, ed., *Women's Health Issues in Nigeria*, Tamaza Publishings.

Kitzinger, J. (1990), "Strategies of The Early Childbirth Movement: A Case Study of the National Childbirth Trust", in J. Garcia et al., eds., *The Politics of Maternity Care Services for Childbearing Women in Twentieth Century Britain*, Clarendon Press.

Luker, K. (1984), *Abortion and the Politics of Motherhood,* University of California Press.

Mintzes, B., ed. (1992), *A Question of Control: Women's Perspectives on the Development and Use of Contraceptive Technology,* Women and Pharmaceuticals Group, Health Action

International, and WEMOS.

Montini, T. and S. Ruzek (1989), "Overturning Orthodoxy: The Emergence of Breast Cancer Treatment Policy", *Research in the Sociology of Health Care,* Vol. 8.

Morgall, J. (1993), "Medical Technology Assessment: A Useful Occupation or Useless Diversion?", *Women's Studies International Forum,* Vol. 16, No. 6.

Moser, C. (1989), "Gender Planning in the Third World", *World Development*, Vol. 17, No. 11.

——— and L. Peake, eds. (1987), *Women, Human Settlements and Housing,* Tavistock.

Murphy-Lawless, J. (1993), "Fertility, Bodies and Politics: The Irish Case", *Reproductive Health Matters,* Vol. 2.

National Institutes of Health (1992), *Opportunities for Research on Women's Health,* NIH Publication No. 92-3457, U. S. Department of Health and Human Services.

Nowrojee, S. (1993), "Speaking Out for Sexual and Reproductive Health", *Women's Global Network for Reproductive Rights Newsletter,* Vol. 44.

Petchesky, R. (1986), *Abortion and Women's Choice: The State, Sexuality and Reproductive Freedom,* Verso.

Pies, C. (1985), *Considering Parenthood: A Workbook for Lesbians,* Spinsters Ink.

Rennie, S. (1993), "Breast Cancer Prevention: Diet versus Drugs", *MS Magazine*, May/June.

Rodda, A. (1991), *Women and the Environment,* Zed Books.

Ross, L. (1993), "African-American Women and Abortion 1800-1970", in S. James and A. Busia, eds., *Theorizing Black Feminisms: The Visionary Pragmatism of Black Women,* Routledge.

Rosser, S. (1992), "Re-visioning Clinical Research: Gender and the Ethics of Experimental Design", in J. Holmes and L. Purdy, eds., *Feminist Perspectives in Medical Ethics*, Indiana University Press.

Rowbotham, S. and S. Mitter (1994), *Dignity and Daily Bread: New Forms of Economic Organising among Poor Women in the Third World and the First,* Routledge.

Ruzek, S. (1978), *Women's Health Movement: Feminist Alternatives to Medical Control,* Praeger.

——— (1980), "Medical Responses to Women's Health Activists: Conflict, Accommodation and Co-optation", *Research in the Sociology of Health Care,* Vol. 1.

Shapiro, T. (1985), *Population Control Politics: Women, Sterilisation and Reproductive Choice,* Temple University Press.

Shearer, H. (1989), "Maternity Patients' Movements in the United States 1826-1985", in Chalmers et al., eds., *Effective Care in Pregnancy and Childbirth,* Clarendon Press.

Shiva, V. (1989), *Staying Alive: Women, Ecology and Development,* Zed Books.

Siklova, J., and J. Hradlikova (1994), "Women and Violence in Post-Communist Czechoslovakia", in M. Davis, ed., *Women and Violence: Responses and Realities Worldwide,* Zed Press.

Sontheimer, S. (1991), *Women and the Environment, A Reader: Crisis and Development in the Third World,* Earthscan.

Tudiver, S. (1986), "The Strength of Links: International Women's Health Networks in the Eighties", in K. McDonnell, ed., *Adverse Effects: Women and the Pharmaceutical Industry,* International

Organization of Consumer Unions.

United Nations (1989), *Violence against Women in the Family,* Centre for Social Development and Humanitarian Affairs.

War on Want (1988), *Women Working Worldwide: The International Division of Labour in the Electronics, Clothing and Textiles Industries,* London.

Watson, S., ed. (1990), *Playing the State,* Verso.

Worcester, N. and M. Whatley (1988), "The Response of the Health Care System to the Women's Health Movement: The Selling of Women's Health Centers", in S. Rosser, ed., *Feminism within the Science and Health Care Professions: Overcoming Resistance*, Pergamon Press.

Zimmerman, M. (1987), "The Women's Health Movement: A Critique of Medical Enterprise and the Position of Women", in B. Hess and M. Marx, eds., *Analyzing Gender: A Handbook of Social Science Research*, Sage.

'과천연구실 세미나' 개관

I. 일반화된 마르크스주의와 성적 차이의 페미니즘

윤소영, 『마르크스주의의 전화와 '인권의 정치': 알튀세르를 위하여』, 과천연구실 세미나 1, 문화과학사, 1995; 『마르크스의 '경제학 비판'』, 과천연구실 세미나 15, 공감, 2001; 『마르크스의 '경제학 비판'과 소련 사회주의』, 과천연구실 세미나 16, 공감, 2002; 『마르크스의 '경제학 비판'과 평의회 마르크스주의』, 과천연구실 세미나 18, 공감, 2003; 『마르크스의 '경제학 비판'과 대안세계화 운동』, 과천연구실 세미나 20, 공감, 2003.

윤소영, 『알튀세르를 위한 강의: '마르크스주의의 일반화'를 위하여』, 과천연구실 세미나 3, 공감, 1996; 『일반화된 마르크스주의 개론』, 과천연구실 세미나 28, 공감, 2006; 『역사적 마르크스주의: 이념과 운동』, 과천연구실 세미나 22, 공감, 2004; 권현정, 『마르크스주의 페미니즘의 현재성』, 과천연구실 세미나 17, 공감, 2002; 권현정 외, 『페미니즘 역사의 재구성: 가족과 성욕을 둘러싼 쟁점들』, 과천연구실 세미나 19, 공감, 2003.

에티엔 발리바르, 『마르크스의 철학, 마르크스의 정치』, 과천연구실 세미나 2, 문화과학사, 1995; 에티엔 발리바르·피에르 마슈레, 『스피노자의 철학, 스피노자의 정치』 (윤소영, 『알튀세르의 현재성: 마르크스, 프로이트, 스피노자』, 과천연구실 세미나 5, 공감, 1996에 실림); 에티엔 발리바르 외, 『'인권의 정치'와 성적 차이』, 과천연구실 세미나 21, 공감, 2003; 뤼스 이리가레 외, 『성적 차이와 페미니즘』, 과천연구실 세미나 8, 공감, 1997.

II. 포스트구조주의 비판

윤소영, 「발리바르의 『마르크스의 철학』에 관하여」 (윤소영, 『알튀세르를 위한 강의: '마르크스주의의 일반화'를 위하여』, 과천연구실 세미나 3, 공감, 1996에 실림); 「알튀세르와 라캉: 마르크스주의 전화를 위한 쟁점들」 (루이 알튀세르 외, 『알튀세르와 라캉: '프로이트-마르크스주의'를 넘어서』, 과천연구실 세미나 4, 공감, 1996에 실림); 「뤼스 이리가레의 '성적 차이의 윤리'」 (윤소영, 『마르크스주의의 전화와 '인권의 정치': 알튀세르를 위하여』, 과천연구실 세미나 1, 문화과학사, 1995에 실림); 「데리다의 『마르크스의 유령들』에 관한 단상들」 (윤소영, 『알튀세르를 위한 강의: '마르크스주의의 일반화'를 위하여』, 과천연구실 세미나 3, 공감, 1996에 실림); 「스피노자-마르크스주의와 포스트구조주의 비판」 (메이너드 솔로몬 외, 『베토벤: '윤리적 미' 또는 '승화된 에로스'』, 공감, 1997에 실림).

윤소영, 『알튀세르의 현재성: 마르크스, 프로이트, 스피노자』, 과천연구실 세미나 5, 공감, 1996.

에티엔 발리바르, 『마르크스의 철학, 마르크스의 정치』, 과천연구실 세미나 2, 문화과학사, 1995; 에티엔 발리바르·피에르 마슈레, 『스피노자의 철학, 스피노자의 정치』 (윤소영, 『알튀세르의 현재성: 마르크스, 프로이트, 스피노자』, 과천연구실 세미나 5, 공감, 1996에 실림); 메이너드 솔로몬 외, 『베토벤: '윤리적 미' 또는 '승화된 에로스'』, 공감, 1997; 루이 알튀세르 외, 『알튀세르와 라캉: '프로이트-마르크스주의'를 넘어서』, 과천연구실 세미나 4, 공감, 1996; 뤼스 이리가레 외, 『성적 차이와 페미니즘』, 과천연구실 세미나 8, 공감, 1997; 에티엔 발리바르 외, 『'인권의 정치'와 성적 차이』, 과천연구실 세미나 21, 공감, 2003.

III. 신자유주의 비판

윤소영, 「쉬잔 드 브뤼노프의 신자유주의 비판」 및 「뤼스 이리가레의 '성적 차이의 윤리'」 (윤소영, 『마르크스주의의 전화와 '인권의 정치': 알튀세르를 위하여』, 과천연구실 세미나 1, 문화과학사, 1995에 실림); 『일반화된 마르크스주의와 역사적 자본주의 분석』, 과천연구실 세미나 6, 공감, 1998; 『이윤율의 경제학: 헨릭 그로스만(1881-1950)을 위하여』 (『이윤율의 경제학과 신자유주의 비판』, 과천연구실 세미나 13, 공감, 2001에 실림); 『마르크스의 '경제학 비판'』, 과천연구실 세미나 15, 공감, 2001.

윤소영, 「브뤼노프의 신자유주의 비판」 및 「이리가레의 '성적 차이의 윤리'」 (윤소영, 『알튀세르를 위한 강의: '마르크스주의의 일반화'를 위하여』, 과천연구실 세미나 3, 공감, 1996에 실림); 『신자유주의적 '금융 세계화'와 '워싱턴 콘센서스': 마르크스적 비판의 쟁점들』, 과천연구실 세미나 11, 공감, 1999; 『신자유주의 비판』 (『이윤율의 경제학과 신자유주의 비판』, 과천연구실 세미나 13, 공감, 2001에 실림); 『일반화된 마르크스주의 개론』, 과천연구실 세미나 28, 공감, 2006; 김석진 외, 『자본주의의 위기와 역사적 마르크스주의』, 과천연구실 세미나 14, 공감, 2001; 이미경, 『신자유주의적 '반격' 하에서 핵가족과 '가족의 위기': 페미니즘적 비판의 쟁점들』, 과천연구실 세미나 12, 공감, 1999.

장 로블랭 외, 『세계화와 신자유주의 비판을 위하여』, 과천연구실 세미나 7, 공감, 1997; 조반니 아리기 외, 『발전주의 비판에서 신자유주의 비판으로: 세계체계론의 시각』, 과천연구실 세미나 9, 공감, 1998; 다이앤 엘슨 외, 『발전주의 비판에서 신자유주의 비판으로: 페미니즘의 시각』, 과천연구실 세미나 10, 공감, 1998; 에티엔 발리바르 외, 『'인권의 정치'와 성적 차이』, 과천연구실 세미나 21, 공감, 2003.